KB166821

문화연구 1983

문화연구 1983

이론의 역사에 관한 8개의 강의

스튜어트 홀 지음
김용규 옮김

현실문화

차례

일러두기

1. 이 책은 *Cultural Studies 1983: A Theoretical History* (Durham & London: Duke University Press, 2016)를 번역한 것이다.

2. 제목 표기 시 단행본에는 「 」, 단행본에 포함된 글이나 논문에는 「 」, 일간지와 잡지에는 ≪ ≫, 노래, 단체명에는 〈 〉를 사용했다.

3. 옮긴이가 추가한 주는 앞에 [옮긴이]라고 표기했다.

4. 원서에서 " "로 처리된 것은 직접 인용이나 발언인 경우 그대로 두고, 강조 표현인 경우에는 ' '로 옮겼다. 또한 원서의 이탤릭체는 굵은 글씨로 옮겼다.

5. 외국 인명/지명 등의 표기는 국립국어원에서 펴낸 외래어 표기법을 원칙으로 하되, 국내에서 널리 사용되는 것은 관행에 따랐다.

편집자 서문

로런스 그로스버그·제니퍼 대릴 슬랙

이 책에 수록된 강의는 1983년 여름 어바나-샴페인 소재 일리노이 대학에서 열린 「마르크스주의와 문화의 해석: 한계, 변경, 경계 Marxism and the Interpretation of Culture: Limits, Frontiers, Boundaries」라는 교육 프로그램의 일환으로 스튜어트 홀이 발표한 것이다. 이 프로그램은 학회에 앞서 진행되었는데, 케리 넬슨Cary Nelson과 로런스 그로스버그Lawrence Grossberg에 의해 조직되었다. 6월 8일에서 7월 8일까지의 교육 프로그램과 7월 8일에서 12일까지의 학회 둘 모두 문화연구, 커뮤니케이션, 문학이론, 영화연구, 인류학, 교육 등 다양한 학문분야 내에서, 그리고 그것을 넘어 문화이론의 발전에 엄청난 영향을 주었다. 이 프로그램은 페리 앤더슨Perry Anderson, 스튜어트 홀, 프레드릭 제임슨Fredric Jameson, 줄리아 르사주Julia Lesage, 가요 페트로비치Gajo Petrović, 가야트리 스피박Gayatri Spivak, 그리고 일리노이 대학의 최고 교수진인 벨던 필즈Belden Fields, 로런스 그로스버그, 리처드 샤흐트Richard Schacht 가 발표한 세미나로 구성되어 있었다. 참가자는 일부 다른 국가뿐 아니라 미국 전역에서 모인 학생과 교수였다. 500명이 넘는 학생과 교수가 청중으로 참여한 학회의 성과는 그 행사에서 있었던 수많은 학문 간 의견교환을 반영한 논문과 토론을 수록한 책[1]으로 발표되었고, 홀의 글 「정원의 두꺼비: 이론가들 사이의 대처리즘The Toad in the Garden: Thatcherism among Theorists」[2] 또한 거기에 실려 있다. 오늘날 미국에서 문화이론의 형태—해석, 방향, 연구, 교육—는 부분적으로 그 여름의 학술행사와 바로 이 책, 그리고 세미나와 학회에서 이루어진 기성학자와 신진학자 간의 폭넓은 상호작용에 빚지고 있으며, 그 당시 문화이론에 끼친 마르크스주의의 활기차고 다양한 기여를 이해할 수 있는 집단의식의 성장 덕분이었다.

이 학술행사는 문화연구의 역사에서 특히 의미 있는 순간으로 받아들여졌다. 왜냐하면 일부 사람들이 당시 미국(과 영국 밖의 다른 곳)에서 문화연구에 관해 글을 쓰고 그것을 실천하고 있었고 홀이 가끔 미국에서 강연하기도 했지만, 이 교육 프로그램이 많은 지식인에게 홀과 영국 문화연구가 지속적으로 알려지는 최초의 기회를 제공했기 때문이다. 세미나가 시작될 무렵만 해도 홀의 작업과 현대문화연구소the Centre for Contemporary Cultural Studies의 활동은 극소수의 사람들에게만 알려져 있었는데, 이 강연의 독특한 성격이 빠르게 알려지면서 홀은 수백 명의 학생과 교수의 주목을 받았다. 강의 참석을 위해 몇 시간씩 차를 몰고 오는 사람도 많았다. 강의는 정말 매력적이었고, 열광적인 분위기 속에서 진행되었다. 우리는 이론의 일부가 눈

1. Cary Nelson and Lawrence Grossberg (eds.), *Marxism and the Interpretation of Cultures* (Urbana: University of Illinois Press, 1988).
2. Stuart Hall, "The Toad in the Garden: Thacherism among Theorists," *Marxism and the Interpretation of Cultures*, Edited by Cary Nelson and Lawrence Grossberg (Urbana: University of Illinois Press, 1988), pp. 35-73.

앞에서 펼쳐지고 있다는, 즉 문화연구가 형성되고 있다는 느낌을 받았다. 이 강연은 미국의 문화연구에 섬세하고도 극적인 방식으로 활력을 불어넣었다.

홀은 리처드 호가트Richard Hoggart가 버밍엄 대학의 현대문화연구소에서 첫 번째로 고용한 인물이었다. 호가트가 1969년 유네스코의 고위직을 맡아 떠났을 때, 홀은 신임 소장이 되었고 1980년에 개방대학의 사회학 교수로 임명될 때까지 연구소장직을 맡았다. 1983년 여름에 연구소의 활동과 홀의 중요한 기여들은 엘리트 사립대학보다는 다수의 유수한 공립대학의 주로 작은 규모의 학문들(예컨대, 커뮤니케이션 연구와 교육학)에서 눈에 띄기 시작했다. 오늘날 이 분야의 고전적 연구로 평가받는 인종주의와 신보수주의에 대한 연구(특히 대처리즘의 부상을 예견한 책인 『위기의 관리Policing the Crisis』)뿐 아니라 노동계급 문화, 미디어, 뉴스와 대중문화, 하위문화, 이데올로기, 기호학에 관한 연구소의 초기 작업은 영국 밖에서는 잘 알려지지도 않았고 널리 활용되지도 않았다. 홀은 이미 문화연구의 주도적 기획자이자 가장 뚜렷한 대변자였지만 영국 밖에서 그와 그의 기획에 관해 아는 이는 많지 않았다.

여기 실린 여덟 번의 강의는 홀 자신만의 시각으로 본 영국 문화연구의 출현과 발전에 관한 개인적 여행 안내서에 가깝다. 이 강의는 사실상 연구소에서 진행된 문화연구의 출현과 발전에 관해 얘기하고자 한 최초의 진지한 시도이다. 하지만 홀이 강연 후 몇 년 뒤에 쓴 1988년 「서문」이 분명히 보여주듯이, 실제 이 강의는 그런 시도로는 미흡한 부분도 있고 그 이상인 부분도 있다. 이 강의는 결코 연구소의 역사에 관한 것이 아니다. 강의는 1970년대 연구소의 핵심을 이루고 있던 다양한 연구집단의 중요한 경험적 연구와 기여를 제대로 평가하지 않았다. 그리고 대체로 지적 실험이 가능한 환경을 제공하는 행정적·조직적 실험공간으로서의 연구소의 역할을 간과했다. 이 강의는 연구소의 중요한 일상이었고 연구소를 버밍엄(또한 정도는 덜하지만 런던과 다른 도시)의 정치적·예술적 활동들과 종종 연결시켜주었던 결정적이고 열띤 정치적 논쟁과 다양성은 다루지 않았다.

그 대신 이 강의는 이론의 역사를 제공한다. 물론 그렇다고 하더라도 이 강의는 영국 문화연구의 형성과 역사를 구성한 발전뿐 아니라 풍부한 이론적 원천, 대결, 타협, 수용되거나 거부된 경로에 대한 종합적 설명은 결코 될 수 없다. 이를테면, 이 이야기에서 여성의 목소리가 빠진 점을 간과할 수 없는데, 1983년경 하위문화 이론에 끼친 가부장제의 영향에 대한 의미 있는 이론적 도전을 이루어내고, 접합 개념을 이론화하는 데 페미니스트들의 중요한 기여가 있었다. 실상 문화연구의 이론적 역사는 이 역사에 관해 적절하게 말해줄 사람이 볼 때도, 심지어 그 사람이 스튜어트 홀 자신이라 할지라도 너무 혼란스럽고 불균등했으며 매 순간 논란거리였다—어떤 길은 수용되거나 거부당했고, 어떤 길은 서로 공존했으며, 어떤 길은 노골적인 적대감으로 서로 충돌했다. 게다가 이 강의는 교육 프로그램과 학회의 전체 주제, 즉 문화의 해석에 대한 마르크스주의의 공헌이라는 주제에 기여해야 하는 도전적 과제 때문에 한층 굴절되었음에 틀림없다.

이 강의는 존 클라크John Clarke가 한때 "승리한 다양성"이라 불렸던 것의 역사이기도 하다. 그런 의미에서 이 책은 이미 영국 문화연구의 주된 흐름이 되어버린 것에 관한 역사이다. 이것은 홀 자신의 발전을 중심에 둔 이야기의 시작이며, 적어도 이런 유형의 이야기가 끝날 무렵에는 마르크스주의에 관한 이야기라기보다는, 이론화에 대한 홀의 묘사를 빌리자면, 마르크스주의 이론의 "천사들과 싸우는" 연구소의 역사에 관한 이야기다. 그러나 이 책은 이중적인 의미에서 미완성 상태의 마르크스주의와의 조우이다. 한편으로 문화연구의 뿌리는―(신좌파에서) 지적이고 정치적으로―지배적 형식의 마르크스주의 이론과 정치학에 대한 거부를 통해 명확히 정의되었고, 신좌파와 문화연구 둘 모두 또 다른 종류의 비판적인 유물론적 실천과 사회주의적 정치를 추구하고 있었다. 다른 한편으로 문화연구의 초기 이론은 레이먼드 윌리엄스의 작업과 중요한 관련을 맺고 있었는데, 그것은 말하자면 윌리엄스가 마르크스주의의 벽장을 걸어 나오기 이전, 즉 마르크스주의를 실천하는 다른 방식이 있다는 걸 알기 전의 윌리엄스였다.

홀은 분명히 이 모든 것을 알았다. 연구소 사람들이 자신들이 문화연구를 구성한다고 주장했듯이, 홀은 이와 비슷하게 자신이 하나의 이야기를 구성한다는 걸, 즉 만들어내고 있다는 걸 알았다. 홀이 이를 "하나의 이론적 역사", 즉 연구소가 '현실을 허구화한 것'을 자의적으로 이해한 역사라고 기술한 건 그런 의미에서였다. 이 역사는 이 강의의 시간 전에 이미 끝난 이야기이기도 하다. 왜냐하면 이것은 이 강의가 진행될 때 끝난 것이 아니라 더 일찍, 즉 홀이 연구소를 떠난 순간에 끝났기 때문이다. 따라서 우리가 이 강의의 출판과 관련해 홀과 얘기를 나눴을 때, 그는 이야기를 갱신하고 확장하고 싶다고 제안했고, 강의 이후에 진행된 문화연구의 새로운 발전―특히 포스트구조주의, 주체성, 페미니즘과의 관계에 관한 장들―을 어느 정도 반영해야 한다고 주장했다. 그 뒤 홀은 1988년 「문화연구의 현재와 미래

Cultural Studies Now and in the Future」라는 주제의 학회에서 발표한 강연에서 이 이야기를 확장했다―이 과정에서 그는 이 이야기를 의미 있게 변화시키기도 했다―는 점에 주목해야 한다. 이 강연은 이후 「문화연구와 그 이론적 유산들Cultural Studies and Its Theoretical Legacies」이라는 제목으로 출판되었다.[3]

그렇다면 이 강의가 세상의 빛을 보는 데 왜 30년 이상의 시간이 걸리게 되었는가, 혹은 다소 거북한 말이지만 왜 홀의 사후에야 출간되었는가 하는 흥미로운 질문이 제기될 수 있다. 우리가 이 강의의 출판 여부를 묻기 위해 홀과 접촉했을 때, 그는 확신을 갖지 못했는데 결국 다음과 같은 조건을 전제로 동의해주었다. 즉, 이 강연이 역사적 자료로, 곧 특정한 순간의 산물로서 제시되어야 한다는 조건, 다시 말해 이야기되는 바로 그 행위 때문에 마치 그것들이 완결된 것처럼, 혹은 그 흐름이 이미 보장되어 있는 것처럼 인위적으로 닫히고 있는 과정들에 관해, 특정한 순간에 특정한 시각을 통해 구성된 하나의 이야기로서 제시되어야 한다는 조건이었다. 홀이 평론가essayist 라는 것은 모두가 아는 사실이다. 평론이란 특정한 지적 논쟁에, 그리고 구체적인 역사적·정치적 맥락에 대한 개입이다. 그것은 고정적이거나 보편적인 입장을 창조하지 않는다. 그것은 항상 잠정적이고 수정될 수 있다. 왜냐하면 새로운 지적 자원이 이용될 수 있고, 역사적 맥락이 달라지며, 권력관계(지배와 저항, 봉쇄와 투쟁)가 새로운 도전에 직면하기 때문이다. 이것이 홀의 사고방식이었다. 책의 시간성은

3. Stuart Hall, "Cultural Studies and Its Theoretical Legacies," *Cultural Studies*, Edited by Lawrence Grossberg, Cary Nelson, and Paula Treichler (New York: Routledge, 1992), pp. 277-294.

이와는 다르다. 책은 홀이 피하고자 했던 종결과 확실성을 제안한다. 홀의 이름을 지닌 책은 한 권을 제외하면 모두 공동 작업이거나 편집된 것이다. 예외인 한 권은 『쇄신으로 나아가는 험로The Hard Road to Renewal』(1988)[4]로, 홀은 (그의 친구이자 《오늘날의 마르크스주의Marxism Today》의 편집자인 마틴 자크Martin Jacques의) 설득에 힘입어 이 책을 출판했다. 이 책은 대처리즘에 관한 평론을 모은 것으로, 보다 일반적 차원에서 영국 좌파와 노동당의 미래 방향에 관한 논쟁을 개시하려는 정확한 의도를 갖고 정확한 순간에 개입하고자 쓴 것이다.

이 점은 매우 중요하다. 왜냐하면 많은 지식인이 경험적 설명이 제공하는 필연적 맥락성은 편안하게 받아들이면서도 이론(과 개념)에 대해서는 비슷하게, 즉 맥락적인 차원에서 구체적인 도구이자 개입으로 접근해야 함을 받아들이는 것은 매우 어려워하기 때문이다. 홀은 이 점에 특히 주의했는데, 그가 간혹 말하곤 했던 이론을 물신화하는 미국 학계의 경향, 즉 지적인 비평작업이 정확한 이론 찾기로 인식되어 일단 그런 이론만 찾으면 어떠한 사회현실의 비밀도 풀 수 있을 것이라 믿는 경향을 알고 있었기 때문이다. 홀은 이 강의의 「서문」에서 이러한 이론의 맥락성을 아주 멋지게 강조하려고 했다(그리고 우리는 그가 「서문」을 쓰면서 그 이유를 역설했다고 믿는다). 홀은 자신이 정확한 이론, 즉 문화연구나 영국 문화연구에 대한 정확한 이론을 제안한다고 독자들이 생각하는 것을 원치 않았다. 그는 자신이 문화연구가 실제로 무엇인지, 어떤 형태여야 하는지, 어떤 이론적 자

4.　[옮긴이] 이 책은 국내에서 『대처리즘의 문화정치』(임영호 옮김, 한나래, 2007)라는 제목으로 번역되었다.

원을 활용해야 할 것인지, 혹은 어떤 이론적 경로를 따라야 할 것인지 등에 관해 말해줄 것이라고 독자들이 생각하는 걸 원치 않았다. 오히려 홀은 영국적 맥락에서 실현되고 전개된 방식과 분리해서는 구체화할 수 없는 기획을 이야기하고 있다. 그러나 명확히 해두자. 홀은 문화연구가 영국 특유의 분야였고 그럴 수 있을 뿐이라고 말하지 않는다. 그는 단지 문화연구가 영국적 맥락에서 접합되게 된 방식을 기술할 수 있을 뿐이라고 말한다. 그는 이것이 문화연구의 필수적인 이론적 요소라고 말하지 않는다. 단지 그것이 당시 이용할 수 있던 이론적 자원의 장으로부터 선택된 것이었다고 말할 뿐이다. 그는 이 특정한 논쟁들이 반드시 문화연구를 구성한다고 말하지 않는다. 단지 문화연구가 항상 그가 '국면conjuncture'이라 부른 것의 정치적 도전에 대응하면서 지속적인 이론화 과정 속에서 구성되어간다고 말할 뿐이다. 그는 이것이 문화연구, 혹은 영국 문화연구의 최종적 모습이라고 말하지 않는다. 단지 이것이 이야기가 진행된 수준이고, 혹은 적어도 강연할 무렵에 그가 얘기할 수 있는 수준이었음을 말할 뿐이다. 그리고 그는 이 이야기들(과 결말)이 받아들여져 다른 지리적·지적·제도적·정치적 맥락 속으로 '통째로 이식'될 수 있다고 말하지 않는다. 우리는 문화연구—그리고 그것이 구성되어온 이론적 움직임들—에 대한 홀의 생각을 나중에 그가 그람시와 자신의 관계를 설명했을 때 보여준 것과 같은 세심한 태도로 다뤄야 한다. 즉, "그 개념을 그것이 붙박여 있던 구체적이고 역사적인 맥락에서 세심하게 발굴해내 상당한 인내심과 섬세함을 갖고 새로운 토양에 이식해야 한다"[5]고

---

5. Stuart Hall, "Gramsci's Relevance for the Study of Race and Ethnicity," *Journal of*

말한 홀처럼 말이다.

    역사적 자료, 즉 30년 전에 행해진 홀의 강연 기록이라는 이 책의 독특한 지위로 인해, 우리는 편집자로서 몇몇 다소 특이한 선택에 직면하게 되었다. 우리는 강의의 구조는 대체로 그대로 두었다. 비록 그의 후기 글들이 다른 구성의 가능성을 보여줄 수 있더라도 해당 강의는 그 자체로 홀의 논리와 구조를 구현하기 때문이다. 우리는 이미 출판된 글이나 다른 강연을 바탕으로 몇 개의 장을 추가하는 것을 고려했다. 이 강의가 있은 지 몇 년 뒤에 홀은 자신과 마르크스의 이론 및 다른 많은 이론가와의 관계에 대해 보다 정교히 설명하고 이야기를 갱신하고자 했고, 우리는 그의 바람을 인지하고 있었다. 이러한 바람은 「'토대/상부구조' 비유의 새로운 고찰Rethinking the 'Base-and-Superstructure' Metaphor」, 「마르크스의 계급 이론에서 '정치적인 것'과 '경제적인 것'The 'Political' and the 'Economic' in Marx's Theory of Classes」, 「방법에 관한 마르크스의 노트: 1857년 『정치경제학 비판 요강』의 「서설」에 대한 읽기Marx's Notes on Method: A 'Reading' of the '1857 Introduction to the Grundrisse'」를 비롯해 탁월하지만 대부분 잘 알려지지 않은 글들 속에 있었다. 그러나 우리는 이 강의, 즉 이것을 듣고 그 가르침을 종종 자신의 연구와 제도로 가져갔던 사람들에게 심오한 영향을 끼쳤던 강의, 바로 이 판본의 이야기가 그 자체만으로도 충분한 가치가 있다고 생각했다. 우리는 이 강의를 문화연구에 있어 오늘날 이룩한 소중한 기여로 보는 것만큼이나 중요한 역사적 자료로도 인식하기 때문에, 비록 다소 이상하게 읽힐 수 있다 하더라도(특히 여기서 현재 시제로 논의된

Communication Inquiry 10.2 (1986): pp. 6-7.

일부 저자들은 사망했다) 그 현장성을 유지하기 위해 강의의 시간과 시제를 그대로 사용하기로 결정했다. 또한 텍스트를 몹시 거북하게 만들지 않는 한, 우리는 홀의 말하기 스타일인 문체적 우회법을 그대로 두어 강의의 일부인 그의 인간적 면모를 그대로 보존하고자 했다. 또한 우리는 참조가 필요해 보이는 곳에는 참고문헌을 달았다. 그리고 홀이 강의할 때 사용했었을 법한 참고문헌을 가능하면 많이 사용하려고 했다. 가장 힘든 결정은 대학 강단의 일상적 실천에서 비롯된 것이었다. 이 강의 중 다수는 나중에 출판을 위한 밑그림이 되었고, 우리는 그중 일부의 출판을 돕기도 했다. 홀이 알튀세르적인 단절, 이데올로기, 접합을 논하는 5강과 6강의 논제들은 오늘날 널리 인용되고 있는 논문인 「의미화, 재현, 이데올로기: 알튀세르와 포스트구조주의 논쟁Signification, Representation, Ideology: Althusser and the Post-Structuralist Debates」으로 재구성되었다.[6] 홀이 처음으로 이데올로기와 접합의 기능을 강력하게 설명하기 위해 '흑인'으로 호명되는 다양한 방식을 상세히 제시한 것은 바로 이 원元강의에서였다. 이 논문의 출판은 구체적으로 홀과 문화연구가 제공하는 생산적 가능성을 북미의 광범위한 독자들에게 소개하기 위한 것이었다. 7강에서의 그람시, 이데올로기적 투쟁, 그리고 문화적 저항에 관한 논의는 나중에 홀의 또 다른 중요 저작인 「인종과 종족성 연구에 있어 그람시의 적절성Gramsci's Relevance for the Study of Race and Ethnicity」에 통합되었다. 사실 1980년대 중반에서 후반에 걸쳐 홀이 쓴 다른 많은 글에는 여기 이 강의의 반향

6. Stuart Hall, "Signification, Representation, Ideology: Althusser and the Post-Structuralist Debates," *Critical Studies in Mass Communication* 2.2 (1985), pp. 91-114.

과 울림이 내재해 있다. 우리는 정확성과 명확성을 기하기 위해 필요한 간단한 수정이나 설명을 제외하고, 이 강의를 뒤에 출판된 글과 일치시키지 않았다. 홀의 구술 강연의 현장성과 독특한 리듬을 존중하기 위해 원래의 강의에 가급적 충실하기로 결정했다.

이 강의들이 녹음되어 보존되었다는 것은 주목할 만한 일이다. 마침내 자신의 스승(로런스 그로스버그)의 스승을 만나고 싶었던 제니퍼 슬랙Jennifer Slack은 강연을 녹음하기로 마음먹고 홀의 허락을 받았다. 그녀는 소형 휴대용 카세트 녹음기를 들고 강의실 맨 앞줄에 앉아서 필요할 때는 카세트를 뒤집기도 했다. 카세트를 뒤집을 때 녹음이 끊어진다는 것을 알고 홀은 녹음이 재개될 때까지 강의를 잠시 멈춰주곤 했다. 몇 주 뒤 참석한 모든 이가 이 강의가 문화연구에 기념비적 공헌이 될 것임을 명백히 알게 되었을 때, 그리고 우리가 접합과 같은 개념이 눈앞에 펼쳐지는 중요한 순간임을 생각하기 시작했을 때, 우리는 이 강의를 출판할 가능성에 대해 논의하기 시작했다. 앞서 언급한 이유들이 없었더라면, 이 일은 1980년대에 이루어졌을 터였다. 교육 프로그램과 학회가 끝난 뒤 우리는 퍼듀 대학과 일리노이 대학 두 곳에서 퍼듀 대학의 학부생 한 명과 대학원생 두 명의 도움을 받아 녹음된 강의를 글로 옮기고 타자기로 쳤다(이때는 컴퓨터의 도움을 받을 수 없었다). 기술은 서툴렀고 과정은 몹시 힘들었다. 홀이 출판을 주저하면서 이 기획이 중단된 1980년대 말까지 그는 녹취록을 모두 읽고 그것을 편집하는 일에 참여했다. 부분 편집되고 노랗게 변색된 타이핑 원고는 최근까지도 상자 속에 보관되어 있었다. 그리고 시간이 지나면서 사라진 첫 번째 테이프를 제외하면 원래의 카세트테이프들도 제니퍼의 책상 위에 그대로 있었다.

홀을 만난 모든 사람이 증언하듯이, 그는 몹시 너그러운 인품의 학자였다. 홀이 문화연구에 대한 자신의 이야기를 마치 문화연구 그 자체의 이야기인 것처럼 말함으로써 문화연구의 경계들을 통제하는 걸 꺼렸다는 점 때문에 이 이야기는 지금까지 널리 공유되지 못했다. 이 강의는 유익하고 유용한 이야기이며, 문화연구의 과거, 현재, 미래에 관한 지속적인 대화에 의미 있는 기여를 하게 될—어쩌면 그것을 다시 활성화시킬—이야기다. 이 강의는 여전히 권력관계를 이해하고 다루는 데, 그리고 문화적 지배와 투쟁, 저항을 이해하고 다루는 데 도움이 될 많은 내용을 담고 있다. 우리가 지금 이 강의를 공유할 수 있도록 허락해준 캐서린 홀Catherine Hall에게 깊이 감사드린다.

참고문헌

Hall, Stuart. "The 'Political' and the 'Economic' in Marx's Theory of Classes." *Class and Class Structure*. Edited by Alan Hunt, London: Lawrence and Wis hart, 1977. pp. 15-60.

Hall, Stuart. "Rethinking the 'Base-and-Superstructure' Metaphor." *Class and Party*. Edited by John Bloomfield et al., London: Lawrence and Wishart, 1977. pp. 43-72.

Hall, Stuart. "Signification, Representation, Ideology: Althusser and the Post-Structuralist Debates." *Critical Studies in Mass Communication* 2.2 (1985): 91-114.

Hall, Stuart. "Gramsci's Relevance for the Study of Race and Ethnicity." *Journal of Communication Inquiry* 10.2 (1986): 5-27.

Hall, Stuart. *The Hard Road to Renewal*. London: Verso, 1988.

Hall, Stuart. "Cultural Studies and Its Theoretical Legacies." *Cultural*

Studies. Edited by Lawrence Grossberg, Cary Nelson, and Paula Treichler, New York: Routledge, 1992. pp. 277-294.

Hall, Stuart. "Marx's Notes on Method: A 'Reading' of the '1857 Introduction to the Grundrisse.'" *Cultural Studies* 17.2 (2003): 113-149.

Hall, Stuart, Chas Critcher, Tony Jefferson, John Clarke, and Brian Roberts. *Policing the Crisis: Mugging, the State, and Law and Order.* London: Macmillan, 1978.

Nelson, Cary, and Lawrence Grossberg, eds. *Marxism and the Interpretation of Cultures.* Urbana: University of Illinois Press, 1988.

서문(1988)

여기에 제시된 문화연구의 역사와 관점들은 부분적으로 나 자신의 전기와 중첩되어 있다. 나는 나 자신이 이해한 대로 이야기하고 있다. 여기에는 분명히 장점도 있고 단점도 있다. 한편으로 나는 이 이야기를 아주 잘 알고 있다. 또 한편으로 나는 이 이야기의 특정 형태에 깊이 빠져 있다. 이제 시작할 강의에서 나는 문화이론 전반을 조망하진 않을 것이다. 문화연구의 전 영역을 모두 망라할 수 있을 것처럼 말하는 건 아무런 도움이 되지 않는다. 내가 얘기하고 싶은 것은 내가 직접 경험한 바 있는 문화연구의 영역에서 이루어진 이론 작업의 발전이다. 문화연구는 영국에서 독특한 방식으로 전개되어왔다. 나는 그런 전개의 방식을 나 자신의 경험에서 우러난 듯이 말하면서 개괄해볼 생각이다. 그러나 이러한 경험을 문화연구에 있어 최종적 발언인 것처럼 제안하진 않을 것이다. 그렇게 문화연구의 역사에 관해 분석적이고 개념적으로 말함으로써 이 전통에서 나는 다른 전통들에 유용하고, 영국의 독특한 발전을 규정해온 것과는 다른 구체적 이해들과 관련해서도 유용한 개념들을 제기할 수 있기를 희망한다. 그래서 이 책은 '하나의 이론적 역사'다. 이 강의의 취지는 문화연구의 이론적 토대에 대한 역사를 제공하는 것이지만, 동시에 나는 이 강의가 문화연구의 역사에 대해 취하는 시각, 즉 문화연구가 전개되면서 대체로 나 자신의 이론적 입장에 의해 규정된 시각을 인식하고 인정하려고 한다. 그러므로 이것은 불가피하게 이상화된—말하자면, 이론적인—역사와 같은 것이다.

　나는 이런 전략이 단지 불가피한 타협, 즉 그것이 무엇이어야 하는가에 대한 일종의 미약한 반성에 불과하다고 주장하려는 것은 아니다. 사실 나는 그것이 이론화의 본모습이라고 생각한다. 그것은 상호작용을 통해 이론적으로 명확해지는, 입장 간의 지속적 교전 내지 대화이다. 이전에 존재하던 나쁜 이론과의 인식론적 단절에 의해 이론이 진보한다는 생각, 그리고 개념이 또 다른 시대를 사유하는 데 필요한지를 재고하지 않은 채 그것을 아주 엄격한 순수성 속에서 전개할 것을 요구하는 과학으로의 갑작스러운 도약에 의해 이론이 진보한다는 생각은 지극히 합리주의적인 환상이다. 당연히 이것은 실제 사유의 모습이 아니다. 따라서 이 강의는 작은 실천적 이론화 작업에 참여하려는 시도라 할 수 있겠다.

　나는 그람시Gramsci든, 알튀세르Althusser든, 레비스트로스Lévi-Strauss든, 그 누구든 간에 항상 이론의 역사적 맥락을 이해하는 것이 중요하다는 점을 상기시킴으로써 문화연구의 역사라는 것을 구성하고 싶었다. 이 말은 문화연구의 역사가 이론을 설명해준다거나 이론의 정확성을 보장해줄 수 있다는 의미가 아니다. 역사와 이론은 서로 맞물려 있지만 두 영역은 전적으로 동일하지 않다. 관념은 항상 그것을 특별한 방식으로 굴절시키는 특정하고 구체적인 역사적 장소에서 생겨난다. 관념은 대체로 그 역사 때문에 생겨난다. 하지만 맥락을 구축하면서 우리는 정교해지고 있는 이론의 내적 정합성에, 그리고 이론을 규정하는 문제설정에 반응하면서 이론이 스스로를 구성해가는 방식에 주목할 필요가 있다. 이는 논리적·개념적으로 명확해진 이론적 사유의 전개 과정을 밝히고 이론을 그 역사적 조건으로 해체하는 것이라기보다는 역사와 이론 간의 상호작용과 관련된 작업일 수밖에 없다.

문화연구는 위급한 구체적 정치 사안들이 존재하고 특정한 이론적 자원들이 이용 가능하던 영국적 맥락 속에서 문제들을 다루었다. 우리는 항상 자신의 경험과 이해를 이용하여 어려운 정치적 상황과 씨름하고 그것을 분석하고자 한다. 하지만 경험 속으로 파고들고, 정치 상황의 추이와 그에 대한 대응 방법을 더 잘 이해하기 위해 그러한 상황들이 우리에게 제기하는 문제의 본질을 탐구하려면 이론에 의지해야 한다. 문화연구는 바로 그러한 순간에 출현했다. 그러나 사람들이 중요한 역사적 전환, 사회의 속도와 조직의 변화, 새로운 관계의 출현과 대면하게 되는 그런 순간은 항상 존재한다. 이것이 바로 문제적인 것이고 또한 이론적·정치적 문제설정을 규정하는 것이다. 이러한 현실적 문제설정과 대면할 때, 과거의 이론은 부적절한 것으로 드러난다. 그리고 우리 모두가 마치 그것이 이미 존재했던 것처럼 단언하지만 실은 우리가 그리 나아가기를 희망하는 지점, 즉 이론과 실천의 통일성을 향해 한 걸음 더 나아가기 위해 새로운 이론들이 생산되어야 한다.

이러한 이론적 작업은 항상 이미 다른 담론이 점유한 이론적 지형 위에서 움직인다. 이 지형에 먼저 존재한 담론과 아무런 관계도 갖지 않는 담론은 결코 존재하지 않는다. 이론적 발전이란 부분적으로 부적절한 이론화의 어떤 부분을 보다 적절한 이론화로 대체하는 것이다. 따라서 우리는 이 영역에서 사고해온 이론적 담론들의 기존 지형을 설명하면서 시작해야 한다. 왜냐하면 처음에 어떤 종합이 이루어지든지 또는 어떤 새로운 대항적 입장이 제기되든지 간에 바로 이 담론들을 배경으로 하기 때문이다. 담론들 사이에는 이론적 상호작용이 늘 이루어지며, 이것은 특정한 사회구성체에서 사유가 진행되는 방식에 영향을 준다. 특정한 지적 환경하에서 여러분이 싸워야 하는 지배적인 철학적 담론을 벗어나서 사고하는 것은 극히 어렵다. 예를 들어, 레이먼드 윌리엄스의 영향(2강)을 이해하는 것은 부분적으로 영국의 경험적 사고양식의 독특한 성격을 이해하는 것과 관련이 있다. 이는 윌리엄스가 고전적 경험주의자임을 주장하는 것이 아니라 그의 작업을 다룰 때 영국적 사고에는 고도의 경험적이고 실용적인 담론이 지배적임을 인정해야 한다는 의미다. 물론 다른 상황에서, 가령 미국적 상황에서 문화연구를 사고한다면, 문화연구가 자신과 관련된 다른 담론을 대체하려면 그 나름의 방식으로 그런 담론과 맞서 싸워야 한다는 것을 알아야 할 것이다. 예를 들면, 내가 미국 사회학에 관해 얘기할 때(1강), 나는 미국적 맥락하에서 문화연구가 사회학 전통과 어떻게 싸워야 할 것인가를 말하기보다는 오히려 영국에 있는 우리가 어떻게 그 전통에 맞서야 하는가, 미국 사회학이 우리의 지적 환경에서 어떤 독특한 방식으로 나타났고, 그것이 어떻게 수용, 수정, 반대, 변형되어야 했는가를 말할 것이다.

나는 또한 제도적 계기의 중요성을 강조하고 싶다. 그것은 일련의 지적 담론의 단순한 결합과는 별개의 것이다. 담론과 실천이 제도화되면 다른 일이 발생한다. 그것은 특정한 형식으로, 그리고 활동

프로그램과 사회적으로 구성된 특정 집단으로 구체화된다. 그것은 특정한 목표와 기획을 지향한다. 다른 장소에서는 다른 종류의 제도화를 토대로 다른 실천이 출현할 것이다. 나는 현대문화연구소가 특정한 순간에 특정 장소에서 출현했다는 사실을 강조하는 한편, 새로운 연구분야의 발전 과정은 부분적으로 연구들이 제도화되는 형식의 관점에서 이해해야 한다는, 보다 일반적인 주장을 하고 싶다.

끝으로 나는 이 분야가 문화 개념을 중심으로 조직된 것이 부분적으로 우연한 일이라는 걸 지적하고 싶다. 문화 개념은 지극히 유동적이고 모호하고 무정형적이며, 또한 다면적이고 다양한 의미를 갖고 있기 때문이다. 오랫동안 현대문화연구소의 소장으로 있으면서, 나는 문화의 실제적 의미가 무엇인지를 내가 설명해줄 거라고 기대하는 사람들과 마주하는 일을 가장 두려워했다. 문화는 국가와 달리, 그것에 대해 연구하면 할수록 시들어 사라져버리는 경향이 있는 개념 중 하나다. 그러나 파악하기 아주 어려운 개념이라는 뜻은 아니다. 그보다 더 중요한 것은 문화연구 분야에서 일한다고 해서 세계 전체를 문화의 관점으로 설명할 수 있다고 생각하는 것은 아니라는 점이다. 사실 나는 문화연구에 종사하는 게 가끔 뿌리 뽑힌 곳에서 일하기로 마음먹은 것과 같다고 생각한다. 왜냐하면 문화적 관계를 이해하기 위해 필요한 많은 것이 명백한 의미에서 문화적이지 않은 것이기 때문이다. 그런 점에서 문화연구는 학제 간 분야다. 문화연구는 자신과 교차하는 다른 학문분야에 의지하고 그것으로부터 자양분을 얻는다. 사실상 문화연구는 교차적이고 지적이며 학술적인 다양한 학문분야 사이의 지적·정치적 공간으로서 출현하고 존재하는 것이다.

1강

문화연구의 형성

문화연구라는 문제설정은 1950년대와 1960년대 초 영국 지성사에서 출현했습니다. 문화 개념이 어떤 거창한 이론적 문제에 대한 대답이 아니라 아주 구체적인 **정치적** 질문 내지 문제, 즉 경제적 풍요라는 조건하에서 노동계급에게 무슨 일이 일어났는가라는 질문에 대한 대답으로 제안되었다는 점을 이해하는 것이 중요합니다. 제2차 세계대전 이후 영국이 보낸 몇 십 년, 특히 50년대와 60년대는 영국 경제가 이번 세기(20세기)에 경험해본 적 없는 아주 높은 수준의 경제적 풍요와 지속적 경제성장의 시기였습니다. 이 시기는 비교적 괄목할 만한 것이었고, 사회관계와 문화적 태도에 심대한 영향을 끼쳤습니다. 물론 이런 대대적인 변화는 경제적 변화의 결과일 뿐 아니라 전쟁이라는 예외적 조건이 낳은 결과이기도 했습니다. 전쟁은 빈번히 사회 내 계급을 비롯해 일련의 정상적 관계를 뒤흔들어 놓습니다. 전쟁은 무에서, 즉 처음부터 백지상태에서 새로운 경향을 창조하지 않습니다. 오히려 그것은 이미 그 사회 내부에 깊숙이 잠재된 경향이 훨씬 빠른 속도로 움직일 수 있는 환경을 마련하고, 그런 경향이 정상적 조건하에서보다 훨씬 쉽고 신속하게 정상적인 생활의 저항을 뚫고 나올 수 있게 합니다. 영국에서의 주요 변화가 전쟁 시기에 시작되어 전쟁 직후까지 점점 더 급증했던 것은 분명합니다. 놀랍게도 이 시기에 노동당은 거대 다수당이 되었고(아마도 우리가 볼 수 있는 노동당의 마지막 대승일 가능성이 높습니다. 이렇게 말하면 너무 비관적으로 들릴지 모르겠습니다만.) 복지국가를 주도했습니다. 따라서 이는 그 자체로 중요한 역사적 순간이 될 것입니다. 하지만 이 외에도 그 자체로 상당한 사회적·정치적 영향을 끼친 강력한 소비호황의 시대 또한 도래합니다. 이 시대는 특히 막강한 영향을 끼쳤는데, 이는 고도로 풍요로운 시기였던 이때 노동당이 실권하고 보수당이 지배했으며, 보수당의 헤게모니하에서 풍요의 문화적 정의가 영국인에게 제공됐기 때문입니다. 해럴드 맥밀런Harold Macmillan[1]은 경제에 관해선 별로 신경 쓰지 않던 에드워드 시대의—어쩌면 마지막—마법사 중의 한 명이었습니다. 경제는 저절로 돌아갔고, 맥밀런은 유권자에게 경제가 얼마나 잘 돌아가고 있는지를 가끔 상기시키기도 했습니다. 그의 슬로건은 "지금처럼 좋았던 적은 없었다. 계속 잘 돌아가도록 하자"였습니다. 이처럼 경제적 풍요, 즉 대중사회의 도래를 보수당의 정치적 헤게모니와 동일시하려는 시도가 지속적으로 있었습니다.

이 시대는 영국인의 삶에 있어 '미국적 단계'에 해당합니다. 그 당시까지 사람들, 특히 마르크스주의자들은 영국이 최초의 모범적인 산업사회이며, 산업 팽창에서 이윤율 감소 경향에 이르기까지 모든 일이 영국에서 처음 일어났다고 생각했고 그렇게 알고 있었습니다.

---

1. [옮긴이] 해럴드 맥밀런은 1957년부터 1963년까지 영국 수상을 역임한 보수당 출신의 정치가다.

하지만 전후 시기에 그들은 모든 서유럽 사람들에게 있어 모범 사례가 갑자기 미국으로 바뀌었다는 사실과 직면해야 했습니다. 사람들의 생활에 관해서라면 여기든 저기든 매사 잘 돌아가고 있었습니다. 그러나 아주 거친 방식이었지만, 사회생활의 패턴에서 전후 시기와 전전 시기를 나누는 듯한 중요한 변화가 일어나고 있었습니다. 이러한 변화는 미국문화가 전 지구적으로 역사적 주도권을 갖게 된 것과 직결되어 있었습니다. 첨예한 계급관계의 감소, 노동계급과 중하층 계급의 전문직 및 비전문적 상업계급으로의 이동과 통합, 대중문화의 시작, 매스미디어의 대대적인 침투와 텔레비전 시대의 개막, 소비자 광고 등이 주도하는 의식의 급속한 확장 같은 것 말입니다.

결과적으로 영국의 지식인과 정치가는 모두 대중문화와 대중사회의 성격에 관한 문제, 풍요롭고 발전된 산업자본주의 사회에서 일어나는 변화에 관한 문제와 마주해야 했습니다. 이런 문제들을 처음으로 미국적 관점에서 바라보게 된 겁니다. 1959년 선거에서 노동당이 두 번째로 패배하게 되었을 때, 사람들은 보수당이 향후 100년은 권력을 잡을 것으로 예측했습니다(다행히 그러지 못했지만, 끝나지는 않을 것으로 보였습니다). 1959년 노동당 전당대회에서 노동당 지도자는 무엇이 잘못되었는가를 설명하려고 시도하며 나름대로 분석했는데, 그 원인을 텔레비전, 냉장고, 중고차, 여성잡지, 사라져버린 노동계급 플랫캡cloth cap[2], 사람들이 사냥개 경주를 더 이상 즐기지 않는다는 사실 탓이라고 탄식했습니다. 문화생활의 붕괴가 일이 틀어진 원인이라는 겁니다! 따라서 그다음으로 직시해야 할 질문은 "노동당

2.　[옮긴이] 전통적으로 노동자계급이 즐겨 쓰던 납작한 모자.

은 패할 수밖에 없는가?"였습니다. 이 질문은 당시 가장 인기 있던 책의 제목이기도 했는데, 이는 결코 우연이 아닙니다.[3] 노동당이 대중사회의 엄청난 풍요에 의해 쇠퇴하고 있던 독특한 전통적 산업노동자 문화와 동일시되는 한, "예"라고 답할 수밖에 없었을 것입니다. 왜냐하면 이런 사회에서 계급은 필연적으로 약화될 터이고 사회도 미국사회처럼 변모할 것이며 미국사회의 특성과 형태를 띠게 될 것으로 예측되었기 때문입니다. 그 결과 정치 또한 달라져야 했을 겁니다.

앞서 당시 상황을 너무 간략하게 언급해서 이런 변화가 사회를 바라보고 분석하는 데도 큰 문제를 제기했다는 사실이 드러나지 않았을지 모르겠습니다. 대서양 양쪽 모두에서 사람들은 '포스트자본주의적' 사회에 관해, 그리고 전통적인 계급지향적 정치 이데올로기의 쇠퇴와 소멸에 관해 말하고 있었습니다. 일부는 심지어 '이데올로기의 종언'[4]을 말하는 지경까지 나아갔습니다. 그러나 한편으로 과거의 영국사회와 아주 달라 보이는 이런 사회경제적 체제의 성격에 관해 경제적·정치적 질문들이 제기되긴 했지만, 다른 한편으로는 주요 변화가 정치적·경제적인 것이라기보다는 문화적·사회적인 것이라는 점이 아주 명백했습니다. 이런 변화는 또 다른 근본적인 질문을 제기했습니다. 다시 말해, 미묘하면서 종종 모순적이기도 한 문화적 변화를 이해하기 위한 도구들은 어떤 것인가 하는 질문입니다. 또한 만일 여러분이 해당 사회의 문화에서 일어나고 있는 변화를 이해할 수 있다면, 사회의 성격과 작동방식에 일어나는 보다 폭넓은 변화를 이해

3. Mark Abrams & Richard Rose, *Must Labour Lose?* (Harmondsworth: Penguin, 1960).
4. Daniel Bell, *The End of Ideology: On the Exhaustion of Political Ideas in the Fifties* (Glencoe, IL: Free Press, 1960).

할 중요한 전략적 단서를 얻을 수 있다는 점도 중요하게 받아들여졌습니다.

내가 이러한 역사를 언급하며 이야기를 시작하는 것은 나 자신을 문화연구의 탄생을 하나의 지적 기획으로 읽고자 하는 사람들로부터 구분 짓기 위해서입니다. 나는 문화연구가 사실 하나의 정치적 기획, 즉 전후의 선진 자본주의 문화에 대한 하나의 분석방식으로 탄생했다는 사실을 강조하고 싶습니다. 이렇게 보면 문화연구의 출현이 독특한 정치적 집단인 신좌파의 탄생과 긴밀하게 연결되어 있고, 두 운동이 아주 긴밀히 결합된 채 서로 나란히 진행되었다는 점은 전혀 놀랄 일이 아닙니다. 50년대 중반 신좌파, 특히 초기 형태의 신좌파는 정말로 상황이 달라지고 있고 이런 상황을 분석하는 데 자신들이 물려받은 이론적·분석적 도구의 상당수가 별로 효과적이지 않다는 것을 (마르크스주의자들을 포함한 전통적 좌파들과 달리) 인식하면서 사회의 성격에 대한 급진적 분석에 몰두했습니다. 그 당시 신좌파는 문화적 변화의 의미를 인식하고 있었지만 기존에 있던 마르크스주의의 마법 가방에서는 거의 도움을 받을 수 없었습니다. 문화의 문제에 대한 마르크스주의적 사유의 초기 형식들에 대해서는 조만간 다시 이야기하겠습니다.

하지만 내 이야기의 핵심은 신좌파 그 자체에 초점을 두는 것이 아니라 신좌파와 문화연구 형성 간의 연관성을 지적하는 것입니다. 문화연구의 창설자 중 다수는 레이먼드 윌리엄스와 리처드 호가트를 포함해 초기 신좌파 및 그 정치적 사유와 궤를 같이했습니다. 나 자신을 비롯해 문화연구의 발전에 적극적으로 참여한 사람들은 《뉴 레프트 리뷰》나 다른 잡지에 적극적으로 글을 기고하고 정치운동에 적극적으로 참여하는 등 스스로를 신좌파와 매우 강하게 동일시했습니다. 두 영역이 발전하는 초기 단계에서는 인물들이 공통으로 겹친다는 느낌이 강했습니다.

당시 일어나던 문화적 변화의 성격을 그리고자 한 인물 중 한 사람이 『읽고 쓰는 능력의 효용The Uses of Literacy』[5]이라는 책을 쓴 리처드 호가트였습니다. 그는 북부 노동자계급 출신이었습니다. 이 책을 집필할 무렵 그는 성인 교육기관에서 가르치고 있었습니다. 나중에 그는 버밍엄 대학의 영문학과 교수이자 현대문화연구소의 설립자가 됩니다. 어떤 의미에서 그는 영문학의 문학비평 전통에 젖어 있던 사람입니다. 이는 당시 영문학 학위과정을 경험한 우리들 대다수와 마찬가지로 그가 리비스F. R. Leavis의 사상에 의해, 동시에 그의 정신과의 경쟁에 의해 형성되었음을 보여줍니다. 이 점은 나중에 살펴볼 생각입니다. 문화에 관해 글을 쓸 때, 호가트는 문학비평가의 입장에서 썼고, 시나 소설을 분석할 때와 마찬가지의 방식으로 현실의 사회적·문화적 생활을 읽고 분석하려고 했습니다. 그는 자신이나 자신과 같은 사람들이 전쟁 이전에 전통적 산업노동자계급으로서 경험했던 삶을 회상하려고 했습니다. 그는 문화의 특정 패턴 및 가치, 그리고 사람들 간의 구체적 관계가 정치적·경제적 조건보다는 그 시절 노동자계급 생활의 사회적·문화적 양상에 각인되어 있다고 생각했습니다. 그는 풍부한 물질적 재화에 접근하지 못했던 사람들이 어떻게 생활해갔는지, 그들이 어떻게 자신들의 문화를 창조하고 구성했는지를 이

---

5. [옮긴이] 국내에는 『교양의 효용: 노동자계급의 삶과 문화에 관한 연구』(오월의봄, 2016)라는 제목으로 출간되었다.

해하고자 했습니다. 물론 그 문화가 그들을 지탱해주되 종속적 위치에 머물게 했지만 말입니다. 그들은 세계의 주인이나 지배자는 아니었습니다. 그들은 어떤 일을 주도하기보다는 살아남으려고 했던 사람들입니다. 물론 위엄 있게 살아남았습니다.

그들의 삶은 문화의 패턴을 구성했습니다. 그 패턴은 진정한 것으로 인정되거나 높은 평가를 받거나 주류적인 문화의 패턴도 아니었고 고도의 읽기 능력을 바탕에 둔 '교양 있는' 문화의 패턴도 아니었지만 '문화'라고 부를 만한 것이었습니다. 호가트는 노동당 지도자가 영원히 사라지고 있다고 말한 바로 그 초창기의 전통적 노동계급을 다시 불러내, 마치 한 편의 산문을 읽듯이 '그것을 읽어내려고' 했습니다. 그는 자신이 자란 노동계급의 가정을 그렸고, 노동계급이 거실을 배치하던 방식, 즉 비록 그 집이 가난에 찌든 채 쓰러져가더라도 거기에 항상 손님을 위한 방이 하나 있었던 점에 주목합니다. 가족 누구도 그 방에는 들어가지 않았습니다. 2층에 있는 침대에서 네 명이 함께 자더라도 다른 사람을 접대할 방은 항상 마련해두었습니다. 호가트는 이것을 시골의 고택이나 부르주아의 화려한 저택 문화에 버금가는 문화라고 말합니다. 이들도 삶을 살았고 그 삶에 의미를 불어넣었던 사람들이라는 겁니다. 우리는 역사적이고 문학적인 과거를 지속적으로 연구하고 다양한 구체적 문화의 산물을 해석해왔습니다. 하지만 이것은 우리가 결코 보지 못한 문화, 즉 우리가 세련되고 교양 있는 것으로 여기지 않았던 문화입니다.

호가트는 직관적인 문학비평의 해석도구를 사용하여 이 문화를 설명하였고, 그것을 긍정했습니다. 그는 사회학자도 아니었고 양적 연구방법에도 특별히 매력을 느끼지 않았습니다. 실제 그는 수량화를 깊이 불신하는 영문학 전통하에서 교육받았습니다. 이러한 경향은 콜리지Coleridge가 "인간[나는 여기서 그가 남성과 여성 모두를 지칭한 것이길 바랍니다]을 수적으로 헤아리기보다는 그 무게를 느껴야 한다"[6]라고 말한 것에 잘 나타나 있습니다. 콜리지의 이 말은 공리주의와 정치경제학에 대해, 그리고 초기 산업자본주의가 사람들에게 끼친 영향에 대해 비판한 것이었습니다. 다시 말해, 콜리지의 말에 따르면 이런 논리는 사람을 마치 방적기를 돌리기 위한 손이나 되는 듯이 "기계 손industrial hands"이라 부릅니다. 인간 존재가 그 기계와 연결된 것은 우연에 불과한 데도 말입니다! 올 한 해에만 수십만의 손이 해고되었다고 몰인정하게 말할 수 있는 것도 바로 이런 언어 때문입니다. 사람은 셀 수 없습니다. 그들의 무게감을 느껴야 합니다. 호가트는 문학비평의 틈새 속에 들어 있던 이 전통을 물려받았습니다. 그는 수를 헤아리기보다는 무게감을 가늠하고 그것을 묘사했습니다. 그는 인류학에는 친숙하지 않았지만 자신의 삶을 마치 남태평양의 한 마을에서 일어나고 있는 일인 양 다루고 사람들의 기이한 행동과 말에 주목하면서 일종의 민족지학을 실천하고 있었던 것입니다.

실제로 호가트의 방법론은 정확히 민족지학자의 것과 같습니다. 그는 무엇보다 언어, 사람들이 실제 사용하는 말, 그들이 언어를 통해 관계를 유지하는 방식, 그들이 일을 구분하고 판별하는 방식을 귀담아 들었습니다. 예컨대, 그는 노동계급 사람들이 왜, 그리고 어떻게

---

6. Samuel Taylor Coleridge, *A Lay Sermon Addressed to the Higher and Middle Classes, on the Existing Distresses and Discontents* (London: Gale and Fenner, 1817), p. 109 (Accessed March 3, 2016, https://archive.org/details/blessedareyethat00cole).

해서 특정한 시간에, 특정한 방식으로 운명Fate에 관해 말하게 되었는 가에 대해 흥미를 가졌습니다. 대문자로 시작하는 '운명'이라는 단어는 오늘날 젠트리계급의 저택 복도에서도 울려 퍼지는 것을 들을 수 있을 겁니다. 하지만 노동계급이 사용할 때 그것은 실제 삶을 중단시키는 어떤 것이 아닙니다. 운명이란 진정 행운의 손길을 베풀어줄 수도 있는 것이지만, 딱 한 번 그런 손길을 베풀어준다는 것, 여러분이 내기에서 이기고 일이 잘 풀린다는 것을 의미합니다. 그런 운명은 결코 다시 찾아오지 않을 것이기 때문입니다. 물론 운명은 여러분이 알고 있는 오래된 가혹한 손길을 내미는 경우가 더 많습니다. 대체 무슨 일이 일어난 건가? 이런 말이 튀어나오는 것이 운명입니다. 그것은 역사에 대해 그 어떤 통제력도 갖지 못한 계급의 언어입니다. 그것은 어떤 일을 주도하는 계급의 언어가 아니라 어떤 고초를 겪는 계급의 언어입니다. 이런 식으로 호가트는 사회의 한 집단이 갖는 신체적 태도, 대화, 관계방식, 일처리, 일을 패턴으로 조직화하는 방식을 읽어냄으로써 그 집단 전체의 숨겨진 가치구조의 함의를 이끌어냈습니다. 그는 인류학(그는 이에 대한 지식을 갖고 있지 않았습니다)이 아니라 문학을 읽음으로써 이런 것들이 의미 있다는 것을 알았습니다.

호가트는 문화분석에 일종의 문학적 상상력을 쏟았습니다. 이런 점 때문에 그는 영국의 문학적·문화적 전통 내에 자리매김할 수 있지만, 동시에 이 전통의 밖에 있기도 합니다. 왜냐하면 이 문학적 전통은 그가 쓴 그런 종류의 것을 주목할 가치가 있는 것으로 받아들인 적이 결코 없었기 때문입니다. 만일 여러분이 리비스에게 리즈에 사는 노동계급의 거실에 관해 말하기 시작한다면, 그는 도대체 무슨 말을 하는지 이해하지 못할 겁니다. 더욱이 리비스는 그것을 '문화'와 관련된 것이라고 생각조차 하지 않았을 겁니다. 이런 전통하에서 성장한 호가트는 문화의 무시되고 배제된 영역에 초점을 두고자 했습니다. 그런 점에서 호가트는 자신이 교육받은 전통의 내부와 외부 모두에 위치하고 있었던 셈입니다. 그는 이 전통을 깨고 나와 자신의 경험을 다루고 일반화하기 위해 이 전통을 사용했던 겁니다.

이것이 『읽고 쓰는 능력의 효용』이라는 책의 매우 풍성한 전반부입니다. 이 전반부는 극히 중요하며, '문화'를 받아들이고자 하는 새로운 시도에 큰 영향을 끼쳤습니다. 책의 후반부는 자신의 시대, 즉 1950년대를 읽어내려는 호가트의 시도를 보여줍니다. 유감스럽게도 별로입니다! 그는 자신이 속한 노동계급의 문화에 일어나고 있던 변화를 이해하려 노력하지만, 그 노력은 꼼꼼한 비평적 읽기보다는 미국 대중문화에 대한 그의 가정 내지 그 문화 전통에 대한 그의 각색된 해석으로 채색되어 있습니다. 이에 관해 좀 더 말하겠습니다. 호가트는 대중문화에 대한 비판을 영국으로 곧장 옮겨놓았을 뿐입니다. 주변을 둘러본 그는 미국과 미국문화가 대서양을 넘어와 자신들을 압도할 것이라고 생각했습니다―그리고 이렇게 생각한 것이 분명 그 혼자만은 아니었습니다(예컨대, 아주 뛰어난 사회민주주의자인 앤서니 크로스랜드Anthony Crosland가 쓴 『사회주의의 미래The Future of Socialism』라는 책을 보시기 바랍니다).

그럼에도 『읽고 쓰는 능력의 효용』은 우선 정치적 논쟁과, 그다음엔 지적 논쟁에 직접 반영되었다는 점에서 이정표와 같은 책입니다. 호가트를 만나기 전 『읽고 쓰는 능력의 효용』을 처음 읽었을 때, 나는 이 책을 학술적인 맥락(리처드 호가트는 시인 오든Auden에 관한 책[7]의 저자로 잘 알려져 있었습니다)보다는―앞서 개괄한 그런 질문에 대답하려고 하는―정치적 토론의 맥락에서 읽었습니다. 정치적 맥락에서 이 책은 세계가 돌아가는 방식에 관해 얘기하는 중요한 책으로 보였습니다. 학술적 맥락에서 보면 나는 이 책이 지식인이 휴가 중에 쓸 법한 책, 혹은 굳이 진지하게 받아들일 필요 없는 영국에 관한 일종의 직관적·사변적 읽기로 여겨졌다고 생각합니다. 그렇지만 이 책은 우리가 질문하고자 했던 문제들, 즉 사회는 어디로 나아가는가, 문화에 무슨 일이 일어나고 있는가와 같은 중요한 질문들에 대한 대응이자 그에 대한 대답으로 진지하게 받아들여졌습니다.

두 번째로 호가트는 제도적인 의미에서도 중요합니다. 그가 버밍엄 대학에 가서 현대문화연구소를 설립했기 때문입니다. 그 설립 취지는 실로 복합적인 것이었습니다. 우선 『읽고 쓰는 능력의 효용』의 작업을 계승하고 그런 작업을 본격적으로 수행하되 보다 조직적인 방식으로 실천하는 것, 다양한 부류의 학생에게 그런 종류의 작업을 실천하도록 훈련시켜 자신의 시대에 관해 그런 방식으로 글을 쓰게 하는 것, 텍스트를 통해 학술적으로 가다듬은 감수성을 보다 정교히 하는 방법을 발견하고 그것을 사회분석에까지 확장하는 것이었습니다. 문화연구의 기획이 제도적 형태를 갖추게 만든 것은 호가트였습니다. 이 사실은 아주 중요합니다. 왜냐하면 그람시가 알아차렸듯이, 어떠한 이데올로기 내지 이론도 그것을 실천할 당파, 즉 조직적·제도적 형태를 갖추지 못한다면 제 구실을 하지 못하기 때문입니다. 호가트는 제도를 설립하고 그 기초를 마련했으며 사람들을 끌어모아―아

---

7. Richard Hoggart, *Auden: An Introductory Essay* (London: Chatto and Windus, 1951).

직 명확하지 않던―기획을 구체적인 지적 발전으로 이끌었습니다.

이제 나는 초기 연구소가, 또는 문화 및 문화변화에 관해 사고하고자 했던 사람들이 어떤 종류의 작업에 의지했는가 하는 문제를 다루어볼 생각입니다. 즉, 이런 질문들 말입니다. 그런 작업은 어떤 장 안에서 진행되고 있었는가? 특히 '문화'라는 용어가 위치하던 장은 어떠했는가? 어떤 지형 안에서 이런 기획이 제기되었는가? '문화'라는 용어를 숙고하고 정교히 다듬던 곳은 어디였는가? 이 새로운 연구소와 새로운 기획은 무엇에 의지하고 있었는가? 여기에는 어떤 학문분야들이 반영되었는가?

나는 이미 문화연구 형성의 중요한 자원으로 문학비평 분야, 특히 영국에서 가장 지각 있고 영향력 있는 문학비평가인 F. R. 리비스의 작업을 언급한 바 있습니다. (미국에서 그의 위상과 가장 비슷한 비평가는 라이어널 트릴링Lionel Trilling이었습니다. 그들은 서로에게 영향을 끼쳤고, 두 사람 모두 동시대 문화 내의 압력과 긴장, 차이에 대해 일종의 보수적 자유주의―이는 자유주의적 보수주의와는 다릅니다―로 대응했습니다.) 리비스는 이른바 꼼꼼한 읽기의 실천에 역점을 둔 방법론을 옹호했습니다. 그는 텍스트를 모호하고 부정확한 방식으로 해석하고 판단해서는 안 된다고 주장합니다. 의미나 가치를 특정 텍스트의 언어와 구조, 주제 속에서 실제로 보여주어야 합니다. 비평적 판단이 하나의 사례에서 다른 사례로 옮겨 갈 때, 그 탁월한 가치를 특정한 문학작품 내에서 정확히 짚어낼 수 있어야 합니다. 이것이 바로 내가 호가트의 방법론이라 기술했던 겁니다. 그런 의미에서 호가트의 작업은 항상 텍스트에 대한 꼼꼼한 읽기의 실천을 통해 형성되었습니다. 그러나 또 다른 차원에서 리비스는 문학비평과 영문학연구에 대해 거시적 주장을 펼쳐왔습니다. 리비스는 폭이 좁은 학자가 아니었습니다. 그는 텍스트에 대한 꼼꼼한 시선과 언어와 감정의 작용 방식에 대한 넓은 감수성을 결합한 영문학이 인문학의 **중심** 학문분야여야 한다고 믿었습니다. 영문학은 철학이 서 있던 바로 그 자리에 위치하고 있거나 위치해야 한다는 겁니다. 더 나아가 리비스는 영문학의 위상이 대학을 넘어 확장되어야 한다는 훨씬 대담한 주장을 펼쳤습니다. 문학 훈련을 받은 사람들이 단순히 특정 텍스트가 아니라 문화 전체에 관해 판단할 때 훨씬 더 우위에 있다는 겁니다. 리비스는 특정 작가가 위치하고 특정 텍스트가 형성되는 문화 전체에 관심을 가졌습니다. 이런 관심을 더욱 심화시킨 것은 그 자체로 중요한 공헌입니다. 그는 문학인에게 문화 그 자체의 흐름과 움직임을 해석하고 판단하는 훨씬 큰 역사적 사명을 담당할 것을 요청했습니다. 실제로 아주 탁월한 문학비평가였던 그의 부인 Q. D. 리비스 역시 초기 저술 활동 중『소설과 독서대중 Fiction and the Reading Public』이란 책을 쓰기도 했는데, 이 책에서 그녀는 진지한 고급문학보다는 대중문학을 다루려고 했습니다. 이 책은 대중사회와 대중문화론의 영향하에서 쓰였습니다. 그것은 가장 대중적인 문학은 정서적으로 천박하다는 입장에 근거했습니다. 그런 문학을 엄청나게 읽은 사람들은 독서 과정에서 정서적으로나 지적으로나 수준이 떨어지게 될 거라는 겁니다.

리비스는 그런 기획을 단지 문학에 국한된 것이 아니라 문화 전체의 문제와 관련된 것으로 생각했고, 이 때문에 그와 긴밀한 관계를 맺고 있던 호가트, 레이먼드 윌리엄스 같은 인물들이 이 새로운 종류의 문화비평을 정의할 때 핵심적인 역할을 맡을 수 있었습니다. 그러나 문제는 리비스의 비평적 실천 속에 들어 있는 문화 개념이 근본적으로 매슈 아널드Matthew Arnold의 전통으로 소급된다는 점입니다. 즉, "이제까지 사고되고 말해온 최상의 것", 바로 그것이 문화라는 겁니다. 이제까지 사고되고 말해온 최상의 것이 리처드 호가트의 거실에서 쓰일 리 만무하다는 것은 의심의 여지가 없을 겁니다. 그것은 다른 곳에서 다른 부류의 사람들에 의해 쓰일 겁니다. 사람들이 최상의 것을 인식하려면 문학비평의 정교한 훈련과 감수성을 가질 필요가 있습니다. 문화가 무엇인지를 이해하기 위해서는 그 전통 속으로 들어가 거기에 자신을 완전히 맡겨야 합니다. 다시 말해, 그런 전통은 장구한 역사적 선별 작업에, 그리고 온갖 특별한 강조와 배제로 이루어진 문화 전통의 구성 작업에 근거합니다. 민중의 문학은 '세련되지' 않았다는 이유로, 그것과 교감한다고 해서 우리의 정신과 감수성이 세련되거나 정교해지지 않을 것이라는 이유로 통째로 배제되었습니다. 감수성을 지닌 훈련된 문학비평가의 책무는 이 전통 속으로 들어가 빈약한 것, 별로 좋지 않거나 결함 있는 것은 버리고 공통의 문학적 전통, 다시 말해, 소규모의 선별된 책 내지 한 줌의 책을 들고 나오는 겁니다. 실제로 리비스에게 가치 있다고 여겨진 것은 책 전체가 아니라 일부분인 경우가 많았습니다. 조지 엘리엇George Eliot의 『아담 비드Adam Bede』의 중반부, 『플로스강의 물방앗간The Mill on the Floss』의 전반부, 헨리 제임스Henry James의 『한 여인의 초상The Portrait of a Lady』은 전부는 아니지만 대부분이 여기에 포함됐으나 『대사들The Ambassadors』은 확실히 포함되지 않았습니다. 중하층계급 출신으로 청교도와 같은 엄숙주의자들만이 자신들과 무관한 이 전통 속으로 들어가 리비스가 했던 방식으로 전통의 문지기, 세공사, 정원사 역할을 수행했습니다.

리비스는 이 공통의 전통에 대해 가장 높은 이상을 품고 있었습니다. 만약 정치가들이 문학작품을 더 많이 읽었더라면, 그들은 사람들에게 50년대에 진행되고 있던 물질주의의 안락한 삶, 즉 리비스가 '오늘날의 번잡함jam today'이라 일컬었던 것을 제공하지 않았을 겁니다. 만일 사람들이 문학을 더 많이 읽었더라면, 그들은 즉각적 만족을 추구하기보다는 쾌락을 무한히 연기해야 할 필요성을 깨달았을 겁니다. 하지만 사람들이 삶이라는 것을 새로운 슈퍼마켓에서 시작하고 끝난다고 생각하는 상황에서 문화는 어떻게 살아남을 수 있을까요? 리비스에게 영문학, 특히 문학과 비평적 실천은 야만인을 차단하기 위해 문화적 전통을 엄밀하게 사용하는 것과 관련이 있었습니다. '야만인'이라는 적은 복합적인 존재였습니다. 이 적들에는《타임스 문학판Times Literary Supplement》과《뉴욕 리뷰 오브 북스New York Review of Books》등에서 활동하는 타성에 젖은 기성비평가들도 포함됩니다. 리비스는 이들을 기성문화계의 속물들이라 불렀습니다. 이 비평가들은 문학을 제대로 다루지도 않았고 문학을 위해 도덕적으로 싸우지도 않았습니다. 그러나 또한 이 적들에는 오늘날의 번잡함을 갈망하는 호가트의 노동계급 사람들도 포함되었습니다.

리비스의 방법은 한 작가에 관해 부실한 성찰을 '한번 던져보는 것'을 용인하지 않았습니다. 그것은 긴 훈련 기간을 필요로 했습니다. 그러기 위해선 케임브리지 대학의 소규모 강의실에 소수의 사람—왜냐하면 많은 사람이 그런 일을 제대로 하기를 바랄 수는 없기 때문입니다—이 모여 진지하게 대화하고 문학작품의 문화적 가치와 의미를 탐구하는 힘든 작업에 동참할 필요가 있습니다. 어떤 사람이 "내 생각에 이 작품은 아주 퇴폐적인데요. 그렇지 않습니까?"라고 말하면, 다른 사람은 "우리가 지난번에 읽었던 작품만큼은 퇴폐적이지 않은데요. 여기엔 아주 좋은 문장들이 있거든요" 하는 식으로 반응합니다. 이런 논증방식은 항상 "그렇습니까? 이것은 이렇습니다. 그렇지 않나요?"라는 식입니다. 제2차 세계대전을 전후로 해서 문학연구를 공부했던 사람 중 리비스로부터, 그리고 이 전통과 실천, 가치로부터 영향을 받지 않은 사람은 없었습니다. 나는 옥스퍼드 대학의 문학도였는데, 그곳에선 학생들이 리비스를 "찡그린 엄숙주의자beetle-browed puritan"라 부르며 싫어했습니다. 리비스가 케임브리지에서 문학을 더욱 진지하게 받아들이면 받아들일수록, 옥스퍼드에 있는 우리들은 문학을 더욱 경박하게 받아들이려고 했습니다. 리비스가 문학을 더욱 꼼꼼하게 읽으면 읽을수록, 우리는 우리의 직관과 본능에 더 많이 의지하려고 했습니다. 그러나 그런 아마추어적 문학전통에서 교육받은 우리들조차 리비스의 도덕적 진지함은 인정해야 했습니다. 리비스는 실제로 문화가 중요하다고 생각했고 그것을 알고 있었습니다. 그의 개념은 매우 엘리트주의적이고 세련된 것이었습니다. 그것은 대중문화의 복합성을 다루기에는 적합하지 않았습니다. 그것은 사회 전체의 생활방식을 대상과 주제로 삼지 않았습니다. 그럼에도 리비스는 이것이 세심한 논증이 요구되는 진지한 문제라는 것을 알고 있었습니다. 문학기득권층은 당시 밀려들어 오던 문화 따위에는 조금도 신경 쓰지 않았지만, 결국 옳았던 것은 리비스였습니다. 하지만 아널드-리비스 전통이 '문화'를 탐구하고 진지하게 다루었던 극소수의 시도 중의 하나였다고 하더라도, 그것은 문화학science of culture을 펼치기 위한 적절한 토대를 제공할 수는 없었습니다.

　물론 '문화'라는 용어를 특정 종류의 인류학에서도 찾아볼 수 있습니다. 비록 인류학을 영국 대학들에서 널리 가르치지는 않았지만 문화 개념에는 인류학적 전통에서 생겨난 중요한 흐름이 있습니다. 전체적인 생활방식으로서의 문화, 혹은 사람들이 생활하고 서로 관계 맺는 독특한 양식으로서의 문화 개념 말입니다. 이것은 레이먼드 윌리엄스의 작업에서 중심이 되는 문화 개념입니다. 불행히도 영국의 인류학적 전통은 문화적이기보다는 구조적이었습니다. 그것은 문화적 실천보다는 사회제도(가족, 종교 등)에 주로 주목했습니다. 프랑스와 미국의 인류학적 전통은 문화적·언어적·상징적 문제에 더 관심을 가졌습니다. 영국의 인류학에서는 문화연구 내지 문화분석이 대대적으로 행해지지 않았지만, 문화에 대한 일부 중요한 개념을 생생하게 유지해온 진지한 전통은 여럿 있었습니다. 결국 전 세계적으로 수많은 문화를 파괴하고 그런 문화들 내에서, 그리고 그런 문화들을 통해서 자신의 방식을 강요해온 제국주의 국가는 문화라는 개념이 무엇인지를 명확히 알고 있었습니다. 그것은 문화에 대해 '오지와 밀림용 챙 넓은 모자'를 연상시키는 문화, 즉 '원주민 문화' 개념을 갖고 있었습니다. 만약 여러분이 식민지 행정관이라면, 찌는 듯한 열기 속에서도 여러분이 저녁 정찬을 위해 의복을 갖춰 입을 때 '문화적' 일이 벌어지고 있음을 완벽히 깨달았을 겁니다. 거기엔 분명히 상징적인 일이 일어나고 있는 겁니다! 이런 의식은 기능적인 것과 정반대이기 때문에 말리노프스키식의 기능주의로는 설명될 수 없습니다. 또한 여러분은 문화의 충돌이 있었음을 감안해야 합니다. 거기에는 여러분들이 기꺼이 통합해야 하거나 행정적으로 관리해야 하지만 독자적인 생활방식을 가진 또 다른 문화가 존재합니다. 두 가지 법체계, 분쟁을 해결하는 두 가지 방식, 두 가지 종류의 결혼 등과 같은 것을 조정하며 헤쳐나가야 합니다. 영국 인류학은 제국주의적 과거에 의해 철저히 규정되었고 그 영향은 깊이 각인되어 있습니다. 그럼에도 이런 일이 일어나는 과정에서 인류학은 문화에 대한 일부 중요한 고찰을 가능케 하기도 했습니다. 그것이 문화연구 내에서, 그리고 신좌파 주변에서 진행되고 있던 주장들과는 다소 다르긴 했지만 말입니다.

문화 개념의 이론화에서 중요한 세 번째 원천은 사회학입니다. 1950년대에 사회학은 미국식이었습니다. 영국 사회학은 사회조사(가령 찰스 부스Charles Booth와 헨리 메이휴Henry Mayhew)와 사회정책의 행정에 있어 오래되고 독특한 역사를 갖고 있습니다. 그러나 영국의 지적 생활은 발달된 이론 영역으로서의 사회학에 중요한 공헌을 전혀 하지 못했습니다. 뒤르켐Durkheim이나 베버Weber와 같은 인물은 없었습니다. 마르크스Marx도 우리를 찾아왔지 우리가 그를 낳은 것이 아닙니다. 심지어 탤컷 파슨스Talcott Parsons와 같은 인물조차 없었습니다(그런 인물 정도는 가질 만했는데도 말입니다!). 영국 사회학은 늘 아주 경험적이고 기술적記述的이며 주로 사회개량적 입장을 지지했습니다. 19세기 후반까지 만일 누군가가 사회를 연구하는 연구자라고 말한다면, 이 말은 사회개량을 위해 사회연구를 한다는 의미였습니다. 일부 영국 사회학자가 20세기 초에 과학적 탐구 모델을 채택하기도 했지만, 영국에서 사회학의 진정한 등장은 1950년대에 시작되었습니다. 이 무렵 채택된 이론적 모델이나 연구방법론은 실제로는 미국식이었습니다. 문화연구의 형성을 다루는 이 강의에서 미국 사회학 일반을 논할 필요는 없겠지만, 지나치게 간략하더라도 이야기의 일부, 즉 대중사회와 대중문화에 관한 논쟁에 대해서는 얘기할 필요가 있습니다. 이 논쟁은 1930년대 프랑크푸르트학파의 연구와 함께 시작되었고

50년대 대중문화에 대한 다원주의적 옹호에서 최고조에 이릅니다.

1930년대에 호르크하이머Horkheimer와 아도르노Adorno, 그리고 프랑크푸르트 사회연구소의 다른 구성원은 파시즘의 부상에서 의식의 조직화, 사회의식 및 문화의 조직화가 지닌 성격에 관한 중요한 교훈을 보게 됩니다. 그들은 이런 사회적 왜곡―계몽과 합리적 사고의 진행에 대해 우리가 가졌던 정상적 이해로는 생각지도 못한 가능성―이 사회의 하부구조의 붕괴 때문이라고 주장했습니다. 따라서 우리는 세계에서 가장 선진적이고 문화적인 사회 중의 하나로 자부하던 사회에서 발생할 수 있는 무의식적인 힘과 심층의 권위주의적 관계에 주목하게 되었습니다. 프랑크푸르트학파의 구성원이 히틀러를 피해 망명길에 올랐을 때, 다수는 미국으로 갔습니다. 그들은 자신들이 독일에서 너무 늦게 인식한 권위주의적 패턴으로의 붕괴 전 나타나는 일부 징조를 미국에서도 엿볼 수 있었다고 주장했습니다. 어떤 의미에서 이들은 미국사회와 그 문화의 옹호자들에게 도전했던 겁니다. 미국문화의 옹호자들이 하나의 답변을 내놓는 데는 놀랄 만큼 긴 시간이 걸렸습니다. 결국 그 답변은 1950년대에 나왔는데, 시모어 마틴 립셋Seymour Martin Lipset과 같은 사회학자는 권위주의적 패턴이 가족이나 종교와 같은 전통적 사회제도를 대체하지 않았고, 비공식적 사회구조도 거기에 전혀 영향받지 않았다고 주장했습니다. 사실 그들은 자본주의는 그 약속을 이행하고 있고, 이데올로기적 갈등은 첨예해지지 않았으며, 나아가 미국은 다양한 이민자를 성공적으로 통합함으로써 새로운 미국적 정체성을 창조해냈다고 주장했습니다. 다원주의가 제 역할을 성공적으로 수행했다는 겁니다! 이는 미국사회가 내부로 진입한 모든 종속적이고 주변적인 문화를 점진적으로 통합할 만큼 충분히 강력했고 대중문화도 충분히 폭넓다는 주장이었으며, 그에 대한 적극적인 옹호였습니다. 미국사회와 문화는 '용광로'라는 거창한 이미지로 그려졌습니다.

1950년대에 세계제국으로서 미국의 지배적 위상이 높아지면서 이 논쟁과 관련된 사회적·정치적 분석과 이해의 형태들은 미국의 그러한 위상을 추종했습니다. 미국의 성조기가 해외로 나가면서, 근대화를 옹호하고 도처에서 미들 아메리카(미국식 중산층)를 창조하려고 했던 정치학자와 사회학자가 즉각 그 뒤를 쫓았습니다. 이러한 생각은 1950년대의 수많은 글에서 아주 강력하게 제시되어 있습니다. 초기 단계의 진보연합Alliance for Progress[8] 같은 것이었습니다. 미국을 사회와 사회구조, 문화를 이해하는 지배적 형식으로 삼았던 이 독특한 유형의 다원주의적이고 실증주의적인 사회과학은 그 당시 곳곳에서 생겨났고 받아들여졌습니다. 그 당시 영국의 사회학 학술지를 살펴보면, 그것은 머튼Merton과 파슨스의 각주, 혹은 그들의 각주의 각주처럼 보입니다. 그 학술지들은 영국의 삶과는 무관했을 뿐 아니라 영국적 삶의 독특성에 대해선 전혀 이해하지도 못했습니다. 방법론적 접근과 그 이데올로기적 전제는 하나의 맥락에서 빠져나와 다른 맥락 속으로 그냥 편입되었던 겁니다.

이러한 주류 사회학적 전통에서 문화는 규범과 가치의 영역입니다. 문화는 체계 전체를 현실적으로 조정하는 것입니다. 탤컷 파슨스의 작업에는 생물학적 체계, 사회적 체계, 문화적 체계가 있습니

---

8. [옮긴이] 진보연합은 1961년 미국과 라틴아메리카의 경제협력을 위해 존 F. 케네디 대통령이 제안한 연합을 말한다.

다. 그리고 그는 다양한 사회집단을 통합할 때, 그리고 한 집단과 다른 집단 간의 연관성을 구축할 때 상징적인 것의 영역이 갖는 중요성에 관해 썼습니다. 그러나 그것을 구체적으로 정교화하는 작업은 거의 없었습니다. 이런 이론적 입장에서 볼 때, 문화는 통합의 영역입니다. 하지만 통합이 어떤 구체적인 문화적 가치를 중심으로 이뤄져야 하는가에 대해선 거의 말하지 않습니다. 더욱이 그것은 사회를 안정적으로 유지시켜주는 어느 정도의 합의를 성취하고 유지하기 위해서 어떤 대안적 가치들이 주변화되고 예속화되어야 하는가에 대해서는 일절 말하지 않습니다. 이런 형식의 사회학이 갖는 강점 중의 하나는 문화의 다원성을 인식하는 것입니다. 이것이 설명하려고 한 장소가 미국이라는 점을 감안하면 이런 사실은 놀랍지 않습니다. 이 사회학은 서로 중첩되어 있는 다양한 문화적 패턴이 있음을 알았습니다. 하지만 이 이론은 문화와 권력 간의 관계, 다양한 문화 간의 지배와 종속의 관계에 관해서는 말해줄 수 없습니다. 따라서 그것은 특정한 문화적 패턴과 가치가 어떻게 지배적 위치를 획득하는가, 지배적 문화 패턴은 어떻게 형성되는가에 대해선 답변할 수 없습니다. 그것은 애초에 중앙집중화된 문화구성체와 주변화된 문화구성체 간의 권력관계에 관해서 얘기할 수 없습니다. 「중심과 주변Centre and Periphery」[9]이라는 에드워드 실즈Edward Shils의 글을 한번 봅시다. 이 글은 통나무집 출신이 백악관으로 입성하는 류의 그런 문화적 성공담입니다. 그것은 대중(호가트의 민중 개념의 미국판)의 문화가 아주 거칠고 평범하

9. Edward A. Shils, "Centre and Periphery," *The Logic of Personal Knowledge: Essays Presented to Michael Polanyi on His Seventieth Birthday* (London: Routledge and Kegan Paul, 1961), pp. 117-130.

다는 전제에서 시작합니다. 하지만 사회가 점점 더 개방적으로 바뀌면서 그들은 중심부로 점차 통합되어갈 거라는 겁니다. 이렇게 중심과 주변의 관계는 확장되고 다양화될 것입니다. 대중문화는 사회 전역에 문화적 표준을 확산시킬 것이고 종국에 우리는 제인 오스틴을 읽으면서 **동시에** 텔레비전을 보게 될 것입니다. 이런 동질화된 문화의 지속적 성장은 다원주의를 보장해줄 것입니다. 이런 방식으로는 주변부가 결코 완전히 중심부가 될 수는 없겠지만(놀라운 일입니다!), 주변부와 중심부 간의 상호관계는 사회를 문화적·사회적으로 안정시켜줄 것입니다. 다원주의가 작동하는 겁니다!

물론 여기에는 중요한 통찰이 있습니다. 하지만 미국과 같은 복합적 사회를 그런 방식으로 기술하고, 다양한 문화 간의 권력관계를 참조하지 않은 채─마치 문화적 관계가 경제관계, 사회구조, 특히 권력의 영향권 밖에서 기능하는 것처럼─그 통일성을 설명할 수 있다는 가정은 텅 빈 문화 개념을 낳을 뿐입니다. 그것은 멋진 이야기를 들려주고 일부 중요한 특징에 주목하게 했지만, 그 중심은 근본적으로 취약하고 제한적입니다.

사회학적 전통의 다른 대안적인 흐름에는 또 다른 문화 개념도 존재합니다. 이러한 개념은 문화적 의미에 대해 보다 풍부한 인식과, 집단들 간 상호작용에 있어 상징적·문화적 관계의 중요성에 대해 보다 나은 통찰력을 보여줍니다. 뒤르켐과 모스의 구조적 전통, 베버에서 유래한 현상학적이고 해석적인 전통, 그리고 시카고 사회사상학파의 작업에 근거한 상징적 상호작용론(과 다양한 입장)을 생각해보십시오. 이런 입장들이 문화연구의 발전에서 어떤 역할을 했을지는 모르지만, 문화연구의 출현과 형성과정에는 거의 알려지지 않았고 별로 도움도 되지 않았습니다.

따라서 50년대와 60년대 초반 한 사회의 역사적 운동을 이해할 때 문화관계의 문제에 보다 중심적 위상을 부여하려고 한 사람들은 자신들의 지적 세계의 다양한 분야—문학비평 전통, 특정 형태의 사회학, 인류학 연구—에 존재하던 문화 개념들을 발견했습니다. 그러나 이러한 문화 개념들은 모두 이론화되지 않았고 미발달 상태였으며 제한적이고 한계가 있던, 일종의 '어중간한' 상태였습니다. 이것이 어떤 의미에서 문화연구가 해야 했던 첫 번째 과업이 동시에 마지막 과업이 된 이유이기도 합니다. 즉, 문화를 개념화할 때 기존에 이용할 수 있던 전통들보다 더 적절하게 문화를 개념화하는 것 말입니다.

마지막으로, 나는 마르크스주의의 문제를 문화연구의 초기 역사와 관련해서 논하고 싶습니다. 만일 문화연구의 가장 강력한 원천이 문학비평, 특히 리비스의 전통에서 왔다고 한다면, 그 전통은 더 넓은 논쟁 속에 자리매김되어야 합니다. 리비스의 가장 중요한 공헌 중의 하나는 그가 다른 문학비평가가 전통적으로 시와 희곡에 기울였던 시선을 소설에 기울였다는 점입니다. 그렇기 때문에 리비스는 1930년대의 마르크스주의 비평가와 나란히, 그리고 그들과의 일종의 논쟁 속에서 글을 썼습니다. 그 당시 영국 공산당 주변에는 마르크스주의 이론을 문학 분석에 적용하려는 작업이 아주 많았습니다. 사실 1930년대에는 분석, 특히 소설 분석을 위해 마르크스주의적 도구들을 사용한 일군의 작가와 비평가—크리스토퍼 코드웰Christopher Caudwell과 랠프 폭스Ralph Fox와 같은 사람들—가 있었습니다. 리비스는 그들의 지적 작업의 존재를 의식했을 뿐 아니라 그것이 자신의 기획에 대한 도전임을 의식하고 있었습니다. 어떤 경우 리비스는 그런 작업과 직접 맞서기도 했고, 일부 최상의 것, 가령 에드겔 릭워드Edgell Rickword와 L. C. 나이츠Knights의 작업을 종종 자신의 잡지인 《검토Scrutiny》에 게재하기도 했습니다. 나이츠는 이 잡지의 가장 중요한 기고자 중 한 명이었는데, 그는 문학, 특히 엘리자베스 1세 시대와 제임스 1세 시대 희곡의 경제적·사회적 맥락에 큰 관심을 갖고 있었습니다. 리비스와 그의 작업을 둘러싸고 진행되고 있던 글에서 마르크스주의는 결코 부재하지 않았습니다. 하지만 레이먼드 윌리엄스가 『문화와 사회: 1780-1950Culture and Society: 1780-1950』의 마지막에서 리비스의 작업을 평가할 때, 나는 그가 이 논쟁의 맥락 속에서 평가했을 때 리비스가 이 싸움에서 이겼으며 또 이길 만했다고 아주 솔직하고 정확하게 결론 내리고 있다고 생각합니다. 그 당시 마르크스주의 문학비평의 주류 내지 주요 저작을 구성하고 있던 것을 떠올려볼 필요가 있습니다. 지극히 엉성했고 논리적으로 단순했습니다! 우리가 오늘날 서구 마르크스주의 전통이라 일컫는 것의 영향을 아직 받지 못하던 시절입니다. 마르크스의 초기 저작을 읽지 않았고, 루카치Lukács, 벤야민Benjamin, 프랑크푸르트학파, 혹은 그람시에 대해서는 금시초문이었습니다. 당시 문학 분석의 '마르크스주의'란 토대/상부구조 모델을 문학 및 문화적 산물의 생산에 대한 분석에 직접적이고 기계적으로 적용한 것에 불과했습니다. 문화에 대한 단순한 반영론과 환원주의에 대한 비판이 이루어지고 있음은 전혀 알려지지 못했습니다. (코드웰은 다른 사례였는데, 그는 마르크스주의의 기준으로 볼 때 매우 비정통적이고 풍부한 상상력을 갖고 있었습니다. 그는 문학이론 및 문화이론을 발전시키기 위해 광범위한 지적 자원을 이용했습니다. 그 결과, 그는 영국 공산당 내에서도 극도로 명민하면서도 매우 공상적인 어린애로 취급받았습니다.)

　이런 배경 때문에 윌리엄스는 열린 정신의 소유자들—우리 모두가 그렇듯이 윌리엄스 자신을 염두에 둔 말이기도 합니다—과 언어와 상징 형식을 꼼꼼하게 살피는 문학비평 전통하에서 교육받았던 사람들은, 비록 그들이 사회적 기반을 이해하고 그 내부의 교육적 엘리트주의를 거부하더라도, 모든 작품에 상당히 조야한 기계적 방법만 적용하고 분석대상인 특정 작품의 복합성에 대해 전혀 정교한 설명을 제공하지 못하는 이론적 실천에는 만족할 수 없었다고 말합니다. 다시 말해, 윌리엄스는 마르크스주의 비평이 작품의 복합성을 비판적으로 재구성할 때 리비스보다 더 탁월해야 한다고, 즉 더 나빠선 안 된다고 주장했습니다. 왜냐하면 발달된 상징 형식을 이해하기 위해서는 그 형식의 복합성을 인정할 뿐 아니라, 더 나아가서 그 사회경제적 하부구조 관계에 관해 더 많은 것을 추가하는 설명을 해야 하기 때문입니다. 나는 이것이 중요하고 근본적으로 정확한 판단이라 생각합니다.

　물론 문화연구와 마르크스주의를 다룰 때, 우리는 제2차 세계대전 이전보다 그 이후의 시기, 특히 냉전에 관해 얘기할 필요가 있습니다. 1950년대에 마르크스주의 이론이나 마르크스주의 비평에 대한 얘기는 금기였을 뿐 아니라 실제로 지식인이 말하기에 상당히 위험스럽기도 했습니다. 만일 윌리엄스의 초기 저작들—『문화와 사회』와 『기나긴 혁명The Long Revolution』의 일부분이 다소 모호하게 느껴진다면, 이는 부분적으로 윌리엄스가 마르크스주의적 개념에 관해 얘기하기 위해서 마르크스주의적 용어를 대체할 만한 다른 용어를 찾아야 했기 때문입니다. 예컨대, 이 두 권의 책 어디에서도 윌리엄스는 '생산양식'이란 용어를 사용하지 않습니다. 그는 경제생활의 체계, 경제조직의 체계 등에 관해 말합니다. 나는 이것들이 사실상 마르크스주의적 개념과 같은 것을 나타내기 위한 암호였다고 생각합니다만, 윌리엄스가 단순히 검열을 피하려고 그랬다고는 보지 않습니다. 그는 문화 영역의 분석에 적용되던 마르크스주의적 비평이 불충분하다는 것을 인정하고 받아들였습니다. 냉전이라는 상황에서 마르크스주의적 개념을 금기시하는 분위기가 매우 뿌리 깊고 심층적이었기 때문에 그 개념의 불충분함이나 그 껍질을 깨고 나오려고 하던 사람은 다른 곳에서 다른 용어를 찾아야 했습니다. 즉, 그것은 사람들이 증거를 살펴보거나 그 분석에 의해 영향받는 것을 거부할 정도의 적대감을 유발하지 않을 그런 용어여야 했습니다. 윌리엄스가 마르크스주의적 어휘를 거부한 것은 이런 이중적 작업을 의미합니다. 그는 전통이 자신에게 제공해줄 수 있는 것보다 더 풍부한 개념을 필요로 했을 뿐 아니라, 마르크스주의적 관점에서 문제를 사유하는 것을 종종 꺼리거나 거부하던 사람들과 지적 연계성을 맺을 필요가 있었습니다.

문화연구의 형성기에 마르크스주의적 전통과 문화연구가 이용하려고 하던 다른 전통 간에는 복잡한 관계가 있었습니다. 나는 이미 문화연구의 초기 단계와 내가 신좌파의 탄생이라 불렀던 것 간의 중첩을 언급한 바 있습니다. 초기 신좌파는 실제 1956년에 정치운동으로 출발했고, 이 운동과 관련된 많은 사람은 특정한 마르크스주의적 입장의 부적절성을 두고 마르크스주의와의 논쟁에 참여하기도 했습니다. 이 논쟁이 마르크스주의적 언어와 개념을 사용하긴 했지만, 신좌파에 속한 사람들은 이를테면 1956년 헝가리 침공으로 이어졌던 스탈린주의적 입장으로부터 거리를 두고 있었습니다. 헝가리 침공이야말로 신좌파가 형성된 결정적 계기였습니다. 그러므로 문화연구의 초창기에는 대안적 종류의 마르크스주의가 있었습니다. 그것은 아주 발전된 것은 아닙니다. 그것은 1920년대부터 글을 쓰고 마르크스주의 문화이론의 풍부화에 기여했으며 오늘날 우리가 인용할 만한 그런 주요 인물에 의해 형성된 것은 아닙니다. 이러한 이론적 도움 없이 그것은 문화의 영역에서뿐 아니라 문화의 복합적 문제들을 다루고 설명하기 위해 극히 기계적인 마르크스주의에 맞서 싸우려고 했습니다. 1950년대에 사람들이 시도했던 것 중의 하나는 계급관계의 움직임을 이해하는 것이었습니다. 계급관계가 50년대와 60년대에 의미 있는 방식으로 변하고 있었음은 분명했습니다. 자본주의가 사라지지 않았다는 것, 그리고 계급구성체가 사라지지도 전적으로 통합되지도 않았다는 것 또한 아주 분명했습니다. 문제는 계급구성체, 곧 계급관계의 실질적 배치를 분석하는 방법, 즉 계급에 얽매이지 않으면서 광의의 계급분석의 틀을 유지하는 방법이었습니다. 이 시기에 이루어진 신좌파의 기획 중 많은 것은 실질적으로 처음부터 완전히 새로운 분석언어들을 생산하려고 하면서 마르크스의 기본입장에 근거하는 넓은 틀 내지 매개변수 내에서 계속해서 활동하는 것을 의미했습니다.

　신좌파는 그 시절의 마르크스주의가 부적절하다고 생각했는데, 이런 거부의 이면에 있던 몇몇 이유는 잠시 언급할 가치가 있습니다. 기본적으로 그 당시의 마르크스주의는 토대/상부구조의 접근방법에 근거했습니다. 그것은 정치와 이데올로기를 상부구조의 요소로 다루었고, 그런 층위는 자본주의 생산양식의 관계에 의해 출현하고, 전적으로 그리고 긴밀하게 결정된다고 보았습니다. 이런 입장은 상부구조 자체의 영향력에는 별로 여지를 두지 않습니다. 그 당시 이 문제를 사고하려고 하는 것은 마르크스에 대한 일종의 주석을 필요로 하는 일이었습니다. 여러분은 사람들이 마르크스주의적 기획과 관련하여 어디에 위치하는가를, 그들이 마르크스와 엥겔스 간의 서신을 인용한 횟수를 통해서 알아챌 수 있습니다. 바로 이 서신에서 엥겔스는 그들이 헤겔적 관념론의 기나긴 유산을 극복하려고 할 때 경제적인 것을 지나치게 강조했음을 인정하기 시작했습니다. 거기서 엥겔스는 마치 고기 다지는 기계인 양 모든 상황을 생산양식을 통해 규정함으로써 동일한 법칙과 모델을 모든 상황에 동일한 방식으로 적용할 수 있다는 통념에 도전했습니다. 그는 상부구조가 토대에 영향을 끼치기 때문에 역사는 마르크스주의의 단순한 기계적 해석이 제안하는 것보다 훨씬 더 복합적이라는 것을 분명히 인정합니다. 다시 말해, 영국적 전통에서 물려받았던 전통적 마르크스주의 모델의 부적절성에 맞서기 위한 근거가 고전적 마르크스주의 그 자체 내에서 발견되었던 겁니다. 하지만 고전적 마르크스주의와의 최초 논쟁은 이론적 빈곤이라는 상황에서 이루어진 것이었습니다. 몇 년 뒤에야 『1844년 경제학 철학 수고Economic and Philosophic Manuscripts of 1844』가 프랑스어판으로부터 번역되었고 이 텍스트를 둘러싸고 독서그룹이 만들어지기도 했습니다. 우리는 이런 식의 헤겔적 마르크스주의에 대해 들어본 적이 없었습니다. 그것은 의식의 요소, 인간적 욕구의 문제 등에 아주 큰 여지를 제공하는 마르크스주의였습니다. 그것은 신좌파가 마르크스주의 이론 내에서 토대/상부구조라는 장치에 구속받지 않고 움직일 수 있는 중요한 공간을 열어주었던 겁니다.

사실 문화연구는 상부구조에 관한 고전적 마르크스주의의 입장—단순한 토대결정적인 상부구조의 모델—을 자신의 이론 속으로 재흡수하는 것이 가능하리라고 결코 생각하지 않았습니다. 일찍부터 레이먼드 윌리엄스와 에드워드 톰슨E. P. Thompson은 각자의 방식으로 토대/상부구조 모델의 단순성을 비판했습니다. 두 사람 중 누구도 이 모델을 사용하지 않았고, 오히려 존재와 의식 간의 헤겔적 대립을 더 선호했습니다. 윌리엄스와 톰슨이 반대한 알튀세르적인 구조주의적 마르크스주의자들조차 토대/상부구조 모델의 중심성을 해체함으로써 이 모델이 갖는 문제점에 대해 심오한 비판과 수정을 시도했습니다. 하지만 우리는 이런 비판에서 무엇이 거부되고 있는가를 분명히 이해해야 합니다. 결국 그들이 문화분석을 마르크스주의적 틀 안에서 계속 발전시키기를 원한다면, 마르크스주의 이론의 유물론적 전제들에 주목할 필요가 있습니다. 마르크스주의 이론은 역사적이고 구조적이고 유물론적이며, 주류 문학비평 전통이나 여타의 다른 전통 내에서 볼 수 있는 온갖 관념론적 문화이론과 대척점에 위치하고 있습니다. 따라서 마르크스주의적 형태의 문화연구가 갖는 독특성은 확실히 문화생산의 영역, 즉 상징적인 것의 영역을 물적 토대와의 관계 속에서 사유하는 방법을 찾아내는 것입니다. 하지만 이것은 정확하게 토대/상부구조의 문제설정이 생산하려고 했던 것이 아닌가요? 이 문제에 대해서는 "맞기도 하고 아니기도 하다"라고 애매하게 대답할 수밖에 없을 듯합니다. 토대/상부구조의 문제설정을 생성하려던 의도가 그런 것이긴 했지만, 특히 초기 형태에서 그 문제설정은 문화연구가 결코 받아들일 수 없는 독특한 결정 개념, 즉 근본적으로 힘과 영향과 구조화의 방향이 압도적으로 한 방향으로 쏠리는, 즉 토대에서 상부구조로 작용하는 것으로 보는 개념을 받아들입니다. 이런 견해에서 결정의 의미는 경제관계들(혹은 생산양식의 관계들[이 둘은 같은 것이 아닙니다])이 상부구조가 움직일 수 있는 조건 내지 한계를 설정하거나 구축할 뿐 아니라 상부구조의 형식 및 관계의 내용, 작동 방식, 효력을 세부적으로 결정하는 역할을 한다는 것입니다. 즉, 이것은 **강한** 결정론적 입장입니다. 그러나 생산양식의 분석과 문화적 상부구조의 분석 간의 관계는 근본적으로 한 방향으로 흐르는 결정 개념을 쉽게 지지하지 않으며, 경제적인 것이 최종심에서in the last instance 문화적인 것의 내용이 된다는 식의 결정 개념 또한 쉽게 지지하지 않습니다. 문화연구가 마르크스주의 이론과 대결하게 된 것은 바로 이 문제, 즉 강한 결정론으로 간주되는 토대/상부구조 모델의 부적절성에 대한 공격 때문입니다. 이러한 주요 대결이 레이먼드 윌리엄스의 『기나긴 혁명』에서 최초로 일어났는데, 이는 다음 강의의 주제가 될 것입니다.

이것이 문화연구가 처음 기획될 때 문화연구와 관련되어 있던 마르크스주의의 상태입니다. 따라서 현대문화연구소의 초창기에 그 주요 영감과 방법론이 문학비평적이었던 까닭을 이해하기란 어렵지 않을 겁니다. 마르크스주의적 질문들은 생생하게 살아 있었지만 대부분 주변으로 밀려나 있었습니다. 마르크스주의적 대안이 문화연구의 성장을 위한 중요한 참조점이자 자원이 된 것은 사실상 1969년에 호가트가 (유네스코에 참여하기 위해) 연구소를 떠나면서부터입니다.

2강

문화주의

레이먼드 윌리엄스의 작업은 문화연구의 형성에 가장 중요하고 가장 강력한 영향을 끼친 것 중의 하나입니다. 그의 개념적 이론작업 중 많은 것이 결함이 있고, 그가 채택했던 많은 방향 전환과 옹호했던 많은 입장이 부적절했으며, 그가 자신이 열어놓은 많은 길—문화연구의 향후 발전에 풍성한 결실로 증명될 수 있는 길—을 끝까지 추구할 수 없었음에도 불구하고 이러한 사실은 변함없습니다. 비록 문화연구를 구성한 그의 틀 전체를 받아들이지는 않더라도, 우리는 윌리엄스의 공헌을 단언된 진리로서가 아니라, 많은 유용한 생각을 제공한 진지한 지적 기획의 일환으로서 비평적 존경의 마음을 갖고 고려해야만 합니다.

레이먼드 윌리엄스는 아주 '영문학적인' 인물이며, 강인한 정신, 헌신, 기회, 그리고 행운의 우연한 결합 덕분에 성공하게 된 지방—그의 경우에는 웨일스—출신의 많은 주변부 지식인 중 한 명입니다. 전쟁과 그 후의 변화 덕분에 그와 같은 많은 젊은이가 지적 생활에 진입할 수 있었습니다. 잉글랜드에서는 그들을 종종 '장학금 소년 scholarship boys'으로 불렀습니다. 윌리엄스는 웨일스 변경지역의 노동계급 가정에서 성장했습니다. 그의 아버지는 철도 신호수였습니다. 그의 가족은 항상 노동자의 권리를 강력히 지지하는 노동조합 전통을 갖고 있었습니다. 그는 마을의 아주 머리 좋은 천재로 자랐습니다. 그는 가족 중에 공부하러 집을 떠나 대학에 갔던, 즉 영국적 맥락에서 고등교육을 받은 첫 번째 아이였습니다. 이것은 그의 삶에 엄청난 문화적 단절을 낳았는데, 그와 같은 세대의 많은 문화이론가(여기에 리처드 호가트는 포함되지만 E. P. 톰슨은 포함되지 않습니다)가 동일한 경험을 했습니다. 그러므로 윌리엄스는 영국 역사의 특정한 순간에 형성된 아주 중요한 인물입니다. 그는 전쟁 전에 머리 좋은 젊은 사회주의자로 성장했습니다. 그는 고등교육체계의 정점인 케임브리지 대학을 다녔는데, 만일 지배계급이라는 것이 있다면, 아마 그곳이야말로 그런 계급의 양성소 같은 곳이었을 겁니다. 케임브리지 대학에 다니는 것만으로도 그는 경제적·정치적·문화적 생활에서 최고의 자리에 진입할 수 있게 된 겁니다 케임브리지 대학 졸업 후 그는 전쟁에 참전합니다.

웨일스 변경도시로부터, 혹은 호가트의 경우엔 북부 산업도시(리즈)의 노동계급 지역으로부터 옥스브리지 근교로 이동하면서 겪은 충격은 소위 주체적 단절로 느낄 만한 것이었습니다. 이 두 가지 문화적 경험 간의 대립과 이러한 경험들이 서로에게 끼친 필연적인 영향은—한 계급에서 다른 계급으로, 하나의 마을에서 다른 마을로, 시골에서 도시로, 혹은 주변부에서 중심부로—이주의 경험과 같은 것이었습니다. 그런 경험은 여러분을 형성해온, 그리고 여러분이 적어도 지적 차원에서 영원히 작별을 고했던 생활 형태 및 양식들에 대해 즉각 자각하게 만듭니다. 내가 "적어도 지적 차원에서"라고 말한 것은 여러분이 적어도 상징적 차원에서라도 그것으로 되돌아가려고 노력하는 것이 거의 필연적이기 때문입니다. 윌리엄스는 고향 웨일스와 가족에게로 되돌아가려는 노력에 관해 허심탄회하게 고백하는 자서전적인 소설을 여러 편 썼습니다. 케임브리지에서 은퇴한 후에도 웨일스 변경도시에서 살려고 돌아가기도 했습니다. 하지만 신체적으로 복귀한다고 해서 그가 웨일스 변경에서 케임브리지로 이동하게 된 과정이 사라질 수는 없는 일입니다. 그 과정은 사유와 반성의 대상이 되어야 했습니다. 윌리엄스는 더 이상 자신의 계급적 뿌리와 자연스런 관계를 재형성할 수 있는 능력을 갖고 있지 않았습니다. 그는 자신의 삶에서 수차례 계급의 경계들을 넘나들어본 경험을 이용하여 그 연관성을 다시 구축할 수 있을 뿐이었습니다. 바로 이것이 문화에 대한 그의 이론작업이 생겨난 기원이자 동시에 반추하고자 한 대상이었습니다.

케임브리지에 도착했을 때, 윌리엄스는 자신을 형성해온 문화, 자신이 깊고 진지한 관계를 맺고 있던 문화가 애초에 알려지지 않은 것임을 깨닫게 됩니다. 케임브리지는 그런 문화가 있다는 것조차 몰랐습니다. 케임브리지가 그런 문화의 존재를 알고 있었다고 하더라도, 그 문화에 관해 얘기하는 방법을 몰랐습니다. 왜냐하면 케임브리지는 그런 문화를 표현할 수 있는 언어를 가져본 적이 없었기 때문입니다. 케임브리지가 어떻게 알 수 있었겠습니까? 케임브리지는 책으로 쓰인 것에만 근거하는 문화 개념에 젖어 있었습니다. 그러나 웨일스의 계곡은 전혀 책에 쓰여 있지 않았습니다. 그것은 구술문화, 전통문화, 정치문화를 갖고 있었지만 영국문화의 정전이라는 의미에서 자신의 문화를 기록한 적은 없었습니다. 이런 개인적 경험은 윌리엄스의 관심뿐 아니라 이론적으로 질문을 제기하고 답변하고자 했던 그의 방식이 형성되는 데도 큰 영향을 끼칩니다. 하지만 이 세대의 문화이론가들에게는 그들의 작업을 형성하는 데 도움이 된 두 번째 공통적 패턴 또한 있습니다. 전쟁 후 톰슨, 호가트, 윌리엄스 모두 전통적 대학 교육이 아니라 대학 밖의 교육, 즉 성인 교육에 참여하고 있었습니다. 그들은 노동자와 상아탑 밖의 사람, 즉 대학 학위를 원하지 않는 사람들에게 강의를 했습니다. 공동체의 교육자로서 그들은 전쟁 후에 일어난 영국 사회생활의 변형과 전환에 훨씬 더 민감했습니다. 이들은 자신과 비슷한 경험을 겪은 사람들, 자신이 떠나온 바로 그 배경 출신의 사람들에게 역사나 문학 같은 것을 가르치면서 엄청나게 촘촘하고 복합적인 사회변화를 몸소 경험하게 됩니다.

윌리엄스의 주요 저작은 『문화와 사회』와 『기나긴 혁명』입니다. 그는 폭넓은 문학연구들—희곡, 비극, 소설 및 소설가에 관한 연구—을 남겼지만, 그러한 작업 중에서 문화연구에 있어 가장 중요한 텍스트는 『시골과 도시The Country and the City』입니다. 이 책은 도시와 전원의 전통, 그리고 문학 형식 및 장르의 사회적·역사적 토대에 관한 것입니다. 이 책이 윌리엄스의—문화적·이론적 저작들과 달리—문학 저작 중 가장 중요한 저작임은 의문의 여지가 없습니다. 최근에 고려해야 할 저작으로는 자의식적으로 그의 가장 이론적이고 상호 담론적인 저작이라 할 수 있는 『마르크스주의와 문학Marxism and Literature』과 《뉴 레프트 리뷰》의 편집자들과의 긴 대담으로 윌리엄스 자신의 작업에 대한 중요한 반성과 회고를 제공하는 『정치와 문학Politics and Letters』이 있습니다. 윌리엄스가 자신에게 가해진 비판을 기꺼이 수용하고 자신이 범한 실수를 인정한 것은 높이 평가할 만합니다. 그의 저작에서 우리는 한 이론가가 자신이 이론화하려고 한 것을 거듭 성찰하고, 자신이 제시한 이론화를 다듬고 개선하며 증명하려고 하는 것을 엿볼 수 있습니다.

『문화와 사회』는 18세기 말부터 20세기 초반까지—윌리엄 코빗William Cobbett, 존 스튜어트 밀John Stuart Mill, 낭만주의자들, 찰스 디킨스Charles Dickens, 사회적 리얼리즘 소설가들, 조지 엘리엇, 존 러스킨John Ruskin, 윌리엄 모리스William Morris, 조지 버나드 쇼George Bernard Shaw, 그리고 조지 오웰George Orwell을 포함한—자유주의적 유형과—에드먼드 버크Edmund Burke, 매슈 아널드, 월터 페이터Walter Pater, T. S. 엘리엇T. S. Eliot, F. R. 리비스를 비롯한—보수주의적 유형의 문학전통을 다시 읽으려고 시도합니다. 이 책은 이러한 전통들을 사회적·문화적 맥락에서 다시 읽고자 시도한 것인데, 이는 그를 형성해온 전통, 즉 윌리엄스가 리비스 전통과 맺은 관계와 그 전통으로부터의 탈피를 보여줍니다. 이 책은 리비스 전통에 속하지만, 협소한 문학적 방식보다는 보다 넓은 문화적 방식으로서 그 전통을 다시 읽은 것입니다.

윌리엄스는 이러한 다양한 글—우리는 너무 쉽게 이 글들을 역사적 맥락에서 분리된 문학의 독립적 시금석으로 판단해왔습니다—을 살펴보면서, 이런 글들이 무엇에 관한 것인지, 그것을 구성하는 것은 무엇인지, 그것의 주된 관심사가 무엇인지, 이런 사람들이 어떤 사회적 경험을 주장하고 있는지를 묻습니다. 윌리엄스의 대답은 이러한 글이 그들이 겪었던 엄청난 역사적 변화들, 즉 우리가 나중에 '산업혁명'이라는 단어로 통칭해버린 변화들에 관심을 갖고 그것을 표현할 수 있는 어휘를 찾아내고자 했다는 것입니다. 사실 윌리엄스가 구성한 전통은 정확히 산업자본주의의 발전 전체를 다루고 있습니다.

그러므로 윌리엄스가 그들이 산업자본주의의 전개 과정 속에서 문화와 사회가 어떻게 변했는가를 기술하려고 했다고 결론 내린 것은 정당합니다. 더욱이 윌리엄스는 그들의 작업이 일부 핵심어, 즉 산업, 계급, 민주주의, 예술, 문화 등을 중심으로 조직되었다고 주장합니다. 윌리엄스는 문화와 사회의 전통과 그것이 다양한 핵심어를 전개하는 방식에 두 가지 질문을 제기하고자 합니다. 첫째, 산업자본주의의 성장은 어떻게 이해되고 경험되고 정의되어왔는가? 둘째, 산업자본주의의 발전에 수반된 다양한 사회투쟁과 관련해서 '문화와 사회' 전통에 기여했던 사람들이 취했던 주요 입장은 어떤 것이었는가? 윌리엄스가 볼 때, 이런 관심들은 역사적 경험이 이해되고, 경험되고, 정의되며, 판단되는 다양한 방식으로 구성된 문화 개념 속에 집약되어 있습니다.

윌리엄스가 이런 전통들을 읽을 때 사용한 핵심어 중의 하나가 '예술art'이라는 것은 우연이 아닙니다. 어쩌면 윌리엄스가 문학비평과 문학사 연구를 통해 교육받았기 때문에 계속해서 예술적인 것과 미적인 것에 특권을 부여했는지도 모르겠습니다. 그는 자신이 받은 교육에서 다소 벗어나서 문화의 문제설정에 있어 문학적·예술적 생산을, 리비스와 그의 추종자들이 주장하던 순전히 미적이고 도덕적인 관점이 아니라, 사회적·문화적 관점에서 사고할 방법을 탐구할 필요가 있음을 인식할 수 있었습니다. 그는 이 전통에서 벗어나려고 몸부림치는 와중에도 그 전통의 일부로 남았습니다. 윌리엄스의 문제설정은 항상 **문학**작품을 우리가 산업자본주의의 경험을 이해해왔고 앞으로도 그렇게 이해하게 될 시각들을 우리에게 제공해주는 문화의 표현으로 보는 관점에서 구성되어 있습니다. 윌리엄스의 연구활동에서 지속적인 초점은 우리가 어떻게 문학적인 것을 그 역사적·문화적·경제적·정치적 맥락과 관련해서 이해할 수 있는가에 놓여 있습니다. 문학적인 것에 대한 이러한 초점은 끝까지 유지되었는데, 나는 윌리엄스가 계속 『문화와 사회』에서처럼 문학작품을 자리매김하는 데 골몰했다는 것을 알고는 항상 놀랍습니다.

『문화와 사회』는 문화에 대한 윌리엄스의 최초의 몇몇 개념화를 보여줍니다. '문화와 사회'의 전통이 독특한 것은 그것이 당대의 지배적 문화전통으로부터 일정한 거리를 두거나 그 전통과 비판적 관계를 유지했기 때문입니다. 특히 그 다양성에도 불구하고 문화와 사회의 전통은 산업자본주의의 성장을 적극적으로 정당화한 이데올로기들, 가령 정치경제학, 공리주의, 소유적 개인주의 같은 것에 대항했습니다. 특히 벤담적 공리주의는 사람들에게 특정 상품의 가격으로 얼마를 지불해야 하는가를 결정하는 것과 동일한 방식으로 좋은 것과 나쁜 것을 도덕적으로 판단하는 타산적 윤리를 제공합니다. 공리주의는 도덕성을 시장교환의 이미지로 구성합니다. 나아가서 소유적 개인주의는 인간 본성의 개념을 통해 자본주의를 옹호하는데, 이에 따르면 자본주의는 단순히 경제적 체제가 아니라 인간의 내재적 본성과 능력에 부합하는 것입니다. 그것은 '인간Man'을 근본적으로 경쟁적이고 소유적인 것으로 규정합니다. (여성은 이 담론에 포함되지 않았습니다. 세계를 구획하는 것은 남성이라고 생각되었기 때문입니다.) 따라서 이것과 경쟁하던 다양한 유기적 보수주의뿐 아니라 사회주의와 집단주의 같은 이데올로기들은 실패할 수밖에 없었습니다. 왜냐하면 그것들이 근대적이고 합리주의적이지 않았기 때문이 아니라 인간 본성에 근거하지 않았기 때문입니다(이 주장은 지금도 사라지지 않고 있습니다!).

　비록『문화와 사회』그 어디에도 지배적 전통이 무엇인지가 실제로 정의되지 않고 있지만, 윌리엄스는 이러한 이데올로기들에 대한 대안으로 '문화와 사회'의 전통을 제안합니다. 대안적 전통에서 시작하기 때문에 이 책은 정치경제학, 공리주의, 그리고 소유적 개인주의가 각각 경제와 도덕과 정치과정을 이해하는 지배적 방식이 된 과정에서 어떤 문화적·사회적 대가를 치루게 했는가에 대해선 일절 설명하지 않습니다. 이 이데올로기와 그 지배적 지위도 무로부터, 투쟁 없이 출현하지는 않았습니다. 정치경제학에 의해 조직된 관계와 실천이 농업·산업자본주의에서 지배적 생산양식이 되기 위해 이전 형식의 경제와 사회는 파괴되어야 했습니다. 그런 지배적 전통을 '문화와 사회'의 전통이 형성되고 부각될 수 있는 배경으로 삼지 않음으로써『문화와 사회』는 마치 악당 없는 연극처럼 읽힙니다. 그리고 이러한 틈새가 그의 경력의 시작부터 윌리엄스를 E. P. 톰슨과 같은 공감적 비평가와 구분 짓게 합니다. 톰슨은 윌리엄스에게 투쟁이 어디에서 일어나는지, 반대하는 자들은 어디에 있는지, 싸움은 어디에서 벌어지고 있는지, 혹은 모리스—톰슨은 그를 종종 인용합니다—의 이미지를 사용하자면, 불의 강the river of fire, 즉 (칼라일이나 러스킨과 같이) 선의를 가지고 박애주의적 입장에서 자본주의를 비판하는 부르주아 비평가와 자본주의에 반대하는 사회주의자를 종국적으로 갈라서게 만드는 경계의 '저 편'으로 넘어가고자 하는 현실적 결단은 어디에 있는지를 질문합니다.

　『문화와 사회』는 싸움을 준비하는 책입니다. 왜냐하면 대항문화oppositional culture에 대한 생생한 개념을 구축하기 위해 싸우면서도 지배와 투쟁에 관한 그 어떤 의미도 모두 누락하기 때문입니다. 이 책은 자본주의적 합리성이라는 명령에 대한 활기찬 비판입니다. 그리고 이 책은 그런 명령에 맞서 제기될 수 있는 다양한 입장에 대해 놀라운 평가를 보여줍니다. 윌리엄스는 좌파와 우파에서 나온 산업자본주의에 대한 비평, 즉 콜리지, 버크, 리비스와 같은 보수적 작가들의 입장과 페인Paine, 코빗, 모리스와 같은 사람들의 보다 급진적이고 진보적인 입장에 모두 의탁할 수 있었습니다. 사실 그는 개별 인물이 옹호하는 정치적 입장보다는 자본주의를 겨냥한 비판의 성격에 더욱 관심이 있었습니다. 그러나 『문화와 사회』는 문화적·이데올로기적 지배의 개념을 결여하였고 투쟁과 대항의 개념을 적절하게 이론화하지 못했습니다. 따라서 만일 우리가 이 책의 초점이 어떤 의미에서 중도로 쏠려 있다는 것을 고려한다면, 이러한 점은 더욱 두드러질 것입니다. 산업적이고 사회적인 세계를 재형성하려는 산업자본주의의 충동에 맞서 이 책이 제안하는 대안적 전통은 자유주의적인 것입니다. 이 책은 결국 그런 전통에 맞서서 보다 실질적이고 대중적인 저항을 이끌어내고 환기하는 데는 한계를 보였습니다. 윌리엄스는 위대한 작가들의 전통 밖으로 나가는 것이 불가능하다고 생각했습니다. 그는 보다 깊은 차원의 민주주의적 전통으로 나가려는 몸짓만 할 수 있었을 뿐, 그것을 결코 전면에 부각시킬 수는 없었습니다. 왜냐하면 단적으로 그런 민주주의적 전통이 쓰여 있지 않았기 때문입니다. 그런 전통은 위대한 고전의 세계에 들어갈 수 없었습니다. 그의 문학적인 시각으로 인해 윌리엄스는 문학적 논쟁이 위치하는 자리로, 즉 우파와 좌파 사이로 지나갔습니다. 윌리엄스가 그런 위치를 넘어 세련된 언어도, 이용할 수 있는 문학생산의 장치도 갖지 못하고 침묵을 강요당한

다수를 지향한 것은 분명합니다. 하지만 그가 말할 수 있는 것이라고는 대다수가 그들을 조롱하고 있을 때, 일부 작가—페인, 코빗, 디킨스, 그리고 가끔 밀—가 그들을 옹호했다고 말하는 수준이었습니다. 물론 그런 옹호조차 그들의 말투로 한 것도 아니었고, 스스로를 옹호할 수 있는 사람들의 언어와 같은 차원의 경험적 판단과 영향력을 지닌 것도 아니었습니다. 문화연구의 형성을 재구성하는 바로 이 순간, 윌리엄스와 E. P. 톰슨이 『문화와 사회』와 『영국노동계급의 형성The Making of the English Working Class』을 같은 시기에 썼음을 기억하는 게 중요한 까닭이 여기에 있습니다. 이 책들을 동시에 읽을 때 비로소 이 문제설정이 취하고 있는 형태들을 이해하게 됩니다. 『영국노동계급의 형성』은 정확히 윌리엄스가 문학 정전에서 찾아볼 수 없었던 민중문화에 관한 것입니다. 그것은 톰슨이 기록물, 법정자료, 팸플릿, 신문 등—매우 급진적이고 복합적인 문화에 관한 비문학적인 역사—에서 발견한 목소리들입니다. 그리고 이 문화는 그 자체로 사회적·문화적·정치적·종교적 유산을 가진 아주 복잡한 형성물이지만, 선별적인 문학전통에 의해 엄선된 작품들만 주목하는 사람들은 그 복합성을 이해할 수 없습니다.

따라서 윌리엄스는 기존의 문학 정전을 역사적·문화적 관점에서 다시 읽을 수 있다는 것을 증명했지만, 그 속에 함축된 선별성의 정도에 대해, 정전이 그 생산의 정황에 의해 결정되는 방식에 대해, 그 정전이 전통적 문화에서 배제되어온 언어와 목소리들을 너무 쉽게 무시하는 방식에 대해서는 생각하지 못했습니다. 지배적 전통문화는 정확히 특별한 목소리들을 선별하고 그 목소리들을 하나의 전통으로 조직하되 다른 목소리들을 배제하는 방식으로 작동합니다.

거기에 의도성을 부여하고 싶지는 않지만, 그것이 전통의 작동방식입니다. 어떤 것을 선택하고 다른 것을 배제하는 것이 아니라면 전통이 무엇이겠습니까? 따라서 우리는 그런 문학적 증거의 중요성을 인정하면서도 그 증거의 제한적 성격을 깨달아야 합니다. 오직 선별적 문학 전통에 따라 기능하는 문화 및 문화적 증거의 개념은 지배 이데올로기적 전통이나 첨예하게 양극화된 경쟁과 투쟁에 대해 강력한 의식을 제공할 수 없고, 나아가서 비판과 대항의 민중적·민주적 전통을 회복할 수도 없습니다. 아이러니하게도『문화와 사회』는 '문화와 사회'의 전통 속에서 레이먼드 윌리엄스가 연구한 첫 저작이자 마지막 저작입니다. 이 책은 '문화와 사회'의 전통을 구성했고, 그 존재를 알렸고, 그것의 마지막 사례를 제공했으며, 결국 그것을 묻어버린 셈입니다.『문화와 사회』에서 윌리엄스는 스스로를 이 전통의 맨 끝에 있는 자로, 이 전통의 계승자로, 역사와 문화를 그런 종류의 문학적 실천과 감수성으로 접근한 마지막 사람으로 위치 짓습니다.

윌리엄스의 다음 저작인『기나긴 혁명』은『문화와 사회』에 의탁하지만 아주 다른 책입니다. 첫 부분에서 윌리엄스는 다양한 사상과 영향을 통합하면서 적어도 문화이론을 처음으로 정식화하려고 시도합니다. 나는 그가 제시한 몇몇 개념을 선별적으로 논하고 싶습니다. 이는 윌리엄스의 입장 자체를 설명하기 위해서라기보다는, 문화연구의 정교화에 잠재적으로 기여한 그의 입장이나 문화연구의 위치를 다른 입장 및 전통과의 관계 속에서 설정한 그의 능력을 보여주기 위해서입니다.

우선, 나는 윌리엄스가 문화, 공동체, 의사소통이라는 개념들 사이를 잇는 긴밀한 관계에 주목하고 싶습니다. 윌리엄스는 문화가 사회역사적 경험이 이해되고 정의되는 방식과 긴밀하게 관련되어 있다고 주장합니다. 그리고 하나의 (문화)공동체를 위한 기초는 역사적 경험에 대한 그러한 정의를 공유하는 데 있다고 주장합니다. 사람들은 공동체에 대한 소속감을 통해 자신의 위치를 설정합니다. 그 내부에서는 공통적인 어떤 경험이 존재하고 또 그 경험이 정의되고 이해되는 방식의 일부가 공유되기 때문입니다. 그 경험들은 어떻게 공유될까요? 공동체의 구성원 간의 쌍방향적 의사소통을 통해서입니다. 따라서 의사소통의 모든 수단─정보 전달이라는 협소한 의미의 의사소통(윌리엄스는 이것에는 관심이 없습니다)이 아니라 가장 넓은 의미의 언어와 미디어─은 공동체, 문화, 사회 내의 개인들이 공유된 의미를 서로 교환하고 정교하게 만드는 방식과 그들이 자신들의 경험을 집단적이고 사회적으로 정의하는 방식을 보여줍니다.

윌리엄스에게 문화는 체험하고 경험한 삶과 분리될 수 없으며, 이 점이 그의 저작에서 두 번째로 강조되는 핵심입니다. 그에게 있어 문화연구의 목표는 한 사회집단의 차별적이고 독특하며 종종 특별한 경험을 제기하면서 그 경험의 정체성을 구성하는 것을 새롭게 창조하고 이해하는 것입니다. 문화연구는 한 공동체가 체험하는 경험의 공통적 형식과 공유된 정의를 찾고자 합니다. 따라서 문화연구는 한 집단의 생활방식에 대한 객관적 기술도, 한 집단이 갖고 있는 사상과 관념에 대한 분석이나 목록도 아닙니다. 문화는 이 둘 간의 상호작용이기 때문에 문화연구는 인간이 태어난 조건과, 그러한 조건에 일정한 이해의 틀을 부여함으로써 의미 있고 경험 가능한 것이 되는 상황으로 인해 경험할 수밖에 없는 삶을 탐구합니다. 실천은 단순히 한 개인이 물리적·경제적·물질적 공간에 위치함으로써 생겨나는 결과가 아니라, 우리가 우리의 상황을 어떻게 이해하고 경험하는지를 성찰함으로써 사회적인 삶을 체험하고자 하는 시도의 결과입니다. 이러한 경험의 형식들은 인간 삶의 방식과 그들의 실천 속에 구축되어 있습니다. 실천은 항상 문화적이었고, 문화적으로 형성되어왔습니다. 이 실천에는 해석의 형식들이 들어 있습니다. 문화란 이런 겁니다. 체험된 경험, 해석된 경험, 정의된 경험 말입니다. 이것이 윌리엄스가 경험이라 부르는 것입니다. 여기서 윌리엄스의 언어가 얼마나 혼란스러운지 보세요. 윌리엄스는 사람들이 특정한 객관적 조건 속에 위치함으로써 갖게 되는 경험에 관해 말하기도 하고, 그 경험이 이해되고 정의되는 방식에 관해 말하기도 합니다. 그 방식은 나라마다, 시대마다 다릅니다. 나아가서 윌리엄스는 한 사회가 어떻게 독특한 문화적 해석의 형식들이 스며들어 있는 독특한 생활방식을 살아가는가에 관해 말하기도 합니다. 여기서 우리는 정확히 동일한 작업을 한 톰슨이 '경험1'과 '경험2'라고 부른 것 간의 혼동을 보게 됩니다. 마르크스가 안타깝게 말했듯이 좋든 싫든 간에 우리는 자신의 존재조건들을 경험합니다. 이것이 삶의 운명입니다. 그 시간과 그 장소에서 그 계급으로 태어나게 된 것 말입니다. 그러나 우리가 처한 조건을 어떻게 체험하느냐는 다를 수 있습니다. 이것이 윌리엄스와 톰슨이 규정한 문화적인 것의 위치입니다.

윌리엄스는『기나긴 혁명』의 첫 번째 파트에서 문화의 다양한 정의를 고려하고 수용하는 한편, 자신이 정확히 인류학적인 것으로 기술한 정의, 즉 전체적인 삶의 방식으로서의 문화 개념에 초점을 둡니다. 어떤 의미에서 윌리엄스는 '전체적인 삶의 방식'이라는 개념을 '이제까지 사고되고 말해온 최상의 것'이라는 아널드의 문화 개념과 대립시키고자 합니다. '전체적인 삶의 방식'은 문화이론에서 엘리트적 전통의 민주화된 형태를 제공합니다. 여기서 '전체적인' 것은 독특한 어떤 것, 즉 특정한 패턴과 형태를 갖는 공유된 정의definitions로, 다른 것과 구별되는 것으로 간주되는 어떤 것입니다. 여러분이 어떤 문화의 차별성을 파악할 수 있는 것은 정확히 그것이 전체적인 삶의 방식을 형성하기 때문입니다. 따라서 문화분석은 그것이 공유하는 관념과 이상, 의사소통의 형식들을 발견하려면 항상 패턴을 파악해야 합니다. 물론 진정한 도전은 이 집단에서 사회적 상호작용이 어떻게 이루어지는가를 이해할 수 있도록 하는 의미 있는 패턴을 발견하는 것입니다. 파악해야 할 것은 **의미 있는** 패턴입니다. 그런 패턴은 실천의 조직화라는 중요한 개념과 밀접한 연관성을 가집니다. 따라서 모든 사회는 일부 동일한 실천을 공통적으로 갖게 되지만, 그 실천이 조직화되는 방식은 모두 다릅니다. 예를 들어, 모든 사회는 경제적 생산의 형식을 갖고 있지만, 실천이 조직화되는 구조는 서로 다릅니다. 이것을 통해 우리는, 이를테면 농업자본주의와 비교할 때, 산업자본주의의 독특한 점이 무엇인지를 이해할 수 있습니다.

우리가 숙고해야 할 윌리엄스의 다음 개념은 더욱 실질적이고 더욱 논쟁적인 것입니다. 즉, 사회구성체 안에서 어떠한 실천도 다른 실천보다 결정의 우선성을 갖지 않는다는 것, 어떤 실천도 그 자체로서는 능동적이고 공유적인 문화를 형성하지 않는다는 것입니다. 윌리엄스는 실천들이 서로를 결정하는 토대 위에서 상호작용한다는 점을 강조하고자 합니다. 더욱이 하나의 실천을 일련의 전체적인 관계 속에서 그것이 차지하는 위치를 벗어나서 관찰하고 파악하고 추상화하는 것은 불가능합니다. 따라서 문화분석은 생산력과 생산관계를 먼저 설정하고 그다음에 문화를 파악하는 방식으로 나아갈 수 없습니다. 왜냐하면 경제생활이 조직화된 문화형식을 참조하지 않고서 경제생활을 설명하는 방법은 존재하지 않기 때문입니다. 경제생활이 문화의 형성 및 분포에 영향을 끼치는 만큼이나 문화도 경제 내에 존재합니다. 따라서 하나의 실천을 선택해 그것을 다른 실천 형식의 일차적 결정자로 삼기보다는 하나의 실천이 다른 실천에 끼치는 상호 침투와 상호 결정에 관해 사고해야 합니다. 이것은 명백히 단순한 형태의 토대/상부구조 모델을 반박하는 것입니다.

문화분석은 어떻게 진행될까요? 윌리엄스에 따르면 문화분석은 아주 다양해 보이는 실천들에서 나타나는 조직의 독특한 기저 패턴 내지 형식을 찾아내고자 합니다. 그는 영국 산업자본주의의 조직 형태 속에서 독특한 어떤 것—구조—을 찾을 수 있다고 주장합니다. 이것은 표층에서는 즉시 알아볼 수 없을지 몰라도 가족의 생활방식과 소설 내용, 경제관계가 돌아가는 방식 등의 구조에서 엿볼 수 있습니다. 다시 말해, 자신도 몰랐지만(그가 나중에 뤼시앵 골드만Lucien Goldmann의 저작을 고려하면서 뒤늦게 그것을 인정했지만), 윌리엄스는 발생적 구조주의자입니다. 다양한 표층적 실천 아래에 하나의 기저 구조, 즉 다른 실천 속에서 나타나는 문화적 기반이 있다는 것입니다. 따라서 문화분석은 기저 패턴을 파악할 뿐 아니라 인간 활동의 다양한 영역의 패턴들 간 유사성을 찾아내고자 합니다. 다시 말해, 문화분석의 대상인 이 패턴은 단순히 사람들이 행동하는 방식이 아니라 사회구성체를 구성하는 기저 관계들 내부에 존재합니다. 문화분석가는 문화 전체를 하나로 묶어주는 핵심 관념과 핵심어, 핵심 정의를 파악하고자 합니다. 하지만 그들은 또한 그러한 기반이 다양한 다른 실천으로 나타나기를 기대합니다. 분석작업은 패턴들의 유사성을 찾고, 그것들 간의 상동성相同性을 찾는 것으로 구성됩니다. 예컨대, 우리는 밀의 철학, 조지 엘리엇의 소설, 시장관계에서의 독특한 종류의 개인주의를 보게 됩니다. 이런 종류의 경제적 개인주의가 수많은 다양한 실천과 제도의 중심에 있는 것을 보게 됩니다. 그리고 여러분은 그것이 매우 다양한 장소에서 나타나기 때문에 핵심적 형태라는 것을 알게 됩니다. 물론 단절, 상동관계가 없는 듯한 장소, 쉽게 서로 '일치하지 않는' 영역은 항상 있습니다. 이것이 사회구성체 내에서 가치, 패턴, 의미, 이해의 새로운 형태가 출현하고 생성되며 작동하기 시작하는 지점입니다. 따라서 이런 영역에서 사람의 행동은 기저 구조로부터 벗어나게 될 것입니다. 그리고 패턴은 동일한 사회구성체 내의 다른 실천의 패턴들과 상동적이지 않게 될 것입니다.

우리는 바로 이 문화이론에서는 마르크스주의적 전통의 이론적·정치적 입장에 대해 어떤 대답을 제시하거나 그런 입장을 거의 설명하지 않는다는 점을 지적할 수 있습니다. 윌리엄스가 계급 문제와 정면으로 대면하는 것은 『기나긴 혁명』의 두 번째 파트에서입니다. 그는 계급을 핵심어 중 하나로 인식하고, 산업자본주의에서의 새로운 계급 형성을 사람들이 이해하고자 했던 역사적 경험의 가장 중요한 양상 중의 하나로 간주합니다. 그는 무엇보다 이것을 각 계급이 고유하게 갖고 있는 특정한 문화적 가치와 의미라는 관점에서 이야기합니다. 예컨대, 윌리엄스는 빈곤과 가난한 사람들에 대해 특정한 관념을 갖고 있는 귀족계급의 문화를 언급하고, 이 문화가 신흥 부르주아계급의 문화와는 판이하게 다르다고 지적합니다. 따라서 여러분은 19세기 영국의 지배계급이 가난한 사람들을 대했던 방식에 대한 저항을, 가난한 자들과 노동계급에서뿐 아니라 지배계급 내에서도, 즉 귀족 분파와 부르주아 분파 사이에서도 볼 수 있습니다. 특정한 역사적 배경을 가진 귀족계급은 부유한 자가 가난한 자에 대해 계속해서 온정주의적 책임감을 가져야 한다고 믿었습니다. 귀족계급의 문화는 다른 패턴의 관계, 즉―심지어 자신들과 닮지 않은 집단에 대해서도―면 대 면 상호작용과 친밀감에 기반을 둔 관계를 가지고 있었습니다. 따라서 귀족계급은 부르주아지가 구빈법Poor Law에서 시도했던 것처럼 자신의 책임감을 추상화하거나 비인격화하지 않았습니다. 반면 정치경제학자들―즉, 부르주아 정치경제학자들―은 빈곤을 기능적 차원에서만 정당화했습니다. 그들은 지배계급이 노동자에게 의무감, 심지어는 인간 대 인간으로서 의무감을 가져야 한다는 생각을 거부했습니다. 구빈법의 목적은 사람들을 노동시장으로 돌려보내기 위한 것이었습니다. 한 노동자가 오랫동안 여러분의 땅에서 살아왔는지, 여러분이 그 노동자에 대해 어떤 감정을 갖고 있는지, 아니면 여러분이 그의 가족을 알고 있는지 하는 것은 별 의미가 없습니다. 만일 그에게 육체적 능력이 있다면, 그는 일해야 합니다. 만일 그에게 그런 능력이 없다면, 사람들은 그가 어디에 있는지, 어떻게 지내는지, 언제 노동력으로 다시 편입될 것인지를 알아야 합니다. 윌리엄스에게 계급문화의 차이는 자본주의적 구성체와 전前자본주의적 구성체 간 차이의 표현입니다.

그러나 윌리엄스의 문화분석의 진정한 목적은 특정한 계급문화나 다양한 계급의 상이한 가치구조를 이해하는 것이 아닙니다. 윌리엄스는 다양한 계급문화가 상호작용하는 사회구성체 전체에서 무슨 일이 일어나는지에 대해 보다 역동적인 질문을 제기하고 싶어 합니다. 그는 단지 사회 내부의 계급들을 구별 짓고자 하는 것이 아니라 사회 전체의 기저에 놓인 패턴—지배적 가치체계—에 관심이 있습니다. 예를 덧붙이면, 윌리엄스는 빈곤에 대한 귀족적 관점이 빈곤에 대한 부르주아적(정치경제학적) 관점과 대화 내지 갈등하기 시작할 때 무슨 일이 일어나는지를 알고자 합니다. 후자의 관점은 잃을 것 하나 없고 산업자본주의의 불황기 동안 생존 유지에 급급했던 사람들과 상당히 심각한 투쟁에 휘말리게 됩니다. 계급들 간의 이러한 사회적 대화, 즉 가난한 자들을 다루는 '전형적인 영국식' 방식, 다시 말해 귀족계급의 견해 중 몇몇 요소와 노동계급에 대한 약간의 양보, 그리고 일부 부르주아적 정치경제학을 통합하는 방식은 어떤 결과를 낳았을까요? 다양한 계급문화의 이러한 상호작용은 어떤 결과를 낳았을까요? 그것은 복지국가와 상당히 유사한 것입니다. 여기서 가난한 자들에게 제공되는 것은 일시적인 것으로 정의됩니다. 그것은 그들의 것이긴 하지만 당연한 권리로서 주어지지 않으며 그들로부터 언제든 회수할 수 있는 것입니다. 그것은 대부분 자발적인 시민자선단체에 의존합니다. 윌리엄스는 국가가 분배를 위해 구호품을 '박스째로' 공급하는 복지국가는 특히 영국적인 제도라고 말하곤 합니다.

하나의 독특한 문화는 다양한 사회집단 혹은 사회계급 간의 상호작용으로부터 생겨납니다. 바로 **이것**이 윌리엄스의 분석대상, 즉 그가 '감정구조the structure of feeling'라고 부른 것입니다. 감정구조는 삶이 실제로 어떻게 체험되는지, 사회 속에서 특정한 문제에 대해 생각하고 행동하는 게 어떤 것인지에 대한 설명이자 재현이기도 합니다. 감정구조가 사회 내부에 있는 사람들에게 자연스럽게 다가오는 까닭은 그들이 가족, 문화, 남성성, 경제 등에 관한 특정한 관념을 낳은 역사적 경험의 결과를 공유하기 때문입니다. 다양한 사회적 실천 속에 반영되거나 표현되는 것은 바로 이런 감정구조입니다.

그렇다면 특정한 역사적 기간에 대한 문화분석의 과제와 방법론은 경제사가, 사회학자, 혹은 문학비평가의 그것과는 분명히 다를 겁니다. 하지만 문화분석의 과제와 방법론은 이 모든 것과 관련이 있기도 합니다. 문화분석은 그들이 제공하는 증거들의 일부를 흡수해야 합니다. 만약 다양한 실천 간의 관계를 이해하려고 한다면, 경제학, 사회사, 문학 등에 관해 중요한 것을 알아야 하기 때문입니다. 이것이 문화연구에 존재하는 현실적 문제입니다. 즉, 문화연구는 모든 것에 대해 중요한 것을 안다고 주장함으로써 스스로를 정의하는 것과 같습니다. 윌리엄스의 입장에 상당 부분 공감하는 사람들조차 이와 같이 총체화하는totalising 것은 상당히 문제가 있다고 생각합니다. 예를 들어, 톰슨은 윌리엄스의 구상에서 역사는 어디에 위치하는가에 의문을 제기했고, 윌리엄스가 설명했던 것이 실은 역사학자의 과제라고 주장했습니다. 이러한 과제는 윌리엄스가 문화연구를 학문의 새로운 여왕으로 삼고자 하는 와중에 분명히 제거해버린 것입니다. 다른 학문분야의 부분적이고 지역적인 지식을 통합하고자 한 것은 철학이 아니라 문화연구였습니다. 모든 이가 특수한 것에 대해서만 알고 있는 데 반해, 문화연구는 전체에 대해 알고자 합니다. 그리고 『기나긴 혁명』이 이런 문제로부터 전적으로 자유롭지 않다는 것은 확실한 사실입니다.

『기나긴 혁명』에서 마지막으로 내가 논하고 싶은 개념은 총체성입니다. 윌리엄스의 작업에서 총체성을 개념화하는 방식은 사실상 호가트와 톰슨을 비롯하여 문화연구 내 보다 거시적인 입장의 특징입니다. 총체성은 윌리엄스의 출발점이 된 문제, 즉 좁은 의미의 문화적 실천과 사회구성체의 다른 실천 간의 관계를 이해하는 방법을 다루기 위해 제기된 것입니다. '전체the whole'를 어떻게 이해할 것인가? 암묵적으로 윌리엄스는 전통적인 마르크스주의적 견해, 예를 들면 『정치경제학 비판A Contribution to the Critique of Political Economy』의 「서문」에 제기된 견해와 반대되는 대답을 내놓습니다.

> 그들 삶의 사회적 생산에서 인간은 필연적으로 자신의 의지와는 상관없이 특정한 관계, 즉 물질적 생산력의 주어진 발전 단계에 적합한 생산관계에 들어가게 된다. 이러한 생산관계의 총체성은 사회의 경제적 구조, 즉 진정한 토대를 구성한다. 이 토대 위에서 법적·정치적 상부구조가 생겨나고 사회의식의 특정 형식들이 거기에 조응하게 된다.[1]

여기서 마르크스는 법적·정치적 상부구조가 생겨나며 모든 의식의 형식이 조응하게 되는 진정한 토대로서 생산양식(생산력과 생산관계)의 형성이 갖는 중요성에 관해 말합니다. 이 구절은 사회구성체의 다양한 층위를 보여줄 뿐 아니라 그 층위들 간의 결정관계를 정의하려는 마르크스의 시도 중 하나입니다. 내가 앞선 강의에서 논한 이유 때문에 윌리엄스는 이러한 입장과 정면으로 대면하지 않으면서 마르크스주의적 입장의 타당성을 상당히 인정하는 총체성 개념에 대

---

1.   Karl Marx, *A Contribution to the Critique of Political Economy*, Translated by Maurice Dobb (London: Lawrence and Wishart, 1970), p. 20.

해 설명합니다. 그의 입장은 산업자본주의의 착취적 성격, 계급 형성과 계급들 간 투쟁의 성격, 계급 지배의 현실에 대해 예민한 반응을 보입니다. 하지만 윌리엄스는 문화에 훨씬 큰 결정력과 영향력을 부여하고 싶어 합니다. 실제 두 가지 종류의 경험에 관해 말하며 내가 주장했듯이, 그는 문화적인 것을 마르크스주의자가 "물질적·사회적 실천"이라 부른 것 속으로 통합하고 그러한 물질적·사회적 실천을 벗어나서는 아무것도 존재하지 않는다고 주장하고자 합니다. 이러한 물질적·사회적 실천이 사회구성체를 구성합니다. 따라서 윌리엄스의 입장은 경제적 층위가 지닌 결정의 우선성을 부정합니다. 토대/상부구조 모델 속에 함축된 반영 개념이 보여주는 그런 식의 단순한 조응은 존재하지 않습니다. 상호 결정하는 모든 층위가 상호 침투한다는 것을 사고해야 합니다.

실천들의 총체성의 중심에 있는 것은 경제적 결정이 아니라 인간적 에너지, 인간적 실천, 인간 존재의 물질적 활동입니다. 즉, 인간 삶의 구성, 인간 종의 재생산, 사회조직과 통치의 형식, 가족과 사회적 관계의 형식 같은 것 말입니다. 바꿔 말하면, 윌리엄스의 총체성 개념의 중심에는 본질적으로 인간에 대한 철학적·인간학적 개념이 자리하고 있습니다. 그것은 마르크스의 『1844년 경제학 철학 수고』의 인간 개념입니다. 이 개념은 헤겔적 개념, 즉 프로메테우스적 인간, 창조자로서의 인간, 활동과 동떨어져 존재하지 않는 인간 개념입니다. 그것이 대문자 **Man(인간-남성)**인 것은 사용할 수 있는 총칭적 용어였을 뿐 아니라 그 당시 노동의 성적 분리를 반영했기 때문입니다. 이 문제는 마르크스주의나 윌리엄스의 저작에서 결코 의식적으로 다뤄지지는 않았지만 세계를 재창조하는 사람들이 젠더로 구분되어 있다는 것은 당연하게 받아들여졌습니다. 결정적 요인의 중심으로 존재하는 것은 생산자로서의 인간, 능동적 실천가로서의 인간—경제라기보다는 인간적 실천—입니다. 사회구성체는 인간의 활동이 취하는 특정하고 명확한 여러 형식에 다름 아닙니다. 그러한 조건하에서 남성(과 여성)은 그런 형식의 가족을 적극적으로 생산하고 그런 방식으로 경제를 조직했던 겁니다.

알튀세르가 정확하게 인간주의적 문제설정이라 정의한 철학적 입장이 바로 이것입니다. 여기서 인간주의적이란 도덕적이거나 정치적인(가령, 자유주의적) 의미가 아니라 철학적 의미에서 말하는 겁니다. 이런 입장의 중심에는 인간의 문화적·사회적·경제적 실천의 조직에 다름 아닌 역사적 구성체 속에서 살고 있는 분화되지 않은 인간이 자리합니다. 이런 입장은 널리 받아들여지는 견해이자 문화이론의 일반적 견해이며 확실히 영국적 전통에만 국한된 것은 아닙니다. 또한 이런 입장은 윌리엄스가 삶의 후반기에 도달하게 된 입장과 아주 가깝긴 하지만 같은 것은 아니라는 점을 덧붙일 필요가 있습니다.

그러나 내가 설명하고 있는 '문화주의'는 전적으로 동질적인 것이 아닙니다. 문화주의의 일반적 입장에 대해서 견해를 같이하는 여러 이론가 사이에도 중요한 차이가 존재합니다. 『기나긴 혁명』이 발간된 직후, 톰슨은 《뉴 레프트 리뷰》에 이 책에 대한 중요한 서평을 두 부분으로 나눠 게재합니다.[2] 그는 여러 가지 중요한 비판을 제기했는

---

2. 아주 중요한 한 페이지를 빠뜨린 채 《뉴 레프트 리뷰》의 해당 호를 편집했던 것은 내 책임입니다. 중간에 빠진 한 페이지에 톰슨의 열두 번째 중요한 쟁점이 들어 있었습니다. 평생 내가 짊어지고 갈 인쇄상의 뼈아픈 실책입니다. 이 때문에 『기나긴 혁명』에 대한 톰슨의 서평이 결코 다시 출간되지 않았다는 걸 여러분은 이제 아실 겁니다. E. P. Thompson,

데, 그중 상당 부분이 종국적으로 윌리엄스의 발전에 영향을 끼쳤습니다. 첫째, 톰슨은 윌리엄스의 문화 개념이 너무 유기적이고 너무 진화론적이며 문화 영역 내에서 경쟁과 경합이 가지는 의미를 전적으로 결여했다고 주장합니다. 그 개념은 다양한 계급이, 가령 가난한 사람들과 관계 맺을 때, 상호 간에 상당히 정중한 영국식 대화를 나눈다고 말하는 것처럼 보입니다. 톰슨은 이런 개념이 구빈법의 역사와 일치하지 않는다고 주장합니다. 문화에 대해 보다 적절히 설명하려면 전체적인 삶의 방식보다는 '전체적인 투쟁의 방식'[3]에 관해 말해야 했을 겁니다. 그리고 사회구성체 내에서 각각 다른 문화적 기반에 근거하는 고유한 문화적 가치를 지닌 다양한 집단 내지 계급 간의 경쟁을 인식해야 했을 겁니다. 그리고 그 결과는 정중한 대화를 통한 타협이 아니라 그들 간에 벌어지는 불평등한 투쟁의 영향일 겁니다.

따라서 톰슨은 윌리엄스의 저작에서 통합된 투쟁—기나긴 혁명—이라는 강력한 이미지를 거부합니다. 왜 기나긴 혁명은 그토록 길어야 할까요? 왜 이 '기나긴 혁명' 내에는 어떤 순간적인 충격이나, 이 문제와 관련해 지속적으로 발발하는 어떠한 분열적인 활동도 없는 것일까요? 전체적 과정이 너무나 온건하고 인간적인 관점에서 사고되기 때문에 사회와 사회적 과정은 기본적으로 선한 것으로 이해됩니다. 맞습니다, 노동자들은 서로 티격태격하더라도 그리 나쁘지 않은 감정구조 속으로 들어가게 됩니다. 우리는 민주화로 나아가는

"The Long Revolution Parts I and II," *New Left Review*, Part I, no. 9 (1961), pp. 24-33; Part II, no. 10(1961), pp. 34-39.
3.   E P. Thompson, "The Long Revolution Parts I and II," *New Left Review*, Part I, no.9 (1961), p. 33.

기나긴 도정에 있고, 비록 두 세기가 걸릴지 모르지만 우리의 감정구조는 한층 더 조정되어 결국 우리는 보다 문명적인 존재가 될 것입니다. 모든 사람이 문화적 패턴이라는 것에 영향을 끼치고 앞으로도 그럴 겁니다.

톰슨은 문화를 이런 식으로, 마치 그것이 단일한 것인 양 개념화할 수는 없다고 주장합니다. 만약 이런 식의 논법을 끝까지 밀고 가면, 결국에는 T. S. 엘리엇이 『문화의 정의를 위한 노트Notes towards the Definition of Culture』에서 보여준 입장에 이르고 말 것이기 때문입니다. 즉, 우리의 문화는 모두 하나의 문화라는 겁니다. 맞습니다, 차이는 있을 겁니다. 가령 우리는 부자고, 당신네는 가난하다. 우리는 로스트비프를 먹고, 당신네는 쇠고기 파이를 먹는다. 우리는 예술, 문학, 옥스퍼드 보트 경주를 즐기고, 당신네는 텔레비전과 축구 결승전을 즐긴다는 식으로 말입니다. 하지만 실제로 이것은 하나의 문화, 하나의 생활방식일 뿐입니다. 그 속에서 모든 사람은 **자신의 위치에 그냥 그대로 머물러 있는 한** 서로서로 대화를 나누고 심지어 서로를 좋아할 수도 있을 겁니다. 만약 윌리엄스의 입장을 더 밀고 나가면, 결국 보수적인 입장에 도달하고 말 것입니다. 이러한 사태를 피하기 위해 우리는 단절에 주목해야 합니다.―이것이 톰슨의 마르크스주의가 보이는 특징입니다―우리는 문화 안에서 갈등의 선을 그려야 합니다. 그럴 때 우리는 문화를 생활방식의 진화로서가 아니라 경쟁하는 문화들 간의 지속적인 투쟁으로 이해할 수 있습니다. 그러므로 톰슨은 문화적 변화의 과정을 수정과 적응, 타협이 아닌 경쟁과 투쟁을 통해 재정의합니다.

톰슨이 윌리엄스에게 제기한 두 번째 주요 비판은, 톰슨의 전형적인 특징을 보여주는데, 문화연구에서 역사의 위치와 지위에 관한 것입니다. 나는 이 질문에 들어 있는 진실에 관해 이미 지적했지만, 그 한계 또한 인식할 필요가 있습니다. 윌리엄스가 문화연구에 안이하게 특권을 부여한다는 톰슨의 말이 옳다면, 똑같은 말이 톰슨과 역사에도 해당됩니다. 톰슨에게 역사학자가 된다는 것은 신성한 부적을 지니는 것과 같은 일입니다. 톰슨과 다른 역사학자(예컨대, 톰슨에 맞서 극히 엄격하고 체계적인 형식의 구조주의적 역사를 전개한 개러스 스테드먼 존스Gareth Stedman Jones) 간의 차이가 아무리 중요하다고 하더라도, 그들 간의 논쟁적 용어들은 역사학에 대한 이들의 공통적 헌신과 역사적 작업이 마땅히 가져야 할, 또는 **이미 가지고 있는** 지위에 대한 인식에 비하면 부차적이기 때문입니다. 왜냐하면 톰슨은 역사를 긍정할 뿐 아니라, 가령 1790년대와 1800년대에 민중적·민주적 세력의 급진 문화와 산업자본가 사이에서 벌어진 차티즘Chartism을 둘러싼 투쟁의 예처럼, 영국의 역사를 투쟁방식이라는 관점에서 설명하고 있었기 때문입니다. 톰슨은 자신의 역사적 설명을 역사를 빠뜨린 것 같은 윌리엄스의 문화적 설명과 대립시킵니다. 물론 만약 역사로부터 멀찌감치 거리를 두고 그 시대의 책을 읽는 것만으로 만족한다면, 여러분은 구빈법을 다양한 지배계급 인물 간의 대화의 결과라고 결론지을지 모르겠습니다. 하지만 역사의 현장에 뛰어들어 실제 벌어지고 있는 일을 본다면, 즉 만약 구빈법에 저항하기 위해 민중이, 특히 지방에서 어느 정도 싸웠는지 안다면(어느 누구도 그 지방에서 책을 쓰거나 그 지방에 관한 책을 쓴 적이 없습니다), 여러분은 구빈법의 역사에 대한 그 어떤 설명도 문화적 경쟁과 투쟁의 개념을 무시할 수 없다는 것을 알게 될 겁니다.

그러므로 역사에 대한 톰슨의 긍정은 단순히 이데올로기적인 것만은 아닙니다. 톰슨은 역사와 역사적 과정, 그리고 경쟁과 투쟁, 변화라는 개념을 문화의 변화 및 발전을 정의하는 방식에 끌어들임으로써 윌리엄스의 문화 개념에 대한 자신의 비판을 뒷받침하는 중요한 통찰을 제공합니다. 이러한 비판으로 인해 윌리엄스는 『기나긴 혁명』에서 그가 내린 문화의 정의 및 그의 향후 분석을 상당히 많이 수정하게 됩니다. 톰슨의 서평 이후 윌리엄스는 공통적이고 공유적인 문화의 정의보다는 투쟁과 지배의 문제를 성찰하기 시작합니다.

또한 윌리엄스는 명시적인 비판뿐 아니라 톰슨이 시작한 실제적 작업에 의해서도 영향을 받게 됩니다. 『영국노동계급의 형성』은 비록 그것이 역사적 작업이라 하더라도 문화연구에서 문화주의의 문제설정에 속하는 책입니다. 톰슨이 그런 관점에서 자신의 작업을 생각한 적은 없었습니다. 아마 문화연구에 있어 훨씬 더 중요한 저작은 「시간, 노동-규율, 그리고 산업자본주의Time, Work-Discipline and Industrial Capitalism」와 「귀족사회와 평민사회Patrician and Plebeian Society」와 같은 글을 포함해 18세기에 관한 톰슨의 작업―이것의 부분적 성과가 『휘그파와 사냥꾼들Whigs and Hunters』입니다―일 것입니다. 왜냐하면 톰슨은 이 글들에서 계급투쟁보다는 민중투쟁에 대해 훨씬 깊은 인식을 보여주기 때문입니다. 그는 권력자에게 대항하는 민중투쟁에 진정한 애정을 보였습니다. 문화투쟁뿐 아니라 산업화 이전의 투쟁에 대한 톰슨의 견해는 농민이 산업자본주의의 습속에 길들여져 가던 방식에 대한 자신의 분석에서 잘 드러나 있습니다. 즉, 하루가 일상적 리듬, 신체적이고 지형적인 것들, 계절의 신전 등에 의해 구성되어 있던 사람들이 어떻게 시간 관리의 새로운 실천들을 터득하게 되었는가, 그리고 그런 과정이 어떻게 단순히 산업노동의 규율에 의해 강요되는 걸 넘어, 오히려 그들이 기계의 리듬, 축적과 생산성의 리듬에 적응해야 했던 제한적 조건에서 어떻게 새롭게 주어진 노동주간과 노동일의 의미를 내면화해야 했는가 하는 질문 말입니다. 톰슨은 이런 것을 깊은 문화적 경험이라고 말합니다. 우리는 산업혁명의 그런 변화들을 너무나 자주 마치 그것이 단순히 경제발전 내지 기술발전의 결과인 양, 마치 그것이 공장노동의 재조직의 산물인 양 설명해왔습니다. 하지만 새로운 의미의 생산, 다양한 정의와 리듬에 따른 사람들의 사회적 실천의 변형과 무관한 역사적 변화란 결코 존재하지 않습니다. 이는 진정한 변형입니다. 산업혁명의 경제사는 농업 인구, 즉 농민이 어떻게 공장노동자, 도시 주민으로 변하게 되었는가에 대해 말하지 않습니다. 그것은 월요일에 왜 어느 누구도 직장에 오지 않았는가를 설명해주지 않습니다. 산업혁명에 접어들고도 30~40년 동안 계속되었던 바로 이 월요일 휴일을 공장주가 이해하지 못했다는 것은 전혀 놀라운 일이 아닙니다. 전통적으로 이것은 아주 많은 사람이 도시와 작은 공장, 작업장까지 가져와 지키고 살았던 오래된 민속적 관습을 의미했습니다. 경제적이고 기술적인 설명은 시골의 여흥이 부분적으로 종교적 영향에 의해, 또는 국가의 강제에 의해, 그리고 지역의 유력인사의 영향력에 의해 합리화된 여흥—17세기 혹은 18세기의 크리켓이나 축구 경기와는 아주 다른 방식으로 경계가 설정된 여흥—으로 재구성된 과정을 말해주지 않습니다. 17세기와 18세기에는 경기의 경계가 마을의 시작이자 끝이었습니다. 그 경계는 선수가 내달릴 수 있는 한계였습니다. 현대 스포츠는 산업노동과 도시생활에의 적응이라는 거대한 과정 속에서 부분적으로 강제에 의해, 무의식적으로, 이전

문화의 파괴와 관련해서 그리고 그 파괴의 결과로서 등장했습니다. 이제 축구는 사람들이 일하러 가지 않는 날에만 일어나는 일이 되었습니다. 그리고 사람들은 특정 장소, 즉 비교적 작은 규모의 장소로 가야 했습니다. 그 장소는 경계가 있어야 했는데, 왜냐하면 그들이 바로 그 경계 밖에서 살고 일하기 때문이었습니다. 이 경계는 노동과 비노동, 다른 사람을 위해 일하며 보내는 시간과 자기 자신을 위한 시간, 노동과 유희, 속박과 자유의 문화적 경계들을 구축합니다. 이것이 산업사회에서 삶의 문화적 범주들을 구성하게 되었습니다. 톰슨은 그러한 내적인 의미체계들이 어떻게 끼어들게 되었는지, 그 체계가 어떻게 주체적으로 체험되었는지, 그것이 어떻게 시간에 대한 우리의 경험을 구조화해왔는지를 이해하도록 도와줍니다. 톰슨의 역사적 연구는 그 어떤 명시적인 문화연구의 작업 못지않게 우리의 경험을 구성하고 체험하는 범주들을 이해해야만 우리의 모습이 어떤지, 우리가 어떻게 살고 있는지, 어떻게 시간을 보내는지를 이해할 수 있다는 것을 증명합니다.

하지만 윌리엄스의 저작에서 종종 언급되는, 즉 그가 마르크스주의 전통과의 직접적인 대화로 전환하게 된 데는 적어도 다른 중요한 이유가 하나 있습니다. 『기나긴 혁명』과 『마르크스주의와 문학』 사이의 기간 동안 영국의 지적 상황과 문화에 엄청난 변화가 있었는데, 이는 부분적으로 1960년대와 70년대에 있었던 정치운동의 발전 때문이었습니다. 사람들이 마르크스주의적 문제설정에 관해, 그리고 그것에 입각해 말하는 것이 더 쉬워졌을 뿐 아니라 출판사들, 특히 《뉴 레프트 리뷰》가 이른바 서구 마르크스주의의 많은 주요 저작을 번역하여 영국에 소개하게 됩니다. 이는 윌리엄스를 포함한 영국의 많은 문화이론가에게 깊은 영향을 끼칩니다. 이런 상황은 영국의 지적 생활 전반에서 훨씬 더 적극적인 대화와 논쟁의 장을 열었습니다. 따라서 이제 윌리엄스는 마르크스주의를 간접적이고 은밀하게 에둘러 언급하기를 멈추고 마르크스주의 문화이론의 부적절성에 관해, 즉 그가 『문화와 사회』에서는 결코 인식할 수 없었지만 마르크스주의에 관해, 실제로는 계속 논해왔다는 사실과 정면으로 마주할 수 있게 됩니다. 여기서 그는 마르크스주의적 전통을 받아들이되 그것을 자신의 관심 대상이라 생각하지는 않았습니다. 그러나 『마르크스주의와 문학』은 마르크스주의에 대한 그의 커밍아웃입니다. 즉, 윌리엄스는 마르크스주의 전통 내에서의 자신의 위치와 그 전통에 진 빚을 인정하고 마르크스주의의 역사가 자신의 역사임을 인정합니다.

이런 커밍아웃은 조금 더 이전에 「문학과 사회학: 뤼시앵 골드만을 추억하며Literature and Sociology: In Memory of Lucien Goldmann」라는 탁월한 글에서 시작됩니다. 이 글에서 윌리엄스는 『문화와 사회』와 『기나긴 혁명』에서의 자신의 과제와 이론을 골드만의 『숨은 신The Hidden God』과 연결 짓습니다. 그는 감정구조에 대한 자신의 개념과 발생적 구조주의에 대한 골드만의 이해 간의 밀접한 유사성을 도출해냅니다. 사실 그는 이 둘이 같은 것에 관해 얘기하고 있다고 말합니다. 그러나 골드만은 윌리엄스가 『문화와 사회』에서 맞서 싸웠던 것과는 아주 다른 것이긴 하지만 마르크스주의 전통 안에서 작업하고 있었습니다. 이 무렵 윌리엄스는 나폴리에 있는 유서 깊은 문화연구센터에서 연구하기 위해 이탈리아로 갑니다. 그곳에서 그는 그람시의 작업과 대면하게 됩니다. 이탈리아 사람들은 그람시의 사상이 윌리엄스의 이론 속에서 어떤 위치를 갖는지를 궁금해했습니다. 헤게모니 개념은 어디에 있습니까? 지배라는 개념은? 투쟁이라는 개념은? 경쟁이라는 개념은 어디에 있습니까? 그리고 윌리엄스는 《뉴 레프트 리뷰》에 게재되었고 나중에 수정을 거쳐 『마르크스주의와 문학』에 실린 「마르크스주의 문화이론에서 토대와 상부구조Base and Superstructure in Marxist Cultural Theory」라는 글을 씁니다. 이 글에서 윌리엄스는 지배적dominant 문화, 잔존적residual 문화, 출현적emergent 문화라는 개념을 도입했을 뿐 아니라 그람시적 입장에서의 비판과 적극적으로 대화하면서 자신의 정의 및 개념적 틀을 재정식화하고 변형합니다.

『마르크스주의와 문학』은 보기와는 다른 저작입니다. 이 책은 윌리엄스의 다른 저작보다 마르크스주의를 좀 더 직접적으로 다루고 있지만 문학에 대해선 단지 부차적으로만 언급할 뿐입니다. 실제로─「기본 개념」이라는 제목의─첫 부분은 문화, 언어, 문학, 이데올로기를 다루고 있습니다. 두 번째 부분은 문화이론에 관한 것이며, 당대 마르크스주의 이론과의 적극적인 대화라는 맥락 속에서 자신의 이전 작업의 재정식화를 다루고 있습니다. 세 번째 부분에서야 비로소 그는 책 제목에 '문학'이 들어 있고 옥스퍼드 대학 출판부가 자신에게 문학에 대해 써줄 것을 부탁했다는 사실을 기억합니다. 그럼에도 이 책은 윌리엄스의 현재 입장을 살펴볼 수 있는 최상의 진술입니다. 즉, 깔끔하고 간결하며 명쾌하고 설득력 있는 진술입니다.

하지만 『마르크스주의와 문학』의 앞부분은 약간 기이한 방식으로 『문화와 사회』의 전략을 이어갑니다. 여기서는 마르크스주의와의 은밀한 관계를 구조주의와의 은밀한 관계로 대체합니다. 이제 마르크스주의는 공개적으로 거론되고 있는 데 반해, 소쉬르, 알튀세르, 그리고 다른 기호학자들은 넌지시 암시될 뿐입니다. 언어가 윌리엄스가 흥미를 갖는 정의와 해석을 정식화하는 매개체이기 때문에 언어에 관한 이 첫 장은 분명 아주 중요합니다. 언어에 대한 그의 사유가 그 시기에 기호학과 구조주의적 언어관의 영향 때문에 변형되었지만, 윌리엄스는 기껏해야 그것과는 우회적인 대화만 실천하는데, 여기서 그는 왼쪽 어깨 너머에서 심판의 천사처럼 어른거리는 톰슨을 의식하며 문화분석은 체계나 구조보다는 역사적 과정을 선택해야 한다고 주장합니다. 톰슨은 윌리엄스에게 문화적 변화를 역사적으로 사고해야 한다고 가르쳐주었습니다. 윌리엄스는 역사적 과정을 동결시키고 그 구성요소를 개념적으로 범주화하려는 레비스트로스의 시도를 거부합니다. 즉, 윌리엄스는 역사적 변화에 대한 설명이 역사적 과정을 분석적으로 파악하려면 그 과정을 중지시켜야 한다는 주장을 이해할 수 없습니다. 그리고 윌리엄스는 소쉬르적인 언어관에 맞서 『마르크스주의와 언어철학Marxism and the Philosophy of Language』에서 볼로시노프Volosinov의 이론을 이용합니다. 문화에 대한 그의 수정된 정의에 비춰볼 때, 윌리엄스가 볼로시노프를 이용하여 무엇을 하려고 하는지를 이해하는 것이 중요합니다. 그는 볼로시노프에 의탁해 언어가 단순히 현실의 투명한 반영이 아니며 기표와 기의의 관계가 고정된 것이 아니라는 구조주의의 주장을 인정합니다. 그러나 윌리엄스는 볼로시노프가 기호 내부의 형식과 의미를 추상적이고 절대적으로 분리할 것을 주장하지 않으면서(윌리엄스는 구조주의적 방법이 볼로시노프로 하여금 그렇게 분리할 것을 요구했다고 생각합니다) 그 형식과 의미 사이의 불연속성을 인정하는 기호—상징적 구성 및 생산의 매개체—의 개념에 도달한다고 주장합니다.

일부 새로운 입장들이 나타나기 시작하는 것은 문화이론에 관한 두 번째 파트에서입니다. 내가 언급했듯이, 윌리엄스는 토대/상부구조의 은유를 반대하는데, 이 관계가 실제 토대/상부구조 모델이 파악할 수 있는 것보다 훨씬 더 복합적인 것에 근거해 그랬던 것은 아닙니다. 그의 반대는 보다 이론적인 반대입니다. 즉, 이 모델이 허위적인 추상false abstraction을 구성한다는 겁니다. 토대에 대한 마르크스주의적 개념은 생산양식―생산력과 생산관계 간의 관계―을 가리키지만, 윌리엄스는 마르크스에게서 생산력과 생산관계의 차이를 구분하는 것은 불가능하다고 주장합니다. 더욱이 문화적 정의를 고려하지 않고서 생산양식을 설명하는 것은 불가능합니다. 따라서 우리는 '토대'가 고도로 추상적인 어떤 것을 가리키는 관계와 마주하게 됩니다. 그리고 추상적인 토대에서 상부구조를 확보하기 위해서는 훨씬 더 높은 차원에서 또 다른 추상화를 실행해야 합니다. 결국 이 마지막 추상화는 구체적인 인간적 실천으로 구성된 상부구조에 도달하는 데는 부적절하고 동시에 불필요합니다.

톰슨은 현실생활에서의 모든 실천이 서로 긴밀히 얽혀 있다고 주장함으로써 이런 주장을 한층 더 밀고 나갑니다. 따라서 그 어느 것도 토대와 상부구조 개념으로 설명할 수 없습니다. 톰슨이 가져온 사례는 18세기 법의 문제입니다. 그것은 상부구조에 속할까요? 맞습니다, 법은 분명히 18세기의 전체 이데올로기적 기구의 일부입니다. 그것은 지적 생활에서, 특히 블랙스톤Blackstone [4]의 『영국 법에 관한 해설Commentaries on the Laws of England』(1766)과 같은 복합적 텍스트에서 아

---

4. [옮긴이] 윌리엄 블랙스톤 경(Sir William Blackstone)은 18세기 영국의 법학자, 판사이다. 그가 쓴 『영국 법에 관한 해설』은 오랫동안 영국에서 법 관련 분야의 권위서로 인정받았고, 미국 법체계 발전에도 영향을 주었다.

주 정교한 영역이었습니다. 그럼에도 과거의 경제관계가 파괴되었던 것은 법률적으로 정의되지 않고서는, 즉 법적 장치 없이는 기능할 수 없는 경제적 계약과 시장교환의 형식들이 침입해 들어갔기 때문입니다. '법'은 법원과 법률 서적에만 있을 뿐 시장거래의 계약관계에는 없다고 주장할 수 있을까요? 법은 도처에 있습니다. 우리가 사회구성체를 상호작용적인 총체성으로 보고 역사적으로 연구할 필요가 있을 때, 사회구성체의 한 층위에만 특별히 일차성primacy의 지위를 부여하는 추상화가 대체 무슨 소용이 있을까요?

어떤 결정적 층위에 일차성을 부여하지 않으면서 모든 역사가 인간적 실천이라고 보는 견해는 내가 철학적 인간주의philosophical humanism라고 기술해온 것에 바탕을 둔 총체성(윌리엄스에게는 문화적 총체성이고, 톰슨에게는 역사적 총체성입니다) 개념에 근거합니다. 이 견해는 또한 이론에 대한 특별한 개념, 즉 추상화와는 엄격히 반대되는 개념에 의존합니다. 이론은 이러한 개념을 가지고 구체적인 사회역사적 자료를 연구할 때 출현하는 일반화에 지나지 않습니다. 이론은 살아 있는 체험의 결에 대한 그 어떤 설명과도 별도로 움직이는 필연적인 추상들의 구성체가 아닙니다. 그것은 실제적 경험이 우리에게 던져주는 미未분화된 현상들 속을 파고들어 갈 수 있는(개념적 틀이 사용되어야 한다는 것을 부정하지 않는) 분석적 틀로서 사용될 수 있습니다. 추상화에 대한 톰슨의 반대는 다시 한번 지나치게 포괄적입니다. 『이론의 빈곤The Poverty of Theory』에서 그는 마르크스의 『자본Capital』이 (헤겔적 형태의) 추상화로 여전히 가득하기 때문에, 그리고 우리가 구체적인 구성체 내지 영역에 들어가서 생산양식을 찾을 수 없다는 것을 알면서도 마르크스가 그런 추상들을 사용했기 때문에 실패했다고 주장합니다. 정확히 생산양식은 하나의 추상이기 때문에 눈에 보이지 않아야 한다는 겁니다. 사실 모든 생산양식은 일정한 사회구성체 내부에서 항상 구체적인 인간의 실천으로만 나타날 뿐입니다. 그러므로 분석적인 방법을 통하지 않고서 경제관계를 기술하는 것은 불가능합니다.

윌리엄스와 톰슨 두 사람 모두 추상화 작업이 우리가 설명하려고 하는 인간적 삶을 축소시킨다고 주장합니다. 만일 문화이론과 문화분석의 목적이 다양한 집단, 계급, 공동체, 사회의 독특성을 구성하는 감정과 체험의 풍부한 결 및 구조를 재구성하는 것이라면, 우리가 다뤄야 하는 설명적 풍부함과는 동떨어져 있고 그런 풍부함이 너무나 희박한 토대와 상부구조 같은 추상적 개념으로 어떻게 그런 작업을 해낼 수 있을까요? 이러한 의문은 토대와 상부구조의 개념뿐 아니라 그 어떤 추상적 개념화나 이론작업에 대해서 윌리엄스와 톰슨 두 사람이 가지고 있는 질문의 중심에 있습니다. 이는 민중이 그런 희박한 관점에서 사고될 수 없고 사고되어서도 안 된다고 주장하는 인간주의적 입장에 입각한 반박입니다. 특히 민중의 경험을 재차 긍정하고, 그 경험의 풍부함과 복잡성 속에서 그들을 새롭게 제시하며, 어떤 의미에서는 위대한 전통에서 배제된 데 대한 보상으로서 이를 실천하는 것이 문화분석의 목적이기 때문입니다. 『영국노동계급의 형성』은 무엇을 합니까? 그것은 말합니다. 다음은 이 책이 서문에서 밝히는 것입니다.

나는 가난한 양말 제조공, 기계화를 반대한 러다이트, '시대에 뒤진' 직조공, '유토피아를 꿈꾸는' 장인, 심지어 조애나 사우스콧Joanna

Southcott[5]의 광적 추종자들을 후손들의 엄청난 무시로부터 구해내고자 한다. 그들의 공예품과 전통은 사라지고 있을지 모르고, 새로운 산업주의에 대한 그들의 적대감은 시대착오적일지 모르며, 그들의 공동체주의적 이상은 환상이었을지 모르고, 그들의 반란 음모는 무모했을지 모른다. 하지만 그들은 첨예한 사회적 혼란의 시대를 살아간 반면, 우리는 그러지 못했다. 그들 자신의 경험에 비춰보면 그들의 열망은 타당했다. 그리고 만일 그들이 역사의 희생자라고 한다면 그들은 자신의 삶을 숙명으로 짊어진 희생자로 남아 있다.[6]

톰슨은 역사에서 들어본 적 없는 잃어버린 목소리, 가령 가난한 장인의 목소리, 가난한 양말 제조공의 목소리, 어느 수평파[7]의 목소리를 대변하고 복원하고 있다고 주장합니다. 한 사회에서 배제된 문화들의 경험에 경의를 표하고자 하는 사람에게 사물을 조각조각 자르기만 할 뿐인 개념의 가위가 무슨 소용이 있겠습니까? 하나의 전체로 봐야 할 것을 왜 세분화시켜 봐야 합니까?

다음 강의들에서 이 문제로 다시 돌아가겠지만, 여기서 나는 추상화에 대한 이런 비판에 일절 답변하지 않은 채 넘어가고 싶지는 않습니다. 사회적 실천을 미리 주어진 범주로 깔끔하게 분리하고 그것에 필연적인 결정관계를 부여하는 것이 어렵듯이, 어떤 사회를 둘러

---

5. [옮긴이] 조애나 사우스콧(1750~1814)은 데번 출신 종교 예언가였다. 그녀가 죽고 난 후 영국에서는 다양한 형태의 '사우스콧 운동'이 일어났다.
6. E. P. Thompson, *The Making of the English Working Class* (New York: Random House, 1963), pp. 12-13.
7. [옮긴이] 수평파는 영국의 청교도혁명 시기에 법 앞에서의 평등, 종교적 관용, 참정권 등과 같은 급진적 주장을 펼쳤던 청교도의 한 분파이다.

봐도 사람들의 구체적 실천 속에서 토대와 상부구조를 분할하는 경계선을 파악하는 게 극히 어려운 것은 사실입니다. 이것이 역사가— 긴밀히 연결된 실천들의 미분화된 집합으로서—나타나는 방식입니다. 역사에 관해 사유하는 것이 역사 내에서 사는 것과 같은가 하는 문제는 윌리엄스와 톰슨의 견해에서 채 답변되지 않은 채 남아 있는 문제입니다. 역사 내부에서, 그리고 사회구성체 내의 어떤 위치로부터 볼 때, 특정한 전략과 행동이 타당하고 합리적인 것으로 보일 수 있는 것은 사실입니다. 그러나 그것은 단순히 그런 반응을 복원하고 찬미하는 게 분석가의 임무인지, 아니면 우리가 그런 반응을 판단하고, 필요하다면 그 약점과 실패를 설명해서는 안 되는지 하는 문제를 열어놓습니다. 이것이 구조주의적 패러다임이 인간주의적 패러다임과 서로 갈라서는 지점입니다.

또한 나는 이 지점에서 윌리엄스가 『마르크스주의와 문학』에서 보여준 입장에 대한 이야기를 중단하고 싶지 않습니다. 왜냐하면 윌리엄스는 두 번째 파트에서 문화이론에 대한 몇몇 중요한 공헌을 했고, 비록 짧게라도 그 공헌을 언급할 가치가 있기 때문입니다. 이는 문제설정에 결함이 있었음에도 불구하고 그가 계속 이론작업을 이어갔다는 점을 여러분께 다시 알려드리기 위함입니다. 결국 결함이 있는 이론적 토대 위에서도 중요한 통찰을 낳을 수 있습니다. 자신의 입장에 문제점이 있었음에도 윌리엄스는 「마르크스주의 문화이론에서 토대와 상부구조」에서 지배적 문화, 잔존적 문화, 출현적 문화 간의 풍부한 차이를 상세히 설명합니다. 이것은 문화변화에 관해 사고하는 아주 중요한 방식입니다. 여러분은 어떤 문화적 상황에서 출현적 요소, 즉 이제 막 부상하고 있기에 아직 사회 전체를 규정할 정도의 위치에는 도달하지 못했지만 분명히 사회생활을 경험하는 새로운 정의와 방식을 만들어가는 과정에 있는 요소에 주목할 필요가 있습니다. 그리고 어떤 문화적 상황에서는 잔존적 요소에 주목할 필요가 있습니다. 잔존적 요소를 주목하는 게 중요한 이유는, 내 생각에 일반적으로 좌파 문화분석가들이 버려진 듯이 보이는 것들, 즉 사람들이 새로운 이해를 구성하기 위해 의존할 수 있고 종종 의존하는 문화와 의식意識의 비합리적이고 낡은 형식들을 고찰하는 데 특히 서툴기 때문입니다. 이를테면, 종교는 마르크스가 민중의 아편이라고 잠시 한 말 때문에 마르크스주의 연구에서 사라진 중요한 주제입니다. 우리는 이 말이 종교 문제를 일단락 지었다고 생각했던 것 같습니다. 그러나 현실은 세속적 세계와 비세속적 세계 모두에서 종교의식宗教意識의 구조와 종교적 실천의 형식, 종교제도들이 근대적 구성체 속으로 끊임없이 전유되고 재전유되고 있음을 보여줍니다. 종교의 힘은 여전히 살아 있고, 이를테면 이슬람 세계에서처럼 근대적인 것이 구성되는 방식에 실질적인 영향을 미칩니다. 종교의 언어는 계속 살아 있습니다. 종교는 다른 문화로 이동할 수 있는데, 그곳에서 종교는 예컨대 라스타파리아니즘[8]이 했던 것처럼 종교적 형태가 처음에는 결코 상상하지 못했던 방식으로 갑자기 지배구조에 대항할 계기를 사람들에게 제공해주기도 합니다.

엄청나게 다양한 사회투쟁 속에 들어 있는 잔존적인 사상 및 실천의 흔적을 참조하지 않고 근대 세계의 전체 문화에 대해 적절히 설

---

8. [옮긴이] 라스타파리아니즘은 1930년대에 자메이카에서 시작된 신흥 종교운동으로 에티오피아의 황제 하일레 셀라시에 1세를 신으로 숭배했다. 문화연구에 있어 라스타파리아니즘이 갖는 의미에 대해서는 6강과 8강에 자세하게 소개되어 있다.

명하기란 불가능합니다. 마르크스주의 연구자 중 일부가 동시대 문화와 사회 속 잔존적인 문화의 사회적 효과를 무시하는 것은 속물적인 태도입니다. 자본주의에 대한 비판이 항상 자본주의 이후의 문화형식에 대한 노골적인 꿈뿐 아니라 자본주의 이전의 문화형식에 대한 기억 같은 것에 의존하는 까닭은 무엇일까요? 시골, 존재하지 않는 시골, 즉 신화적 시골로 달려가려고 할 때 우리 모두는 그런 잔존적인 사상이 갖는 힘과 매력을 알 수 있습니다. 그러한 시골의 이미지는 신문과 문학, 음악 속에서 구성되었고, 그 대부분은 소도시에서 생산되었습니다. 중요한 것은 과거의 이런 이미지들이 현재 속에서 복원되었고, 그래서 다시 기능하게 되었다는 점입니다. 우리는 이런 이미지들에 대해서, 그리고 이런 이미지들과 함께 작업합니다. 심지어 알 수 없는 것, 혹은 전혀 이미지를 갖고 있지 않는 것을 상상하려 할 때도 우리는 일부 그런 이미지에 근거합니다. 내일이 어떤 모습일지를 상상하려고 할 때, 여러분은 오직 과거의 유산에 의지할 수 있을 뿐입니다.

그렇다고 이런 개념들에 대한 윌리엄스의 이론화가 적절하다고 말하는 것은 아닙니다. 이를테면, 그는 잔존적 문화를 현재 속으로 가져올 때 그것이 미래를 사고하는 방식에 계속해서 제약과 한계를 부여하는 비합리적 영향을 종종 끼치고 있음을 깨닫지 못합니다. 그 용어는 단지 긍정적인 것만은 아닙니다. 그러나 잔존적 문화형식과 출현적 문화형식 둘 모두는 지배적 문화형식과 경쟁하거나 거기에 대항하는 순간을 구성하고, 나아가 지배적 문화형식이 정확히 그런 잔존적이고 출현적인 형식들을 통합함으로써(가령, 히피들이 《타임》지의 표지에 처음 등장하던 순간을 떠올려보세요) 변화하고 새로운 상황에 적응하는 지속적인 과정을 구성하는 데 중요합니다. 지배적 문화가 효과적으로, 그리고 헤게모니적인 방식으로 기능하는 것은 분명합니다. 여기서 헤게모니는 지배적 문화가 노골적인 저항을 파괴할 필요가 없다는 사실을 통해 증명됩니다. 헤게모니는 다양한 다른 대안 및 가능성과 함께 그런 저항을 자신의 공간 속으로 수용할 필요가 있습니다. 사실 그런 대안과 가능성이 더 많이 허용되고, 그리고 더 다양할수록, 그것들은 삶의 풍부한 열린open-ended 다양성, 상호 관용과 존중, 그리고 명백한 자유의 의미에 더 많이 기여하게 될 겁니다. 통합의 개념은 지배 이데올로기가 종종 저항에 대응할 때, 저항을 완전히 배제하기보다는 저항을 지정된 장소 내에 머물게 함으로써, 즉 저항을 점진적으로 인정해주되 어디까지나 그것으로부터 현실적이고 효과적인 힘을 박탈하는 과정으로서만 인정해주는 식으로 대응한다는 극히 중요한 발상을 가리킵니다.

이것들은 문화변화의 성격을 사고하기 위한 극히 풍성한 개념들입니다. 하지만 문화적 구성체와 사회적 구성체 둘 모두를 개념화하는 방식, 그리고 후자 속에서 전자의 고유한 위치를 개념화하는 방식이 없다면, 이 개념들 자체만으로는 불충분합니다. 이것이 윌리엄스가 다루고 싶었던 문제입니다. 여기서 우리는 윌리엄스가 감정구조 개념으로 되돌아갈 것으로 기대할지 모르겠습니다. 문화이론에 관한 장의 끝부분에서 감정구조에 대한 아주 약하고 부적절한 옹호가 있긴 하지만, 내가 볼 때 이 개념은 사라집니다. 감정구조 개념에 대한 윌리엄스의 옹호는『정치와 문학』에서도 되풀이되는데, 이 개념 자체가 가치 있는 것은 '구조'가 문화의 결정적 힘을 보여주는 데 반해 '감정'은 문화의 체계화를 부정하기 때문입니다.

그러나 윌리엄스가 『마르크스주의와 문학』에서 소개한 문화적인 것에 대한 또 하나의 개념이 있습니다. 이 개념은 우리에게 사회적 실천이 우리가 그런 실천을 위해 타협해가는 의미, 그리고 그런 실천을 체험하기 위해 사용하는 의미의 외부에 존재하지 않는다는 것을 깨닫게 해줍니다. 문화적인 것의 이런 견해와 더불어 윌리엄스는 단순한 조응관계도, 직접적인 전달도, 그리고 경제적 토대의 변화가—약간의 문화적 지체와 가끔의 불일치를 인정하더라도—문화와 의식의 영역에 상응하는 변화를 낳을 방법도 없다는 것을 인식하는 총체성 개념을 제안합니다. 경제적 실천과 문화적 실천 간의 관계를 사고하기 위한 보다 적절한 개념이 필요합니다. 그리고 문화변화가 경제적 관계의 일차성에 의존하지 않는다는, 즉 문화변화의 성격에 대한 보다 복합적인 설명이 필요합니다. 윌리엄스는 토대와 상부구조의 논의로 입게 된 상당한 손상이 토대를 아주 단순한 의미에서의 경제적인 것으로 개념화한 결과임을 상기시킵니다. 중요한 역할을 하는 것은 경제학자들이 기술하는 그런 토대가 아닙니다. 사실 토대란 경제학자들이 기술하는 것을 제외한 모든 것이라고 말할 수도 있을 겁니다. 토대의 진정한 문제는 물질적 생산과 삶의 구성 간의 관계가 어떻게 조직화되는가 하는 것입니다. 그것은 물질적 세계를 전유하기 위해 사회집단이 조직화되는 방식 혹은 사회집단이 자신의 삶을 조직하는 방식에 관심을 갖습니다. 마르크스가 토대에 관해 말했던 것은 아주 간단합니다. 즉, 그런 조직이란 시기마다 다르다는 것입니다. 어느 사회가 봉건적 사회관계에서 물질적 생활을 조직하는 것을 멈추고 자본주의적 사회관계 속에서 그것을 조직하기 시작한다면, 이는 중요한 변화입니다. 이는 중요한 결과를 낳을 가능성이 있고, 다른 것들 또한 변화할 가능성이 있습니다. 하지만 윌리엄스는 일단 토대를 이와 같이 광의의 방식으로 이해한다면, 우리가 그 결과를 단순한 방식으로 사고하는 것을 중단하고, 사회구성체 전체에 결정적인 구조적 형태를 부여하는 단일한 관계 내지 실천이란 결코 존재하지 않는다는 것을 인식해야 한다고 주장합니다. 오히려 결정의 문제는 단적으로 하나의 실천과 다른 실천 간 상호작용의 문제입니다. 윌리엄스의 주장에 따르면, 이러한 모델은 우리로 하여금 한 문화의 살아 있는 체험, 즉 한 사회집단의 실천들과 그 실천에 부여된 의미들이 조직화되는 방식을—개념적이고 분석적으로—파악할 수 있게 해줍니다.

　여기서 우리는 새로운 총체성 개념을 생성하는 문화주의적 기획을 볼 수 있습니다. 이 기획은 특정한 철학적 입장, 실천들이 어떻게 서로서로 관계 맺는지를 이해하는 특정한 방식, 특정한 결정 개념, 그리고 이것과 연관된 문화의 특정한 정의를 가지고 있습니다. 나는 이런 입장을 폭넓게 추적해왔고, 이 작업은 윌리엄스의 저작에만 국한되지 않았습니다. 왜냐하면 이 문화주의적 기획은 영문학 전통 내에서 행해져온 이론적 작업 중 가장 지속적인 장이기 때문입니다. 문화주의적 입장은 관념론적 주장과 유물론적 주장 양측 모두를 통합하기를 원합니다. 윌리엄스는 사람들이 자신이 통제할 수 없는 사회경제적 관계 내에 위치하고 있다는 것을 인식한다는 점에서 충분히 마르크스주의적입니다. 다른 한편, 그는 문화와 의식의 차원에 훨씬 큰 영향력을 부여하기 위해 아주 수정주의적인 입장을 보이거나 고전적 마르크스주의 전통과는 거리를 두었습니다. 윌리엄스가 분석하고자 했던 이러한 층위는 마르크스주의 전통에서 결코 충분히 인정받지 못했던 것입니다. 그러나 윌리엄스가 이런 종합을 성취한 방식은 경험의 두 가지 의미를 혼동한 데 근거합니다. 그 이론이 실제로 추구한 것은 이 두 가지 경험의 융합입니다. 이것이 윌리엄스가 감정구조 개념을 그렇게 강력하게 고수한 이유입니다.

현재 우리가 윌리엄스의 작업에서 온갖 종류의 허점과 오류를 발견할 수 있다고 하더라도, 그것은 진지하게 연구해볼 가치가 있는 문화이론과 문화연구의 문제에 대한 아주 건실한 방법입니다. 그의 작업은 중요한 개념들을 지니고 있고 아주 영향력 있습니다. 그것은 특히 토대와 상부구조에 대한 기계론적 정의와의 단절을 시도했는데, 이런 시도가 없었다면 문화연구는 결코 도약할 수 없었을 겁니다. 그것은 경험의 중요성과 같은 핵심 개념, 그리고 문화가 해석과 경험의 틀로 간주되어야 한다는 사실을 도입합니다. 그것은 문화생활의 토대로서 공동체 개념, 혹은 집단들 간의 공유적 정의定義 개념 등을 고안합니다. 윌리엄스의 작업은 문화연구 분야에 매우 풍부한 개념의 목록을 도입했는데, 나는 윌리엄스가 그것을 하나의 묶음으로 결합한 독특한 방식으로부터 개념과 용법—그리고 이것과 다른 일련의 사고와의 연관성—을 구별하려고 노력해야 한다고 생각합니다. 한 진지한 이론의 전부를 받아들일 필요는 없겠지만 그것에 대해 비판적이고 분석적으로 접근할 필요가 있습니다. 또한 내 생각에 전적으로 우호적이지 않은 분위기 속에서 이러한 이론을 생산해냈다는 점은 진정 인정하지 않을 수 없습니다. 그것은 아주 용감한 이론적 기획을 구현했고, 이 점은 인정해야 합니다. 진지한 이론에 대한 비판이 너무 협소하고 너무 도식적이며 너무 겉핥기식으로 이루어지는 경우가 종종 있습니다. 이런 종류의 사고를 받아들일 준비가 전혀 되어 있지 않았던 상황 속에서 사람들은 처음으로 힘든 과제를 사고하느라 고군분투했습니다. 우리는 그들이 이룬 성과의 수혜자입니다. 우리는 리비스의 개별적 특수성particularism과 밀의 개인주의, 윌리엄스의 문화주의의 계승자입니다. 민주적 문화 개념, 민중적 문화 개념, 유물론적 문화 개념을 생성하려고 한 것은 진정한 노력이었으며, 우리는 그런 작업을 인정하고 쓴 약을 통째로 삼키지 않고서도 그로부터 배우기를 원합니다.

3강

구조주의

문화이론, 심지어 마르크스주의 문화이론에서조차 가장 중요한 이론적 진보의 일부는 다른 전통에서 유래하는 이론적 입장 및 담론과의 관계를 통해서 이루어져 왔습니다. 마르크스의 작업이 고전파 경제학자인 애덤 스미스Adam Smith와 데이비드 리카도David Ricardo와의 지속적인 관계를 통해 발전해갔듯이, 마르크스주의 문화연구는 그 자체의 지적 자원이 불충분하다고 생각했습니다. 그리하여 마르크스주의는 마르크스주의적 전제에서 출발하지 않는 다른 사상과 사고양식을 끌어들이기 위해 자신의 영역 밖으로 나가야 했습니다. 물론 그것들을 마르크스주의적 담론 속으로 끌어들일 때는 변화시키고 적응시켜야 했지만, 이런 차용이 마르크스주의 내에서 지속적인 효과를 발휘하는 것을 차단하지는 않습니다.

나는 이 강의에서 구조주의의 굴절된 역사가 가장 최근까지 전개되어온 과정을 추적할 생각은 없습니다. 구조주의는 단순히 혹은 일차적으로 특정 이론이나 이론적 명제가 아니라 사고양식으로서, 즉 윌리엄스나 톰슨의 것과는 아주 다른 시각을 제공하는 독특한 정신적 틀로서 문화이론의 전 분야에 개입한 주요 패러다임의 하나입니다. 나는 에밀 뒤르켐과 클로드 레비스트로스의 창조적 작업에 집중하면서 구조주의적 사유의 비마르크스주의적 원천에 초점을 두고자 합니다. 상당히 이상해 보이는 이런 선택에는 여러 이유가 있습니다. 첫째, 구조주의와 고전적 마르크스주의 간의 복합적이고 실제로 애매한 관계 때문에 구조주의의 초기 원천에 관해 얘기해보고 싶습니다. 고전적 마르크스주의의 관점에서 볼 때, 이런 원천들은 이미 오염되어 있습니다. 즉, 유물론적이기보다는 사회학적입니다. 둘째, 나는 사물의 기원을 망각하는 지적·사회적 기억상실증에 반대합니다. 구조주의가 알튀세르적인 형태로 등장하기 전에, 그것이 특히 레비스트로스의 초기 작업을 중심으로 프랑스 지성계 내에 이미 확고하게 구축되어 있었음을 기억해야 합니다. 사실 우리는 구조주의가 마르크스주의 속으로 받아들여진 시간과 장소, 방식이 다양하다는 것을 깨달을 필요가 있습니다.

나는 근대 사회학의 창시자이자 매우 독특한 방식으로 현대 구조주의를 창시하기도 한 에밀 뒤르켐을 출발점으로 삼겠습니다. 특히 뒤르켐의 유산은 문화이론과 사회학 간의 관계를 잘 보여주기 때문에 흥미롭습니다. 물론 뒤르켐을 읽는 다양한 방식이 있고, 그의 저작을 중요한 원천으로 삼는 많은 다양한 이론과 학문분야가 있습니다. 그러므로 한 명의 뒤르켐이 있는 게 아니라 (적어도) 세 명의 뒤르켐이 있으며, 문화연구는 그들 모두와 교류해왔습니다. 첫째, 영국이나 미국의 일부 구조주의 인류학에 항상 주요한 원천이자 지적 영감으로 기능한 뒤르켐이 있습니다. 주요 저작은 『자살론Suicide』과 『사회학적 방법의 규칙들The Rules of Sociological Method』입니다. 이 뒤르켐은 사회과학자들에게 사회관계의 표층적 흐름을 주요 주제로 보지 말고 사회의 제도적 구조 및 과정을 더 깊게 파고들 것을 설파한 뒤르켐입니다. 사회관계의 현상적 형태에서, 한 사회를 정의하고 규정하며 그 사회를 다른 사회와 구별 짓는 구조적 제도로 관심이 이동하기 때문에 이 주장에는 구조적인 것의 특징이 들어 있습니다.

둘째, 탤컷 파슨스가 그의 작업을 절반으로 쪼개어 구성한 뒤르켐이 있습니다.[1] 이 멋진 시도에서 파슨스는 실증과학을 정초하기 위해 『사회학적 방법의 규칙들』을, 그리고 실증과학의 모범적 적용으로 『자살론』을 필요로 합니다. 『자살론』에 그런 완벽한 실증주의적 방법론이 없다는 것은 하등 중요하지 않습니다. 위대한 과학은 실수에 근거하고 실수를 통해 발전해왔습니다. 중요한 것은 파슨스가 통계학에 기반을 둔 과학, 즉 양적 사회학을 지향하기 위해 사물의 수보다 사물의 비율에 관심을 둔 뒤르켐의 시각을 수용했다는 것입니다. 그러나 파슨스가 구성한 뒤르켐을 볼 때 그에 못지않게 중요한 것은 그가 뒤르켐의 글 일부, 즉 『종교생활의 원초적 형태들The Elementary Forms of Religious Life』과 『원초적 분류Primitive Classification』[2]를 비롯해 파슨스가 관념론적 텍스트라고 불렀던 것을 완전히 제외했다는 점입니다. 바로 이 배제된 부분으로부터 정확히 세 번째 뒤르켐, 즉 레비스트로스와 구조주의로 바로 이어지는 뒤르켐이 있습니다.

구조주의 패러다임의 형성에 기여한 뒤르켐의 저작들은 대부분 그의 가까운 친척이자 지적 동업자인 마르셀 모스Marcel Mauss와 함께 쓴 것이거나 그의 영향을 받은 것이었습니다. 초기 프랑스 구조주의

---

1. Talcott Parsons, *The Structure of Social Action* (New York: Free Press, 1967[1937]).
2. Émile Durkheim & Marcel Mauss, *Primitive Classification* (Chicago: University of Chicago Press, 1963), p. 1.

자들은 더 넓은 연구 영역, 특히 모스, 그라네Granet, 좀 멀게는 소쉬르를 비롯하여 뒤르켐이 주도한, 분산된 연구자집단의 '회보house journal'였던 『사회학 연보L'Année Sociologique』에 발표된 거시적이고 결정적으로 중요한 작업에 근거했습니다. 영국과 미국에서는 이런 작업들을 거의 찾아볼 수 없었지만, 프랑스 사회학에서는 주요한 지적 원천이었습니다. 이것은 또한 레비스트로스에게 지적 원천이자 영감을 제공하기도 했는데, 그가 모스의 이름을 따서 만든 회장직을 맡은 것은 우연이 아닙니다. 취임 강의에서 레비스트로스는 사실상 자신의 과제를 모스와 뒤르켐이 시작한 프로그램을 완성하려는 시도라고 정의하기도 했습니다(레비스트로스가 이렇게 진심 어린 겸손을 표한 적은 이제껏 없었습니다).

나는 뒤르켐이 구조주의의 형성에 기여한 몇 가지 방식을 설명하는 데 초점을 두고, 주류 사회학적 전통을 정의하는 데 영향을 끼친 사상이나 주장은 대부분 언급하지 않고자 합니다. 『사회학적 방법의 규칙들』에서 뒤르켐은 사회과학을 정초할 때 직면하는 첫 번째 과제가 연구해야 하는 대상이 무엇인지를 결정하는 일이라고 말합니다. 만일 실증과학을 구성하고 싶다면, 사회생활의 사실들에 관한 우리의 생각을 연구하기보다는 **그 사실 자체**를 연구해야 합니다(이것이 지금껏 연구되어온 모든 것입니다). 우리는 정신 속에 있는 사회생활의 표상들과 사회생활의 사실 그 자체를 혼동해왔습니다. 『사회학적 방법의 규칙들』의 주요 관심은 사회적 표상을 **사실**로 여기든, 아니면 사회적 표상을 마치 사실인 양 취급하든 간에 그러한 표상들을 실제적인 사실로 전환하는 방법입니다. 반관념론적이고 실증주의적인 뒤르켐을 규정한 것은 당연히 이 기획입니다.

『종교생활의 원초적 형태들』과 『원초적 분류』 같은 후기 저작들은 이러한 표상들로 되돌아가 모든 사회는 자신들이 살고 체험하는 관계와 사회적 맥락에 관한 관념들을 형성한다는 주장에서 시작합니다. 이 관념들은 뒤르켐이 이른바 '한 사회의 집단 표상'이라 불렀던 것을 형성합니다. 특정 사회의 정신생활을 이해하는 것은 사회 전체뿐 아니라 사회 속의 다양한 사회집단이 아주 긴 시간 동안 간직해온 집단 표상의 목록을 구성하는 것과 관련이 있습니다. 더욱이 이런 집단 표상은 사회적 기능을 갖습니다. 즉, 집단 표상은 다른 사람들에 대한 우리의 행동과 그들과의 관계를 통제하는 데 도움을 줍니다. 그것은 우리로 하여금 사회의 공통적 구조와 요구를 통합하거나 우리의 행동을 거기에 적응할 수 있도록 해줍니다. 더욱이 그런 표상은 그 자체로 사실성facticity을 띠고 있습니다. 왜냐하면 집단 표상의 체계들은 언어와 책 속에 성문화되어 있고 다양한 장치 및 체계 속에 제도화되어 있기 때문입니다. 이것이 이를테면 법이라는 것, 즉 사회에서 법적 구속력이 있어야 할 것에 대해 사람들이 갖는 일련의 집단 표상입니다. 이와 같이 성문화되고 제도화된 형식에서 집단 표상은 우리의 행동을 제약하고 제한하는 매우 중요한 사회적 기능을 갖습니다. 그것은 우리가 수용 가능한 것과 관습적인 것에서 벗어나 행동하는 것, 즉 한 사회의 집단 표상 밖에 있는 것처럼 행동하는 것을 차단합니다.

모든 사회는 사람들이 그 사회를 재현하는 집단 표상의 체계와 밀접하게 관련되어 있기 때문에 우리의 행동에 강력한 구조적 효과를 미치는 독특한 규범을 펼칩니다. 집단 표상의 이러한 규범은 개별적이기보다는 집단적인 산물입니다. 개인이 법에 대해 집단 표상의 체계를 생산할 수 있는 방법은 없습니다. 집단 표상은 집단적일 뿐 아니라 외부로부터 우리의 행동에 제약을 가합니다. 그것은 내재적 가치체계가 아니라 제한과 제약의 외재적 체계로서 우리의 행동에 영향을 끼칩니다. 그것은 우리가 특정한 일을 하지 못하도록 차단하거나, 이를테면 강력하고 중요한 특정한 집단 표상과 관련해서 신성한 감정을 불러일으키기도 합니다. 집단 표상은 개인의 심리적 과정으로 축소될 수 없기 때문에, 또한 외부로부터 행동을 제약하기 때문에, 그것은 뒤르켐이 사회학을 사회의 과학으로 이해하는 데 필요하다고 생각한 '사실성'을 갖고 있습니다. 집단 표상은 사회를 구성하는 개별 인자로의 환원이 불가능합니다. 이것이 뒤르켐이 사회의 고유성 내지 사회적 요소로 간주했던 것입니다.

문화연구가 뒤르켐의 작업으로부터 이러한 규범 개념의 독특한 적용을 빌려왔기 때문에 규범의 사회학적 개념을 상세히 설명할 가치가 있을 것 같습니다. 규범의 작용은 분명히 규범을 준수하지 않는 사람들의 존재를 함축합니다. 그것은 사회를 사회의 규범구조의 틀 내부에 있는 사람과 그렇지 않은 사람으로 구분합니다. 내부에 있는 사람들은 자신이 행동하는 데 있어 규칙에 의해 지배받는 사람들, 즉 해당 사회가 승인한 규칙 및 규범의 지배를 받는 사람들입니다. 반면, 그 규칙의 외부에 있기 때문에 규칙의 지배를 받지 않고 행동하는 사람들은 다른 맥락에서 다른 이름, 즉 일탈자, 예외자, 배제된 자라는 딱지가 붙게 됩니다. 이 개념에 따르면, 한 사회의 중심에는 모든 것을 하나로 결합하는 집단적 관념 및 규범이 존재합니다. 만일 한 사회가 스스로 재생산하고자 한다면, 그 사회는 집단 표상과 규범구조를 반드시 재생산해야 합니다. 사회의 규범구조가 사회 내부에서 적절한 행동의 한계를 규정하고 통제하는 한에서 사회질서는 유지됩니다. 이것이 사회질서의 특성이자 근원입니다. 따라서 사회질서는 제약에 근거합니다. 규범적 질서 내에 있지 않은 사람들은 통제되어야 하고 가급적 다시 구조 속으로 돌아가도록 유도될 필요가 있습니다. 뒤르켐이 범죄를 사회적·규범적 질서의 침해 이상이라고 말한 것은 바로 이런 사회질서 개념을 염두에 둔 것입니다. 왜냐하면 범죄는 규칙을 어긴 사람을 처벌하는 의례적 행위의 기회를 창조함으로써 모든 사회 안에서 상징적 의미를 갖기 때문입니다. 오직 처벌을 통해서만 사회는 규범적 통합과 규범적 구조의 힘을 재차 확인합니다. 규범을 위반하는 과정 그 자체가 사회질서의 통합에 도움을 주는 겁니다.

분명히 이러한 뒤르켐적 전통과 지배와 통제의 단순 이론을 중심으로 구성된 마르크스주의의 일부 형태 간에는 밀접한 연관성이 있습니다. 우리는 뒤르켐의 집단적 규범 이론을 이데올로기 이론으로 나타내볼 수 있습니다. 어쩌면 이것이 일탈 개념의 전체 틀과 범죄의 사회학이 가끔 주류 사회학 이론에서 문화이론으로 은밀하게 이동하여 이론화된 이유가 될 것입니다. 예컨대, 하위문화에 대한 관심이나 하위문화 이론의 발전은 명백히 일탈 이론을 문화이론으로 이동시킨 것이라고 할 수 있습니다. 비록 그 질문들이 사회적 상호작용론의 틀 내에서 훨씬 더 자주 제기된다 하더라도 말입니다. 특정 집단의 상황을 어떻게 정의할 것인가? 이 정의는 주류적 정의와는 어떻게 다른가? 주류와는 다른 식으로 정의되는 사람들이 어떻게 주류 속으로 편입되고, 초대받고, 설득되고, 강요받는가? 일탈자는 어떤 식으로 낙인찍히는가? 배제당한 자들은 지배적 집단 표상을 유지하는 데 있어서 어떤 의미를 갖는가? 이런 관념들은 모두 주류 사회학 이론의 계보를 완벽하게 계승하고 있음에도 문화연구의 일부 영역에서 풍부하게 적용될 수 있는 것으로 드러났습니다.

레비스트로스 같은 사람에게 매력적이었던 것은 집단 표상에 대한 뒤르켐의 이러한 관심이었습니다. 뒤르켐이 종교에 관해 말할 때, 레비스트로스는 사회에 대한 관념들 중에서 어떤 것이 어떤 과정을 거쳐 종교적이거나 상징적인 형식으로 표현되는가에 관심을 가졌습니다. 뒤르켐이 원시적 종교체계에 주목할 때, 레비스트로스는 이런 체계가 일부 복합적인 사회관계들을 복잡한 상징적 기호체계로 나타내는 방식에 흥미를 가졌습니다. 예를 들어, 토템체계에서 다양한 사회집단 간의 관계는 그것을 자연의 동물이나 사물 간의 관계로 나타내는 상징체계로 표현됩니다. 상징조직 형식에서 자연적 관계와 인간적 관계 간의 연관성은 명백히 구조주의적 패러다임 내에서 쓰인 레비스트로스의 첫 저작 『토테미즘Totemism』[3]의 주제입니다. 그의 후기 저작에 비춰볼 때, 『토테미즘』은 상징 형식으로 주어진 분류체계와, 사회가 다양한 사회집단의 관계를 조직하고 분류해온 방식 간의 연관성을 이해하려는 시도라고 할 수 있습니다.

레비스트로스는 남북아메리카의 다양한 원시 인디언 부족 사이에서 현장연구를 수행한 프랑스의 탁월한 민족지학자이자 인류학자입니다. 그는 프랜츠 보애스Franz Boas와 문화인류학의 미국적 전통의 추종자로서 인디언 연구를 시작했습니다. 언어에 대한 그의 관심이 어디서 유래했는가를 바로 여기서 알 수 있습니다. 보애스는 특정 종

---

3.   [옮긴이] 원제는 『오늘날의 토테미즘(Le Totémisme aujourd'hui)』이다. 국내에는 동일한 제목으로 2012년 문학과지성사에서 출간되었다.

족을 연구하려고 할 때 언어를 가장 먼저 배워야 한다고 항상 강조해 왔습니다. 언어는 사람들에게 말을 걸 수 있는지, 혹은 생활의 필수품에 대해 물어볼 수 있는지와 직결된다는 점에서 생존의 문제일 뿐 아니라, 그 종족의 관심사가 무엇인가를 이해하는 문제였기 때문입니다. 언어는 사람들이 사회현실에 이해할 수 있는 형식을 불어넣고자 사용하는 일차적인 상징체계이기 때문에 그들의 언어를 이해해야만 합니다. 따라서 언어의 범주와 형식은 사람들이 살고 있는 세계의 우주론과 그들의 상징 세계에 접근할 때 이용할 수 있는 가장 중요한 단서입니다. 이런 점에서 언어는 한 세계에 이해 가능성을 부여하는 것입니다. 세계는 의미 있게 형성되어야 합니다. 이런 의미의 형성은 오직 이 세계를 여러 조각으로 나누고 그 다양한 조각에 이름을 부여하고 그것들 간의 관계를 구축함으로써 성취될 수 있습니다. 이 모든 것의 단서를 바로 그 언어의 구조와 범주에서 찾을 수 있습니다. 따라서 문화인류학에서 언어는 단순히 의사소통의 수단에만 그치는 것이 아니라 그 자체로 연구대상, 즉 연구 중인 집단 내부의 상징체계를 해명할 단서를 제공해주는 대상입니다.

바로 이러한 관점에서 레비스트로스는 원시 종족들의 상징체계를 주로 그것이 지닌 (마르크스주의적인 의미가 아니라 말리노프스키에 의거한 생물학적인 의미의) 물질적 기능의 관점에서 파악하고자 한 기능주의 인류학의 주류 전통을 비판합니다. 그는 상징체계를 연구하는 목적이 그 체계를 사회적 필요에 대한 구체적 충족으로 귀결시키는 것이라는 말리노프스키적인 개념의 부적절함을 증명하고 거기에 이의를 제기합니다. 레비스트로스는 이 복잡한 상징체계가 정말로 먹기에 좋은 것인가라고 반문합니다. 자신을 고구마와 동일시하는 사람은 특별히 단 것을 좋아해서 그렇게 동일시하는 것인가? 다른 사람들은 신 것을 좋아해서 그러는가? 레비스트로스는 기능주의적 전통에 반대하며 기호는 먹기 위한 것이 아니라 사고하기 위한 것이라고 주장합니다. 기호는 자체의 복잡한 내재적 조직의 관점에서 이해될 필요가 있는 상징조직의 형식이라는 겁니다. 따라서 이 경우에 이러한 상징적 분류와 조직의 체계가 사람들이 살아가는 사회적 관계 및 물질적 환경과 어떻게 관계하는지를 질문하게 됩니다.

이런 기획을 실행하는 데 있어 레비스트로스가 대면해야 했던 첫 번째 장애물은 서구 합리주의적 과학과 연관된 오만함입니다. 서구의 과학은 실현 가능한 오직 하나의 논리, 즉 지배적인 합리주의적 논리만 존재한다고 주장합니다. 이런 자민족중심주의에 맞서 레비스트로스는 자신이 '유추적 사고양식analogical modes of thinking'이라 부른 것을 강조하며, 이것이 원시 부족들의 상징체계에서 볼 수 있는 논리적 특징이라고 주장합니다. 레비스트로스는 다양한 방식으로 기능하는 다양한 논리가 있음을 말하고자 했는데, 특히 그러한 논리들은 우리로 하여금 세계의 복잡성을 이해하고 단순화할 수 있게 해준다는 것입니다. 이런 식으로 그는 신화와 토템체계, 그리고 다른 원시적 분류 형식의 세계 속에서 존재하는 사고양식과 유추 논리를 긍정합니다. 그는 이런 논리와 양식을 부족민이 자신과 사회를 사고하는 방식이라고 말합니다. 서구사회가 합리주의적 논리에 기반을 둔 체계를 필요로 하는 만큼 원시부족도 그런 체계를 필요로 합니다. 만일 원시적 체계의 논리 위에 합리주의적 논리를 덮어씌우게 되면, 여러분은 이것이 그들을 계몽하는 데 도움이 될 거라고 생각할지 모르겠습니다. 하지만 이런 식의 사고는 이런 분류 형식과 사람들의 삶 사이의 관계를 이해하지 못한 것으로, 자신이 무엇을 하고 있는지를 스스로 이해하고자 할 때 필요한 논리를 그들에게서 빼앗게 될 것입니다. 그들이 누구와 결혼할 수 있고 누구와 결혼할 수 없는가를 어떻게 설명할 수 있을까요? 만일 그들에게서 자신의 친족관계를 이해할 수 있는 유추 논리를 빼앗아버린다면, 이는 자신의 삶 대부분을 조직해온 기본 언어를 박탈하는 것이 될 겁니다. 비록 이런 사회에서 그들이 그 나름대로 복합적으로 구성되었다 하더라도, 그들은 우리가 알고 있는 그런 생산관계를 전혀 갖고 있지 않을 수 있습니다. 그들이 가진 것은 친족관계이고, 이것이 다른 관계—권력관계, 정신세계와의 관계, 그리고 경제적 생산관계—를 정의하는 데 핵심적 역할을 합니다. 그들은 자신들의 사고방식으로서 유추 논리, 즉 자신들이 이해 가능한 논리를 필요로 합니다. 따라서 레비스트로스가 상징적 분류와 의미화의 세계에 주목하면서 말한 첫 번째 주장이자 가장 중요한 주장 중 하나는 문화적 논리의 복수성입니다.

더욱이 레비스트로스는 프랑스 지적 문명의 최정상에서 교육받았기 때문에 언어가 한 사회의 문화를 이해하는 단서임을 인식하는 수준에서 만족하지 않았습니다. 그는 이 기획을 과학적으로 승인받는 한편, '이런 것 같지 않습니까? 그것을 직접 피부로 느낄 수 없습니까?'라는 식의 직관적 예감을 제시한 것에 불과한 태도를 피할 방법을 찾는 데도 골몰합니다. 레비스트로스는 인문학 담론에서 학문의 엄격함, 정확성, 법칙적 구조를 갖는 것으로 보이는 과학성의 가능성, 즉 언어학이 언어 연구에 적용한 것과 비슷한 방법론을 최초로 발견했다는 점에서 중요한 문화이론가입니다. 언어학, 특히 음운론은 사람들이 일정한 범위의 음역을 생산하는 것이 어떻게 가능한지를 설명해줍니다. 그것은 한 언어의 음역이 왜 다른 언어의 음역과 다른 것인지를 말해줄 수 있습니다. 그리고 언어학이 물질적·생물학적 기반을 갖는 것은, 그것이 항상 인간 신체의 생리학에 근거하기 때문입니다. 단, 레비스트로스는 당시 지배적이던 역사언어학보다는 음운론자들(다양한 언어의 실제 소리를 조사할 때, 그 언어의 요소와 그 요소의 선택과 조합의 규칙을 이해 가능한 언어의 생산을 가능케 하는 기본 틀로 파악한 최초의 학자들)과 특히 소쉬르의 구조언어학에 의지합니다. 바로 여기서 우리는 그의 중요하고 획기적인 초기 연구, 즉 『토테미즘』과 『구조인류학Structural Anthropology』이 어디서 영감을 얻었는지를 확인할 수 있습니다.

과학적 문화인류학의 가능성을 확립하기 위해 레비스트로스는 **랑그**langue와 **파롤**parole에 대한 소쉬르의 구분에서 시작합니다. 단순히 말해, 파롤은 우리 모두가 언어의 일상적 사용에서 행하는 다양한 실제 발화행위인 데 반해, 랑그는 우리의 발화를 가능하게 하는 요소와 규칙으로 구성됩니다. 파롤과 랑그의 관계가 갖는 주된 특징은 우리가 랑그를 알지 못하면서도 파롤을 실행할 수 있다는 것입니다. 우리는 언어의 음성적·문법적·의미적 관계에 대해 단 하나의 규칙—알아들을 수 있는 발화를 생산할 수 있게 하는 규칙—도 알지 못하면서도 그런 발화를 계속해서 생산합니다. 마찬가지로, 중요한 점은 우리가 누군가가 그런 발화를 제대로 하지 못하는 순간을 바로 알 수 있다는 것입니다. 즉, 규칙을 알지 못하더라도 우리는 누군가가 규칙을 어기는 순간 바로 알 수 있습니다. 적어도 우리 대다수에게는 이런 규칙이 무의식의 차원에 내면화되어 있습니다. 이 언어적 무의식을 프로이트적인 의미의 무의식과 혼동해서는 안 됩니다. 왜냐하면 언어적 무의식의 경우에는 적극적이고 필연적인 억압이 없기 때문입니다. 그렇지만 언어 규칙을 탐구하고 엄격히 설명하는 것은 가능합니다. 바로 이것이 다양한 형태의 구조언어학의 과제입니다. 하지만 한 언어의 모든 화자가 적절한 규칙을 무의식적으로 체득해야 하는 것은 여전히 사실입니다.

파롤과 랑그의 관계는 특히 중요한데, 그 이유는 전자가 잠재적으로 무한한 데 반해 후자는 필연적으로 유한하기 때문입니다. 규칙은 고정적이고 닫혀 있어야 합니다. 사람들은 영어를 다른 규칙에 따라 다른 방식으로 말할 자의적인 자유를 가질 수 없습니다. 그렇지만 고정적이고 제한적인 규칙을 갖고서도 이전에 한 번도 말해보지 않았던 것을 비롯해 말하고 싶은 것은 무엇이든 말할 수 있습니다. 따라서 랑그와 파롤의 구분이 제공해주는 것은 창조성을 근본 특징으로 하는 어떤 것에 대해 과학적으로 접근할 수 있다는 것입니다. 가장 창의적인 순간, 이전에 말해본 적도 없고 사고해본 적도 없는 것들과 그 가능성의 근원을 찾을 수 없다면, 왜 우리가 문화를 연구해야 할까요? 우리의 상징 활동 중 가장 일반적인 것인 언어에 있어서 우리는 사실상 대부분의 시간 동안 창조적입니다. 우리는 자신을 창조적 저자라고 여기면서 말을 합니다. 그러나 그것들을 말하기 위해 다른 모든 사람이 사용하는 동일한 언어 규칙 외에 우리가 달리 무엇을 사용할까요? 레비스트로스는 전 세계적으로 생산되는 엄청나게 다양한 문화적 발화를 지속적으로 연구할 수는 있겠지만, 언어의 과학적 분석을 위해서는 랑그를 연구해야 한다고 주장합니다. 끊임없이 지속될 수 있는 무한히 많은 것을 관찰함으로써 과학을 구축할 수는 없습니다. 하지만 이 무한한 발화의 생성을 가능하게 하는 유한

한 규칙은 과학적 탐구의 대상이 될 수 있습니다. 따라서 구조언어학은 어떻게 제한된 규칙의 행렬 혹은 근래의 말로 하면, 일련의 심층구조를 기반으로 무한히 많은 실제 발화와 문화 활동이 이루어질 수 있는지를 보여주려고 합니다.

과학적 탐구의 대상으로서 랑그는 집단적이고 무의식적인 행렬입니다. 이는 이 행렬이 어떻게 기술될 수 있는가 하는 질문을 제기합니다. 소쉬르에 의하면 언어의 행렬은 제한된 요소와 규칙으로 구성됩니다. 요소가 한 언어를 구성하거나 컴퓨터가 사용하는 다양한 음소적 단위만큼이나 자의적이라면, 규칙은 사태를 정확하고 적절하게 말하기 위해 언어의 잘 형성된 연쇄관계를 생산하도록 특정한 음소적 단위를 선택하고 그것을 다른 단위와 결합하는 방법을 알려줍니다. 이는 요소들과 그것들의 선택과 조합의 규칙으로 구성된 우아하고 단순한 모델입니다. 기호와 메시지와 발화의 생산은 장으로부터 특정 요소를 선택하는 것(선택은 원칙에 따라 진행되며, 그 원칙 중 일부는 랑그에 속하지 않습니다)과 그 요소를 조합의 규칙에 따라 선별된 다른 요소와 결합하는 것과 관련이 있습니다. 하지만 모든 문장이나 발화가 하나의 계속되는 연쇄를 이루고 있다는 관점에서 설명된다면, 이는 파롤에만 해당되는 말입니다. 파롤은 연쇄를 갖는 데 반해, 랑그는 아무런 연쇄도 갖지 않습니다. 결국 랑그는 연쇄가 어떻게 생산되는가를 나타내는 한 방법입니다. 랑그는 오직 일련의 요소와 그 요소들 간의 조합 규칙으로 설명될 수 있습니다. 랑그는 정적이고 응결된 체계인 데 반해, 파롤은 항상 변화하고 움직입니다. 랑그는 공시적인 심층구조입니다. 랑그는 반드시 의식되지는 않기 때문에 '심층적인' 것이고, 언어 수행의 절차적이고 역동적인 과정을 규칙의 정적 체계로 나타내기 때문에 '구조적인' 것입니다.

이제 나는 레비스트로스가 구조언어학에서 유래한 이 모델을 사용하여 어떻게 신화를 연구하는가에 관해 간단히 살펴보고 싶습니다. 거기에는 네 단계의 과정이 있습니다.

1. 신화의 구성요소를 찾아내라. 이 요소들은 결코 고립된 항목이 아니라 특정한 순간의 주체와 기능 간 관계를 나타낸다.
2. 이 구성요소를 조합할 수 있는 가능한 모든 방식을 도표로 구성하라.
3. 이 도표를 분석대상으로 삼아라. 조합의 각 실제 사례들은 도표에 포함된 가능성 중 실현 가능하고 표현 가능한 한 사례에 불과하다. 도표는 우리가 만들어낼 수 있는 온갖 가능한 신화들의 목록이다.
4. 이 도표의 법칙과 구조를 설명하라. 바로 이것이 신화의 의미이다.

세 가지 구성요소를 예로 들어봅시다. 호랑이가 강물을 훌쩍 뛰어넘거나, 호랑이가 강물에 빠져 익사하거나, 아니면 신화제작자가 호랑이를 총으로 쏴 사냥할 수도 있습니다. 조합의 규칙을 고려하면, 신화제작자는 이 세 가지 요소에 근거해 수많은 다양한 신화를 구성할 수 있습니다. 호랑이가 강물을 뛰어넘어 신화제작자를 공격한다고 합시다. 이 싸움에서 신화제작자는 호랑이에게 총을 쏩니다. 호랑이는 쓰러져 강물로 떨어져 익사합니다. 아니면 신화제작자가 호랑이에게 총을 쏘았지만 그 총알이 호랑이를 스쳐 지나가 버립니다. 호랑이는 신화제작자의 추격을 피해 강물을 뛰어넘어 달아나버립니다. 신화제작자는 여러 날 동안 호랑이를 추적하다가, 마침내 어느 날 우연히 멱을 감던 개울에서 호랑이와 마주치게 됩니다. 뒤이은 싸움에서 신화제작자는 호랑이의 목을 졸라 개울에서 익사시킵니다. 물론 여러분은 다른 방식으로 구성할 수도 있습니다. 이런 신화를 분석할 때, 여러분은 신화가 얼마나 아름다운 언어로 장식되어 있는지, 호랑이의 줄무늬가 얼마나 아름다운지, 신화제작자가 얼마나 용감한지, 신화제작자가 어떻게 덤불 속에 숨어 있었는지 등과 같이 어떤 특정 신화의 풍부함을 이해하려고 노력할 필요가 없습니다. 여러분이 알고싶은 것은 바로 그러한 요소와 조합 규칙으로 여러분이 구성하고 말할 수 있는 가능한 모든 신화가 어떤 것인가 하는 겁니다. 여러분이 설명하고자 하는 것은 다들 물리학 수업을 듣는 와중에 교실의 저너머에서 다른 누군가는 왜 호랑이, 개울, 신화제작자의 총격과 씨름하면서 완전히 다른 방식으로 아름답게 꾸며진 신화를 말하고 있는가 하는 겁니다. 예를 들면, 개울에 빠져 죽은 호랑이가 유령이 되어돌아옵니다. 어느 날 신화제작자는 호랑이가 자신에게 달려들기 위해서 개울을 뛰어넘어 오는 것을 보게 됩니다. 신화제작자는 호랑이를쐈지만 그것은 유령이었고 현세의 존재가 공격해봤자 아무 소용이없기 때문에 호랑이는 자기 뜻대로 할 수 있습니다. 신화제작자는 공포에 질려 죽게 되는데 이야기를 들려주기 위해 유령이 되어 다시 돌아옵니다.

이런 신화 형태들은 분명히 완전히 다른 의미를 가지지만 정확히 동일한 요소와 동일한 단순 조합 규칙으로 구성되어 있습니다. 사실 신화제작자가 되기 위해서 지금까지 이야기된 모든 신화를 기억할 필요는 없으며 요소와 조합 규칙만 기억하고 있으면 됩니다. 여러분은 단지 기본 요소를 갖고 그것을 재배열하고 재구성함으로써 계속 작업해나갈 수 있습니다. 이런 방법을 통해 레비스트로스는 인류학의 중심 문제, 즉 외부와 접촉한 적이 없는 수많은 다른 사회와 문화 속에 사는 사람들이 어떻게 기본적으로 동일한 종류의 신화를 말할 수 있는가 하는 문제를 논할 수 있었습니다. 역사주의자들은 이른바 콘티키Kon-Tiki[4]식 해법이라는 것을 제안합니다. 즉, 누군가가 신화들을 다양한 땅과 사람들에게 전달해주었음이 틀림없다는 겁니다. 이런 설명이 설득력을 가지는지 여부와는 상관없이 그것은 사실상 실질적 결과를 설명하지 못합니다. 왜냐하면 다양한 부족이 모두 같은 신화의 동일한 형태version를 갖고 있다는 것은 사실이 아니기 때문입니다. 레비스트로스는 다양한 문화의 다양한 신화에서 공통적인 게 나타나는 것은 그것들이 모두 동일한 구조를 갖고 있기 때문이라고 주장합니다. 개울이 아니라 하늘이었다고, 호랑이가 아니라 새였다고 가정해봅시다. 우리는 이제 새로운 신화를 구성하게 됩니다. 신화제작자가 새를 쏠 수도 있고, 새가 신화제작자를 겁주어 죽게 만들 수도 있습니다. 이것은 사실상 같은 신화의 또 다른 형태일 따름입니다. 신화의 의미는 구체적 내용에 있는 게 아니라 그 형식의 배열 논리에 있습니다.

이러한 구조분석은 종종 일반적으로 수학적 설명을 연상케 하

---

4. [옮긴이] 콘티키는 노르웨이의 탐험가 토르 헤위에르달(Thor Heyerdahl)이 1947년 남아메리카에서 폴리네시아까지 항해할 때 사용한 뗏목의 이름이다. 그는 남아메리카인이 태평양을 건너 폴리네시아에 이주했다는 주장을 증명하기 위해 콘티키호를 타고 태평양을 횡단했다.

는 우아한 단순성을 보여줍니다. 레비스트로스는 구조적 방법을 받아들여 그것을 유추의 방법을 통해 음운론에서 언어 일반으로, 언어 일반에서 분류 및 사회조직의 원시적 체계로, 분류체계에서 신화의 작동방식에 대한 분석으로, 그리고 신화에서 친족체계의 작동방식에 대한 분석으로 이동시킵니다. 이와 같이 언어적 패러다임을 유추를 통해 확장하는 것은 구조언어학에서 가져온 통찰을 사회 영역에 적용하려고 시도하면서 이후에도 계속 이어집니다. 바로 이것이 구조주의의 시작입니다. 알튀세르와 발리바르에게도 생산양식은 언어처럼 기능합니다. 라캉에게 무의식은 언어처럼 구조화되어 있습니다. 하지만 이 유추적 확장은 '처럼'이라는 단어가 간혹 중요한, 그러나 눈에 띄지 않는 미끄러짐을 통해 사라져버린다는 점에서 위험하기도 합니다. 따라서 우리는 그것이 언어'처럼' 구조화되어 있다고 말하기보다는 그저 언어라고 말하게 됩니다. 친족관계는 언어다, 무의식은 언어다, 생산양식은 언어다 하는 식으로 말입니다. 생산력과 생산관계라는 두 단위를 선택해서 그것을 조합해보세요. 특히 두 요소에 자유를 부여하는 방식으로 조합해보세요. 그러면 자본주의적 양식이 됩니다. 하나의 요소를 다른 요소의 내부에 두면, 노예제적 양식이 됩니다. 매우 간단합니다. 이것은 마르크스가 현실화되는 데 수세기 간의 생명, 희생, 역사, 착취가 필요했다고 말한 바로 그 자본주의의 일종의 형식적·도식적 표현입니다.

이 시점에서 상징체계와 문화형식에 대한 구조적 접근법이 갖는 일부 중요한 특징과 의미를 살펴보는 것이 유용할 듯합니다. 첫째, 의미는 세계 안에서 생겨나지 않습니다. 의미는 마치 발견되기를 기다리듯이 세계 안에 있는 게 아닙니다. 의미는 언어와 별개로 존재하는 세계, 즉 언어가 거울처럼 기능하고 반영하는 세계 속에 따로 떨어져 존재하는 어떤 것이 아닙니다. 세계는 존재하는 것이고, 사회는 상징성을 도구로 사용하여 세계 속의 특정 관계를 이해할 수 있는 것으로 만듭니다. 세계에 의미체계를 부여하는 것은 사회입니다. 의미체계는 사회가 세계를 분할하는 범주로부터, 그리고 사회가 스스로 찾아낸 의미를 조합하고 재조합하는 규칙으로부터 생겨납니다. 의미와 이해 가능성은 세계와 접합되어 있습니다. 그것은 세계 속에 주어져 있거나 이미 현존하는 게 아니며 언어를 통해서만 표현되고 재생산됩니다.

둘째, 사용되고 있는 형식 및 상징과 그것이 가리키는 지시대상 간에는 일대일 관계 내지 상관관계가 전혀 없습니다. 상징적 표현의 형식(과 의미 혹은 이해 가능성)과 특정 사회의 사회관계와 제도 사이에는 기껏해야 간접적 관계만 존재할 뿐입니다. 그리고 이 관계는 결코 고정되어 있지 않습니다. 만일 한정된 요소가 무한히 다양한 실제적 형식을 만들어낸다는 사실에서 출발한다면, 여러분은 거기에서 얼마나 다양한 관계가 생겨나는가에 관해 흥미를 갖게 될 겁니다. 상징적 형식과 외부 현실 간의 일대일 대응이라는 예측관계를 부정하는 것은 현실 세계에 지시대상이라는 것이 있는가 하는 질문을 열어놓게 됩니다. 더욱이 이것은 구조적 분석이 그러한 관계를 적절하게 다룰 수 없고, 오직 상징체계의 내적 동학에만 관심을 갖는다는 의미로 종종 해석됩니다. 관계의 단순성을 부정하는 것에서 관계 자체를 부정하는 것으로 미끄러지는 건 아주 결정적인 문제인데, 이는 레비스트로스가 상징과 현실 간의 연관성을 만드는 방식에서 엿볼 수 있습니다.

사람들이 간혹 강의 상류로 올라가기도 하고, 간혹 하류로 내려

가기도 하는 아스디왈Asdiwal 신화를 분석한 초기 작업[5]에서 레비스
트로스는 이러한 이야기의 상징적 구성과 특정 기후 조건에서 부족
민이 실제로 어떤 때는 하류로 내려가고 어떤 때는 상류로 올라간다
는 사실 모두에 흥미를 갖습니다. 분명 부족의 조직이라는 관점에서
실제 일어나는 것과 부족이 스스로에 관해 말하는 이야기 사이에는
모종의 관계가 있습니다. 이것이 레비스트로스가 마르크스주의적 입
장과 유사한 것에 가장 근접하는 순간입니다. 그는 신화가 사회적 모
순에 대해 아주 논리적인 해결을 제공한다고 말합니다. 달리 말하면,
집단의 생존과 관련된 구체적 문제들이 있습니다. 예를 들어, 환경이
바뀔 경우 그들이 자신들의 삶을 안전하게 유지하기 위해 어디로 가
야하는가 같은 문제 말입니다. 그리고 그들은 이런 문제와 관련된 이
야기, 즉 그들이 적절한 시점에 적절한 결정을 내리고 있음을 보여주
는 동시에 그렇게 결정을 내릴 수 있게 이끌어주는 이야기를 말합니
다. 이는 상징 형식을 통해 삶의 곤경을 극복할 수 있음을 보여줍니
다. 그렇다고 해서 이것이 신화의 구조를 부족이 지닌 경제조직의 반
영으로 본다는 의미는 아닙니다. 신화는 단지 유추적이고 간접적으
로만 관계할 뿐입니다. 신화는 기껏해야 그것이 지시하는 사회적·경
제적 관계를 굴절하는 것으로 이해될 수 있을 뿐입니다. 그러나 신화
가 모순에 관한 것이라고 말할 때, 레비스트로스는 우선적으로 마르
크스가 말하는 모순보다는 자연과 문화 간의 모순에 관심을 갖습니
다. 마르크스의 모순, 즉 마르크스가 가끔 이데올로기에 관해 언급하

5. Claude Lévi-Strauss, "The Story of Asdiwal," *The Structural Study of Myth and
    Totemism*, Edited by Edmund Leach (New York: Routledge, 2004).

며 말한 모순은 사회적·경제적·정치적 조직의 모순입니다. 레비스트로스는 이런 종류의 모순에는 별로 관심이 없습니다. 그는 부족민이 자연과의 직접적이고 매개되지 않은 관계에 호소함으로써 사회관계의 문제를 해결하는 방식에 종종 관심을 가졌습니다. 그렇지만 이 단계에서 레비스트로스의 지속적인 관심은 상징 형식과 사회구조, 그리고 그것들 간의 관계에 있었습니다. 하지만 연구가 진척되면서 그는 내재적 관계들—신화와 상징체계의 구조와 형식—의 분석에 훨씬 더 집중하는 데 반해, 상징구조와 그 구조 밖에 존재하는 사회적 모순 간의 관계에는 관심을 덜 쏟게 됩니다. 『신화론Mythologiques』(전 4권)을 쓸 무렵, 그는 신화를 현실적 모순에 대한 지적 해결의 시도보다는 전적으로 자기 독립적인 논리체계로 취급합니다. 중요한 점은 바로 그런 움직임이 구조주의의 특징이라는 겁니다. 상징적인 것과 사회적인 것 간의 접점에서 점점 더 멀어지면서 상징 형식 자체의 내재적 구성에 몰두하는 움직임 말입니다. 구조주의는 발전하면서 상징체계와 사회구조 간의 관계에 대해 점점 관심을 덜 갖게 됩니다.

셋째, 어떤 상징 형식에 대해 물을 수 있는 가장 중요한 질문은 그 상징 형식이 탄생하게 된 원인이 무엇인가가 아니라 그 형식이 어떻게 구성되었는가 하는 것입니다. 레비스트로스는 서구 합리주의적 논리가 주로 집중하는 인과의 문제보다는 배치의 문제에 더 관심을 가졌습니다. 그러므로 구조주의에는 내용에서 형식으로, 즉 문화의 **내용**what에서 문화의 **방식**how으로의 이동이 있습니다. 한 문화를 이해할 단서를 제공해주는 것은 패턴과 구조, 그 변형이지 이 형식이 포함하는 내용이 아닙니다. 구조주의자들은 그 작동의 논리를 분류하고 배열하고 파악합니다. 그들은 이 분류가 왜 작용하는가, 혹은 분류체계의 밖에 있던 무엇이 이 독특한 상징적 구성으로 발전하게 되었는가에 대해서는 관심이 없습니다. 따라서 구조주의는 이전에서 이후로 나아가는 움직임, 혹은 하나의 체계(형태)에서 다른 체계로 나아가는 움직임이라는 관점에서 변화를 나타냅니다. 만일 한 사회 안에서 두 단계의 차이를 설명하고자 한다면, 비교 분류적 체계를 구축하면 됩니다. 두 개의 열에서 여러분은 두 단계를 차별적으로 특징짓는 것들을 각각 나열하면 됩니다. 이것은 예컨대 산업화 단계를 재현할 때 우리 모두가 수행하는 아주 일반적인 실천입니다. 우리는 변화를 차이로 재현합니다. 변화는 구조적 분류체계로 축소됩니다. 이렇게 변화를 논하는 것은 내가 윌리엄스와 톰슨의 작업에서 파악한 바 있는 마르크스주의적 사고보다 훨씬 더 제한적이고 덜 역사적이며 덜 역동적 방식임은 분명합니다.

변화를—구조적 변형으로—이야기하는 이러한 방식은 창조성과 독창성의 문제를 비롯해 다양한 주제에 걸쳐 중요한 의미를 갖습니다. 예를 들어, 서구의 합리적 논리하에서 진보, 개성, 독창성의 관념들이 의미하는 바는 유일하게 가치 있는 문화적 생산물이란 과거에 그 누구도 생산한 적이 없는 것이고, 실제 그 생산물이 과거의 것과 다르면 다를수록 더 높은 평가를 받는다는 것입니다. 이와 달리 신화제작자는 자신이 말하는 이야기가 과거에 들었던 이야기와 유사한지에 대해서는 관심이 없습니다. 신화제작자는 여러분이 가령 "예! 여기서 다시 시작합시다"라고 말할 때처럼 청중이 출발점을 알 수 있도록 사람들이 이미 알고 있는 것—즉, 늙은 호랑이와 개울—을 제공해야 한다는 것을 알고 있습니다. 변화, 즉 혁신이란 정확히 이미 인식할 수 있는 구조 내에서 정의되며 사람들의 흥미를 계속 유지시켜

줄 정도의 차이에 불과합니다. 변화는 여러분이 같은 기반 위에서 작업하고 있음을 알 수 있을 만큼 친숙한 것이어야 합니다. 그 안에서 수많은 문화의 즐거움, 즉 여러분이 출발점으로 되돌아가는 즐거움이 생겨납니다. 프로이트와 많은 현대 문화이론은 반복과 혁신의 즐거움과 그것들의 분리 불가능성을 잘 알고 있습니다. 그 어떤 문화적 진술도 과거를 일소하고, 과거에 있었던 진술과 무관한 아주 독창적인 진술을 갑자기 할 수 있는 순수한 백지상태tabula rasa를 창조할 수 없습니다. 변화와 혁신은 변형을 통해, 즉 이미 주어진 것을 변형하고 이를 통해 새로운 것을 생산하며 낡은 요소 중 일부는 버리고 새로운 요소를 도입하여 새로운 조합 규칙을 만들어내는 방식을 통해 일어납니다. 따라서 구조주의는 변화에 대한 새롭고 중요한 개념을 제안한다고 볼 수 있습니다.

넷째, 구조적 분석은 형식적입니다. 윌리엄스의 작업과 비교해보면, 중요한 것은 구조적 분석이 형식에 주목할 뿐 아니라 방법론 자체가 형식주의적이라는 것입니다. 구조적 분석은 가능한 한, 정말로 직관뿐일 때조차도 형식화하려고 합니다. 구조주의가 특정한 문화형식을 해석할 때 직관을 배제하지 않는다는 점을 인정하는 것은 중요합니다. 예컨대, 레비스트로스의 분석은 종종 너무나 탁월해서 순간적으로 그의 범주가 정당한 것인가 하는 의문을 제기하거나 그것이 어떻게 생겨난 것인가를 묻지 못할 수 있습니다. 오이디푸스 신화에 대한 레비스트로스의 유명한 분석을 생각해봅시다.[6] 그가 수집한 모

---

6. Claude Lévi-Strauss, "The Structural Study of Myth," *Journal of American Folklore* 68 (1955), pp. 428-444.

든 신화의 형태가 사실상 동일한 기본적 오이디푸스 신화의 변형이라는 것은 명백합니까? 신화를 분석할 때 그가 사용한 범주들은 명백한 것입니까? 우리는 다른 모든 해석자가 유사한 범주에 도달하게 되리라고 확신할 수 있습니까? 사실 형식적 장치 전체는 종종 매우 탁월한 직관 위에서 움직입니다. 구조주의적 방법은 가장 엄밀한 절차를 제외한 모든 것은 제거한다는 의미에서 과학적인 것이 아닙니다. 구조주의적 방법은 보기보다 훨씬 더 직관적입니다. 비록 구조주의적 방법이 상징체계의 기능방식에 정통하다 하더라도, 그것은 직관인인 추측의 순간을 벗어나지 않으며, 가끔 레비스트로스조차 아주 잘못된 추측을 할 수도 있습니다. 하지만 처음 추측한 후에는 형식적 분석의 장치가 자리 잡게 됩니다. 이런 형식화는 직관과 절차를 정당화하는 증거를 객관화하는 데 도움을 줍니다. 적어도 이 형식화는 다른 사람과의 대화에서 여러분이 그것을 직접적으로 느낄 수 있다는 식의 순전히 직관적인 주장보다는 훨씬 더 높은 합리성을 가져야 합니다.

다섯째, 구조적 접근은 규칙과 규칙에 의해 지배되는 인간 활동의 성격에 관심을 갖습니다. 언어, 상징체계, 사회조직, 정치체계, 친족체계 등 어느 것에 관해 말하든지 간에, 모든 것은 규칙체계를 중심으로, 규칙체계에 의해 구성되는데, 이때 그 규칙체계는 인간 주체의 창조성에 의해 형성된 것으로 여겨지지 않습니다. 구조주의자들은 윌리엄스와 톰슨이 찬미한 바 있는, 이른바 세계를 새로 창조하거나 적어도 그 의미를 새로 구성할 수 있는 프로메테우스 같은 창조적 인물이 아닙니다. 혁신은 오직 사회적 규칙과 규정을 준수하는 데서만 생겨납니다. 물론 때로는 그러한 규칙과의 단절이 가장 의미 있는 것이긴 합니다만, 그러한 단절break도 변형transformation으로 이해할 수 있습니다. 비록 제임스 조이스James Joyce가 표준적인 영어 구어체의 규칙을 깨뜨렸다고 하더라도,[7] 영어권 문화는 『율리시스Ulysses』를 거부하지 않았습니다. 오히려 사람들은 이 작품을 읽는 방법의 규칙을 알게 됩니다. 혁신은 규칙의 파괴와 변형에 근거하고 있을지 모르지만, 그것은 항상 또 다른 규칙을 구축합니다. 문화에 대한 이런 개념은 반낭만적입니다. 문화가 우리의 세계를 이해하고 우리의 인식에 상징형식을 불어넣는 궁극적 능력의 표현이라는 생각은 구조주의적 담론 내에서, 즉 필수적인 제약 안에서 혁신하고 상황을 변화시키기 위해 규칙을 사용하는 능력이라는 관점에서 새롭게 구성됩니다.

여섯째, 구조주의는 논리의 다양성에 관심이 있습니다. 즉, 뒤르켐이 주장했듯이 그것은 문화의 고유한 특징이 그 문화의 집단 표상과 관념의 내용에 의해서가 아니라 그 문화가 세계를 조직하고 배열하는 특별한 논리, 즉 다양한 방식으로 서로 연관되는 논리들에 의해 규정된다고 주장합니다. 이런 생각은 레비스트로스를 마르크스주의와 다시 연관 짓는 기회를 제공합니다. 왜냐하면 우리는 다양한 사회구성체, 더 나아가 특정 계급 및 사회집단의 차별적인 사회논리를 발견한다는 관점에서 마르크스주의적 기획을 다시 정식화할 수 있기 때문입니다. 하지만 레비스트로스는 이런 방식으로 문화의 논리를 읽는 것을 분명히 거부합니다. 그는 다양한 논리를 역사적 구체성 속에 위치시키기보다는 그 논리들이 인간 정신의 무한한 잠재적 논리에서 생겨난다고 주장합니다. 어떤 의미에서 그 논리들은 문화의 보

---

7. James Joyce, *Ulysses* (New York: Random House, 1990[1934]).

편적 요소이자 우리가 공통적으로 지닌 인간 본성의 특징입니다. 우리 모두는 이야기를 다양한 논리의 다양한 양식을 통해 말할 수 있는 능력을 갖고 있습니다. 바로 이런 의미에서 리쾨르Ricoeur는 레비스트로스를 칸트주의자로 묘사합니다.[8] 왜냐하면 그는 초월적 주체는 아니지만 정신에 대한 초월적 범주에는 관심을 가졌기 때문입니다.

마지막으로, 나는 이러한 구조주의적 주장의 일부를, 앞의 두 강의에서 논의된 바 있는, 문화연구가 의제로 삼은 질문들과 연결 지어볼까 합니다. 구조가 작동하는 이른바 무의식적 층위에서 무의식적인 것이란 전적으로 프로이트적인 의미도, 특정한 정신분석학적 과정의 결과도 아닙니다. 하지만 이것은 윌리엄스와 톰슨의 인간주의적 전통과의 의미 있는 단절을 나타낸다는 점에서 중요합니다. 만일 우리가 이것을 더욱 일반적인 구조분석의 지형학의 구체적 사례로 본다면, 이는 훨씬 더 분명해집니다. 구조주의의 독특한 분석 방법은 현상적 관계의 층위에서 저 아래의 결정적 구조로의 이동입니다. 이것은 사태들이 나타나는 곳, 사람들이 말하고 생활하는 곳, 사람들이 수많은 이야기를 말하는 곳과의 '과학적인' 단절입니다. 이것은 실제 민중의 의식을 회복하고자 한 E. P. 톰슨의 시도와 특정 시대에 체험되는 삶의 감정구조를 회복하고자 한 레이먼드 윌리엄스의 시도에 대한 거부입니다. 구조주의는 의식과 경험으로부터 거리를 두면서 모든 것을 결정하는 구조를 지지합니다. 레비스트로스는 가끔 이 층위의 지형학을 이용하여 하부구조와 상부구조의 관계를 해명하고자 한다고 주장하지만, 그가 말하는 하부구조가 마르크스의 것과 동일

---

8. Paul Ricoeur, "Structure, Word, Event," *Philosophy Today* 12 (1968), pp. 114-129.

하지 않다는 점은 분명합니다. 한편, 이 지형학에 근거하여 사람들이 마르크스 또한 현상적 관계에서 결정적인 구조로 이동하기 때문에 구조주의자라고 말할지도 모르겠습니다. 확실히 『자본』의 전체 요지는 구조의 분석에 착수하는 것입니다. 마르크스의 구조가 변형을 생산하는 요소와 그 조합 규칙에 비교될 만한 형식적 체계가 아닌 것은 분명하지만, 알튀세르의 시도처럼 그런 방식으로도 분석될 수 있는 것입니다. 자본주의 생산양식의 구성요소와 몇몇 조합 규칙에 대한 구체적 이해하에서, 우리는 초기 산업주의, 후기 산업주의, 제국주의, 포스트자본주의를 비롯한 다양한 표현 형태를 만들어낼 수 있습니다. 여러분은 사실상 이 접근방법을 다양한 역사적 시기의 생산을 규정하는 분석틀로 사용할 수 있습니다. 그럼에도 구조주의적 문제설정의 기본 방향은 통시적인 것(역사, 과정, 변화)을 공시적인 것(체계, 구조)으로 치환하는 것입니다. 여기서 과학적으로 정의될 가능성을 갖는 것은 공시적인 것뿐입니다.

　나는 알튀세르가 마르크스와 마르크스주의를 구조주의와의 관계 속에서 다시 독해한 것을 설명하기 전에 레비스트로스와 초기 기호학(예컨대 롤랑 바르트)에서 본 구조주의적 패러다임의 기본 전제와 함의를 설명하려고 했습니다. 언어학을 풍부한 생성적 은유로 사용함으로써 기호학자들은 레비스트로스가 다양한 자동차, 패션, 뉴스 사진의 체계를 비롯해 특정 문화의 목록을 분석하면서 제안한 방식으로 현대적 문화생산의 전체 목록을 분석할 수 있게 됩니다. 바르트는 자신의 작업을 사회학과 비교하는 한편, 자신의 기획을 다양한 사회문화적 구성체의 사회논리sociologics에 대한 분석으로, 즉 다양한 사회에 존재하는 다양한 문화적 의미화의 체계, 곧 의미와 이해 가능성의 체계들의 목록을 분석하기 위해 구조주의적, 혹은 언어학적 방법을 사용한 것으로 설명합니다.

나는 구조주의와 보다 인간주의를 지향하는 문화주의 간의 차이를 일련의 치환으로 짧게 요약하면서 마무리하고 싶습니다. 첫째, 인간 삶에 대한 프로메테우스적 개념에서 규칙적 개념으로의 치환. 둘째, 행위성과 의식의 영역에서 무의식의 영역으로의 치환. 셋째, 역사와 과정의 개념에서 체계와 구조의 개념으로의 치환. 마지막으로는 원인과 인과적 설명에 대한 관심에서 분류와 배치의 논리로의 치환입니다. 하지만 이외에도 주목할 만한 또 다른 치환들이 있습니다. 발화 주체의 치환입니다. 레비스트로스의 신화제작자, 즉 언어를 생산하고 이야기를 들려주고 문화에 의미를 부여하는 사람은 영감의 열매를 키우고 공유하기를 바라는 사람이 아닙니다. 신화제작자는 자신이 다룰 수 있는 구조가 말하는 얘기를 듣습니다. 신화제작자는 이용할 수 있는 문화적 기구를 사용합니다. 그럴 때 신화 이야기하기는 주체의 문제라기보다는 주체 없는 과정의 문제입니다. 이해 가능성과 의미의 체계들은 바로 이런 익명의 과정을 통해서 생산됩니다. 문화적인 것과 (적어도 고전적인 마르크스주의적 의미에서의) 물질적 세계 간의 관계를 연구하는 작업에서, 의미와 이해 가능성을 생산할 수 있게 하는 상징체계 내의 내재적 관계에 대한 관심으로의 치환 또한 있습니다. 좀 더 약하게 말하면, 세계의 의미를 표현하고 반영하는 언어 개념에서 의미를 생산하고 인간사회의 의미작용을 가능하게 해주는 언어 개념으로의 치환이 있습니다. 끝으로 실천의 언어에서 담론의 언어로의 치환이 있습니다. 사실 기호학을 통해 모든 사회생활로 확장되는 구조주의 혁명의 중심에는 모든 사회적 실천이 바로 이런 방식으로 의미를 갖게 되고 기호적인 것이 된다는 가정이 자리하고 있습니다. 모든 사회적 실천은 사회가 그것에 부여한 의미를 벗어날 수 없습니다. 그 실천은 오로지 이해 가능성, 곧 의미화 능력의 관점에서만 기술될 수 있습니다.

4강

토대/상부구조 모델의 새로운 고찰

이번 강의는 마르크스의 작업 중에서도 문화연구의 관심을 규정하고 구성해온 중심적 은유인 토대와 상부구조에 초점을 두겠습니다. 토대/상부구조라는 은유를 통해 마르크스는 자주 문화이론의 문제들과 이데올로기에 대한 관점들을 변화시켜 왔습니다. 하지만 동시에 토대와 상부구조 개념은 이런 질문을 안고 마르크스주의적 지형 위에서 작업하는 사람들에게 마르크스의 그 어떤 개념보다도 더 많은 문제를 제기해왔습니다. 그중에 중요한 것이 이 개념이 은유인가 모델인가 하는, 그것의 정확한 위상과 관련된 문제입니다. 여기서 나는 마르크스 저작 내 일부 중요한 정식화에 대해 간략한 설명만 제공할 수 있을 뿐입니다. 왜냐하면 우리가 종국적으로 마르크스의 저작 그 자체에서 은유의 애매함과 불확실성, 한계를 보게 되기 때문입니다. 사실 많은 이론적 질문이 토대/상부구조의 은유로 쏠리게 됩니다. 이 은유는 첫째, 고전적 마르크스주의에서 물적 상황(경제력 혹은 계급관계)이 상부구조와 이데올로기 영역에 대해 행사하는 결정의 성격을 나타내는 주요 방법 중의 하나입니다. 둘째, 이 은유는 마르크스에게서 사회구성체 내 층위들의 다양한 실천 간 관계의 성격을 지칭하기 위해 사용됩니다. 마지막으로, 이 은유는 사회나 사회구성체에 관해 말할 때 우리가 지시하는 총체성의 복합적 전체의 성격을 사고함에 있어서 방향성을 제공해줍니다. 경제관계와 이데올로기적 형식 간의 보다 구체적인 관계를 이해하려는 그 어떠한 시도에서도 물적 토대와 상부구조 간의 관계를 탐구하는 것이 중심이 됩니다. 그것은 우리가 보통 문화적·이데올로기적 실천으로 간주하는 것을 고전적 마르크스주의의 틀 내에서 연결하고 자리매김시키는 힘든 과제를 가리킵니다.

토대/상부구조의 은유는 마르크스주의적 문제설정 내에서 작업하기를 원하는 문화연구 종사자들에게 일련의 문제를 규정해왔습니다. 또한 그것은 마르크스주의적 담론의 틀에 불만을 품고 있는 사람들이 중요한 수정을 가하려고 시도했던 지점을 제공합니다. 물론 이 문제들 중 일부는 적어도 마르크스의 저작 내에 존재하는 경향이 없지 않지만, 반면 다른 문제들은 사람들이 그의 저작을 수용해온 방식과 그들이 추종해온 경향, 그리고 그들이 제도화한 해석에서 생겨난 것입니다. 예컨대, 마르크스의 몇몇 저작에 존재하는 사회구성체의 결정에 대한 독특한 개념은 경제적·계급적 모순이라는 범주에 특권을 부여해온 특별한 방식과 더불어 고전적 마르크스주의적 입장을 구성합니다. 따라서 이러한 은유는 마르크스주의와 다른 사회적 모순들(이를테면, 젠더와 인종) 간 관계의 문제가 제기되어야 하는 주요 지점 중의 하나입니다.

토대/상부구조의 은유는 보통 마르크스의 저작에서 역사유물론의 일반적 방법에 대한 설명과 관련해서 제기됩니다. 이런 설명은 『독일 이데올로기The German Ideology』『정치경제학 비판A Contribution to the Critique of Political Economy』의 「서문」『정치경제학 비판 요강Grundrisse』의 「서설」에서 나타납니다. 이 은유는 유물론의 일반적 방법으로 확장되어갑니다. 왜냐하면 여러분이 다른 부분들을 어떻게 설명해나가는지, 즉 여러분이 자신의 출발점과 다른 부분들 간의 결정관계를 어떻게 인식하는지가 중요하듯이, 이 은유는 여러분이 시작하는 지점이 중요하다고 말하기 때문입니다. 즉, 토대와 상부구조는 관념론에 맞선 마르크스의 투쟁 내에서 종종 정식화됩니다. 그것은 이른바 헤겔주의의 전도inversion를 위한 것입니다. 그것은 역사적 발전이 어떻게 우리가 그것에 대해 갖고 있는 관념이 아니라 현실적인 물질적 실천 및 상황에 의해 설명될 수 있는지를 보여주고자 합니다. 이 은유는 마르크스의 방법을 특징짓는 세 가지 주요 전제라는 맥락에서 생겨났고, 또한 그 전제들과 분리할 수 없습니다. 첫 번째는 역사적 전제입니다. 즉, 보편적이거나 영원한 역사적 형식은 결코 존재하지 않는다는 것입니다. 모든 역사적 형식과 시대, 생산양식은 역사적 구체성을 가지며 역사적 결정의 특수성에 종속되어 있습니다. 두 번째는 구조적(필히 구조주의적인 것과 같은 건 아닙니다) 전제입니다. 즉, 분석의 주요 대상은 특정한 생산양식의 법칙과 경향, 구조입니다. 구체적으로, 유물론적 분석은 자본주의 사회구성체의 체제적 속성에 주목합니다. 세 번째는 토대/상부구조의 문제와 가장 직접적으로 관련된 것으로, (아주 특별한 방식으로 이해되는) 유물론적 전제입니다. 즉, 인간사회는 오직 사회조직의 결합의 결과로서, 그리고 사회조직이 자연으로부터 생존 수단을 추출하는 양식에 의존한 결과로서 이해될 수 있을 뿐입니다.

토대/상부구조의 은유와 연관된 다양한 문제가 있습니다. 즉, 분석대상의 정의, 주체와 역사 간의 관계와 사회구성체의 구조에 대한 설명, 그리고 변화(환원주의라는 비난과 연관된 것이 이 지점입니다)와 결정의 이론 같은 것 말입니다. 이런 복합성이 더욱 문제가 된 것은 마르크스가 『독일 이데올로기』 『정치경제학 비판』 『정치경제학 비판 요강』의 「서설」, 그리고 『루이 보나파르트의 브뤼메르 18일The Eighteenth Brumaire of Louis Bonaparte』을 비롯한 여러 저작에서 다양한 질문에 대한 대답으로 수많은 은유적 정식화를 제시했기 때문입니다. 나는 『정치경제학 비판』과 『루이 보나파르트의 브뤼메르 18일』에 초점을 둘 것이고, 우선 『독일 이데올로기』에 대한 짧은 설명으로 시작하겠습니다.

마르크스는 자신의 논의가 삶의 물질적 생산과, 그런 생산에 연결되고 그런 생산에 의해 창조되는 사회 교류의 형식에서 출발한다고 말합니다. 이것이 시민사회—사회관계와 생산력—즉, 모든 역사의 토대입니다. 그러나 마르크스는 여기에 재빨리 국가의 기능을 추가합니다(이는 마르크스의 전형적인 수사적 전략, 즉 자신의 말을 어떻게 해석해야 할지 잘 모르는 상황에서 그 말에 어느 정도의 복합성을 또다시 제기하는 듯한 말을 추가하는 방식입니다). 그러므로 마르크스는 생산관계와 생산력이라는 틀과, 그것이 어떻게 국가라 불리는 것으로 재현되고 표현되는가 하는 문제에서 시작합니다. 그럴 때, 이 방법은 다양한 이론적 생산(의식, 종교, 철학, 윤리 등의 형식들)을 토대에 기원을 두거나 토대에서 성장하는 것으로 설명합니다. 이런 식으로 사회구성체 전체를 드러내거나 설명할 수 있습니다.

『정치경제학 비판』의 「서문」의 이론적 정식화는 상당히 다른 지점에서 시작합니다. 거기서 마르크스는 개인과 계급, 사회가 아니라 관계에 주목하기 때문입니다. 오히려 논의는 삶에서 일어나는 사회적 생산에 있어 사람들이 자신의 의지와 상관없이 일정한 관계 속으로 들어간다는 사실에서 시작합니다. 이것은 개별 주체나 행위자가 원하든 원치 않든 들어갈 수밖에 없는 관계로 이동하거나 그 관계 속으로 퍼져간다는 사회구성체 개념입니다. 그들은 세계 속 자신의 위치가 그들이 태어나서 교육받고 형성되는 관계에 의해 미리 결정되었음을 알고 있습니다. 말하자면, 이런 관계들은 우리가 들어오기를 기다리고 있는 공간들을 열어줍니다. 이 공간의 이름이 미리 정해져 있든 없든 간에 그것들은 우리가 거의 영향을 미칠 수 없는 것들—의미, 실천, 정체성—을 이미 지니고 있습니다.

마르크스가 역사와 주체의 관계에 대한 특별한 정식화에서 출발하면서, 이 순간 사회구성체의 문제는 다른 맥락으로 이동하게 됩니다. 이것은 톰슨과 윌리엄스가 자신의 모델을 끌어내고자 했던 저작인 『독일 이데올로기』에 제시된 정식화와는 아주 다릅니다. 『독일 이데올로기』에서 마르크스는 사물의 창조자인 인간을 출발점으로 삼았고, 역사를 오직 인간의 활동에 다름 아니라고 주장했습니다. 이때 강조점은 아주 달랐습니다. 이 모델에서 분석의 중심에 있는 것은 인간적 실천입니다. 하지만 이런 강조는 『루이 보나파르트의 브뤼메르 18일』에서 보이는 것과는 아주 다릅니다. 『루이 보나파르트의 브뤼메르 18일』에는 실천과 구조 간의 이중적 측면이 들어있습니다. 마르크스는 인간이 자신의 역사를 만들어가되 자신들이 선택하지 않은 상황에서 그렇게 한다고 말합니다.

『정치경제학 비판』의 보다 객관주의적인 입장을 좀 더 자세히 살펴볼 필요가 있습니다. 『정치경제학 비판』은 『루이 보나파르트의 브뤼메르 18일』에서 볼 수 있는 실천과 구조 간의 이중관계를 말하지 않으면서 사회구성체에는 다양한 종류의 실천 간의 관계들이 존재한다고 짧게 언급합니다. 이것이 사회가 형성되는 방식이자 사회가 시간을 통해 스스로를 반복적으로 생산하는 방식이기도 합니다. 개인은 이런 관계들의 실행자 내지 담지자撥持者입니다. 그들은 그러한 관계 내에 위치합니다. 말하자면, 개인의 활동과 행위는 이미 존재하는 관계들에 의해 방향성이 정해집니다. 더욱이 이런 관계들은 한정적입니다. 그것은 단순히 인간이 사회에 속한다는 식의 전통적인 사회학적(즉, 뒤르켐식) 명제가 아닙니다. 그것은 인간이 역사적으로 구체적인 사회관계의 구조 내에 있다는 마르크스주의적 명제입니다.

보다 구체적으로 말하면, 마르크스가 관심을 가진 관계는 생산관계, 즉 삶에서의 사회적 생산과 연결된 사회관계였습니다. 따라서 분석되어야 할 구조는 생산력 발전의 특정 단계에 조응하는 생산관계입니다. 하지만 여기서 우리는 신중하게 추적해야 합니다. 왜냐하면 이것이 마르크스의 가장 이해하기 힘든 정식화 중 하나이기 때문입니다. 특히 마르크스와 엥겔스는 사회관계가 가끔 생산력 자체가 될 수 있다고 말하는데, 그러면 정확히 어디서 사회관계가 끝나고 어디서 생산력이 시작하는 걸까요? 생산력을 단순히 기술로 이해하는 것을 막기 위해서는 사회관계와 생산력을 생산력(토대) 속으로 접합시키는 것이 필수적입니다. 마르크스와 엥겔스가 항상 성공적이지는 않았을 겁니다. 하지만 그들은 어느 시점에 사회구성체에서 이용할 수 있는 생산력의 문제가 기구나 기술의 결과가 아니라는 것, 그리고 기술이라는 특별한 층위 자체가 사회관계와 다른 종류의 생산력이 상호작용한 결과라는 것을 상기시키는 매우 탁월한 시도를 했습니다. 일부 마르크스주의자들 사이에서 마르크스의 저작으로부터 기술 결정론을 읽어내려고 하는 지속적인 경향이 있지만, 이것이 마르크스의 정식화가 의도했던 것은 아닌 것 같습니다. 오히려 토대, 혹은 다른 곳에서 '구조'라 정의된 것은 사회관계와 생산력의 결합입니다. 이것이 마르크스(나는 그가 계속해서 당혹스러워 하길 바랍니다)가 '경제적인 것'이라고 불렀던 것입니다. 범주와 관련하여 특정한 이론체계에서 일어나는 가장 큰 실수는 명칭들을 뒤섞어버린 데서 비롯됩니다. 경제적인 것의 이런 의미가 서구 세계의 자존심 센 경제학 교수들에게 인정받을 수 없으리라는 건 분명합니다. 마르크스가 사용한 '경제적인 것'은 이 용어가 가지는 더욱 좁고 기술적이며 분과학문적인 의미와는 어울리지 않습니다. 말은 같지만 그것들은 같은 게 아닙니다. 우리가 이런 혼동을 마르크스 자신의 정식화에서 찾아볼 수 있다고 하더라도, 이 용어의 두 가지 의미역은 같지 않습니다. 궁극적으로 우리가 토대와 상부구조 모델에 어떤 식으로 대응하더라도 인간사회의 유물론적 토대와 오늘날 우리가 경제적인 것으로 이해하는 것을 구분하는 일은 매우 중요합니다.

뜻하지 않았지만 이 시점에서 이런 정식화가 구조주의적 읽기로 확장되어가는 방식을 언급할 가치가 있을 것 같습니다. 이 모델에 따르면 다양한 사회구성체는, 사람들이 사회적으로 자신들의 삶을 재생산하기 위해 자연에 개입할 수 있게 하는 사회조직의 형식들이 어떻게 생성되는가 하는 관점에서 이해될 수 있습니다. 우리는 사회적 생산관계를, 마치 언어처럼, 조합을 달리함으로써 다양한 구성체를 생성하는 일련의 요소로 받아들임으로써 사회구성체들을 구분할 수 있습니다. 이것이 발리바르가 '조합적combinatory'이라고 부른 것이고, 알튀세르가 목소리를 더 낮춰 '조합combination'이라 부른 것입니다. 이와 같이 단순하지만 우아한 방식으로 사회관계가 다양한 요소 사이에서 어떻게 조직되는가, 생산력이 다양한 요소 사이에서 어떻게 구성되는가, 그리고 이 두 요소가 어떻게 결합되는가를 이해함으로써 다양한 역사적 시기와 구성체의 엄청난 복합성을 줄이는 게 가능합니다. 물론 이것은 (여러분의 기분 여하에 따라) 아주 높은 수준의 추상화가 되기도 하고 아주 낮은 수준의 축소가 되기도 합니다. 그렇지만 이것은 마르크스가 거대한 역사적 시기의 근본 구조라고 생각했던 것을 설명하는 방법입니다.

『정치경제학 비판』으로 돌아가보면, 마르크스는 법적·정치적 상부구조와 사회의식의 특정 형식이 토대의 구조에 조응한다고 주장합니다. 이런 지형학에서 상부구조가 두 개의 층을 갖고 있음을 인식할 필요가 있습니다. 첫 번째 층은 정치적·법적 구조 및 제도로 구성되어 있고, 두 번째 층은 사회의식의 이데올로기적 형식으로 구성되어 있습니다. 이런 구분은 마르크스 자신에 의해서 이데올로기적 형식으로 가끔 통합되기도 합니다. 그러나 다시 한번 우리는 마르크스의 저작에서 공통적으로 나타나는 수사적 전략을 생각해야 합니다. 그는 종종 복합적인 관념들을 상세히 설명하고 난 뒤 전체 내용을 한 문장 내지 하나의 이미지로 압축합니다. 압축은 관념의 복합성을 부정하지 않습니다. 이를테면, 마르크스는 여기 주어진 토대와 상부구조에 대한 전체 기술을 "존재가 의식을 결정"하지 "의식이 존재를 결정"하지 않는다는 진술로 압축합니다. 그러므로 윌리엄스와 톰슨이 이 언어(존재와 의식)를 마치 그것이 토대와 상부구조의 전체 지형 밖에 있는 것처럼 읽음으로써, 이 언어에 의지하여 의식과 더 거대한 존재의 개념을 구해내려 한 것은 별로 적절하지 않습니다. 이것은 토대와 상부구조의 개요와 같은 것입니다. 윌리엄스와 톰슨은 더 부드러운 표현을 선호했는데, 정확히 그것이 다층적인 사회구성체에 대한 상세한 기술보다 더 개방적이고 덜 구조적인 것으로 보이기 때문입니다. 하지만 두 진술은 다른 정식화들이 아니며, 동일한 정식화의 일부입니다.

토대와 상부구조에 관한 주요 문제과 질문은 마르크스가 역사적 변화, 특히 변화가 어떻게 하나의 조직 형태에서 또 다른 조직 형태로 진행되는지를 묘사하고 설명하려 할 때 생겨납니다. 마르크스는 토대와 상부구조 간에 긴밀한 조응관계가 있다고 말합니다. 왜냐하면 상부구조는 토대 '위에서 생겨나기' 때문입니다. 따라서 토대와 상부구조는 서로 연동해서 움직이고, 상부구조는 토대의 변화와 더불어 변할 것입니다. 하지만 마르크스는 관계에 대한 이런 견해에 문제가 있음을 분명히 알아챘고, 재빨리 주의 사항을 덧붙입니다. 즉, 상부구조에서의 변화보다는 토대에서의 변화를 훨씬 더 정확하게—마르크스는 "자연과학의 정확성으로"라는 은유를 사용합니다—이해할 수 있다는 설명 말입니다. 우리는 이 시기의 객관적 생산관계가 실제로 사적 소유를 얼마만큼 앞서 갔는지를 질문할 수 있습니다. 우리는 엄청나게 사회화된 생산 형식이 사적 소유라는 기호 아래 여전히 묶여 있는 부조리함을 평가할 수 있습니다. 그리고 우리는 그런 것들을 이데올로기적 생산과 의식의 법적·정치적·철학적·미학적 형식 등이 하나로 일치하는 속도보다 훨씬 더 빠르고 정확하게 분석할 수 있습니다. 하지만 마르크스는 그런 형식들이 일치할 것이라 예상합니다. 이것은 상부구조의 영역에서도 일차성은 토대의 동학에 있다는 특별한 결정의 형식입니다.

　토대와 상부구조의 관계에 관한 이 모델은 사회구성체의 층위들—토대, 정치적·법적 형식, 이데올로기적 의식의 형식—을 구분하기 때문에 복합성의 형태를 띠긴 하지만, 실제로는 결정의 진정한 복합성을 인정하는 데는 실패합니다. 왜냐하면 구조물의 상층부는 토대의 기반 위에서 생겨날 뿐 아니라 필연적으로 토대에 조응하는 방식으로 생겨날 것이기 때문입니다. 따라서 토대가 바뀌면, 상부구조 또한 거기에 맞게 조응할 것입니다. 이 모델은 아주 복합적인 듯이 보이지만 실제로는 복합적이지 않습니다. 그것은 마치 구분되어 있는 듯이 보이지만, 그것이 어떻게 움직이는가를 묻는다면 하나로 움직인다고 밖에 말할 수 없습니다. 물질적 관계의 운동과 문화적·이데올로기적 관계의 운동 사이에 약간의 시간 지체는 있을 수 있지만, 그 사이에 다른 간섭은 거의 일어나지 않습니다. 두 운동이 일정한 시간 동안 서로 다른 방향으로 나아갈 가능성, 혹은 두 운동이 서로 분리될 가능성은 인정되지 않습니다. 바꿔 말해, 여기서 사회구성체를 총체성으로 보는 마르크스의 개념은 표현적expressive 총체성처럼 보입니다. 토대에서 일어나는 관계들은 그것들 간의 불균등성과 체계적 차이, 혹은 그것들 간의 매개 형식에 주목할 필요 없이 모든 층위에서 나타납니다.

　이 모델에서 최초의 균열은 역사적 모델을 구축하는 데서 시작됩니다. 비록 우리가 이 모델이 자본주의 사회구성체에 대한 작업임을 인정하더라도, 이를테면 종교의 영향력이 엄청나게 컸던 봉건사회에 대해서도 적절하게 질문해볼 수 있을 것입니다. 마르크스는 이런 질문에 대한 대답으로 다른 모델의 결정을 제안합니다. 이 모델에서 생산양식―즉, 사람들이 자연으로부터 생계수단을 추출하는 양식―
은 다양한 사회에서 다양한 형식이 사회 결속에 있어 중심적인 역할
을 수행하는 이유를 설명해줍니다. 마르크스는 주요 결정이 토대에
달려 있음을 부정하지는 않지만, 가끔 토대가 그 층위들 중의 하나
에 지배적 위치를 부여하는 방식으로 다른 층위들을 결정하는 경우
가 있다는 점을 인정합니다. 이번엔 정치, 저번에는 종교가 그런 위치
에 있었다는 식으로 말입니다.

이런 결정 개념은 정치나 종교가 토대의 변화와 일치하고 토대
의 변화를 표현하고 반영한다는 결정 개념과는 아주 다릅니다. 이것
이 알튀세르가 토대가 상부구조를 결정함에 있어 그 내용을 규정하
는 방식이 아니라 어느 하나의 심급에 지배적인 역할을 부여하는 식
으로 기능한다는 생각을 얻게 된 지점입니다. 이런 시각을 통해 봉
건사회에서 종교의 위치와 역할이 갖는 중요성을 지적하는 것은 아
주 타당합니다. 물론 그렇다고 해서 종교가 결정적 요인이 되었다
는 의미는 아닙니다. 오히려 결정적 요인이 봉건적 구성체에서 종교
에 지배적 위치를 부여한 것입니다. 동일하지는 않지만 비슷한 주장
이 1857년 『정치경제학 비판 요강』의 「서설」에 제기된 바 있습니다.
여기서 마르크스는 사회의 모든 형태에는 다른 생산들보다 우세한
하나의 특정한 생산양식이 있는데, 이 양식이 다른 생산들에 지위
와 역할을 부여한다고 말합니다. 이 말은 알튀세르의 주장을 정당화
해주는 듯합니다. 그러나 같은 문단에서 좀 더 나아가면 마르크스는
이 생산양식이 항상 그것과 관련하여 물질화된 모든 다른 관계의 구
체적 무게감을 결정하는 특별한 '어떤 것'이라고 주장합니다. 이는 결
정을 전체 사회구성체의 표면 전반으로 일반화하는 것 같습니다. 이

는 보다 문화주의적인 결정 개념입니다. 한 문단이 결정에 관해 그렇게 다양한 모델을 제시할 수 있다는 점은 내게 즐거움을 줍니다. 이를테면, 결정이 경제적 토대에 의존하지 않고 사회구성체 전체에 확산되어 있다거나, 혹은 결정이 정확히 구조적 방식으로, 즉 알튀세르가 말하고자 했듯이,[1] '경제 폐하His Majesty the Economy'가 미래에 실제 일어날 일을 결정하기 위해 다른 모든 것에 앞서 활보하듯 등장하는 것이 아니라 오늘 어느 심급이 주도할 것인지를 결정하는 식으로 움직인다거나 하는 모델들 말입니다.

결정에 관한 마르크스의 글들에는 여전히 문제와 논쟁의 또 다른 불씨가 존재합니다. 왜냐하면 마르크스가 자본주의 사회구성체에서 주요 (결정적) 모순을 정식화하는 데는 적어도 두 가지 방식이 있기 때문입니다. 한 정식화에서 주요 모순은 사회관계와 생산력 간의 모순입니다. 간단히 말해, 마르크스는 자본주의 사회의 근대적 생산력의 지속적 발전과, 그러한 생산력이 편입된 소유, 통제, 탈취(즉, 사적 소유)의 관계를 비롯해 그것의 운영에 필요한 사회관계 사이의 간극이 점점 커지고 있다고 예견합니다. 모순은 그러한 생산력과 사회관계 사이의 간극으로 구성되고, 이런 간극으로 인해 그것들 간 관계는 끊임없는 가변적 성격을 지니게 됩니다.

하지만 다른 저서에서, 특히 『공산당 선언The Communist Manifesto』에서 마르크스의 관심은 자본주의 사회구성체의 구조적 분석이 아니라 사회계급들 간의 투쟁과 모순의 성격에 쏠려 있습니다. 여기서 주

---

1. Louis Althusser, *For Marx*, Translated by Ben Brewster (New York: Random House, 1970), p. 113.

요 모순은 자본가와 노동자 사이에 위치합니다. 이 두 가지 모순 간에는 분명 어떤 관계가 있지만 같은 것은 아닙니다. 따라서 마르크스의 저작 중 어느 것을 읽느냐에 따라, 즉 상부구조의 변화가 일차적으로 구조의 모순과 관련이 있다고 보는지, 혹은 다른 사회구성체들과 실천들의 모순과 관련이 있다고 보는지에 따라 중요한 차이가 있습니다. 이는 우리가 토대/상부구조 모델에 대해 제기되어온 두 가지 다른 반대 주장, 즉 경제환원주의와 계급환원주의를 구분할 필요가 있음을 의미합니다.

경제환원주의는 이 모델에 대한 온갖 주의와 경고에도 불구하고 토대가 실제로 다른 층위들의 내용이라고 말합니다. 다른 층위들은 어떤 의미에서 자신과 다른 어떤 것[토대]의 현상적 형태일 뿐이라는 겁니다. 이것이 내가 앞서 사회적 생산관계와 생산력, 그리고 **그것들의 현상으로서의 국가**의 복합성을 언급했던 이유입니다. 국가는 마치 단순히 경제관계의 한 심급인 것처럼 보입니다. 우리는 국가가 정치적인 것의 영역 위에서 구성된다고 잘못 생각하고는 정치제도와 과정 등을 사고하면서 상당한 시간을 허비합니다. 하지만 실제로 이 모델에서 국가는 근본적으로 그 구조를 구성하는 관계들이 정치적 층위에서 표현된 것에 불과합니다. 이 모델은 토대가 다른 층위들을 생성할 뿐 아니라 그런 층위들의 근본적 내용 또한 토대에서 찾아볼 수 있다고 단언합니다. 따라서 이 모델은 사회구성체의 모든 층위를 토대로 환원할 것을 강력히 제안하는 듯 보입니다. 그렇게까지 할 필요는 없겠지만 이는 분명히 다른 층위들이 그 자체의 실제적인 결정적 효력을 갖는 것을 허용하지 않습니다. 이 모델에서 이러한 층위들은 오직 토대가 자신들에게 내린 명령을 실현하는 차원에서만 효력을 지닙니다.

이 모델을 겨냥한 두 번째 비난인 계급환원주의는 『독일 이데올로기』와 『공산당 선언』에 근거합니다. 『독일 이데올로기』에서 우리는 상부구조와 계급 간의 더욱 명쾌한 관계를 보게 되는데, 그것은 아주 단순히 지배계급과 지배관념이라는 개념으로 표현됩니다. 『독일 이데올로기』에서 마르크스는 관념이 사회적 지배의 실행과 유지를 구성하는 기능을 한다는 것을 인정하는 듯합니다. 그러나 문제는 마르크스가 계속해서 특정 지배 이데올로기를 특정 계급과 동일시하는 데 있습니다. 다시 말해, 문제는 이데올로기 전체를 계급 전체에 귀속시키는 것입니다. 여기서 특정한 이데올로기적 형식들의 결정적 효과에 관한 문제는 관념과 계급 간의 필연적이고 내재적인 관계에 근거하여 답변됩니다. 사회적 생산관계에서 한 계급의 객관적 위치는 그 계급에게 세계에 대한 특정한 시각과 특정한 물질적 이해관계를 부여합니다. 자본가계급에 속한 사람들은 착취당하고 오직 판매할 노동만 갖고 있는 계급과는 적대적인 물질적 이해관계를 갖고 있습니다. 전망과 세계관, 이데올로기는 이 두 적대적 집단의 사회적 이해를 따르거나 그 이해를 중심으로 모이는 경향이 있습니다. 구조적 차원에서 규정된 계급들 간의 투쟁을 몸소 체험하지 못하거나 겪어보지 못한 사람, 즉 정확히 계급관계 내의 위치가 지정해주는 삶을 살지 않는 사람은 허위의식 속에 살고 있는 것입니다. 다시 말해, 계급들(과 개인들)이 그들의 계급적 위치 때문에 가질 것으로 예상되는 객관적 이데올로기나 이데올로기적 입장들이 있습니다. 그리고 그들이 이러한 이데올로기를 가지지 못하는 것은 자신의 진정한 이해관계를 인식하지 못하기 때문이라는 겁니다.

허위의식 개념에 대해서는 다양한 이견이 존재합니다. 그중 가장 설득력 있는 것은 이론적인 것이 아니라 정치적인 것일 듯합니다. 내가 궁금한 것은, 내가 아는 모든 사람이 자신은 허위의식에 빠져 있지 않다고 확신하면서, 자신을 제외한 다른 모든 사람이 허위의식에 빠져 있다고 즉각 말하는 게 어떻게 가능할까 하는 것입니다. 나는 투명한 표면, 즉 사회관계의 복합성을 통해 토대를 꿰뚫어 볼 수 있는(그리하여 실제 구조에 따라 행동할 수 있는) 사람들과, 세계 역사에서 속박당하고 판단에 있어 기만당하며 실제 사태를 분간하지 못하는 사람들을 확실하게 구분하면서 어떻게 정치조직과 투쟁의 영역에서 진전을 이룰 수 있을지 결코 이해할 수 없습니다. 그들은 매일매일 생활하고 임금과 봉급을 받고 물건도 사고 음식을 먹으며 가족을 양육하고 여행을 합니다. 그리고 이 모든 일 속에서 그들이 현실과 자신의 이해관계, 자신들이 생각하고 행동해야 할 것을 이해하는 것은 아닙니다. 사실 나는 항상 그것과는 다른 방향에서 작업해왔고 이제까지 인간을 유기적으로 조직화해온 모든 이데올로기에는 뭔가 중요한 것이 들어 있다고 생각해왔습니다. 그 이데올로기들은 내부에 사람들이 인식하는 진리를 가지고 있거나 우리로 하여금 우리의 경험이 실제로 무엇인지를 이해하고 정의할 수 있게 합니다. 물론 그것들은 우리에게 완벽한 진리를 말해주지는 않을 겁니다. 즉, 특정한 것을 강조하기 위해 다른 것을 배제할 수 있습니다. 또한 그것들은 부분적인 이해를 제공할 수도 있습니다. 하지만 그 이데올로기들이 단순히 거짓말, 잘못된 재현, 혹은 오인이라는 의미에서 허위적인 것은 아닙니다. 따라서 허위의식은 계급 위치와 계급 이데올로기 문제에 대한 적절한 이론화라고 할 수 없습니다.

이것은 고전적 마르크스주의 입장의 진술 및 그 문제점의 일부일 뿐입니다. 그러나 나는 이런 입장을 아직은 포기하고 싶지 않습니다. 왜냐하면, 이 입장의 비판적 분석을 효과적으로 이용해온 사람들이 이 작업을 종종 무시하긴 했지만, 고전적 마르크스주의 입장 위에서 의미 있는 작업이 행해졌을 뿐 아니라, 관념론적 요소보다 유물론적 요소를 강조한 마르크스의 입장이 부분적으로 논쟁적 전략이었음을 인정해야 하기 때문입니다. 우리는 마르크스의 저작 전부를 마치 대영도서관에서 쓰인 것처럼 읽을 수는 없습니다. 그중 일부는 다른 철학적·정치적 세력과의 첨예한 논쟁 속에서 쓰인 것입니다. 어쨌든 마르크스는 역사가 관념에서 관념으로 나아간다고 생각했던 청년 헤겔주의자들과 맞서 싸우고 있었습니다. 웬일인지 그는 이 싸움을 중단해야 했습니다. 『독일 이데올로기』는 어떤 점에서 속류적인 저작입니다. 그것은 예컨대, 하나의 이념에 관해 사유하기 전에 당신의 위장胃腸을 기억하라거나 주거를 생각하라는 식으로 아주 거친 말들을 합니다. "가톨릭만으로 사는 사람이 어디에 있는가?" "누가 정치를 삼킬 수 있는가?"라고 묻기도 합니다. 그것은 여러분이 물질적 세계를 필요로 하고, 물질적 존재를 재생산하기 위해 어떻게 조직해야 하는가를 이해할 필요가 있다고 주장합니다. 마르크스는 분노에 찬 청년이었습니다. 그는 헤겔주의의 영향을 받았습니다. 그러므로 그는 별로 흥미가 없는 어떤 외부의 적과 싸운 게 아닙니다. 그는 자신의 작업에 존재하던 사고의 편린 및 습관, 정점에 있던 관념론 철학, 역사를 망각한 사람들이 아니라 역사를 이해한 관념론 철학자들, 이념이 모든 것을 낳을 수 있다고 허세 떨던 사람들이 아니라 정치경제학을 공부한 사람들과 싸우고 있었습니다. 가장 선진적이었던 서구 관념론 철학에 맞서기 위해 마르크스는 알튀세르가 나중에 구조주의적 조우에 관해 말했듯이 극단적으로 "가지를 휘어야" 했습니다. 그는 가지가 부러지는 걸 원치 않았습니다. 하지만 그는 그 가지를 다른 모든 사람이 포기한 쪽으로 열심히 휘려고 했습니다. 우리가 가끔 20세기 사상을 느끼고 감동받듯이, 실제 마르크스는 19세기 사상을 몸소 느꼈습니다. 만일 유물론적 사상을 잠시라도 방치해버린다면, 여러분은 그것이 관념론으로 슬쩍 넘어가버린다는 걸 알게 될 겁니다. 여전히 대학 강단이나 서구적 사유 구조 속에는 관념론으로의 실질적인 끌림이 있습니다. 그것은 부분적으로 이념과 존재 간의 철학적 구분 속에 심어져 있습니다. 일단 여러분이 그런 양면성을 갖는 틀로 시작해서 그런 양면성을 결합하려 한다면, 관념론이 복합성에 관해 말할 수 있는 가장 강력한 언어라는 것을 알게 될 겁니다.

우리는 엥겔스로부터 마르크스의 강조가 갖는 논쟁적 의미를 깨닫는 동시에, 정치 소책자에서 일종의 속류적 농담으로 한 것을 마치 과학적 진리인 양 되풀이하는 아류들로부터 마르크스주의를 구해내려는 노력을 볼 수 있습니다. 엥겔스는 마르크스주의 연구자들에게 역사를 새롭게 연구하고(이는 모든 마르크스주의 연구자가 명심해야 할 것입니다), 마르크스의 유물론을 헤겔을 추종하여 역사를 기계론으로 구성하는 하나의 차원으로 사용하는 것은 피해야 한다고 요청합니다. 마르크스는 헤겔에 맞서 싸우고 있었습니다. 헤겔은 역사를 정말로 거대한 구성물로 생각했습니다. 일단 그렇게 생각하면, 여러분은 이념을 움직이는 것으로 보는 한편, 모든 역사를 어떤 고차원적 종합의 지점에서의 자기 회복을 향한 이념의 지난한 과정으로 인식하게 됩니다. 하지만 마르크스와 엥겔스가 제거하고자 했던 것이 바로 이런 식의 관념론적 구성이었습니다.

엥겔스는 만약 여러분이 특정한 역사적 시기를 실제로 연구한다면, 모든 영역이 상호작용한다는 것을 알게 된다고 주장했습니다. 정치는 경제적인 것에 영향을 끼치고, 경제적인 것은 가족에게 영향을 끼치는 식으로 말입니다. 그러므로 엥겔스는 윌리엄스처럼(윌리엄스 이전에도 이는 사실이지만, 미네르바의 올빼미는 다양한 시간에 날개를 펼칩니다) 구조와 상부구조가 서로에게 끼치는 영향에 대해 질문하기 시작합니다. 분석이 상세하면 할수록, 우연히 발생한 것들의 목록도 분명히 더욱 증가하게 될 겁니다. 역사에서 일어난 모든 일에 토대의 결정을 적용할 필요는 없습니다. 주요 경향들, 보다 뚜렷한 연결 지점들을 끝까지 추적하는 일이야말로 중요한 과제입니다. 엥겔스는 토대/상부구조의 단순한 결정보다는 서로 중첩되어 하나의 결과를 낳는 힘들로 이루어진 무한한 수의 평행사변형을 생각합니다. 이는 하나의 사건이 다양한 다른 힘에 의해 결정되는 알튀세르의 과잉결정overdetermination 개념을 앞서 내다본 것입니다.

말년에 엥겔스는 마르크스 사후에 쓴 한 편지에서 물신화되어 더 이상 사유를 위한 유용한 도구가 되지 못하는 한 모델의 유산과 계속해서 씨름합니다.[2] 그는 아주 다양한 정식화와 해결을 시도합니다. 그중 어느 것도 적절하지 않았지만, 이는 이론적 문제가 진정 마르크스 안에 존재함을 보여줍니다. 즉, 물질적인 것과 이데올로기적인 것 간의 관계가 마르크스에 의해 적절하게 이론화되지 않았다는

---

2. Karl Marx & Friedrich Engels, *Karl Marx and Friedrich Engels: Correspondence, 1846-1895: A Selection with Commentary and Notes* (London: M. Lawrence, 1934).

겁니다.

이렇게 말하는 이유는, 내가 읽은 바로는 마르크스 자신이 이것을 알고 있었고 뭔가 조치를 취하려고 했기 때문입니다. 나는 허위적이고 전前과학적이며 헤겔주의적인 초기 마르크스와 진정하고 구조주의적이며 과학적인 후기 마르크스가 있다는 알튀세르적 개념이나 그 둘 사이에 절대적인 이론적 단절 및 절단이 있다는 주장에 전적으로 동의하지 않습니다. 하지만 나는 마르크스의 저작이 하나의 동질적 단일체도 일관된 전체도 아니며, 그의 후기 저작들, 특히 『자본』과 말년에 쓰인 정치적 글이 토대와 상부구조 모델과는 다른 결정 개념과 전제에 근거한다고 한 알튀세르의 말이 옳았다고 믿습니다. 두 곳에서 작은 단절들이 일어나고 있었습니다. 그것은 무엇보다 정치적인 이유로, 즉 1848년 혁명의 패배와 좌절의 여파로 인해 일어납니다. 특히 그 단절은 공산주의 연맹의 붕괴와 함께, 그리고 마르크스가 『공산당 선언』과 같은 텍스트에서 계급 간의 모순이나 자본가와 노동자 간의 모순에서 단절의 리듬을 이론화했던 방식이 자신이 이제 막 겪은 역사에 대한 적절한 설명을 제공해주지 못했다는 인식과 함께 발생합니다.

잠시 『공산당 선언』에 대해 생각해봅시다. 『공산당 선언』은 역사적 예언이기 이전에 음악 작품과 같은 놀라운 책입니다. 그것은 계급투쟁의 리듬과 계급투쟁을 예리하고 심오하게 할 수 있는 가능성을 장엄한 음조로 불러냅니다. 그것은 홍해가 계속 갈라지는 듯한 비전을 제공합니다. 계급구조가 아무리 복합적이라 하더라도, 계급투쟁은 계급구조를 지속적으로 갈라놓아 종국에는 계급과 계급의 대결만 남겨지게 됩니다. 구조 내의 모순 속에 구축된 이해관계는 이 두 계급 간의 거대한 세계 분할로 나타날 것이고, 결국 시대적 투쟁이 시작될 것이며, 이 투쟁으로부터 사회주의가 태어나게 될 것입니다. 하지만 19세기 중반 유럽에서 일어난 사건에 대한 현실적 예측으로서 그것은 정확하지 않았습니다. 그것은 단순히 부정확했을 뿐 아니라 파국적인 방식으로 부정확했습니다. 만일 그 예측이 (훗날의 마르크스주의자들의 예측과 예언이 그랬듯이) 유지될 수 있었더라면, 엄청난 정치적·역사적 대가를 지불해야 했을 것입니다. 나중에 엥겔스가 말했듯이, 그들은 자본주의의 출산의 고통을 죽음의 고통으로 오인했습니다. 그 오해의 영향하에서 계속 살아간 것이 대다수 마르크스주의의 불행한 유산이었습니다. 가끔 어떤 마르크스주의자들은 일어나지도 않은 또 다른 죽음의 고통을 과학성이란 이름으로 예언하기도 했습니다. 제1차 세계대전 이후에 하나의 예언이 제기되긴 했지만, 그 예언은 사회주의가 유럽에서 어떻게 출현하고 생존할 수 있을지를 이해하는 데 파괴적인 영향을 끼쳤습니다. 최종 단계 혹은 죽음의 고통에 대한 발언들이 너무나 많았습니다. 임박한 죽음에 대한 예언은 실제 역사적 판단상의 심각한 오류였습니다. 마르크스를 예언자로, 그의 글을 내일 무슨 일이 일어날지를 알려주는 '자본주의 연감Capitalism's Almanac'과 같은 것으로 여기는 것은 정말로 마르크스주의를 좌절시키는 것입니다. 만일 마지막 남은 믿음을 마르크스에게 걸었는데 마르크스가 잘못된 예언을 한다면, 그것은 여러분 대신에 마르크스주의를 파괴할 뿐입니다. 여러분은 마르크스가 요청하지도 않은 헌신을 하려고 한 것입니다. 모든 위대한 사상가처럼 마르크스도 실수를 범한 위대한 사상가였습니다. 마르크스는 『공산당 선언』을 반추해야 했는데, 그것을 반박하기 위해서가 아니라 그가 거의 예측할 뻔했던 사건들의 현실적 전환을 분석하기 위해서였습니다. 그럼에도 마르크스가 1840년대에 발전하던 자본주의 사회에서 중대한 역사적 단절이 일어날 거라고 말한 것은 틀리지 않았습니다. 레닌과 다른 사람들이 1917년과 1921년 사이에 유럽에서 일련의 혁명이 일어날 거라고 예측한 것이 틀리지 않았듯이, 마르크스의 이런 예견 역시 틀리지 않았습니다. 혁명은 있었습니다. 그 점에서 마르크스와 엥겔스는 틀리지 않았습니다. 그들의 판단이 틀렸던 것은 실제로 일어날 수 있었던 일의 범위에 대해서였습니다. 그러나 그것은 단지 역사적 판단의 문제가 아니라 사용되고 있던 분석 도구에 대한 판단의 문제이기도 합니다. 『루이 보나파르트의 브뤼메르 18일』은 그 당시의 실제 사건들에 대한 마르크스의 새로운 사유를 보여줍니다. 이 글은 마르크스가 1848년에 예견했던 그 단절적 혁명이 어떻게 해서 루이 보나파르트라는 삼각모를 쓴 말 탄 남자로 귀결되고 말았는지, 19세기 중반 유럽의 중심부에서 일어났던 자유를 향한 거대한 혁명이 역설적이게도 어떻게 자본주의 생산양식의 발전과 진전으로 나아가고 말았는지를 설명합니다.

하지만 『루이 보나파르트의 브뤼메르 18일』을 논하기 전에 나는 마르크스의 이력 속에서 두 번째 단절이 있었던 지점에 관해 말하고 싶습니다. 이 이론적 단절은 첫 번째 단절과 동일한 순간에 일어났는데, 마르크스가 『자본』의 작업을 준비하던 상황에서 일어났습니다. 그때 마르크스는 『정치경제학 비판 요강』의 노트를 작성하던 중이었습니다.[3] 마르크스가 지적 노동으로 물러나던 순간, 즉 혁명에 대한 연구가 대영도서관 내부에서 진행되려고 하던 참이었습니다. 내가 보기에 이 시기에 토대/상부구조 모델의 여러 전제와 단절이 있었던 것 같은데, 『자본』 이전의 작업—특히 1857년의 『정치경제학 비판 요강』 의 「서설」과 그 노트—과 『자본』 그 자체에서 엿볼 수 있습니다.

　1857년의 「서설」은 방법에 관한 마르크스의 가장 정교한 진술이 며 이에 관해 짧게 살펴볼 가치가 있습니다. 마르크스는 여전히 토대 를 사회적 생산관계와 생산력 간의 관계로 이해하면서도 이제 이와 다른 구성적 관계들을 분석하는 데 흥미를 가집니다. 삶의 물질적 재 생산은 단순히 생산으로만 구성되지 않습니다. 그것은 소비와 교환 을 또한 포함합니다. 그러므로 마르크스는 이전에는 단순하고 단일 한 조합체로 결합되어 있던 이 토대를 풀어놓기 시작합니다. 마침내 토대는 동일한 것이 아닐 뿐더러 중요한 차이를 갖는 관계들로 구성 됩니다. 만일 교환관계, 생산관계, 소비관계들이 동일한 것이 아님에 도 불구하고 하나의 전체로서 함께 기능한다면, 그것은 각 관계가 다 른 관계와 일치하는 단순한 구성체일 수 없습니다. 따라서 우리는 이 런 조합이 어떻게 기능하는지를 개념화할 수 있는 다른 방법이 필요 합니다. 관계가 다르기 때문에 접근방법도 일치나 조응보다는 차이 에 주목해야 합니다. 그 밖에도 다양한 차이의 관계가 어떤 상황에서 어떻게 전체적인 기능체계를 구성하는지를 질문해야 합니다.

　동일성의 관계들은 존재하지만, 마르크스에게 그것은 점차적으 로 차이의 관계보다 설명력을 훨씬 덜 갖게 됩니다. 차이의 관계들은 경제적인 것을 구성하는 다양한 관계가 다른 리듬과 다른 존재조건 을 갖고 있음을 깨닫게 해줍니다. 만일 토대가 생산과 소비, 교환의

3.　Karl Marx, *Grundrisse: Foundations of the Critique of Political Economy*, Translated by Martin Nicolaus (London: Penguin, 1973).

관계들로 구성된다면, 각각의 관계는 자체의 고유한 존재조건을 갖게 됩니다. 그중 어느 관계에서도 결정적인 단절이 일어날 수 있고, 각 단절은 자본주의체제의 기능 붕괴로 이어질 수 있습니다. 예컨대, 노동이 기능하기를 거부하는 조건 혹은 노동력 착취를 가로막는 조건은 생산체제에 단절을 낳습니다. 반면에 수요가 사람들이 생산된 것을 흡수할 수 있는 수준 이하로 떨어질 경우 과잉 생산의 위기가 아니라 소비 혹은 낮은 수요의 위기가 발생합니다. 여러분은 이러한 관계들의 차이를 구분할 수 있습니다. 자본주의를 보면, 이 모든 차이의 과정들이 함께 기능하는데, 이는 과정들이 동일하기 때문이 아니라 서로 다르기 때문이고 함께 접합되어 있기 때문입니다. 이런 방식은 사물들이 어떻게 하나의 통일된 구조로 결합되는가에 관해, 마르크스의 초기 정식화에서 보이던 표현적 총체성expressive totality 개념과는 완전히 다른 개념을 제안합니다. 그것은 다양한 단위가 불균등하고 심지어 모순적으로 서로 관계 맺는 구조적 총체성structural totality입니다. 그것은 각각의 차별적 실천이 그 나름의 고유한 결정의 차원을 갖는 총체성입니다. 따라서 마르크스는 하나의 관계가 다른 관계와 어떻게 접합하는가 하는 관점에서 통일성 내지 총체성을 사유합니다.

마르크스는 이론이 단순히 우리가 바라보고 있는 사실의 본질 속에 주어져 있는 것이 아니라고 주장합니다. 이론은 사실, 즉 증거에 가해지는 작용입니다. 우리는 반드시 개념의 형성을 통해 증거 속으로 파고들어 가야 합니다. 관찰, 이론화, 그리고 추상화는 분리될 수 없습니다. 마찬가지로, 이론은 현실 세계에 대한 참조를 전적으로 결여한 채 생성되지 않습니다. 전혀 그렇지 않습니다. 내가 볼 때, 마르크스는 내재적 정식화들의 논리적인 정합성에만 의지하고 구체적인 역사적 발전을 설명하는 그 정식화의 힘과는 아무런 관계도 갖지 않는 알튀세르의 이론적 실천과 같은 개념을 지지하지 않습니다. 마르크스는 이론이 이미 알고 있는 증거를 일반화하는 행위라는 통념 또한 지지하지 않습니다. 마르크스가 말하는 것은, 우선 그 어떤 역사적 사건도 우리에게 복합적이고 혼돈되고 모순적인 현상적 형태나 사건의 모습으로 나타난다는 것입니다. 우리는 필연적 추상화를 통해 그 속으로 파고들어 가야 합니다. 명확히 정식화된 개념과 추상화를 통해 사회생활과 역사적 경험의 두터운 질감을 뚫고 들어가야 합니다. 그 최종적 결과가 마르크스가 "사유 속 구체성"의 생산이라 부른 것입니다.[4] 다시 말해, 구체적인 역사적 사례들 속에서 현실적 관계를 파악하는 능력은 이론의 생산과 매개에 근거합니다. 역사적 이해란 항상 이론을 통한 우회와 관련이 있습니다. 그것은 경험적인 것에서 추상화로 나아갔다가 다시 구체적인 것으로 돌아가는 것과 관련이 있습니다. 어느 역사적 시대의 구체성을 재생산하는 데 가까이 다가가면 갈수록, 고려해야 할 결정의 차원들도 더욱 많아집니다.

예를 하나 들어보겠습니다. 생산양식을 사회적 생산관계와 생산력 간의 관계와 동일시하는 것보다 더 높은 차원에서 작용하는 진술은 없습니다. 하지만 제기되는 질문에 따라, 그것은 절대적으로 필수적인 추상의 차원일 수 있습니다. 만일 여러분이 봉건제 시대와 자본제 시대의 차이를 탐구한다면, 그런 차원은 종종 유용한 추상화를 제공합니다. 이런 차원의 추상화는 이 두 체제를 구분하는 특징에

4.　Karl Marx, *Grundrisse*, p. 101.

관해 중요한 사실을 말해줍니다. 그것들이 구체적인 봉건사회의 분석에 적절한 유일한 용어들일까요? 물론 아닙니다. 그 어떤 봉건사회에 관해, 혹은 봉건제 내의 단계들에 관해 말하기 전에 여러분은 훨씬 더 많은 것을 알 필요가 있습니다. 다시 말해, 이런 추상화의 차원은 시간 차원을 갖고 있습니다. 추상화의 한 차원으로서 자본주의 생산양식은—초기 자본주의 농업관계의 출현에서 현재에 이르기까지—특정 시간과 관련이 있습니다. 만일 자본주의 시대에 관해 알고 싶다면, 생산양식은 그 시대와, 그 시대 전체에 걸쳐 노동과 자본이 자연을 전유할 때 관계하는 방식에 대해 뭔가를 말해줄 수 있는 첫 번째 일반적 추상화가 될 것입니다. 만일 17~18세기 영국의 농업사회에서 자본주의 생산양식에 관해 뭔가 알고 싶다면, 여러분은 다른 차원의 결정들을 추가해야 합니다. 단순히 경제적인 것의 조직에도 더 많은 차원의 결정을 추가할 필요가 있습니다. 하지만 물론 정치적·이데올로기적·법적 관계의 외부에 존재하는 경제적 생산양식이란 존재하지 않습니다. 그리고 그러한 차원의 결정을 분석에 추가하고 나서야 비로소 여러분은 구체적 순간에 존재하는 구체적 사회에 관해 말할 수 있습니다.

마르크스주의 분석에서 가장 큰 문제 몇몇은 추상화가 작용하는 수준을 오해한 데서 비롯합니다. 엊그제 경기침체가 있었던 이유를 설명하고자 할 때, 그것을 그 첫 출현에서 마지막 순간까지 자본주의 생산양식에 관한 추상화로부터 바로 읽어내려고 하는 것은 별로 도움이 되지 않습니다. 그것은 지나치게 높은 차원에서 기능하는 추상화일 따름입니다. 그런 추상화는 구체적 사회를 설명하는 주장을 내놓기에는 그 내부에 충분한 차원의 결정을 갖고 있지 않습니다. 정말로 그것은 구체적인 사회구성체에 관해서 결코 말해줄 수 없습니다. 하지만 사실 마르크스 저작의 대부분은 자본주의 생산양식을 정확하게 분석하려고 한 것입니다. 그러한 작업을 위해서 마르크스는 특정한 개념을 다른 모든 것으로부터 추상화할 필요가 있다는 것을 알았습니다. 그는 그러한 추상화를 해명하기 위해서 그 외 다른 모든 것과 다른 모든 현실적 결정은 실질적으로 무시해야 합니다. 『자본』은 실제 다양한 차원의 추상화에서 기능하는 여러 가지 다양한 담론을 포함하고 있습니다. 가장 높은 차원의 추상화, 즉 상품 형식의 추상화는 『자본』 제1권 제1장에서 나타납니다.[5] 과연 누가 경제에 어떤 역할을 담당하며 분주히 돌아다니는 상품의 형식을 본 적이 있을까요? 그것은 마르크스가 이른바 "경제의 세포 형식cell form of the economy"이라 부른 것을 묘사합니다. 그런 추상화의 차원을 『자본』의 끝부분에서 마르크스가 1840년대의 공장법Factory Acts에 관해 말한 분석과 한번 비교해보십시오. 후자는 같은 차원의 추상화가 아닙니다. 우리는 두 차원의 추상화에 대해 동일하게 말할 수 없습니다. 마찬가지로, 자본주의를 다양한 경제 형식 속에서 생산, 소비, 교환의 추상적 관계의 관점에서 기술하는 『자본』 제2권[6]의 논의는 마르크스가 특정 시기의 구체적 사회에 관해 얘기하며 보여준 더욱 역사적이고 더욱 결정적인 담론들과는 매우 다른 차원에서 움직입니다.

마르크스의 저작에서 추상화의 차원들이 서로 명확하게 구분

---

5. Karl Marx, *Capital: A Critique of Political Economy*, vol. 1. Translated by B. Fowkes (New York: Vintage, 1977).
6. Karl Marx, *Capital: A Critique of Political Economy*, vol. 2. Translated by David Fernbach (London: Penguin, 1978).

되어 있지 않았다는 점이 그것들을 제대로 이해해야 할 우리의 책임을 면해주지는 않습니다. 만약 그런 차원들을 인식하지 못하면, 우리는 이론적으로나 정치적으로나 마르크스주의로서는 감당하기 어려운 문제들을 제기하게 됩니다. 우리가 사회구성체 내 권력과 결정의 복합적 조직에 대한 질문을 제기할 수 있는 지점이 바로 여기입니다. 만일 자본주의 생산양식을 정의하고 싶다면, 자본과 노동의 관계를 설명하고, 나아가 자본의 역할을 기술해야 할 것입니다. 즉, 자본주의 생산양식은 생산수단을 소유하고, 노동을 자유시장 속에 밀어 넣고, 노동력을 착취합니다. 이게 다입니다. 그 외에 다른 것은 없습니다. 자본가의 신장이 큰지 작은지, 그가 황인인지 백인인지, 중국인인지 미국인인지 하는 건 하등 중요하지 않습니다. 하지만 영국에서의 특정 자본가계급의 형성과 그 계급이 역사적으로 진화해온 구체적 과정에 관해 말하고 싶다면, 그 계급이 다른 사회적·계급적 구성체로부터 어떻게 출현하게 되었는지에 대해 말해야 합니다. 그 계급의 역사에 관해, 그 계급이 어떻게 분리되어 자신의 정체성을 획득하게 되었는지에 관해 말해야 합니다. 그리고 시장교환의 초기 형태가 어떻게 시작되었는지 등에 관해 질문해야 합니다. 추상화의 차원을 낮추면서 여러분은 구체적인 역사구성체의 세부 내용에 점점 더 가까이 다가가게 될 것이고, 자신이 말하고 있는 것을 이해하기 위해 다른 결정들을 담론 속으로 끌어들여야 합니다. 따라서 마르크스가 임금이 문화적으로 정의된 관습 차원에서 노동력의 재생산을 위해 노동자에게 지불된다고 말할 때, 그는 가장 높은 차원의 추상화 위에서 작업하는 것이며, 관습적인 것이 무엇인지를 분석하는 데는 관심이 없습니다. 그러나 만일 어느 구체적인 역사구성체에 있어 노동력의 사회적 재생산의 성격에 대해 질문한다면, 가족의 문제를 분석하지 않으면서 어떻게 그것을 설명할 수 있을까요? 왜냐하면 궁극적으로 가족은 오랫동안 생산관계가 문화적·사회적으로 재생산되는 장소였기 때문입니다. 마찬가지로 만일 자본주의 생산양식의 차원에서 노동에 관해 말한다면, 노동자의 피부색이 검은색인지 갈색인지 노란색인지 빨간색인지 흰색인지, 혹은 고도로 발달된 노동력을 지녔는지 아닌지는 중요하지 않습니다. 여러분은 노동이 자본주의 생산양식 안에서 수행하는 극히 기본적인 기능에 대해서만 질문하고 있을 뿐입니다. 그러나 노동력이 영국과 남아프리카에서 구성되는 방식의 차이가 무엇인지를 질문하는 순간, 여러분은 강제 노동과 비강제 노동에 관해, 혹은 노동 착취가 노동력의 다른 부문들에서 인종과 종족성에 따라 구획된 차이에 의존하는 방식에 관해 얘기하지 않고서 도대체 그것을 어떻게 설명할 수 있겠습니까? 불가능한 일입니다. 이는 이른바 마르크스 담론의 일부 침묵이 그가 이러한 다른 결정들이 무의미하다고 생각한 결과라기보다는 오히려 적절한 차원의 추상화의 결과임을 보여줍니다. 내가 말하고자 하는 건 마르크스의 분석대상이 아주 높은 차원의 추상화로서 자본주의 생산양식이라는 것을 기억하는 게 중요하다는 겁니다. 이것이 그가 말하고자 하는 유일한 차원은 아니지만, 그의 추상화가 압도적으로 움직이는 차원입니다. 이를 위해 마르크스는 구체적인 역사적 시기의 현실사회들을 이해하는 데 결정적으로 중요한 다른 종류의 결정들은 계속 괄호 속에 두길 원합니다.

마르크스의 자본주의 이론이 가진 모든 문제점이 추상화의 적절한 차원을 오해한 데서 비롯되었다고 주장하려는 것은 아닙니다. 왜냐하면 이 모델이 자본주의가 출현하고 발전해온 하나의 경로, 즉 영국의 경로에 크게 의존한다는 것은 분명하기 때문입니다. 따라서 이것은 이를테면 정복과 식민화에 의해 자본주의가 도입되는 등의 다양한 방식에 대해선 일절 설명하지 못합니다. 만약 노동을 영국적 맥락에서 점진적으로 형성된 자유노동의 형식으로만 이해한다면, 여러분은 자본주의적 관계망이 전 지구적인 규모로 팽창하고 확장해 나간 다양한 형식을 이해할 수 없습니다. 후자의 맥락에서 볼 때, 마르크스가 노동 내에서의 특정한 지역적 차이라고 부른 것이 자본주의에 의해 약화되는 경향이 있다는 것은 사실이 아닌 경우가 종종 있습니다. 결코 사실이 아닙니다. 그런 사회구성체들의 경향은 전前 자본주의적 차이들을 이용하고 개발하고 발판으로 삼는 것이고, 그런 차이들을 자본주의가 원주민 노동과 원주민 사회구성체 그리고 그 물적 자원들을 실질적으로 착취하는 방식으로서 유지하는 것입니다.

『자본』은 역사적 작업이 아니라 분석적 작업입니다. 거기에 대응하는 역사는 없지만, 만약 그런 역사가 존재한다면, 마르크스는 구체적 사건들을 기술하는 대목에서 했듯이 더 많이 쓰고 싶어 했을 겁니다. 이것이 마르크스가 자신이 설명하고 있는 관계가, 하나의 경이로운 자기 독립적인 체계처럼, 하나의 형식이 해체되어 다른 형식 속으로 사라지듯이, 명확한 방식으로 나타날 것이라 생각하지 않도록 주의해야 한다고 말한 이유입니다. 그 대신 마르크스는 자신이 설명한 관계가 현실적 사회구성체와 실제 사람들의 현실 역사로, 즉 피와 불의 문자로 쓰였음을 인정합니다. 그는 자본주의가 실제로 거대한 역사적 격변과 착취의 결과로서 영국에 출현했다는 것을 이해하고 있었습니다. 그러나 그러한 발전을 높은 차원의 추상화에서 아주 단순한 관점으로, 즉 자본주의가 최종적·필연적으로 관련된 착취관계들을 세세하게 포착하지 않는 관점으로 설명하는 것은 가능하며 분석을 위해서도 필수적입니다. 이 말은 우리가 마르크스의 개념을 구체적인 사회구성체를 향해 더욱 가까이 다가가게 할 때, 생산양식 개념은 그대로 둔 채 인종, 종족성, 젠더와 같이 마르크스가 빠뜨렸던 결정들을 통합하기만 하면 된다는 것을 의미하지 않습니다. 또한 마르크스는 현실 사회구성체의 분석을 다른 사람에게 맡길 생각도 없었습니다. 사실 그런 종류의 분석이 어떻게 이루어질 수 있을지를 보여주는 최상의 사례 중의 하나가 바로 『루이 보나파르트의 브뤼메르 18일』입니다.

『루이 보나파르트의 브뤼메르 18일』은 1848년에서 1851년 사이에 프랑스에서 일어난 사건에 대한 분석입니다. 구체적인 사건의 지형 위에서 움직이기 시작하자, 마르크스는 『자본』이나 『독일 이데올로기』와는 다른 용어를 사용합니다. 두 가지 다른 차원의 추상화에서 계급과 정치에 관해 아주 다른 두 가지 언어들이 나타납니다. 생산양식의 차원에서는 나타날 수 없을 것으로 생각되는, 그리고 군인, 사제, 관료, 법률가, 작가, 언론인 등과 같이 정확한 계급 위치를 갖지 않는 다양한 사회적·정치적 세력이 구체적인 국면의 차원에서 나타나 활동합니다. 『루이 보나파르트의 브뤼메르 18일』에서 신문은 실제 사람이나 정치세력처럼 거의 하나의 실체인 양 기능합니다. 여기서 계급이라는 용어는 단편적이고 가변적인 것이 됩니다. 『루이 보나파르트의 브뤼메르 18일』에서 두 기본계급, 즉 자본과 노동은 어디에 위치할까요? 마르크스는 이들에 관해 거의 언급하지 않습니다. 오히려 그는 거대 지주, 산업 부르주아지, 금융 부르주아지, 산업 프롤레타리아트, 농민, 그리고 룸펜 프롤레타리아트에 관해 말합니다. 이들은 구체적인 국면의 정치적 분석에서 중요한 계급분파 내지 하위분파입니다. 『루이 보나파르트의 브뤼메르 18일』에서 지배하는 것은 자본가계급이 아닙니다. 실제 지배하는 것은 자본가계급의 일부, 그들의 분파 및 하위분파들로 구성된 정치 블록입니다. 『루이 보나파르트의 브뤼메르 18일』에서 정치의 언어는 한 계급 전체가 다른 계급 전체를 지배하는 식의 언어가 결코 아닙니다.

『공산당 선언』의 비전과 달리 『루이 보나파르트의 브뤼메르 18일』은 프롤레타리아트의 패배와 점차적인 주변화에 관한 이야기입니다. 그러나 계급과 정치적 정파들 간의 관계는 더 이상 단순하지 않습니다. 다양한 정당과 정파가 있고―제헌의회, 즉 입법의회는 대중민주주의를 향하기도 하고, 공화제를 지향하기도 하고, 군주제를 지향하기도 합니다―각 정당과 정파는 다른 계급분파들과 복합적 관계를 형성하고 있습니다. 부르주아지는 군주제를 통해서 가장 효과적으로 지배할 수 있다고 생각하는 분파와 공화제를 선호하는 분파로 분명하게 분열되어 있습니다. 그리고 프롤레타리아트는 『루이 보나파르트의 브뤼메르 18일』에서 결코 정치적으로 독립적인 계급으로 등장하지 않습니다. 프롤레타리아트는 개량주의나 다른 계급들과의 연관성을 전적으로 포기하지 않습니다. 그것은 역사적 계급으로서의 자신의 위치를 결코 갖고 있지 않습니다. 프롤레타리아트는 계속해서 부르주아 분파들―처음에는 적어도 선거를 신뢰하던 금융 부르주아지와, 그 뒤에는 다른 편―과 동맹을 맺습니다. 끝으로, 프롤레타리아트는 부르주아지의 다양한 분파 간의 전쟁을 끝장내고 그들을 하나로 단결시킨 유일한 존재가 됩니다. 부르주아지가 가족, 법, 질서, 재산의 언어를 중심으로 구축된 질서당을 형성하게 된 것은 프롤레타리아트에 맞서기 위한 것입니다. 그리고 프롤레타리아트는 그 상대로서, 즉 무정부주의, 사회주의, 공산주의, 공화주의, 민주주의를 주장하는 당으로 구성됩니다. 바로 여기에 특정 이데올로기들과 상징적 형식들을 기반으로 구축된 정치 지형의 구성이 있습니다. 계급과 정치조직 간의 관계는 생산양식의 결정이라는 차원에서는 설명될 수 없습니다. 그것은 상당히 다른 종류의 분석을 필요로 합니다. 여러분은 프랑스에서 군주제와 공화제의 의미를 분석해야 합니다. 그 다양한 정치체제를 지탱하는 전통을 설명해야 합니다. 다양한 정당과 정파가 다양한 이데올로기와 다양한 슬로건을 어떻게 구성하는지를 이해해야 합니다. 이 모든 문제를 다루지 않으면서 정치적 복합성의 차원에서 구체적인 역사적 국면을 분석할 수는 없습니다(이것이 우리들이 대부분의 시간 동안 하려고 하는 것입니다).

그럼에도 우리는 생산양식이 이런 역사 속에 어떻게 재삽입될 수 있는지를 질문할 수 있습니다. 왜냐하면 생산양식이야말로 모든 것에 결정을 부여하는 것이고 상부구조를 움직이는 것이기 때문입니다. 마르크스가 『루이 보나파르트의 브뤼메르 18일』에서 생산양식을 어떻게 재도입하고 있는지를 도식화해보겠습니다. 첫 번째로 언급해야 할 것은 프랑스에는 결코 하나의 생산양식만 있었던 게 아니라는 점입니다. 오히려 프랑스의 생산양식은 두 가지 생산양식의 결합이었습니다. 하나는 자본주의적 양식으로서 점점 더 지배적인 것이 되어가고 있었고, 다른 하나는 농업 경제로서 점차 쇠퇴하고 있었습니다. 이 생산양식이 여러분에게 부르주아지의 정치가 어떤 형식으로 출현하게 될지 말해줄까요? 아닙니다. 그것은 정치적인 것을 구체적으로 설명할 수 없고, 마르크스도 그러려고 하지 않았습니다. 결정은 극도로 미약하고 극도로 멀리 떨어져 있습니다. 우리가 말할 수 있는 것은 결정이 정치적인 것이 경제적인 것과 관계 맺는 특정한 한계를 구축한다는 것, 즉 그것이 한계를 설정하고 그 시기에 시도되지 않았던 어떤 것을 포함해 가능성 및 가능한 형식들을 열어준다는 것뿐입니다. 이런 점을 제외하면 결정은 별로 효과적일 수 없습니다.

그러나 만일 우리가 이 시기에 권력투쟁이 어떻게 해결되었는가 하는 문제로 눈을 돌려보면, 우리는 생산양식이라는 추상적 개념과 구체적인 역사적 분석 간의 거리를 더욱 명확하게 볼 수 있습니다. 마르크스는 안정된 지배를 달성하려는 모든 계급(분파와 동맹들)의 실패로 인해 프랑스의 자본주의 생산양식이 정치적으로 나폴레옹에 의해 대표(재현)되었다고 주장합니다. 이것은 분명 결정과 대표(재현)에 대한 기존의 견해와 다른 상당히 충격적인 견해입니다. 계급들, 즉 위대한 역사적 세력들이 나폴레옹 보나파르트라는 한 인물에 의해 대체되어버린 것입니다. 어쩌면 그는 부르주아지를 대표하기 때문에 간접적으로 자본주의를 대표하는 것일 수 있습니다. 그는 부르주아 계급에서 태어났고 그들의 사상을 가졌으며 그들과 이해관계를 공유했을 것입니다. 하지만 마르크스는 그런 질문들이 이것과는 아무런 상관이 없고, 나폴레옹이 어떤 계급세력을 대표했는가 하는 질문에는 대답할 수 없다고 주장합니다. 오히려 그는 농민을 대표합니다. 부르주아지가 보나파르트가 정치권력 전체를 장악하는 것을 계속 반대했기 때문에, 그는 자신의 정치적 기반을 다름 아닌 농민들에게서 발견했습니다. 프랑스의 농민계급이 과거의 생산양식에 속하고 농업적 생산양식의 토대 위에서 19세기로 나아갈 수 없었다고 하더라도, 그들은 '나폴레옹 보나파르트의 사상을 좋아했기' 때문에 그를 기꺼이 지지했습니다. 하지만 그가 부르주아지를 활용하지 않으면서 어떻게 자본주의를 대표합니까? 그는 국가를 발전시켰는데, 국가는 생산관계의 굴절refraction에 다름 아닙니다. 하지만 국가는 다양한 계급으로부터 독립적인 존재입니다. 한 계급의 이해관계를 대표하는 방식이 아니라 공공연히 독자적인 방식으로 움직임으로써 자본주의 생산양식의 발전을 진전시킨 것이 바로 국가입니다. 프랑스라는 국가가 권력을 획득하게 된 것은 바로 이 시기이며, 이때부터 프랑스는 그 권력과 함께 작동해왔습니다. 바로 여기에서 프랑스 국가자본주의적 계획의 유산이 시작됩니다. 그리고 이 유산은 프랑스 자본주의가 다른 방식으로, 즉 다른 지역의 자본주의를 기술하는 것과는 다른 양식과 다른 메커니즘으로 움직인다는 것을 의미합니다.

여기에도 토대와 상부구조의 관계, 그리고 계급과 새로운 구조의 정치권력 간의 관계가 존재하지만, 이러한 분석은 토대/상부구조의 고전적 모델을 직접 적용하려는 시도와는 근본적으로 다른 것입니다. 마르크스가 실제 사용한 모델은 자본과 노동 간의 모순에서 생겨나는 것과는 다른 사회적 모순들을 다룰 수 있는 여지를 제공합니다. 분석의 고유한 언어들이 확실히 유물론적인 것임이 명백하더라도, 분석은 사회운동과 사회집단, 분명한 계급적 성격을 갖지 않는 블록들에 대해 참조하고 그에 근거합니다. 결국 『루이 보나파르트의 브뤼메르 18일』은 토대/상부구조의 고전적 은유가 성취한 기반을 포기하지 않으면서 이 은유에 대한 대안을 제안합니다.

5강

마르크스주의적 구조주의

이번 강의에서 나는 마르크스주의적 구조주의, 특히 알튀세르적 단절에 대해 생각해보고 싶습니다. 이것은 문화연구의 이론화 과정에서 아주 중요한 계기이기 때문에 우리는 그것을 다시 상세히 고찰할 필요가 있습니다. 비록 그것이 제안한 것보다 더 많은 모순을 초래했다 할지라도, 이것은 현재 사용되고 있는 패러다임에 상당한 단절을 가져왔습니다. 나의 의도는 알튀세르의 작업에 대한 완벽한 읽기를 제시하는 것이 아니라 그의 중요한 입장 중 일부를 여기서 내가 그려왔던 지속적인 이론화의 방향과 연관 짓는 것입니다. 그러므로 이 알튀세르 독해는 나 자신의 관심과 판단에 의해 영향을 받게 될 겁니다.

나는 알튀세르의 일반적 기획 중에서, 내가 이미 얘기한 바 있는 문화연구의 패러다임 및 문제설정과 관련 있는 무언가를 언급하면서 시작하고 싶습니다. 중요한 이론가로서 알튀세르의 위치는 비마르크스주의적 구조주의가 고전적 마르크스주의적 주장들뿐 아니라 내가 고전적 마르크스주의 이론화에서 언급한 일부 문제와 교차하고 중첩하는 지점에서 나타납니다. 내 입장에서 볼 때, 알튀세르는 마르크스주의의 외부에 있는 광범위한 구조주의 이론들을 받아들이는 한편, 그 이론의 많은 발전과 개념화, 정식화를 활용하여 마르크스주의 전통 내의 문제들, 즉 상부구조의 유효성, 토대/상부구조 은유의 문제점, 경제환원주의와 계급환원주의의 문제 등을 다시 사유합니다. 그는 이 두 가지 다른 사유의 흐름을 생산적이면서도 불안정한 종합 속으로 끌어들입니다.

알튀세르는 부분적으로 마르크스 자신이 구조주의자였음을 보여줌으로써 이를 이루고자 합니다. 그리고 이것이 내가 알튀세르와 확실히 결별한 지점입니다. 앞서 주장했다시피, 알튀세르가 마르크스의 작업과 사유 스타일에 속한다고 보았던 상당 부분이 알튀세르가 말하고자 하는 의미에서 정말로 구조주의적이라는 것은 사실입니다. 하지만 마르크스의 사유가 그를 구조주의적 문제설정으로 나아가도록 밀어붙이며 전개되기 시작한 것은 단지 이론적 진전의 결과에만 그치는 게 아니라 정치적 진전의 결과이기도 했던 것 같습니다. 『루이 보나파르트의 브뤼메르 18일』[1]을 논의할 때 말했듯이, 그러한 진전 중 상당 부분이 충분히 해명되거나 이론화되지 않은 것 또한 사실입니다. 따라서 마르크스주의의 선별적 전통을 철저히 재구성하고, 마르크스주의 자료 중 일부, 즉 실질적인 논증을 통해 비마르크스주의적 구조주의 전통과 유사성을 갖는다고 볼 수 있는 부분에 대해서만 마르크스주의라고 인정하는 알튀세르의 주장에는 미심쩍은 부분이 있는 듯합니다. 내가 이 점을 언급하는 까닭은 이것이 알튀세르가

---

1. Karl Marx, *The Eighteenth Brumaire of Louis Bonaparte*, In *The Marx-Engels Reader*, 2nd ed. Edited by Robert C. Tucker (London: W. W. Norton, 1978).

마르크스의 작업을 엄격하게 두 시기로 구분하는 데 얼마나 열정을 기울였는지를 잘 보여주기 때문입니다. 인식론적 단절의 이론은 알튀세르가 마르크스의 저작 중에서 정말로 구조주의적인 부분과 그렇지 않은 부분을 구분하는 데 필요합니다. 헤겔주의적 마르크스와 포스트헤겔주의적인 마르크스, 혹은 인간주의적 마르크스와 반인간주의적 마르크스를 구분하는 논의에서 실제로 관건이 되는 건 구조주의 이전의 마르크스와 구조주의적 마르크스를 나누는 알튀세르의 구분입니다.

따라서 알튀세르에 대한 나의 읽기는 알튀세르의 작업이 마르크스의 저작에 근거할 수 있는지, 근거한다면 어떤 점에서 그러한지, 그리고 그 작업이 그토록 인정받아야 하는 새로운 사유양식의 도입과 어느 정도 관련이 있는지를 평가하기 위해 그가 제기한 몇몇 중요한 주장에 초점을 둘 것입니다. 이것은 마르크스주의의 순수성을 옹호하려는 작업이 아니라 문화연구의 이론적 경향 및 영향이 어디에서 유래했는가를 명확히 파악하려고 하는 작업입니다. 이미 주장했듯이, 토대와 상부구조에 대한 고전적 마르크스주의의 정식화가 설득력 있고 적절한 이론화를 제공할 수 없었기 때문에, 사람들은 대안적 개념을 전개하기 위해 마르크스주의적 문제설정 밖으로 나가야만 했습니다. 이때 그들이 마르크스주의적 토대로 돌아가는 걸 선택했는지 그렇지 않은지는 별로 중요하지 않습니다. 그들이 마르크스주의 밖으로 나갔다는 사실이 중요합니다. 다양한 전통의 이론적 융합은 현실적이고 지속적인 이론적 효과를 끼치게 되는데, 여러분은 앞으로 이어질 담론들에서 이것을 확인할 수 있을 겁니다. 우리는 또한 비마르크스주의적 구조주의의 연속성과 지속성을 독자적인 지적 전통으로 성찰하는 사유의 흐름이 있음을 인정해야 합니다. 이를테면 나는 푸코의 작업이 근본적으로 마르크스주의와의 논쟁에서 생성되었다고 보는 것은 틀렸다고 생각합니다. 비록 푸코가 이 논쟁에 참여하긴 했지만 그의 사유 방향은 프랑스의 지적 이론의 형태 속에, 가령 독자적이고 연속적인 계보를 갖는 과학사에 대한 실질적 연구기획 속에 뿌리를 두고 있습니다.

이러한 성찰이 중요한 이유는 그것이 구조주의적 마르크스주의와의 논쟁 형식을 바꿔 특정 저작이 '진정한 마르크스'인가, 그리고 그것이 정전의 반열에 들어갈 수 있는가 하는 문제로 와전되는 걸 막기 때문입니다. 전통을 사후적으로 승인하고 특정 저작과 입장을 그 전통과 결부시키고자 하는 시도는 마르크스를 종종 거북한 입장에 놓이게 만듭니다. 예를 들어, 『정치권력과 사회계급Political Power and Social Classes』[2]에서 풀란차스Poulantzas는 '마르크스주의적 전통이 말하는 것'에 대한 존재하지도 않는 동의에 호소하면서 가장 이단적인 주장을 가장 정통적인 방식으로 제기하려고 합니다. 나는 모든 것이 이미 마르크스 안에 있다고 말하면서 실제적인 이론작업을 텍스트 해석explication de texte으로 가장함으로써 실제로 진행 중인 사태의 흐름을 지적으로 다루려고 하는 것이 도움이 된다고 생각하지 않습니다. 나는 알튀세르가 『자본을 읽자Reading Capital』[3](그의 저작 중에서 내가 좋아하는 것은 아니지만)에서 이런 방식으로 마르크스를 이용하기 시

---

2. Nicos Poulantzas, *Political Power and Social Classes*, Translated by T. O'Hagan (London: New Left, 1973).

3. Louis Althusser & Etienne Balibar, *Reading Capital*, Translated by Ben Brewster (London: New Left, 1970).

작했고, 그 후 풀란차스와 다른 많은 이론가가 마르크스를 이런 방식으로 이용했다고 생각합니다. 우리는 그들의 작업을 오히려 이론적·개념적 명료화의 시도로 간주할 필요가 있습니다.

알튀세르의 기획이 지닌 목적은 대체로 마르크스주의 이전의 구조주의 개념을 사용하여 마르크스의 실천적 구조주의를 다시 이론화하는 데 있습니다. 이런 기획은 더욱 확장되는데, 『자본』[4]에 대한 그의 읽기에서 분명히 드러납니다. 즉, 그것은 구조주의적 마르크스를 생산하는 것입니다. 내가 이른바 마르크스의 구조주의를 '공고화하는 것hardening up'이라고 부르고자 하는 것이 바로 이러한 추가적 조치, 즉 마르크스의 '구조화'를 마르크스의 그 어떤 것보다 우선시하는 것입니다. 알튀세르가 마르크스의 암묵적 구조주의라고 생각한 것을 명확히 하기 위해 구조주의적 개념과 용어를 사용한 몇 가지 방식에 대해서는 내가 이미 논의한 바 있습니다. 알튀세르의 말대로, 마르크스의 구조주의는 이론적 차원보다는 실천적 차원에서 움직입니다. 첫 번째는 각 생산양식을 구조주의적 조합체로 개념화함으로써 생산양식들 간의 차이를 사유하는 기획입니다. 즉, 여러분은 생산양식의 요소와 다양한 조합 규칙을 갖고 있는데, 이를 통해 생산력과 생산관계가 봉건제나 자본제와 같은 형태로 결합하게 됩니다. 이런 개념을 통해서 하나의 생산양식과 또 다른 생산양식 간의 차이를 이론적으로 사유할 수 있게 하는, 매우 환원적이긴 하지만 유용한 추상적 공식들을 얻게 됩니다. 나는 마르크스에 대한 알튀세르의 새로

---

4. Karl Marx, *Capital: A Critique of Political Economy*, vol. 1. Translated by B. Fowkes (New York: Vintage, 1977).

운 사유가 열어준 일부 풍성한 지점들을 검토할 뿐 아니라 그가 너무 나가거나 열정에 사로잡혀 마르크스의 중요하고 복합적인 많은 통찰을 제거해버린 지점들 또한 지적하고 싶습니다. 나는 세 개의 넓은 영역, 즉 주체의 문제, 사회구성체의 성격, 그리고 결정의 이론에 대한 설명에 초점을 둘 것입니다. 알튀세르의 이데올로기론에 대한 논의는 다음 강의로 미루어두려 합니다.

　알튀세르가 마르크스를 다시 읽을 때 사용한 가장 논쟁적이고 가장 중요하며, 내 생각에 정당한 개념 중의 하나가 '주체의 탈중심화decentering of the subject'입니다. 앞서 주장했듯이, 마르크스는 인간이 역사를 창조한다고 말할 수 있지만 어디까지나 그들이 스스로 선택한 조건하에서 그러는 것은 아니라는 생각에 도달하기 위해 주체와 역사의 관계에 대한 많은 정식화를 내놓았습니다. 원하든 원치 않든 그들은 항상 사회관계 속에 존재하고 위치합니다. 마르크스는 저술 초창기부터 주체의 탈중심화를 강조합니다. 그의 논쟁이 철학적 인간주의를 겨냥한 것이든 아니면 인간학적 인간주의를 겨냥한 것이든 간에, 완전히 타동사적인transitive[5] 역사적 행위주체의 개념들로부터 거리를 두려는 움직임은 항상 마르크스의 입장의 중심에 있었습니다. '인간이 역사를 만든다' 혹은 '인간이 자신의 실천을 통해 세계를 창조한다'는 입장은 특정 저작들—예컨대, 『독일 이데올로기』[6]—에서만

5.　[옮긴이] 'transitive'는 '타동사적' '이행적' '추이적' '전이적'이라는 뜻을 갖는다. 여기서는 이런 의미를 내포하면서, 동시에 토대가 상부구조를 일방적으로 결정하듯이 어떤 힘이 A에서 B로 흐른다는 뜻에서 '일방향적'이라는 의미를 지닌다.

6.　Karl Marx & Friedrich Engels, *The German Ideology*. Translated by C. J. Arthur (London: Lawrence and Wishart, 1970).

두드러질 뿐이며, 이런 강조는 주체를 중심에 두지 않는 더 거대한 기획에 비하면 늘 부차적입니다. 그리고 이러한 사유방식은 일부 구조주의적 개념 및 사고양식과 놀라울 정도로 유사할 뿐 아니라 일부 동일한 효과를 발휘하고 있습니다. 이는 레비스트로스가 '인간'을 폐위한 것과 유사하며, 마르크스로 하여금 분석의 주요 대상을 행위자나 주체보다는 관계와 구조에 두게 만듭니다. 다시 말해,『자본을 읽자』가 이룩한 성취 중의 하나는 우리가 사회관계와 생산양식을 주체 없는 과정으로 사유할 수 있다는 것(잠시 생각해보면, 충격적인 명제입니다), 그리고 이런 주장이 비마르크스주의적 구조주의뿐 아니라 마르크스 자신의 저작에도 근거한다는 것을 인식한 것입니다. 알튀세르는 이런 주장을 정식화하는 데 필요한 개념을 구조주의에서 가져온 용어로 생성합니다. 따라서 알튀세르가 계급을 사회관계의 담지자 내지 지지물에 지나지 않는 행위자라고 말할 때, 이는 계급이 그것이 위치하는 생산관계에 의해 설정된다는 마르크스의 주장과 실제로 다르지 않습니다. 알튀세르는 구조주의적 입장과의 일련의 상동성을 통해 행위와 구조 간의 관계를 이론화해 왔습니다. 주체에 대한 마르크스의 실천적 탈중심화는 발화자가 언어의 규칙에 의해 설정된다는 언어학적 명제나 신화제작자의 위치가 신화의 담론에 의해 정해진다는 레비스트로스의 주장과 유사한 것으로 제시됩니다.

이것이『자본』이 자본과 노동의 관계, 혹은 자본계급과 노동계급의 관계에 관해 말하는 가장 일반적인 방식이라는 건 확실히 사실입니다. 인간적 실천에 있어 결정적 본질에 대한 강조가 없었더라면,『자본』은 쓰일 수 없었을 겁니다. 비록 사회구조를 유지하는 것이 인간의 실천이라고 하더라도, 그러한 실천은 사회구조에 의해 설정되고 제약받으며, 더욱이 구조적 차원의 관계들은 그 자체로 과학적 분석의 대상이 될 수 있습니다. 하지만 내가 제안했듯이, 『자본』의 분석을 특별하고 매우 높은 추상의 차원에서 이루어지는 추상화 작업으로 이해해야만 한다는 것 또한 사실입니다. 알튀세르가 마르크스의 정식화를 다시 사유할 뿐 아니라 구조주의적 요소와 비구조주의적 요소를 구분하기 위해 구조주의적 개념을 사용하여 얻은 효과 중의 하나는 그러한 추상의 차원에 특권을 부여하는 것인데, 이런 추상은 비마르크스주의적 구조주의가 기능하는 차원과 보다 쉽게 융합됩니다.

우리가 『자본』에서 추상의 다양한 차원을 인식하지 못할 때 생겨나는 문제들을 지적하기 위해 내가 이미 사용한 바 있는 하나의 사례를 다시 언급해보겠습니다. 하나의 이론적 기여로서 『자본』은 특정 계급들을 파악하는 관점보다는 마르크스가 자본주의 양식의 구조의 법칙과 경향이라 부른 것에 대한 분석에 대부분의 시간을 할애합니다. 이런 추상의 차원에서 말할 때, 마르크스는 생산양식의 모순을 생산력과 생산관계 간의 객관적 모순과 동일시합니다. 하지만 마르크스가 계급모순에 관해 말할 때, 그는 그것을 자본과 노동 간의 모순이라는 관점에서 설명합니다. 이 두 가지 모순은 서로 포개질 수 없습니다. 특정한 생산양식이 사회적으로 다른 방식으로 조직될 수 있는 객관적 가능성과 관련이 있는 생산력과 생산관계 간의 모순은 물론 계급적 함의를 갖습니다. 하지만 이 모순은 자본과 노동 간의 모순으로 환원될 수는 없습니다. 하물며 그것은 간단히 자본계급과 노동계급 간의 투쟁의 정치로 환원될 수도 없습니다. 그것들은 사실상 마르크스가 사회구성체의 모순을 기술하는 추상의 세 가지 다른 차원입니다. 그 차원들은 서로 관계를 맺고 있습니다. 말하자면, 서로 접목되어 있습니다. 하지만 그 차원들은 서로에게로 환원될 수 없고 간단한 방식으로 일치될 수도 없습니다. 여러분은 다양한 계급 간의 정치적·경제적 갈등을 생산력과 생산관계 간의 모순이 실행되고 종국적으로 해결되는 방식이라고 말할지도 모르겠습니다.

마르크스를 구조주의화하려는 알튀세르의 독특한 방식이 낳은 결과 중 하나는 가장 높은 추상의 차원에 절대적인 특권을 부여한 것입니다. 이러한 추상의 차원은 구조주의의 추상, 즉 특정한 문화적·사회적 구성체의 통시적 복합성을 하나의 심층구조의 단순한 조합 내지 표현으로 환원하는 그런 추상에 매우 가깝습니다. 그러나 이런 차원의 추상은 특정한 종류의 복합적 사회구성체나 특정한 정치적·역사적 시기 및 시점의 사회구성체를 분석하는 데는 적절하지 않습니다. 왜냐하면 우리는 생산력과 생산관계 간의 관계에 의해 전적으로 생겨나지 않은 차원들을 다루어야 하기 때문입니다. 심지어 『자본』에서도—가장 높은 추상의 차원에서 작동하는—지배 담론조차 보다 구체적인 역사적 설명에 초점을 둘 때는, 다른 추상의 차원으로 이동하게 됩니다. 여기서 계급뿐 아니라 계급분파들을 참조하는 것을 볼 수 있습니다. 또한 생산양식이 어떻게 생성되고 변형되는가에 관한 다른 종류의 설명도 볼 수 있는데, 여기서는 생산양식의 차원에서 괄호로 묶였던 요소들이 훨씬 큰 비중을 갖게 됩니다.

예를 들어, 마르크스는 비록 서로 다른 추상의 차원에 위치하긴 하지만 정확히 동일한 것에 대한 두 가지 설명을 제공합니다. 한 설명에서 마르크스는 자본주의 생산양식에 있어 절대적 잉여가치에서 상대적 잉여가치로의 전환에 관해 씁니다. 그다음 설명에서 그는 노동의 착취 정도에 한계를 두고자 하는 역사적 계기의 한 사례로 공장법에 관해 얘기합니다. 공장법은 이중의 성과를 의미합니다. 한편으로는 자본주의의 특정한 경향에 한계를 부여했다는 점에서 공장법은 노동운동에 있어 인간을 위한 진정한 성취를 의미합니다. 다른 한편으로 공장법은 역설적이게도 자본이 절대적 잉여가치에서 벗어나 상대적 잉여가치라는 다른 원천을 찾아야 할 필연성을 낳습니다. 가장 높은 추상의 차원에서 기능하는 첫 번째 추상이 자본이 잉여가치를 어떻게 창출하는가 하는 규칙 내에, 그리고 잉여가치의 바로 그 형식 내에 존재하는 형식적 분화를 설명할 필요가 있다면, 더 낮은 추상의 차원에 있는 두 번째 설명은 두 가지 형식의 잉여가치 간의 이행이 영국의 사회구성체 내에서 실제로 벌어지게 된 역사적 과정에 대한 분석을 필요로 합니다. 정확히 동일한 과정에 대하여 이 설명은 결정, 정치조직, 계급 분할을 가로지르는 집단들(이를테면 공장 프롤레타리아트가 일부 부르주아지와 일부 온정적 귀족의 지지를 받았다는 사실) 등의 차원을 참조할 필요가 있습니다.

다시 주체의 문제로 돌아가보면, 우리는 마르크스의 입장에서 몇 가지 애매하게 보이는 것들, 즉 알튀세르가 마르크스에게서 구조주의 이전의 요소로 간주하여 거부하고자 했던 것이 실은 다른 추상의 차원에서 작용하는 다른 설명의 결과임을 엿볼 수 있습니다. 분명히 더 높은 추상의 차원에서 마르크스는 인간을 관계의 담지자로 인식하는 개념을 다루고 있습니다. 하지만 더 낮고 구체적인 차원에서 마르크스는 인간이 자신의 역사를 만들어간다는 개념에 더 집중합니다. 그러나 이 두 번째 개념이 우리를 인간주의적 주체로 회귀하도록 만들지는 않습니다. 왜냐하면 이 두 번째 개념이 인간 존재를 결코 자신의 실천이 초래한 결과를 꿰뚫어볼 수 있는 행위자로 이해하지는 않기 때문입니다. 노동시간의 절대적 착취에 맞선 노동운동의 성공이 의도치 않게 자본주의를 잉여가치의 상대적 전유 전략에 근거하는 다른 단계로 나아가게 하는 결과를 낳았음을 기억할 필요가 있습니다. 공장 개혁이 이런 전환을 의도했을 리 없습니다. 그래서 마르크스에게는 그 어떤 차원에서도 결정에서 자유로운 인간 행위성 개념, 즉 사람들이 자신의 실천이 낳은 결과와 효과의 창조자라는 인간 행위성 개념은 존재하지 않습니다. 하지만 마르크스의 담론에 있어 전적으로 구조주의적 의미에서 주체를 관계의 담지자로 보는 개념이 적절한 것인가에 관해서는—그것이 기능하는 추상의 차원에 따라서—엄청난 차이가 있습니다.

알튀세르가 마르크스의 개념적 틀을 의미 있게 다시 사유한 두 번째 주요 영역은 시간적·공간적 차원 모두에 있어 사회구성체의 성격에 관한 문제입니다. 나는 알튀세르의 반역사주의를 논하면서 시작해볼 생각인데, 이것은 마르크스에서의 진화론적 사고양식에 관해, 역사주의적 마르크스에 관해, 그리고 마르크스의 초기, 중기, 후기 사상에 헤겔주의가 끼친 영향의 문제에 관해 중요하면서도 지속적인 질문을 제기합니다. 확실히 알튀세르가 마르크스의 보다 성숙한 저작과 특히 『자본』에서—통시적이거나 과정적이기보다는—근본적으로 공시적인 분석 및 강조의 양식을 지적한 것은 매우 옳습니다 (이것이 『자본』의 유일한 담론이 아니라는 것은 지적하고 싶습니다). 『자본』의 관심은 역사의 장구한 발생적 연쇄에 있는 것이 아니라 어떻게 이러한 장구한 진화론적 흐름을 개념적으로 차단하고 정지시켜 특정한 국면과 정세를 파악할 수 있는가 하는 데 있습니다. 추상의 차원이 어떤 것이든 간에 불연속성, 혹은 알튀세르가 '단절'이라 부른 것에 대한 그런 관심은 마르크스에게 항상 존재합니다. 알튀세르는 이런 강조를 정확히 사회적 총체성을 개념화하는 특정한 방식과 대립적인 관점에서 이해합니다. 그는 E. P. 톰슨이나 레이먼드 윌리엄스에게서 볼 수 있는 표현적 총체성 개념을 반박하고 필연적이고 환원 불가능한 복합적 구조로서의 총체성 개념을 제안합니다. 알튀세르는 항상 동일성과 조응으로 이루어진 구성체보다는, 총체성을 하나의 단순하고 일관된 전체로 이해하려는 시도들에 균열을 일으키는 차이와 특수성을 제기하는 데 관심이 있습니다. 우리는 '인간'이라는 철학적 추상이나 실천하는 인간에 대한 역사주의적인 긍정으로 시작하는 환원적인 역사주의적 총체성보다는 오히려 사회적 총체성을 인간주의나 역사주의로 환원 불가능한, 필연적이고 복합적인 구조화된 전체로 인식합니다.

　나는 알튀세르가 옳다고 생각하지만, 그의 강조는 다시 한번 너무 단순하고 일방적입니다. 비록 마르크스가 자신이 자본주의 생산양식의 법칙과 경향에 관해 쓰고 있음을 강조했다고 하더라도, 그것이 마르크스주의자들에게 자본주의가 경제생활의 내재적 조직이 아니라는 것, 그것이 끊임없이 변화한다는 것, 그리고 특정한 생산양식이 구체적인 역사적 조건에 의존한다는 것을 인식해야 할 책임을 덜어주지는 않습니다. 『자본』이 강조한 것에만 주목하고 항상 가장 높은 추상의 차원에 머무는 것을 통해 알튀세르는—그의 많은 추종자는 훨씬 더 강력하게—마르크스의 저작에서 볼 수 있는 정당한 반역사주의를, 마치 역사 개념은 없어도 된다는 듯이 반역사적 입장으로 바꾸어버립니다. 이것은 확실히 마르크스의 문제설정과 조화를 이룰 수 없습니다.

알튀세르가 마르크스의 사회구성체 개념을 새롭게 사유하기 위해 사용한 두 번째 구조주의적 개념은 '층위levels'로, 이것은 역사적·과정적으로 경험한 관계를 공간적 모델로 치환하려는 시도입니다. 그러므로 언어 그 자체는 우리가 그것을 두 가지 차원에서 동시에 움직이는 것으로 생각할 때만 이해 가능합니다. 현상적 출현의 차원, 즉 사람들이 말하는 실제 발화행위의 차원과 무한히 다양한 발화행위를 생산하는 형식적 구조의 차원 말입니다. 알튀세르는 경제적인 것, 정치적인 것, 이데올로기적인 것, 이론적인 것과 같이 사회구성체 내의 다양한 층위를 상세히 설명함으로써 이 모델을 한층 발전시킵니다. 다시, 나는 마르크스의 분석에서 제대로 이론화되지 않은 가정이라 여겨지는 것을 이론화하는 이러한 방식이 갖는 가치를 지적하며 시작하고 싶습니다. 우리는 알튀세르가 층위 개념을 사용하는 독특한 방식과, 그가 그 대상들을 파악함으로써 다양한 형식의 실천을 구별하고자 한 중요한 기획을 통해 파악해낸 특별한 층위들을 구분할 수 있습니다. 예컨대, 우리는 정치적 실천의 특수성이 원칙적으로 권력이 국가로 응축되는 것을 대상으로 삼는다는 사실에 기반한다고 말할 수 있습니다. 이는 정치적 실천이 다른 실천과 전적으로 다르다는 의미는 아니겠지만, 그 구체적 대상이 다르기 때문에 정치적 실천은—명백히 재현체계를 그 대상으로 하는—이데올로기적 실천과는 구별됩니다. 정치적인 것(과 이 문제에 있어 경제적인 것)의 외부에 그 어떤 이데올로기적 실천도 존재하지 않듯이, 이데올로기적인 것의 외부에 그 어떤 정치적 실천도 존재하지 않는다는 것은 분명히 사실입니다. 마찬가지로, 우리는 경제적 실천이 물질적 대상의 변형, 즉 물질적 대상(이것 자체도 물질적 노동의 산물일 수 있습니다)에 가해지는 노동의 작용과 관련이 있다고 말할 수 있습니다. 이것이 경제에 관해 우리가 말할 수 있는 설명의 전부라는 의미는 아닙니다. 왜냐하면, 내가 이전에 말했듯이, 생산이 경제관계를 분석하는 데 필요한 유일한 범주는 결코 아니기 때문입니다. 생산은 적어도 소비와 교환의 관계를 배제합니다만, 우선 경제적 실천이 정치적인 것과 이데올로기적인 것의 외부에 존재하지 않는다는 것을 덧붙일 필요가 있습니다. 이러한 관계의 복합성이 다양한 대상을 특정한 방식으로 변형하려고 하는 실천들을 분석적으로 구분해야 할 필요성을 제거하지는 않습니다.

알튀세르는 구조주의적 사유로부터 층위 개념을 차용하여 그것을 (내 생각에 정확히) 마르크스의 저작에 적용하고, 이에 기반하여 다양한 유형의 실천이 지닌 특수성을 구별함으로써 진정한 발전을 이루었습니다. 이를 근거로 우리는 『루이 보나파르트의 브뤼메르 18일』을 구체적인 역사적 사건에 대한 이야기로 설명할 수 있는데, 이 설명은 그 경제적·이데올로기적 결정을 이해하는 한편, 정치적인 것에 주된 초점을 둡니다. 이것이 이 담론이 내가 앞서 제안한 방식으로 생산양식을 끼워 넣은 이유입니다. 물론 분석은 다른 방식으로 이루어질 수도 있습니다. 여러분은 프랑스에서 자본주의 생산양식에 대한 분석을 전면에 부각시키면서 나폴레옹의 사상에는 특별히 관심을 두지 않는 설명을 제시할 수도 있습니다. 물론 나폴레옹의 사상이 특정한 순간에 생산양식의 존재조건 중 하나였음은 분명히 이해해야겠지만 말입니다. 또한 그 기간 동안 프랑스에서 나타났던 다양한 정치체제가 생산양식의 존재조건 중 하나였음을 이해해야 한다고 하더라도, 이런 설명은 정치체제의 다양성에는 관심을 두지 않을 것입니다. 각각의 조건은 구체적이고 고유한 효과를 갖지만, 알튀세르의 층위 개념이 제안하는 것보다 훨씬 일반적인 의미에서 효과를 갖습니다. 다양한 담론은 정치적인 것, 경제적인 것, 이데올로기적인 것, 혹은 생산양식―나는 이를 경제적인 것과 구분하고 싶습니다―을 전면에 부각시킬 겁니다. 따라서 층위 개념은 다양한 저작과 담론이 지정되고 배치되는 방식을 이해하는 데 유용합니다. 하지만 나는 알튀세르가 나눈 실제적 구분선을 지지하지 않는다는 점을 덧붙이고 싶습니다. 나는 알튀세르의 네 층위 속에 억지로 끼워 넣을 수 없는, 실천의 층위들 내부 혹은 사이에 복합적인 차이들이 있다고 생각합니다.

마르크스주의를 다시 이론화하는 데 알튀세르가 크게 기여한 마지막 주요 지점은 결정의 문제, 특히 결정에 관한 비환원주의적 사유방식을 펼치려 한 시도입니다. 이 문제는 앞서 주장했다시피 널리 인식되어온 것입니다. 마르크스주의적 이론화의 유산과 마르크스 자신에게 현실적인 불충분함이 있는 것도 바로 이 지점입니다. 이것 때문에 이론가로서 마르크스가 지닌 중요성이 감소하지는 않습니다. 마르크스의 중요성은 그가 모든 점에서 옳았는가 하는 데 있지 않기 때문입니다. 알튀세르가 정확히 지적하듯이, 마르크스가 대안적 방식, 즉 토대와 상부구조 간의 관계, 혹은 사회구성체 내 다양한 실천 간의 관계를 이론화할 때 경제환원주의로 빠지지 않는 방식을 찾아내는 데 성공하지 못했다고 하더라도, 엥겔스와의 편지[7]는 이 문제가 마르크스의 저작 속에 존재하는 진정한 난제임을 지적하고 인정합니

7. Karl Marx & Friedrich Engels, *Karl Marx and Friedrich Engels: Correspondence, 1846-1895: A Selection with Commentary and Notes* (London: M. Lawrence, 1934).

다. 이 문제에 대한 알튀세르의 작업은 우리가 이 전통에서 마주쳤던 정식화의 불충분함을 증명할 뿐 아니라, 실제로 '과잉결정'과 '상대적 자율성'이라는 개념 속에 구현된 새로운 사유방식을 제공하기도 합니다. 이 개념 중 첫 번째가 '과잉결정'인데, 이 개념은 『마르크스를 위하여For Marx』[8]와 『자본을 읽자』 두 저작 모두에서 나타나지만, 「이데올로기와 이데올로기적 국가장치Ideology and Ideological State Apparatus」[9]와 「프로이트와 라캉Freud and Lacan」[10]에서 훨씬 더 체계적인 방식으로 나타납니다. 이 개념은 이미 프로이트적 개념을 언어분석에 받아들인 야콥슨Jakobsen과 같은 언어학자들뿐 아니라 프로이트로부터 차용한 것입니다. 과잉결정 개념은 프로이트의 『꿈의 해석Interpretation of Dreams』[11]에 특히 잘 나타나는 응축과 치환을 비롯한 일련의 개념을 통해 기능합니다. 여기서 프로이트는 하나의 관념, 증상, 꿈 상징이 그 자체로 의미의 다양한 연쇄의 응축일 수 있다고 주장한 바 있습니다. 특히 응축은 상징이 주어지는 방식에서는 드러나지 않습니다. 이 응축은 상징 속에 투여된 일련의 힘의 치환된 재현이며, 이런 재현에서 힘들은 상징적 담론 내에 투여된 것과는 다른 방식으로 투여됩니다. 만일 꿈속에서 반복적인 상징을 발견한다면, 분석가는 상징

8. Louis Althusser, *For Marx*, Translated by Ben Brewster (New York: Random House, 1970).

9. Louis Althusser, "Ideology and Ideological State Apparatuses (Notes towards an Investigation)," *Lenin and Philosophy and Other Essays*, Translated by Ben Brewster (New York: Monthly Review, 1971), pp. 127-186.

10. Louis Althusser, "Freud and Lacan," *Lenin and Philosophy and Other Essays*, Translated by Ben Brewster (New York: Monthly Review, 1971), pp. 189-219.

11. Sigmund Freud, *The Basic Writings of Sigmund Freud* (New York: Modern Library, 1938).

의 의미 혹은 지시대상으로서 단일한 무의식적 구성과 과정을 찾을 수 없습니다. 우리는 그것을 과잉결정된 것으로 이해해야 합니다. 즉, 같은 상징이라도 서로 다른 층위에서 다양한 종류의 담론에 의해 결정될 수 있습니다.

물론 구조주의적 마르크스를 진정한 마르크스로 정의해야 할 알튀세르의 필요를 고려할 때, 그는 마르크스주의의 자료들 속에서 이런 개념들을 찾아내야 합니다. 그는 이 개념을 마르크스주의 전통에 꿰매거나 봉합해야 합니다. 그러므로 그는 1917년 혁명에 대한 레닌의 설명을 언급하는데, 이 설명에서 레닌은 혁명이 생산양식의 모순의 순수한 표현에 불과하다는 것을 부인합니다. 1917년 혁명은 전선의 병사들이 제대로 신발을 구할 수 없었고 러시아사회의 전체 구조가 붕괴하고 있었다는 사실에 의해서도 결정된 것입니다. 따라서 혁명은 부분적으로는 가장 심층적인 구조적 운동의 결과로서, 그리고 부분적으로는 명백히 우발적인 요인의 결과로서 일어났던 겁니다. 사실 레닌은 위대한 역사적 단절을 일반적으로 결정의 두 층위의 응축이라고 결론 내립니다. 또한 알튀세르는 마오쩌둥이 주요모순과 부차모순으로 구분한 것에서 정당한 근거를 찾는데, 이 구분은 특정한 역사적 사건을 다양한 모순의 응축으로 간주합니다. 마지막으로, 알튀세르는 정치적인 것과 경제적인 것 간의 관계에 있어서 마르크스와 레닌의 주장에 의지합니다. 이것은 마오가 구체적인 사회구성체의 특정한 정치적·역사적 국면에서 생산양식으로부터 직접 기인하지 않는 실천들이 어떻게 주도적일 수 있는가 하는 질문이 제기됐을 때 되살려낸 주장입니다. 이를 통해 마오는 중국사회의 변혁이 정확히 경제보다 정치가 주도권을 가짐으로써 일어날 수 있었다고 주장했습니다. 이것이 알튀세르가 치환displacement과 같은 구조주의적 용어로 새롭게 구성하고 있다고 주장한 개념입니다. 즉, 경제적인 것이 정치적·이데올로기적 형태를 띠는 사건들을 통과하거나 그 사건들 속에서 재현될 수 있다는 통찰 말입니다.

과잉결정과 긴밀히 연관된 개념으로, 알튀세르가 도입한 두 번째 개념은 다양한 실천의 상대적 자율성 개념입니다. 이 개념은 주요 논쟁과 경합의 대상이 됩니다. 상대적 자율성에 대한 명백한 비판은 이 개념이 결국 다양한 실천 간의 관계에 있어 너무 모호하고 막연하기 때문에 이론적으로 별 도움이 되지 않는다는 것입니다. 그러나 만일 우리가 이 개념을 조심스럽게 고려해보면, 이것은 실제로 특정한 실천과 사건과 모순의 특수성이라는 문제를 다루고 있다는 걸 알 수 있습니다. 상대적 자율성 개념은 우선 어떤 실천의 실제 내용이 그 실천의 외부에 있는 경제적 영역에 의해 주어지는 게 아니라고 설명합니다. 한마디로, 그러한 실천은 단순히 다른 곳에, 즉 경제적인 것에 있는 내용의 현상 내지 재현에 의해 진리가 보장되는 텅 빈 형식이 아닙니다. 그것은 **자율성**의 힘을 갖습니다. 그런데 왜 **상대적**일까요? 왜 단지 **자율적**이기만 하면 안 될까요? **상대적인** 것의 힘은 그러한 실천들이 마치 사회적 생산관계의 구조화 효과의 외부에 있는 것처럼 분석될 수 있다는 것을 부정합니다. 각 실천은 고유한 특수성을 가지지만 사회관계의 구조 및 효과의 외부에 있지 않습니다. 과연 그런 특수성은 무엇으로 구성될까요? 대체로 모든 실천은 그 자체의 고유한 형식과, 그 실천이 다른 실천들이나 그것이 편입된 제도적 장과 맺는 독특한 관계로 이루어져 있습니다. 하지만 보다 중요한 것은, 그 실천의 특수성이 특정한 생산양식의 재생산 여부에 실제적인 효과를 끼친다는 사실에 의해 정의된다는 것입니다. 그런 효과들은 생산양식으로의 환원에 의해 제공되지도, 보장되지도 않습니다. 어떤 실천의 특수성, 즉 그것의 특정한 효과성은 사회구성체가 경제생활과 관련되거나 경제생활에 의해 조직되는 방식의 외부에 있지 않습니다. 그러나 그러한 실천의 내용, 시간성, 변형, 그리고 존재는 경제적인 것으로부터 곧장 읽어낼 수도 없고, 도출될 수도 없습니다. 이런 형식을 통해 상대적 자율성 개념은 과잉결정의 구조화 효과를 부정하지 않으면서 환원주의 개념과 단절하려 시도합니다. 한편으로 그것은 현실적 특수성을 긍정합니다. 그것은 사람들이 분석하는 실천들과 사건들이 현실적 효과를 갖는데, 이 효과는 생산양식이 그런 실천들과 사건들에 부여한 효과들로 환원될 수 없다고 생각하기 때문에 '자율성'이라는 용어를 사용합니다. 다른 한편으로 그것은 특정한 실천들과 생산양식의 재생산 간의 관계에 관해 사유하는 방법입니다.

불행히도 이 개념에 대한 알튀세르의 상세한 설명과 특히 마지막 문제에 대한 그의 개념화는 구조주의적 방향을 또다시 공고히 합니다. 왜냐하면 알튀세르는 결국 모든 실천, 사건, 모순의 내용이 생산양식과의 기능적 일치를 보장한다고 단언하기 때문입니다. 궁극적으로, 일어나는 모든 것은 생산력과 생산관계가 어떤 다른 차원에서 표현된 것일 뿐 아니라 정의상 생산양식의 효과적 재생산을 보장해 줄 것이라는 의미에서 생산양식에 조응합니다. 그러므로 「이데올로기와 이데올로기적 국가장치」에서 알튀세르는 이데올로기가 생산양식의 단순한 반영이라는 것을 부정하는 한편, 이데올로기에 생산양식을 위한 특별한 기능을, 즉 사회적 생산관계를 재생산하는 기능을 부여합니다. 나아가서 그는 이 과정을 "최종심에서의 (경제적인 것에 의

한) 결정"[12]이라는 관점에서 사고하기를 원하기 때문에, 이데올로기는 일정 기간 자유로운 상대적 자율성으로서 떠돌다가 최종심에서 생산양식과 다시 연결되거나 생산양식으로 되돌아가야 합니다. 이데올로기에 대한 알튀세르의 설명은 결국 기능주의적입니다. 그는 실천의 다양한 층위와 다양한 모순에 토대로부터 독립적으로 존재하고 고유한 효과를 가질 수 있는 능력을 부여하는 한편, 결국 그것들의 역할이라고는 자본주의 생산양식이 스스로를 효과적으로 재생산하는 것을 보장하는 일뿐이라고 주장합니다.

나는 기능주의로 나아가는 이 두 움직임이 왜 불가피한지, 혹은 그것이 왜 상대적 자율성 개념에 내재하는지를 결코 이해할 수 없습니다. 어떤 층위에서든지 간에 그 결과를 생산양식에서 찾을 수도 없고 생산양식에서 추론할 수도 없고 오히려 생산양식에서 상당히 벗어나 있는 그런 특별한 모순들의 해결에 관해 생각해볼 수 있습니다. 그 모순들은 생산양식과 직접적인 방식으로 조응할 수 없는 존재조건을 가질 수 있습니다. 예컨대, 정치적 해결이 생산양식에 한계를 설정할 수 있습니다. 공장법에 대한 마르크스의 분석은 정확히 그런 역사적 사건의 한 사례입니다. 이 사건에서 계급들—이 경우 지배계급은 아닙니다—은 개혁적인 사상과 실천을 사용하여 생산양식의 특정한 경향에 한계를 부여합니다. 이런 한계들이 자본 및 자본가들이 자신의 이해관계를 이데올로기적으로 이해하던 방식과는 반대로 기능했다는 점을 지적할 가치가 있습니다. 이 한계들은 그런 방식에 저항했는데, 종종 필사적으로 저항하기도 했습니다. 이런 한계들이—

---

12. Louis Althusser, *For Marx*, p. 111.

이 상황에서는 행위자들의 활동과 이해 가능성의 밖에서—생산양식을 하나의 과정에서 또 다른 과정으로 전환시키는 구조적 효과를 초래했다는 사실은 그 자체로 정치투쟁이 해결되는 방식의 한 결과였습니다. 그러나 이것은 행위성이나 이해 가능성의 문제가 아니었습니다. 오히려 이것은 자본주의 생산양식의 리듬을 변경하고 그 메커니즘을 변화시키는 결과를 낳았던 구조의 효과였습니다. 마르크스주의에서 이에 관해 이용할 수 있는 다른 사례가 있습니다. 가령, 엥겔스가 다양한 법체계와, 그것이 자본주의 생산양식과 연결되는 접합의 중요성을 논한 것 말입니다. 그는 특정한 법체계가 생산양식의 지속적 재생산과 발전에 효과적이었던 프랑스의 사례를 그렇지 않았던 독일의 사례와 대조합니다.

결과적으로 나는 직접적으로 타동사적 의미—경제가 최종적으로 접합과 해결의 유일한 원칙이 되는 방식—에서든, 아니면 모든 실천이 생산양식의 재생산 능력과 관련하여 항상 필연적이고 긍정적으로 기능한다는 보다 일반적인 의미에서든, 상대적 자율성이 최종심에서의 경제에 의한 결정으로 되돌아갈 필요가 있다고 믿지 않습니다. 나는 상대적 자율성 개념을 알튀세르의 작업에서 확실하지는 않지만 중요한 발전으로, 극히 취약하지만 유용한 개념화로 지지하고 싶습니다. 이 개념이 논리적·이론적 비판을 받아온 것은 이해하지만 당장 이 개념을 포기할 생각은 없습니다. 알튀세르가 「이데올로기와 이데올로기적 국가장치」에서 마주하게 된 문제들은 이데올로기가 생산양식의 지배에 항상 효과적이고 생산양식의 지배로 다시 복원된다는, 명백한 기능주의의 결과입니다. 왜냐하면 투쟁의 구체적 현실(이것은 부재합니다)은 말할 것도 없고 모순—또한 모순의 가능성—을 끼워 넣을 여지가 없기 때문입니다. 알튀세르가 이 글들에서 투쟁의 가능성에 관한 각주를 추가한 것은, 모순의 현장에서 자신의 이데올로기적 입장을 갖고 활동하면서 현실적인 영향을 미칠 수 있다고 생각한 사람들이 보인 실재적인 저항에 대응하기 위한 것이었습니다. 투쟁과 모순의 개념들이 이 독창적인 글에 부재하다는 것은 '재생산' 개념이 갖는 위험 중의 하나입니다. 마르크스주의적 틀 내에서 사고하든 하지 않든 '재생산'은 시간이 지나면 사회구성체가 자체의 기본 구조와 조직을 반복적으로 재생산한다는, 상식적이고 비모순적인 방식으로 되돌아갑니다.

『자본을 읽자』에서 알튀세르는 비환원적 결정론의 문제에 대해 다른 해결책을 제안합니다. 나는 이것이 이론적으로 더 설득력 있고 내적으로 더 일관되긴 하지만 유효성은 떨어진다고 생각합니다. 구조적 인과성 이론은 우리가 이전에 보았던 구조주의적 공고화 같은 것과 관련이 있었는데, 이번에는 과잉결정 개념과 관련이 있습니다. 과잉결정 개념에서는 상당히 개방적인 방식으로 보이던 다양한 종류의 모순과 실천이 갑자기 고정된 층위들로 귀속되고, 그런 층위들은 상대적이기보다는 절대적인 엄청난 자율성을 부여받게 됩니다. 비록 그 층위들의 근원에 다른 시간성과 다른 모순, 다른 과정이 존재한다고 하더라도, 그런 실천들과 모순들 간의 관계와 최종심에서의 경제에 의한 결정은 경제가 그러한 층위들 중의 하나를 지배적인 것으로 만든다는 점에 의해 정의됩니다. 경제적인 것의 결정이란 오직 다양한 실천의 층위들 중 어느 것이 효과의 측면에서 지배적인 것이 될지를 결정하는 것입니다. 따라서 알튀세르는 과잉결정 개념에서 설명된 바 있는 효과들의 치환—예컨대 경제적인 것에서 정치적인 것 혹은 이데올로기적인 것으로의 치환—을 레비스트로스를 쫓아 다양한 실천 간의 위계질서적 관계로 이루어진 구조적 모델로 변경합니다. 이제 경제적인 것에 의한 결정은 단순히 위계질서의 순서를 결정하는 형식적 작용일 뿐입니다. 하지만 세 가지 층위—이데올로기적인 것, 정치적인 것, 경제적인 것(생산양식이 이 조합체 내에 있는지는 여전히 불명확합니다)—의 각각은 상당히 유동적이고, 이러한 층위들 중 어떤 것이 지배적인가 하는 것에 있어 훨씬 큰 독립성을 가지며 그 자체의 고유한 작용과 효과의 메커니즘을 생성합니다.

솔직히 구조적 인과성이 상대적 자율성보다 더 일관성이 있습니다. 그것은 구조주의적 설명 중 최상의 설명이 갖는 우아한 단순성을 보여줍니다. 하지만 구조적 인과성은 경제적인 것이 어떻게 작용하는가, 경제적인 것이 이를테면 종교 같은 것에 어떻게 지배의 지위를 부여하는가, 혹은 나중에는 종교를 제치고 어떻게 다른 것에 주도적 지위를 배정하는가 같은 문제를 설명할 수 없습니다. 구체적인 역사적 사건 및 시기를 이해하는 문제는 구조적 인과성의 모델 자체 속으로 흡수되고 맙니다. 여기서 결정은 순전히 형식적—모델의 결정—입니다. 비록 이 모델이 결정의 문제를 사유하는 데 중요한 진전을 이루었다고 하더라도, 그것은 구조주의적 방향을 공고히 함으로써 구체적 분석 문제를 이론적 모델의 형식적 자율성으로 대체해버리는 듯합니다. 이는 우리를 알튀세르의 이론적 실천 개념의 문제로 나아가게 합니다.

이론에 대한 알튀세르의 이해는 과학과 이데올로기의 구분에서 시작합니다. 알튀세르에게 이러한 결정적 구분은 부분적으로 '과학적' 마르크스의 존재를 옹호하고 그것이 어디에서 시작했는가를 찾으려고 하는 시도에서 생겨났을 뿐 아니라, 부분적으로 한편에서는 마르크스주의에서 현실적 문제를, 다른 한편에서 알튀세르가 볼 때 불충분해 보이는 마르크스주의의 유형들을 생산해온 이론화의 양식들을 명확히 반대하기 위한 시도에서 생겨난 것입니다. 다시 말해, 이론적 실천은 비구조주의적 이론화 방식과의 대립 속에서 형성된 것입니다. 그것은 경험적으로 관찰된 사례들을 일반화함으로써 이론이 구성된다고 주장하는 경험주의적 입장과 대립합니다. 그리고 그것은 역사주의적 입장과도 대립합니다. 역사주의적 입장은 이론이 사회구성체의 현실적 관계의 발전이 낳은 결과이기 때문에 서로 다른 사회 구성체들은 서로 다른 이론적 범주들을 생산한다고 주장합니다. 『자본을 읽자』에 완벽하게 표현된 형식에 따르면, 과학과 이데올로기 간의 구분은 특정한 이론적 실천이 존재하며 온갖 실천적 목적에도 불구하고 그 실천이 완전히 자율적이라는 생각을 낳습니다.

알튀세르는 이론적 실천 개념의 근거를 마르크스의 방법론적 저작인 1857년 『정치경제학 비판 요강』의 「서설」에서 찾습니다. 그러나 알튀세르가 마르크스의 다른 저작과 사상에 대해 그랬듯이, 그는 다시 마르크스가 제공한 이론 모델을 공고히 하고 구조주의화합니다. 1857년의 「서설」에는 마르크스가 이론에 대해, 특히 비경험주의적 이론화 양식들에 대해 부여한 의미를 명확히 보여주는 설명들이 있습니다. 마르크스는 현실 세계의 다양한 현상에서 시작해서, 그 현상들을 관찰하고 명확하게 분류함으로써 그 현상들을 사유하기 위한 이론적 범주들을 생산한다는 생각을 거부합니다. 이와 달리, 마르크스는 만일 경험적인 역사적 현실의 한 단면을 취해보면, 우리가 설명하려고 하는 다양한 현상이 처음에는 사고 속에서 매우 혼란스러운 모습으로 나타난다고 주장합니다. 그것들은 다양한 해석과 정의, 역사적 시간성 등으로 채워져 있습니다. 알튀세르는 마르크스가 이와 같이 아주 매끄러운 현상적인 망web(톰슨과 윌리엄스가 시작하려고 한 지점)을 이론적 패러다임에 속하고 명확히 정식화된 개념을 사용해 뚫고 들어감으로써 현상들을 이론화할 수 있음을 강조했다고 주장하는데, 나는 그의 말이 옳다고 생각합니다. 우리는 경험적 제재 material와 관련해서 우리가 만든 개념들에 대해 책임져야 합니다. 그런 방식을 통해서만 우리는 제재를 적절한 개념화 및 이론화를 위한 타당한 형식으로 분해해볼 수 있습니다. 이것이 필연적 추상의 개념이며, 마르크스의 말처럼 정신이 작용하는 유일한 방법입니다. 역사적 현실의 두터운 경험적 결을 뚫고 들어가 마르크스가 말한 이른바 "사고 속의 구체성the concrete in thought"[13]을 생산할 수 있는 개념들을 전개하고 활용하며 정교히 하는 것을 제외한다면, 과연 정신은 어떤 기능을 가질 수 있을까요? 사고 속의 구체성은 이제 여러분이 출발점으로 삼았던 바로 그 경험적 제재가 아닙니다. 그것은 여러분의 담론이 어떤 차원에서 작동하든지 간에, 여러분의 사고가 보다 구체화되는 만큼 보다 많은 결정의 층위들을 추가함으로써 개념적으로 명확해지는 그런 제재입니다. 솔직히 이런 거친 방식으로 마르크스는 사회관계에 접합된 이론의 중요성을 사유하려고 했는데, 이는 사회관계를 처음에 생산하는 것이 개념적 범주들이라고 생각하는 헤겔식 사고양식과는 반대됩니다.

13. Karl Marx, *Grundrisse: Foundations of the Critique of Political Economy*, Translated by Martin Nicolaus (London: Penguin, 1973), p. 101.

알튀세르의 이론적 실천 개념은 이론화의 계기와, 경험적 사회관계에 대한 (개념들이 생성하는) 단절의 필요성에 적절하게 주목합니다. 하지만 이론적 실천의 자율성은 사회관계를 생성하는 것이 이론적 범주라는 입장으로 슬쩍 미끄러져갑니다. 개념체계와 그 체계가 가장 먼저 설명해야 하는 지속적인 사회현실 간 관계의 문제는 뒤로 밀려나고 이론의 개념들 간 관계가 우선시됩니다. 어떤 점에서 개념화와 이론이 발생하게 되는 인식론적 형식들로 나아가는 움직임이 사회 세계에 관해 뭔가 말해줄 수 있는 그런 형식들의 능력보다 우선적 지위를 갖게 됩니다. 이 지점에서 나는 알튀세르의 이론 개념이 그의 다른 많은 개념처럼 마르크스의 저작을 구조적으로 해명하는 과정에서 중요한 것, 즉 우리가 과거에 보지 못했던 것을 발견하게 해주지만 구조적 개념화를 공고히 함으로써 근본적으로 관념론적 입장으로 나아간다고 말하는 게 부당하다고 생각하지 않습니다.

이런 이동은 알튀세르를 활용해온 많은 사람에게 특히 사실입니다. 알튀세르가 이론화의 계기가 갖는 특수성과 의미를 깨닫지 못한 몇몇 일반적인 이론화 형식에 대해 중요한 비판을 제기했지만, 그를 이용해온 많은 사람은 그런 주장을, 실제 현실을 생산하는 것이 이론, 곧 담론이라고 말하는 차원까지 밀고 나갔습니다. 이론들이 이런 생산의 메커니즘이 갖는 본질에 관해서는 서로 견해를 달리할 수 있겠지만, 문제는 현실적 실재를 생산하는 것이 개념적·이론적·담론적 범주라는 것, 그리고 이러한 범주들(과 이것들이 사실상 생산하는 것)과 실제 역사적 존재 간의 간극은 메워질 수 없다는 것입니다. 이것이 오늘날의 담론 이론이 받아들이는 인식론적 입장이고, 나는 이것이 중요한 방식으로 비마르크스주의적인 이론 개념을 낳는다고 생각합니다. 다음 강의에서 이 점을 살펴볼 겁니다. 물론 나는 1857년 『정치경제학 비판 요강』의 「서설」이 이론과 현실적 실재 간의 관계에 대해 완벽한 설명을 제공한다는 생각과 같은 터무니없는 주장을 하려는 건 아닙니다. 그 이론작업 내에는 여전히 제대로 이론화되지 않은 채 남아 있는 많은 간극과 문제가 있습니다. 그러나 나는 『자본을 읽자』에 제시된 바와 같이 이론적 실천을 자율적인 것으로 설명하는 것은 마르크스주의의 문제설정에서 벗어나는 것이라고 판단합니다. 어느 지점에서 마르크스주의가 확실히 탐구해야 할 이런 새롭고 발전된 이론 개념들은 마르크스에게서 발견할 수 있는 것보다 인식론적으로 더 효과적이고 더 타당할 수도 있습니다. 그럼에도 이런 설명들은 마르크스에게서—개념화에 대한 마르크스의 설명과 그가 시도한 이론 적용 모두에서—볼 수 있는 것과는 다릅니다.

마르크스주의와의 관계가 어떻든 간에 알튀세르적 개입의 지속적 효과를 외면한 채 문화와 문화이론의 논쟁들을 사고하는 것은 불가능합니다. 그런 의미로 이 분야에서 연구하는 사람들 대부분은 그동안 있었던 이론적 문제설정의 단절을 설명해야 하기 때문에 포스트알튀세르주의자라 할 수 있습니다. 알튀세르의 작업은 담론을 바꾸고 용어체계를 변경하고 개념화를 해체하며, 사람들이 주목하지 않던 지점에서 마르크스주의적 담론 속에 깊이 숨겨진 비밀을 찾아냅니다. 헤겔주의, 역사주의, 경험주의, 본질주의에 대해 지금까지 당연시되어온 반박들은 알튀세르에 의해 처음으로 정식화되었습니다. 알튀세르의 작업이 '진정한' 마르크스를 발견하려고 하는 정말로 경건한 발굴의 작업이었는가 하는 질문과는 상관없이 그것은 진정한 변형의 작업입니다. 알튀세르는 마르크스의 역사주의적·인간주의적 정의들이 마르크스에 대한 심각한 오해이자 편견이었다고 제대로 주장했습니다. 그는 일련의 개념—그중 상당수는 마르크스주의적 문제설정 안에서 생성된 것이 아닙니다—을 사용하여 마르크스의 일부 정식화를 명확히 하고, 마르크스의 담론 중 일부 대목을 다른 대목들과 구분하고, 눈에 띄든 그렇지 않든 아주 애매하고 혼란스럽고 불분명한 형태로 존재하는 입장들을 이론적으로 더욱 엄밀한 진술로 전환했습니다. 다시 말해, 누가 뭐라고 하든 간에 이는 중요한 이론적 기여입니다. 이 개념들은 종종 서로 공명하며, 우리가 그 논리적 불순함을 깨닫고 있다고 하더라도 우리의 지속적인 사유를 도와줍니다. 이것은 하나의 단절이지만 이데올로기에서 과학으로 나아가는 단절이 아니라 '별로 좋지 않은 사유'에서 '보다 나은 사유'로 나아가는 단절입니다.

하지만 알튀세르적인 단절에는 앞서 말한 긍정적인 결과 못지않게 부정적인 결과도 있습니다. 우리는 알튀세르가 마르크스주의 문제설정을 벗어나서, 다른 담론들에서 전개되어온 개념을 수용하여 마르크스주의적 문제설정과 마르크스의 담론에 적용하고자 하고, 새로운 개념화에 견주어 마르크스의 담론을 이해하고자 하며, 마르크스의 작업의 문제적 지점들을 아주 긍정적으로 재정식화하는 생산적 방식들을 부정하지 않았다는 것, 그리고 그렇게 함으로써 대부분 자신의 생산물이라 할 수 있는 구조주의적 마르크스를 지속적으로 구성해갔다는 사실을 인정해야 합니다. 나는 알튀세르가 마르크스의 실천적 글들에서 발견한 구조주의를 공고히 하고 있음에 거듭 주목해왔습니다. 나는 『마르크스를 위하여』의 몇몇 글에서 『자본을 읽자』로 나아가면서 그런 과정이 분명히 일어나고 있다고 생각합니다. 특히 알튀세르의 주장은 일종의 마르크스주의적 부적(符籍)을 창조하는 것처럼 기능하는데, 여기서 이론적 논쟁들은 '진정한' 마르크스나 '허위적' 마르크스 중에 하나의 입장을 선택함으로써 해결될 수 있습니다. 이것은 인식론적 단절의 엄격한 지점, 즉 마르크스의 작업을 헤겔적인 것과 비헤겔적인 것, 포스트구조주의적인 것과 구조주의적인 것으로 분할하는 방식으로 기능합니다. 하지만 이것은 단순히 텍스트를 읽는 부적절한 방법이라기보다는 인식론적 문제설정의 순수성이라는 관점에서 매우 부적절한 이론화 개념이라 할 수 있습니다. 즉, 이런 이론화는 '좋은 관념과 나쁜 관념'의 사이, 혹은 '그리 좋지 않은 관념' '상당히 좋은 관념' '꽤 부적절한 관념' '다소 가망 없는 관념' 사이를 헤쳐나가야 하는, 힘들지만 꼭 필요한 투쟁을 부정합니다. 알튀세르는 이론을 개념 내적인 정합성과 텍스트적 특권의 문제로 환원함으로써 우리의 사고가 사회관계와 어떻게 접합하는가 하는 난제를 외면한 채 논리적·인식론적 엄격함을 지나치게 강조하는 이론주의로 나가는 문을 열었습니다. 알튀세르주의는 엄격한 이론적 담론을 생산하기 위해 다른 것은 거의 대부분 희생시켰습니다. 그것은 절대적인 양자택일의 논리에 근거한 지적 작업의 개념을 갖고 있습니다. 아주 명확한 개념들을 갖고 작업하지 않는다면, 여러분은 여전히 이론적 신비화에 빠져 있는 것이나 마찬가지입니다. 이론적 장치 전체를 제대로 정의하기 이전에 어떤 현실적 사건이나 영역에 주목하는 것은 당연히 잘못된 구체성입니다. 전적으로 구조주의적인 지형 안에서 이론 활동을 실천하거나, 아니면 인간주의, 경험주의, 본질주의 안에서 실천하거나 둘 중 하나를 선택해야 합니다. 이것은 이론적 실천의 영역 내에 톰슨이 말했던 "사상 경찰thought police", 즉 이론적 테러리즘이라는 계기를 낳았는데, 역설적이게도 이것은 경험주의로의 위험한 후퇴로 나갈 문을 열어주었습니다. 적절하게 사유할 능력이 없어 보이는 사람들에게, 만일 그들이 계속해서 작업하고자 한다면, 과잉결정과 상대적 자율성과 같은 난해한 개념들에서 물러나서 구체적인 경험적 작업으로 돌아가는 것 말고는 다른 선택의 여지가 거의 없어 보였습니다. 비록 복합적이고 모순적인 관계를 이론화할 수 없다고 하더라도, 어떤 사람들은 구체적인 것으로 돌아가기 위해 푸코와 그람시에 의지했습니다.

불행하게도 톰슨이 『이론의 빈곤The Poverty of Theory』과 같은 작업을 하게 된 것은 이론의 정치를 중심에 둔, 알튀세르의 경건한 이론주의라는 특별한 유산 때문이었습니다. 그 무렵 알튀세르주의에 휘둘리지 않으면서 알튀세르주의와 싸우고 그것을 헤쳐나간 사람들이 많았습니다. 이들은 톰슨이 이론을 되살리기 위해 사용한 반이론적인 방식을 전적으로 거부했으며, 내가 그랬듯이 알튀세르주의가 존재했고, 알튀세르가 글을 썼으며, 그리고 진정한 단절이 있었다는 사실을 부정하려는 톰슨의 시도에 깊은 반감을 느꼈습니다. 톰슨의 실천은 알튀세르주의에 대한 최악의 거울상입니다. 그것은 알튀세르주의와 정반대였습니다. 그것은 알튀세르주의와 정확히 동일한 방식으로 논쟁했습니다. 즉, 그것은 사람들을 겁박하여 특정한 이론적 공간에서 떠나도록 종용합니다. 만일 알튀세르의 지형 위에서 작업한다면, "당신은 진짜 스탈린주의자다!"라고 말하는 식으로 말입니다. 톰슨이 볼 때, 알튀세르주의(와 그 결과)는 경험적 현실을 기술하려는 그 어떤 시도도 허용하지 않았는데, 이것이 어떤 점에서 보면 그 이론을 보호해주었던 셈이었습니다. 만일 이론이 사람들로 하여금 구체적 사회현실에 관여하게끔 했다면, 그들은 이론이 허위라는 것을 알게 되었을 테니 말입니다. 톰슨의 무조건적인 거부는 많은 사람으로 하여금 알튀세르주의에 저항하도록, 즉 그들이 배우고 진전시킬 수도 있었을 것들을 거부하게 만들었습니다. 『이론의 빈곤』이 그렇게 철저히 무시하는 태도만 취하지 않았더라면 그렇게 퇴행적인 텍스트가 되지는 않았을 겁니다.

이것이 『이론의 빈곤』이 지금과 같은 형태를 띠게 된 유일한 이유는 아닙니다. 알튀세르를 상대로 그의 이론적 거울상을 생산한 것이 왜 다른 사람도 아닌 톰슨이었을까 하는 데는 일부는 드러나고 일부는 숨겨진 다른 이유들이 있습니다. 톰슨은 1956년 헝가리혁명과 소련의 20차 당대회에서 스탈린주의에 대한 흐루쇼프의 폭로를 계기로 공산당의 스탈린주의와 결별하고 비스탈린주의적 공산주의 전통을 옹호하고자 했습니다. 그는 자신이 철의 장막 양쪽에서 사회주의적 실천 형식의 가능성에 주목하던 당시의 평화운동에 참여했던 것이 자신의 그런 기획의 연장, 즉 초기 신좌파 기획의 연장이었다고 말하곤 했습니다. 1956년 이후 헝가리혁명을 둘러싸고 스탈린주의 전통과의 단절을 거부했던 유럽 정당 중의 하나가 바로 프랑스 공산당이었는데, 이것은 서유럽에서 가장 스탈린주의적 정당 중 하나였고, 그 핵심 지식인 중의 한 명이 루이 알튀세르였습니다.

톰슨은 1956년 인간주의, 인간주의적 마르크스, 역사주의적 마르크스, 정치적 행위주체의 마르크스라는 이름으로 결별을 단행했습니다. 이 이름들은 모두 그의 작업의 독특한 변주입니다. 주체를 탈중심화하려는 알튀세르의 시도는 역사주의자와 역사학자들에게 심각한 충격이자 무례한 모욕이었습니다. 결국 『영국노동계급의 형성』[14]의 전체 기획은 정확히 과거 역사의 설명들에서 자신들의 행위와 투쟁이 무시당했던 '사람들'을 회복시키고 대변하는 것이었습니다. 사실 톰슨의 작업은 이들에 대한 일종의 증언이었습니다. 그러므로 가죽 양말 제조공과 직공 급진주의자들이 단지 16세기의 어느 시점 이후 자신들의 등장을 기다리고 있던 자본주의적 사회관계의 담지자 내지 지지자에 불과하다는 것을 (또 다른 추상의 차원은 아니지만) 또 다른 언어로 들려주기 위해 톰슨이 『영국노동계급의 형성』 저술에 그렇게 긴 시간의 노력을 쏟았던 것은 하나의 패러다임을 또 다른 패러다임을 통해 분열시키려 한 강력한 시도입니다.

톰슨의 작업은 신좌파 운동과 정치를 중심으로 1960년대 초에도 계속 발전해갔지만, 《뉴 레프트 리뷰》가 방향을 선회했을 때 톰슨은 이를 인간주의적 공산주의, 인간주의적 마르크스주의, 그리고 초기 신좌파의 기획이 차갑게 밀려나는 순간으로 인식했습니다.[15] '새로운' 《뉴 레프트 리뷰》은 이론적 관점에서 중요한 개입을 촉발했는데, 사실 알튀세르의 글들이 영국의 정치와 이론에 처음 소개되었던 것도 약 10년 뒤 바로 이 잡지를 통해서였습니다. 《뉴 레프트 리뷰》에서

14. E. P. Thompson, *The Making of the English Working Class* (New York: Random House, 1963).

15. [옮긴이] 페리 앤더슨(Perry Anderson)과 톰 네언(Tom Nairn) 같은 신좌파들이 1960년 대 초에 《뉴 레프트 리뷰》을 맡게 되면서 잡지를 이전의 신좌파들과는 다른 방향으로 전환한다. 이들은 공산당 내의 주류적인 경제주의적 마르크스주의와 윌리엄스, 톰슨의 문화주의적 인간주의를 동시에 비판하고 대륙의 서구 마르크스주의에서 새로운 방법적 대안을 찾았다. 이들은 루카치, 그람시, 알튀세르 등 서구 마르크스주의를 영국에 본격적으로 소개하는 한편, 이를 토대로 영국의 국민문화를 총체적으로 해부하는 작업에 착수하였다.

알튀세르는 과거 스탈린주의적 입장과 스스로를 구분하고, 고전적 마르크스주의 전통에 의문을 제기했습니다. 뿐만 아니라 다음 세대의 신좌파들에게 지적·이론적 모범으로 부각되고 수용됩니다. 그는 반인간주의의 기치하에 그 지형 속으로 진입합니다. 따라서 1960년대 후반과 1970년대에 시작된 정치적 기획은 주로 알튀세르에 의해 규정된 공간 속에서 점차 구성되었고, 근본적으로 반인간주의를 주창하는 광범위한 정치운동들을 낳습니다. 이것이 『이론의 빈곤』에서 톰슨이 알튀세르적 전통을, 자신의 작업이 갖는 강조점과 긴급한 과제와 대립적일 뿐 아니라 자신의 기획이 있어야 할 자리에서 생겨난 정치적 기획이라고 말했던 것의 의미입니다. 바로 이 때문에 톰슨은 스스로가 알튀세르와 반인간주의에 맞서 개인적 투쟁을 벌이고 있다고 생각했습니다. 이는 공통점이 전혀 없는 두 마르크스주의 전통 간의 대결입니다. 이 전통들은 역사적으로 출현한 방식 때문에 서로 대립하게 되었고, 이것 아니면 저것이라는 극히 배타적인 선택만을 강요합니다. 하지만 뒤집어보면 이런 선택은 알튀세르주의자들이 자신들에게서 배우기를 희망하는 사람들에게 제시하려고 했던 것과 정확히 동일한 것입니다. 어쩌면 이런 논리에서 벗어나는 유일한 길은 그 부정적이고 긍정적인 효과들, 많은 것이 구성될 수 있는 풍부한 생성적 가능성, 그리고 불행한 유산이 되고 만 이론적·정치적 실천의 왜곡들에 관해 얘기하지 않으면서 알튀세르적 계기를 설명할 수 없다는 것을 깨닫는 겁니다.

알튀세르가 고전적 마르크스주의와의 단절을 통해 얻은 이론적 성과들에 대해 몇몇 일반적인 반성과 요약을 제시하면서 이 강의를 마무리 짓도록 하겠습니다. 알튀세르는 마르크스가 사회 전체를 구성하는 관계들의 총합—마르크스의 '총체성'—을 단일한 구조가 아니라 근본적으로 복합적 구조로 개념화하고 있다고 설명했고, 나도 그렇다고 확신합니다. 그러한 총체성 내에서 다양한 층위들—경제적인 것, 정치적인 것, (알튀세르가 주장해온) 이데올로기적인 것—간의 관계는 단순하거나 직접적일 수 없습니다. 그러므로 사회적 실천의 다양한 층위들에서 다양한 종류의 사회적 모순들을 사회적·경제적 조직의 한 가지 지배 원리(즉, 생산양식)의 관점에서 읽어내거나, 사회구성체의 다양한 층위를 실천들 간의 일대일 조응의 관점에서 읽어낼 수 있다고 생각하는 것은 바람직하지 않을 뿐 아니라 마르크스가 사회적 총체성을 개념화하던 방식 또한 아닙니다. 물론 하나의 사회구성체는, 단지 모든 것이 다른 모든 것과 상호작용하기 때문에—이는 결정의 우선성을 인정하지 않는 전통적인 사회학적·다중요인적 접근법입니다—복합적으로 구조화된 것이 아닙니다. 오히려 사회구성체는 '지배소가 있는 구조structure in dominance'입니다. 그것은 어떤 독특한 경향들과 특정한 배치, 명확한 구조화를 갖고 있습니다. 이것이 '구조'라는 용어가 중요한 까닭입니다. 그럼에도 이 구조는 실천의 한 층위를 또 다른 실천의 층위로 쉽게 환원할 수 없는 복합적 구조입니다. 마르크스주의적 이데올로기 이론의 고전적 유형들 사이에서는 이런 환원주의적 경향들에 대한 반발이 아주 오랫동안 진행되어왔습니다. 사실 이런 수정주의적 작업을 시작했던 게 다름 아닌 마르크스와 엥겔스였습니다. 하지만 알튀세르는 일부 오래된 규칙들과 명확히 결별하고 마르크스주의적 문제설정 내에 널리 남아 있던 설득력 있는 대안을 제공함으로써 바로 이 문제를 현대식으로 이론화한 주요 인물입니다. 우리가 지금 아무리 알튀세르의 혁신을 보여주는 용어들을 비판하고 정정하기를 원한다 하더라도, 그것은 분명 중요한 이론적 성취였습니다.

알튀세르가 제안한 또 다른 일반적 진전은 그가 나로 하여금 '차이' 속에서 '차이'와 더불어 살 수 있게 해주었다는 것입니다. 알튀세르가 마르크스주의의 일원론적 개념과 단절한 것은 차이의 이론화, 즉 다양한 기원을 가진 다양한 사회적 모순이 있다는 인식을 갖게 하고, 나아가서 역사적 과정을 추동하는 모순들이 항상 동일한 장소에서 출현하는 것도, 항상 동일한 역사적 효과를 갖는 것도 아니라는 인식을 갖게 합니다. 우리는 다양한 모순 간의 접합, 그런 모순들이 움직이는 다양한 특수성과 시간적 지속들, 그리고 그런 모순들이 기능하는 다양한 양식에 관해 생각해야 합니다. 나는 알튀세르가 보다 높은 차원으로 나아갈 때 통일성이 보장되는 한, 복합성을 위해 차이와 유희를 즐기려고 한 많은 탁월한 마르크스의자의 실천 속에 존재하는 끈질긴 일원론적 습성을 지적한 것은 옳다고 생각합니다. 그러나 이와 같이 목적론으로 나아가는 과정의 지연에 대한 의미 있는 진전은 이미 1857년 『정치경제학 비판 요강』의 「서설」에서 찾아볼 수 있습니다. 여기서 마르크스는 이를테면 모든 언어가 몇몇 공통적 요소를 갖고 있다고 말합니다. 만약 그렇지 않다면, 우리는 그것들이 동일한 사회현상에 속한다는 것을 이해할 수 없을 테니 말입니다. 그러나 우리가 그렇게 말했을 때, 우리는 어떤 것을 단지 **아주** 일반적 차원의 추상, 즉 '일반 언어'의 차원에서만 말하게 됩니다. 우리는 단지 탐구를 시작했을 뿐입니다. 더 중요한 이론적 문제는 다양한 언어의 특수성과 차이를 사고하는 것, 즉 구체적 분석에서 특정한 언어적·문화적 구성체의 다양한 결정과 그 결정들을 서로 구분하는 특별한 양상들을 검토하는 것입니다.

하지만 나는 알튀세르가 '차이'를 독특한 방식으로 사유할 수 있게 해주었다는 점을 즉시 덧붙여야겠습니다. 이 방식은 알튀세르를 이따금 자신의 이론적 선조로 여기는 후속 전통들과는 아주 다른 것입니다. 만약에 담론 이론, 예컨대 포스트구조주의 혹은 푸코와 같은 이론가에 주목한다면, 여러분은 거기서 실천에서 담론으로의 전환뿐 아니라, 이제 차이—담론의 다원성, 의미의 영원한 미끄러짐, 기표의 끝없는 유동성—에 대한 강조가 어떻게 해서 하나의 복합적 통일성의 필연적 불균등성, 혹은 하나의 복합적 구조의 '차이 내의 통일성'을 이론화할 수 있는 지점을 **넘어서까지** 나아가게 되었는지를 보게 될 것입니다. 나는 이것이 푸코가 상황을 (예컨대, 프랑스의 구체제 ancien régime에서 근대로의 전환과 우연히 일치하는, 그가 그린 많은 인식적 전환과 같이) 하나로 통합해야 할 위험에 처한 것처럼 보일 때마다, 어떠한 것도 그 외 다른 어떤 것과 결코 일치하지 않는다는 식의 말로 서둘러 우리를 안심시켜야 했던 이유라고 생각합니다. 통일성에 대한 무조건적인 이론적 부인과 관련되지 않을 때조차, 강조점은 항상 그 어떤 상상할 수 있는 국면으로부터의 지속적인 미끄러짐에 있습니다. 나는 국가라는 주제에 대해 푸코가 눈에 띄게 침묵한 까닭을 이해할 다른 길은 이것 말고는 없다고 생각합니다. 물론 푸코는 말할 겁니다. 국가가 존재하는 것을 알고 있다고 말입니다. 어떤 프랑스 지식인이 그걸 모를까요? 하지만 푸코는 국가를 단지 추상적인 텅 빈 공간으로서, 저항이라는 추상적 개념의 부재적/현존적 타자—즉, 집단수용소로서의 국가—로서 설정할 수 있었을 뿐입니다. 그의 절차는 '국가뿐 아니라 권력의 분산된 미시물리학'에 관해 말하고, 그의 실천은 일관되게 권력의 미시물리학을 지나치게 강조하면서 국가권력의 존재를 무시합니다.

　푸코가 국가를 일종의 단일한 대상으로, 즉 국가를 오늘날 어디서 회합을 갖든지 간에 단순히 지배계급 위원회의 단일화된 의지로 이해하는 마르크스주의자들이 많다고 말한 것은 아주 옳습니다. 이런 개념으로부터 모든 것의 필연적인 '강제적 결합'이 생겨납니다. 나는 국가를 더 이상 그런 식으로 사고할 수 없다는 데 동의합니다. 국가는 하나의 모순적인 구성체입니다. 이 말은 국가가 다양한 행동 양식을 갖고 있고 많고 다양한 장소에서 능동적임을 뜻합니다. 즉, 국가는 복수적 중심을 가지고 있으며 다차원적입니다. 국가는 아주 독특하고 지배적인 경향들을 갖지만 하나로 각인된 계급적 성격을 갖지는 않습니다. 다른 한편, 국가는 다양한 종류의 정치적 실천이 **응축된** 근대 자본주의적 사회구성체에서 결정적인 장소 중 하나입니다. 국가의 기능은 부분적으로 다양한 장소에서 권력의 전달과 변형에 관심을 갖는 일련의 정치적 담론과 사회적 실천을 하나의 복합적으로 구성된 심급으로 결합하고 접합하는 것입니다. 그러한 실천 중의 일부는 정치적 영역과는 거의 관련이 없지만, 그럼에도 국가와 접합되어 있는 다른 영역들—예컨대, 가족생활, 시민사회, 젠더, 경제관계 등—에 관심을 갖습니다. 국가는 다양한 실천의 교차 장소가 사회 내에서 규제와 규칙, 규범의 체계적 실천, 그리고 정상화의 체계적 실천으로 변형될 수 있게 하는 하나의 응축된 수행의 심급입니다. 국가는 아주 다양한 사회적 실천을 응축하고 그것들을 특정 계급 및 다른 사회집단에 대한 지배와 통치의 활동으로 변형합니다. 그러한 개념화에 도달하는 길은 차이를 거울상의 대립물인 통일성으로 치환하는 것이 아니라 그 둘을 접합의 관점에서 다시 사유하는 것입니다. 이것이 바로 푸코가 거부한 조치입니다.

'접합'이란 특정한 조건하에서 두 가지 다른 요소를 하나로 통일 시킬 수 있는 연결 내지 접속의 형식을 의미합니다. 그것은 항상 필연 적이지 않고, 결정적이지 않으며, 절대적이지 않고, 본질적이지 않은 연결입니다. 그것은 모든 경우에 반드시 법칙이나 삶의 사실로서 주 어져 있지 않습니다. 일단 접합이 출현하려면, 특정한 존재조건이 있 어야 합니다. 그리고 우리는 어떤 상황하에서 연결이 형성되고 맺어 지는지를 물어야 합니다. 이를테면, 이른바 담론의 통일성은 실제로 다양하고 구별되는 요소들의 접합이며, 그 요소들은 필연적인 '귀속 성'을 갖지 않기 때문에 다양한 방식으로 다시 접합될 수 있습니다. 접합은 구체적 과정들에 의해 적극적으로 유지되어야 합니다. 그것은 '영구적'이지 않으며 끊임없이 쇄신되어야 합니다. 그것은 특정한 상 황하에서 사라지거나 전복될 수 있고(탈접합), 과거의 결합이 해체되 고 새로운 연결이 형성되기도 합니다(재접합). 또한 중요한 점은 다양 한 실천의 접합이 그 실천들이 모두 동일해진다거나, 아니면 하나의 실천이 다른 실천으로 해소되어버린다는 것을 뜻하지 않는다는 점입 니다. 각각의 실천은 고유한 결정과 존재조건을 가지고 있습니다. 하 지만 일단 하나의 접합이 형성되면, 두 가지 실천은 함께 기능하되 (마르크스의 1857년 『정치경제학 비판 요강』의 「서설」에서 사용한 언어 로) '직접적인 동일성'으로서가 아니라 '하나의 통일성 내의 구별'로서 기능할 수 있습니다. 그러므로 접합의 이론은 '필연적 귀속성을 전혀 갖지 않는' 이론이고, 우리로 하여금 다양한 사회적 실천들과 사회집 단들 간의 우발적이고 비필연적인 연결을 사유할 것을 요구합니다.

따라서 우리는 알튀세르의 이론적 진전을 오직 '차이'—데리다 적 해체의 구호—의 관점이 아니라, 오히려 차이의 특권화에 얽매이지 않으면서 통일성**과** 차이, 복합적 통일성 **내의** 차이를 사유해야 할 필연성의 관점에서 기술해야 합니다. 만일 데리다가 항상 기표의 영원한 미끄러짐, 즉 지속적인 '차연différance'이 있다고 주장한 점에서 옳다면, 어떤 임의적인 '고정'이나 접합 없이는 의미화도 의미도 존재할 수 없다고 주장하는 것 역시 옳습니다. 이데올로기가 정확히 선택과 결합에 의한 연쇄적 등가를 구축함으로써 의미를 고정하는 작업이 아니라면 과연 무엇일까요? 이것이 온갖 결함에도 불구하고 친라캉적이고 신푸코적이며 전데리다적인 알튀세르적 텍스트—「이데올로기와 이데올로기적 국가장치」—가 아니라 오히려 이론적으로 덜 정교하더라도 내 생각에 더 생산적이고, 어쩌면 시험적이기에 더 독창적인 텍스트인『마르크스를 위하여』, 특히 「모순과 과잉결정」이라는 글을 더 중요하게 소개하고 싶은 이유입니다. 「모순과 과잉결정」은 정확히 단순한 통일성으로의 환원주의 없이 복합적인 종류의 결정에 관해 사유하는 글입니다(나는 일관되게 더욱 완성도 높고 더욱 구조주의적인『자본을 읽자』보다『마르크스를 위하여』를 선호해왔습니다. 이런 선호는 전자의 텍스트를 관통하는, 전반적으로 스피노자적이고 구조주의적인 인과성 기제에 대한 나의 의심뿐 아니라 '최신의 것'이 반드시 '최상'이라는 식의 유행에 민감한 지적 태도에 대한 반감 때문입니다).

여기서 나는『마르크스를 위하여』의 지나친 이론적 엄격함에 대해선 관심이 없습니다. 나는 이론적 절충주의라는 위험을 무릅쓰면서 '엄격하지만 틀린' 것보다는 '옳지만 엄격하지는 않은' 것을 더 선호하는 경향이 있습니다.『마르크스를 위하여』는 우리에게 결정의 다양한 층위와 종류에 관해 사고할 수 있게 함으로써 『자본을 읽자』가 제공하지 않았던 것을 제공합니다. 즉 실제의 역사적 사건들(1917년), 특정한 텍스트(『독일 이데올로기』), 특정한 이데올로기적 구성체(인간주의)를 하나 이상의 구조에 의해 결정되는 것으로 이론화하는 능력, 즉 과잉결정의 과정을 사고할 수 있는 능력 말입니다. 나는 모순과 과잉결정이 아주 **풍성한** 이론적 개념들—프로이트와 마르크스로부터 차용한 만족스런 '차용어들'—이라고 생각합니다. 내가 볼 때, 이 개념들의 풍성함이 알튀세르가 그 개념들에 적용한 방식 때문에 소진되고 말았다는 것은 사실이 아닙니다.

차이와 통일성의 접합은 결정이라는 마르크스주의의 핵심 개념을 다른 식으로 개념화하고자 하는 방식과 관련이 있습니다. 마르크스주의적 이데올로기 이론을 지배해온 토대/상부구조의 일부 고전적 정식화는 근본적으로 사회구성체의 한 층위와 또 다른 층위 간의 필연적 조응이라는 관념에 근거해 결정을 사유하는 방식이었습니다. 직접적인 동일성이 있든 없든 간에 머지않아 정치적·법적·이데올로기적 실천들은 '경제적인 것'이라 잘못 불리게 된 것과의 필연적 조응을 따르고—그들은 그렇게 생각합니다—따라서 거기에 귀속될 것입니다. 반면에 이제는 선진적인 포스트구조주의적 이론화에서 볼 수 있듯이, 필연적 조응에서 정반대 편으로 넘어가는, 일반적으로 끊임없는 철학적 미끄러짐이 있습니다. 다시 말해, 거의 같은 말처럼 들리지만 실제는 근본적으로 다른 주장, 즉 "반드시 어떠한 조응도 없다necessarily no correspondence"는 선언으로의 미끄러짐 말입니다. 포스트마르크스주의 이론가 중 가장 정교한 이론가인 폴 허스트Paul Hirst는 바로 이 치명적인 **미끄러짐**glissance에 상당한 권위와 무게감을 부여합니다.[16] "반드시 어떠한 조응도 없다"는 것은 정확하게 실제로 그 어떤 것도 다른 어떤 것과 연결되지 않는다는—담론 이론에 있어 근본적인—개념을 표현합니다. 심지어 특정한 담론구성체에 대한 분석이 하나의 담론이 다른 담론에 겹쳐지거나 그 위를 미끄러지는 것을 보여줄 때도 모든 것은 반드시 어떤 조응도 없다는 원칙의 논쟁적인 반복에 매달리는 듯합니다.

　나는 그런 단순한 역전은 받아들이지 않습니다. 나는 우리가 발견한 것이 **어떠한 필연적 조응도 없다**no necessary correspondence는 것이라 생각합니다. 이 말은 "반드시 어떠한 조응도 없다"와는 다른 것입니다. 이 정식화는 제3의 입장을 나타냅니다. 이것은 한 계급의 이데올로기가 그 계급이 자본주의적 생산의 경제관계에서 차지하는 위치 속에 이미 명백히 주어져 있다거나 그 위치와 조응한다는 것을 보증하는 그 어떤 법칙도 없음을 의미합니다. 목적론과 단절하는 '어떠한 보증도 없다'라는 말은 어떠한 필연적인 비조응non-correspondence 또한 없음을 뜻합니다. 즉, 어떠한 상황에서도 이데올로기와 계급이 결코 접합될 수 없다거나, 계급투쟁에서 잠시 의식적인 '행동의 통일'을 할 수 있는 사회세력을 생산할 수 없다는 보증 또한 없다는 겁니다. 실천과 투쟁의 개방성에 근거하는 이론적 입장은 가능한 결과 중의 하나로서 접합을 그 기원과 반드시 일치하지 않는 **효과들**의 관점에서 사고하는 것입니다. 보다 구체적으로 말해, 이를테면 1917년 러시아에서 일어난 사건에 특정한 사회세력들이 효과적으로 개입했다고 해서 굳이 러시아혁명이 단일한 혁명적 이데올로기하에 통일된 전체 러

16. Paul Hirst, *On Law and Ideology* (London: MacMillan, 1979).

시아 프롤레타리아트의 산물이었다거나(명백히 그렇지 않습니다), 그러한 사회적 개입의 근간을 구성했던 노동자, 농민, 병사, 지식인의 동맹(접합)의 결정적 성격이 러시아 사회구조에서 그들이 차지하던 위치 및 장소와 그들에게 부여된 혁명의식의 필연적 형식들에 의해 보증되었다고 말할 필요는 없습니다. 그럼에도 레닌의 놀라운 지적처럼, 1917년은 "지극히 독특한 역사적 상황의 결과로서 **절대적으로 상이한 흐름들, 절대적으로 이질적인** 계급이해들, **절대적으로 대립적인** 정치적·사회적 경쟁들이 (⋯) 놀라울 정도의 '조화로운' 방식으로 (⋯) 합쳐졌을"[17] 때 일어났습니다. 『마르크스를 위하여』에서 이 문장에 대한 알튀세르의 설명이 상기시키듯이, 이는 만약 하나의 모순이 "가장 강력한 의미에서 '적극적인' 것, 즉 단절적 원칙이 되려면, 그 기원과 의미가 무엇이든 간에 (⋯) 그것들이 **단절적 통일성**ruptural unity으로 '**융합**'될 수 있도록 상황들과 '흐름들'의 축적이 있어야 합니다."[18] 이론적으로 체계적인 정치적 실천의 목적은 확실히 사회적·경제적 세력들과, 진보적으로 역사에 개입할 수 있도록 실천 속에서 그들을 이끌 수 있는 정치와 이데올로기 형식들 간의 접합—여기서 접합은 그런 세력들이 어떻게 구성되는가에 의해 보증되지 않고 실천을 통해 구성되어야 합니다—을 생산하고 구축하는 것이어야 합니다.

　이러한 사실은 토대/상부구조의 모델을 고전적 마르크스주의의 입장보다 훨씬 더 불확정적이고 개방적이며 우발적인 것으로 만듭니다. 이것은 한 계급 내지 한 계급분파들의 이데올로기를 사회경제적

17.　Louis Althusser, *For Marx*, p. 99n19.
18.　Louis Althusser, *For Marx*, p. 99.

관계의 구조에서 그 계급이 차지하는 원래 위치에서 '읽어낼' 수 없다는 것을 보여줍니다. 그러나 이것은 계급과 계급분파들 혹은 다른 종류의 사회운동들을, 발전하는 투쟁의 실천을 통해 이들이 집단적인 사회적 행위자로서 역사적 영향력을 가질 수 있는 정치와 이데올로기의 형식들과 접합하는 것이 불가능하다고 말하는 게 아닙니다. "어떠한 필연적 조응도 없다"는 말을 통해 얻게 된 중요한 이론적 역전은, 결정이 구조 속에서의 계급 및 사회세력들의 발생적 기원에서 실천의 효과 내지 결과로 이동하게 된 것입니다. 그래서 나는『자본을 읽자』나 풀란차스의『정치권력과 사회계급』의 시작에서 볼 수 있는 완벽한 구조주의적 인과성보다는, 내가 '구조'와 '실천' 간의 이중적 접합을 유지하는 것으로 읽은 알튀세르의 글들을 더 지지하고 싶습니다. '이중적 접합'이란 구조—존재의 주어진 조건이며 그 어떤 상황에서의 결정의 구조—가 다른 관점에서 보면 이전 실천들의 결과로 이해될 수 있다는 것을 의미합니다. 즉, 하나의 구조란 이전에 구조화된 실천들에 의해 하나의 결과로서 생산된 것입니다. 그렇다면 이 실천들은 '주어진 조건들', 즉 실천의 새로운 생성을 위한 필수적 출발점을 이루게 됩니다. 어떤 경우든 '실천'은 투명한 의도성으로 취급되어선 안 됩니다. 우리는 역사를 창조하지만 우리 자신이 만들지 않은 이전의 조건들의 토대 위에서 그럴 수 있습니다. 실천은 하나의 구조가 적극적으로 재생산되는 방식입니다. 그럼에도 만일 역사를 자체 동력으로 추진되는 구조주의적 기계의 결과에 불과한 것으로 취급하는 함정을 피하려면, 우리는 구조와 실천 둘 모두를 필요로 합니다. '구조'와 '실천' 간의 구조주의적 이분법은—'공시성'과 '통시성' 간의 이분법과 마찬가지로—유용한 분석적 목적에 기여하지만 경직되고 상호 배타적인 구분으로 물신화되어선 곤란합니다.

우리는 사회집단, 정치적 실천, 이데올로기적 구성체 간의 접합의 필연성보다는 자본주의 생산양식의 바로 그 구조와 법칙 속에 더 이상 각인되어 있지도 않고 보증되지도 않는 것으로 보이는 역사적 단절과 전환을 창조**할 수 있는** 접합의 가능성에 관해 좀 더 생각해볼까 합니다. 이 말은 사회관계의 구조 속에서 우리가 차지하는 위치에서 생겨나는 경향들이 전혀 없다는 주장으로 이해되어선 안 됩니다. 우리는 (그 효과의 관점에서) 실천의 상대적 자율성에 대한 인정에서 실천의 물신화로의 미끄러짐—많은 포스트구조주의자가 당시 유행하던 프랑스 우파의 '신철학' 지지자로 전향하기 직전 잠시 마오주의자로 변신하게 만들었던 미끄러짐—을 용인해서는 안 됩니다. 구조들은 제약하고 형성하고 연결하고 '결정'하는 경향—힘의 방향과 그 열림과 닫힘—을 보여줍니다. 그러나 구조들은 절대적으로 고정한다는, 즉 보증한다는 보다 강력한 의미에서 결정할 수 없습니다. 마치 그들의 사회학적 유전자 속에 이미 각인되어 있기라도 한 것처럼 사람들은 그들이 사고**해야 하는** 관념, 그들이 **가져야 할** 정치에 의해 되돌릴 수도 지울 수도 없게 새겨져 있지 않습니다. 문제는 어떤 필연적인 법칙의 전개가 아니라, 오히려 맺어질 수 있지만 반드시 맺어질 필요는 없는 **연결(접속)**입니다. 풀란차스가 생생하게 설명했듯이, 계급이 자신의 등에 번호판을 달고 지정된 정치적 장소에 등장하게 될 거라는 보증은 그 어디에도 없습니다. 차이들을 집단 의지로 접합하거나 다양한 함축적 의미들을 응축하는 담론을 생성함으로써 다양한 사회집단의 분산된 실천의 조건들이 효과적으로 **결집될 수 있는** 것은, 그러한 사회세력들을 자신들이 전혀 통제하지 못하는 사회관계에 의해 지정된 단순한 '즉자적' 계급에 그치지 않고 역사적 세력, 즉 새로운 집단적 기획을 구축할 수 있는 '대자적' 계급으로 개입할 수 있게 해주는 방식을 통해서입니다. 현재 이러한 것들이 내게는 알튀세르의 작업이 낳은 생산적 진보로 보입니다. 나는 이러한 기본 개념들의 역전을 엄청난 이론적 혁명이라 생각합니다.

6강

이데올로기와 이데올로기적 투쟁

이번 강의에서 나는 이데올로기의 성격과 이데올로기적 지형 위에서 투쟁의 가능성을 다시 사유하고 싶습니다. 이데올로기의 새로운 개념화에 대한 알튀세르의 기여를 평가하기 위해 그에게 돌아감으로써 이 과제를 간접적으로 접근해볼 생각입니다. 나의 이견에도 불구하고, 알튀세르가 고전적 마르크스주의와 단절한 것은 이데올로기 문제에 대한 새로운 시각을 열어주었고 나로 하여금 이 문제를 다시 사유할 수 있게 해주었습니다.

알튀세르의 이데올로기 비판은 이전 강의에서 살펴본 고전적 마르크스주의 문제설정의 일반적 입장들에 대한 그의 비판이 보여준 다양한 방향을 따라갑니다. 즉, 그는 이데올로기에서 계급환원주의—사회계급의 이데올로기적 입장이 사회적 생산관계에서 그 계급의 위치와 항상 조응함을 보증한다는 개념—에 반대합니다. 여기서 알튀세르는 사람들이 고전적 마르크스주의의 이데올로기 이론의 기본 텍스트인『독일 이데올로기』[1]에서 받아들인 아주 중요한 통찰, 즉 지배

---

1. Karl Marx & Friedrich Engels, *The German Ideology*, Translated by C. J. Arthur,

관념은 항상 지배계급의 위치에 조응하고, 전체로서의 지배계급은 특정한 이데올로기 속에 들어 있는 그 계급의 정신을 갖는다는 주장을 비판합니다. 문제는 이런 주장이 우리가 실제 알고 있는 모든 지배계급이 구체적인 역사적 상황 속에서 다양한 이데올로기를 이용하면서, 혹은 지금 하나의 이데올로기를 이용하고 그 뒤에 다른 이데올로기를 이용하면서 발전해간 이유를 이해할 수 없게 한다는 것입니다. 이런 주장은 또한 **모든** 주요한 정치구성체 내에서 지배계급의 이해관계를 보장하는 데 동원되는 '관념'의 적절성을 둘러싸고 내부 투쟁들이 벌어지는 이유를 이해할 수 없게 합니다. 뿐만 아니라 그것은 다양한 역사적 사회구성체에서 피지배계급이 자신들의 이해관계를 해석하고 정의하기 위해 '지배 관념들'을 어느 정도 이용한 이유를 이해할 수 없게 만듭니다. 단순히 이 모든 것을 지배 이데올로기, 즉 아무런 문제없이 스스로를 재생산하고, 자유시장이 출현한 후에도 계속해서 잘나가는 지배 이데올로기로 설명하는 것은 구체적인 역사적 분석에 의해 부정된, 계급과 이데올로기 간의 경험적 동일성이란 개념을 부당하게 강요하는 것입니다.

알튀세르 비판의 두 번째 대상은 '허위의식' 개념입니다. 알튀세르의 주장에 따르면 허위의식 개념은 계급마다 그 계급에 귀속된 하나의 진정한 이데올로기가 있다는 것을 가정하고선, 진정한 이데올로기가 실패하게 되는 것은 주체와 그것이 위치하는 현실적 관계 사이에 막screen이 드리워져 있어 그것이 주체들이 가져야 할 관념들을 갖지 못하게 차단하기 때문이라는 관점에서 설명됩니다. 알튀세르는 이

(London: Lawrence and Wishart, 1970).

러한 '허위의식' 개념이 정확히 경험주의적 인식론에 근거하고 있다고 지적합니다. 이것은 사회관계가 지각하고 사유하는 주체에게 명확한 인식을 제공하고, 그리고 주체가 놓여 있는 상황과 주체가 그것을 지각하고 인식하는 방식 사이에 투명한 관계가 있음을 가정합니다. 따라서 진정한 인식은 일종의 은폐masking에 의해 가려져 있어야 합니다. 이런 은폐가 가리고 있는 근원을 파악하기란 매우 어려울 뿐 아니라 은폐는 사람들에게 '현실 인식'을 차단하기도 합니다. 이 개념에 따르면, 허위의식에 빠져 있고 지배 이데올로기에 속아서 역사의 허수아비가 되는 건 항상 다른 사람들이지 우리 자신은 결코 아닙니다.

알튀세르의 세 번째 비판은 이론에 대한 그의 개념에서 나옵니다. 그는 인식이 특별한 실천의 결과로서 생산되어야 한다고 주장합니다. 인식은 이데올로기적이든 과학적이든 간에 실천의 생산입니다. 그것은 담론과 언어를 통한 현실의 반영이 아닙니다. 의미를 획득하기 위해서 사회관계는 '말과 언어로 재현'되어야 합니다. 의미는 이데올로기적이거나 이론적인 작업의 결과로서 생산됩니다. 이것은 단지 경험주의적 인식론의 결과가 아닙니다.

그 결과 알튀세르는 이데올로기적 실천의 고유성, 그리고 그 실천이 다른 사회적 실천들과 구분되는 차이를 사고하고자 합니다. 그는 또한 이데올로기적 실천의 층위가 사회구성체의 다른 심급들과 접합하는 '복합적 통일성'을 사유하고자 합니다. 따라서 내가 앞서 파악한 일부 개념을 이용하고 전통적 이데올로기 개념에 대한 비판을 통해 알튀세르는 몇 가지 대안을 제안하고자 합니다. 알튀세르에게 이 대안들이 어떤 것인지를 잠시 살펴볼까 합니다.

모든 사람이 잘 알고 있는 알튀세르의 글 중 하나가 「이데올로기와 이데올로기적 국가장치」[2]입니다. 이 글에서 그의 주장 중 일부는 향후 논쟁에서 아주 강력한 영향력을 끼치거나 강력한 울림을 가집니다. 우선 알튀세르는 이데올로기와 다른 사회적 실천 간의 관계를 재생산 개념을 통해 사고하고자 합니다. 이데올로기의 기능은 무엇입니까? 그것은 사회적 생산관계를 재생산하는 것입니다. 사회적 생산관계는 모든 사회구성체와 생산양식의 물질적 존재에 필수적입니다. 그러나 생산양식의 요소들이나 작용들은 특히 노동이라는 결정적 요인과 관련해서 지속적으로 생산되고 재생산되어야 합니다. 알튀세르는 자본주의 사회구성체에서 노동이 점차적으로 사회적 생산관계 내부가 아니라 외부에서 재생산된다고 주장합니다. 물론 그가 오직 생물학적이고 기술적인 재생산만 염두에 둔 건 아닙니다. 그는 사회적·문화적 차원의 재생산도 염두에 두었습니다. 노동의 재생산은 상부구조의 차원에서, 즉 가족, 교회 등과 같은 제도들에서 생산됩니다. 그것은 미디어, 노동조합, 정당과 같이 생산 자체와 직접적인 관련은 없지만―근대 자본주의 생산양식이 필요로 하는―특정한 도덕적·문화적 종류의 노동을 '양성하는' 결정적 기능을 담당하는 문화제도들을 필요로 합니다. 학교, 대학교, 직업훈련소, 연구센터는 선진적인 자본주의 생산체계를 위해 필요한 노동의 기술적 능력을 재생산합니다. 그러나 알튀세르는 우리에게 기술적인 능력은 갖고 있지만 정치적으로 순종적이지 않은 노동력은 결코 자본을 위한 노동력이 아니라는 점을 상기시킵니다. 그러므로 보다 중요한 과제는 현

2. Louis Althusser, "Ideology and Ideological State Apparatuses (Notes towards an Investigation)," *Lenin and Philosophy and Other Essays* (New York: Monthly Review, 1971).

재 그것이 어떤 상태에 도달해 있든지 간에 자본주의적 발전의 경제적 생산양식의 규율, 논리, 문화, 충동을 도덕적·정치적으로 기꺼이 따를 수 있는 그런 종류의 노동을 양성하는 것입니다. 따라서 이데올로기가 다양한 이데올로기적 장치들을 통해 수행하는 것은 보다 거시적인 의미에서 사회적 생산관계를 재생산하는 것입니다. 이것이 알튀세르의 첫 번째 정식화입니다.

물론 그런 의미의 재생산은 마르크스에게서 찾아볼 수 있는 고전적 용어입니다. 알튀세르가 재생산 개념에 대해 매우 제한적인 정의를 내렸다고 말해야겠지만, 그는 이 개념을 찾기 위해 『자본』이 탐구한 것보다 더 깊이 들어갈 필요는 없었습니다. 알튀세르는 노동력의 재생산에 대해서만 언급한 데 반해, 마르크스에게 재생산은 소유와 착취라는 사회적 관계의 재생산과 실제 생산양식 자체의 재생산을 포함하는 훨씬 더 광의의 개념입니다. 이 점은 알튀세르에게 아주 전형적인 것입니다—즉, 그가 마르크스주의의 가방 속을 뒤져 마르크스주의적 반향이 큰 용어나 개념을 끄집어낼 때마다, 그는 종종 그 개념을 자신만의 독특한 방식으로 제한하고 비틀어버립니다. 이런 방식으로 그는 마르크스의 구조주의적 사고틀을 계속해서 '공고히 합니다.'

이런 입장에는 한 가지 문제가 있습니다. 알튀세르의 글에서 이데올로기는 실질적으로 지배계급의 이데올로기인 듯합니다. 만약 피지배계급의 이데올로기가 있다면, 그것은 자본주의 생산양식 내의 지배계급의 기능 및 이해관계에 완벽하게 적응한 이데올로기여야 할 것 같습니다. 이 지점에서 알튀세르적 구조주의는 자신에게 제기되어온 마르크스주의적 기능주의라는 비난에 노출되기 쉽습니다. 이데올로기는 필요한 기능을 수행하고(즉, 지배 이데올로기의 지배를 재생산하고), 특히 그 기능을 효과적으로 수행하며, 반대 경향들countertendencies(마르크스가 재생산을 논할 때마다 항상 볼 수 있는 제2의 개념으로 『자본』의 분석을 정확히 기능주의와 구분 짓는 개념)과 마주치지 않으면서 그 기능을 계속 수행해가는 것으로 보입니다. 여러분이 이데올로기의 모순적 장에 관해, 피지배계급의 이데올로기가 어떻게 생산되고 재생산되는가에 관해, 그리고 저항, 배제, 일탈의 이데올로기들에 관해 질문한다면, 이 글에서는 어떠한 답변도 찾을 수 없을 겁니다. 알튀세르의 설명에는 사회구성체에 그렇게 효과적으로 봉합되어 있는 이데올로기가 자신에 반하는 대립물 내지 모순을 생산하는 까닭이 무엇인지에 대한 설명이 전혀 없습니다. 그러나 오직 자본의 기능에만 순응하고 그것을 상쇄하는 대립적 경향을 전혀 갖지 않는 재생산 개념은 어떠한 모순과도 마주치지 않고, 계급투쟁의 장도 아니며, 마르크스의 재생산 개념과도 완전히 이질적인 것입니다.

「이데올로기와 이데올로기적 국가장치」에서 두 번째 영향력 있는 명제는 이데올로기가 하나의 실천이라는 주장입니다. 즉, 그것은 특정한 장치와 사회제도와 조직의 의례 내에 있는 실천으로 나타납니다. 여기서 알튀세르는 경찰, 군대와 같은 억압적인 국가장치와 교회, 노동조합, 언론과 같이 국가에 의해 직접 조직되지 않는 이데올로기적 국가장치를 구분합니다. '실천과 의례'에 대한 강조를 너무 협소하게, 너무 논쟁적으로 해석하지만 않는다면 이는 전적으로 반길 만합니다. 이데올로기는 세계를 사유하고 세계에 관해 계산하는 틀─사람들이 사회적 세계가 어떻게 작동하는지, 그 세계 속에서 자신들의 위치가 무엇인지, 그리고 자신들이 무엇을 **해야** 하는지를 이해하는 '관념들'—입니다. 그러나 유물론적, 혹은 비관념론적 이론에 있어서 문제는 정신적 사건들인 관념들, 즉 마르크스의 말처럼 오직 "사고와 머리 속에서"(이곳 말고 어디서 일어나겠습니까?)만 일어나는 관념을 어떻게 비관념론적이고 비속류적인 유물론적 방식으로 다룰 수 있는가 하는 점입니다. 여기서 알튀세르의 강조가 큰 도움이 됩니다. 그것은 우리로 하여금 철학적 딜레마에서 벗어나게 해줄 뿐 아니라 내 생각에 추가적인 미덕도 있는데, 바로 정확하다는 점입니다. 알튀세르는 관념이 출현하는 지점, 즉 정신적 사건이 사회적 현상으로 기입되거나 실현되는 지점에 역점을 둡니다. 그것은 우선적으로 당연히 (기호의 사용과 관련된 의미화의 실천이라는 의미에서 이해되는) 언어(와 기호학적 영역에서 의미와 재현의 영역)에서 출현하고, 그에 못지않게 중요한, 이데올로기가 기입되고 등록되는 사회적 행위 내지 행동의 의례와 실천 속에서 출현합니다. 언어와 행동은 말하자면 이데올로기의 물질적 등록의 매개체이자 그 기능작용의 양식입니다. 이러한 의례와 실천은 항상 사회적 장치와 연결된 사회적 장 안에서 일어납니다. 이것이 언어와 행동 속에 기입된 이데올로기적 사고의 패턴을 이해하기 위해 우리가 언어와 행동을 분석하거나 해체해야 하는 이유입니다.

이데올로기에 관한 사고에서 이러한 중요한 진전은, 이데올로기가 결코 '관념'이 아니라 실천이며 그리고 바로 이 점이 이데올로기 이론이 유물론적임을 보증한다고 주장하는 이론가들에 의해 종종 흐려졌습니다. 나는 이러한 주장에 동의하지 않습니다. 나는 그들이 '구체성의 오류misplaced concreteness'를 겪고 있다고 생각합니다. 마르크스주의적 유물론이 정신적 사건(즉, 사고思考)의—현실적 효과는 물론이고—정신적 성격을 폐지한다는 주장은 수용할 수 없습니다. 왜냐하면 그것이 바로 마르크스가 (「포이어바흐에 관한 테제들Theses on Feuerbach」에서) 일방적 혹은 기계적 유물론이라 불렀던 것의 오류이기 때문입니다.[3] 이데올로기는 사고가 출현하는 물질적 형식들에, 그리고 사고가 현실적인 물질적 효과를 갖는다는 사실에 의존해야 합니다. 어쨌든 이것이 내가 "이데올로기는 장치 속에, 그리고 그 실천 및 실천들 속에 항상 존재하기"[4] 때문에 물질적이라는, 알튀세르의 매우 자주 인용되는 주장으로부터 배운 것입니다. 그의 주장은 이렇게 주장한 대목의 끝에서—그가 기이하게 말했듯이—"사라졌음, 즉 **관념**이라는 용어"[5]라는 알튀세르의 지나치게 극적이고 너무 압축된 정식화 때문에 부분적으로 손상을 입게 됩니다. 알튀세르는 많은 것을 성취했습니다만, 비록 그런 주장이 아무리 편리하고 든든한 것이라 하더라도, 내 사고방식으로 볼 때 그는 관념과 사고의 존재를 실제 폐지하지 않았습니다. 그가 보여준 것은 관념이 물질적 존재를 갖는다는 것입니다. 그 자신이 말했듯이, "인간 주체의 '관념들'은 행동 속에 존재하고" 행동은 "실천들 속에 편입되어 있고 (…) **이데올로기적 장치의 물질적 존재** 내에서 이런 실천들이 기입된 의례들에 의해 통제됩니다."[6]

3. Karl Marx, "Theses on Feuerbach," *Early Writings*, Translated by Tom B. Bottomore (London: C. A. Watts, 1963).
4. Louis Althusser, "Ideology and Ideological State Apparatuses," p. 166.
5. Louis Althusser, "Ideology and Ideological State Apparatuses," p. 169.
6. Louis Althusser, "Ideology and Ideological State Apparatuses," p. 168.

그럼에도 알튀세르의 용어 사용에는 심각한 문제점들이 남아 있습니다. 「이데올로기와 이데올로기적 국가장치」는 시민사회의 여러 '자율적' 부문과 국가 간의 동일성을 아무런 문제없이 다시 받아들입니다. 하지만 앞으로 보겠지만, 이것들 간 접합의 문제는 그람시의 헤게모니 개념의 중심에 놓여 있습니다. 그람시는 국가/시민사회의 경계를 정식화하는 데 어려움을 느낍니다. 그 경계 지점이 간단하지도 무모순적이지도 않은 문제이기 때문입니다. 발전된 자유민주주의에서 결정적 질문은 정확히 이데올로기가 어떻게 국가 자체의 직접적 활동 영역 외부에 존재하는 시민사회의 이른바 **사적인** 제도들—동의의 극장—속에서 재생산되는가 하는 것입니다. 만일 대체로 모든 것이 국가의 감독하에 있다면, 재생산되는 유일한 이데올로기가 곧 지배 이데올로기인 이유를 이해하는 건 별로 어렵지 않을 것입니다. 하지만 보다 적절하지만 답하기는 곤란한 질문은 사회가 어떻게 시민사회 제도의 상대적 자율성이 국가의 지시나 강제 없이 이데올로기의 장에서 매일 작동할 수 있도록 **허용해주는가**, 그리고 시민사회의 '자유로운 작용'의 결과가 왜 아주 복잡한 재생산 과정을 통해 이데올로기를 '지배소를 갖는 구조structure in dominance'로 끊임없이 재구성하는가 하는 것입니다. 이는 설명하기 매우 까다로운 질문인데, 이데올로기적 국가장치 개념은 정확히 이런 문제를 사전에 배제합니다. 다시 말해, 이데올로기적 국가장치 개념은 생산양식의 조건과 이데올로기의 기능 간의 필연적인 기능적 조응을 전제하는, 넓은 의미의 '기능주의적' 형식입니다.

결국 민주주의 사회에서 미디어의 구조화된 편견을 우리가 정확히 무엇을 신문에 싣고 방송해야 하는가를 국가에 의해 지시받는다는 관점에서 적절히 설명할 수 없다고 말하는 것은 자유에 대한 환상 때문이 아닙니다. 비난받더라도 언론의 '자유'를 강조하던 그렇게 많은 언론인은 어떻게 해서 근본적으로 동일한 이데올로기적 범주들 내에서 구성된 세계에 대한 이야기들을 아주 자발적으로 강요 없이 반복해서 재생산하고자 하는 걸까요? 그들은 어떻게 해서 이데올로기적 장 내의 그렇게 제한된 레퍼토리에만 계속해서 매달리는 걸까요? 추문 들춰내기의 전통 속에서 글 쓰는 언론인들조차도 자신들이 의식적으로 개입하기보다는 오히려 '그들에게 글을 쓰게 하는' 이데올로기를 자신 속에 기입하고 있는 경우가 종종 있습니다.

바로 이것이 반드시 설명할 필요가 있는 자유주의적 자본주의하의 이데올로기적 양상입니다. 그리고 이것이 사람들이 "물론 우리 사회는 자유로운 사회이고, 미디어 활동도 자유롭습니다"라고 말할 때, "아닙니다. 미디어가 국가의 강제를 통해서만 움직이는 게 보이지 않습니까?"라는 식으로 대답하는 것이 아무런 소용이 없는 이유입니다. 그렇다면 얼마나 좋겠습니까! 기존 감시자 중에서 네댓 명을 빼내고 우리의 감시자 몇 명을 집어넣으면 될 테니까요. 사실 경제적 재생산이 직접적 권력에 의해 설명될 수 없듯이, 이데올로기적 재생산도 더 이상 개인의 성향이나 노골적인 강요(사회통제)에 의해 설명될 수 없습니다. 두 가지 설명─둘은 유사합니다─은『자본』이 시작하는 지점에서, 즉 자본 순환의 '자연발생적인 자유spontaneous freedom'가 실제 어떻게 기능하는지를 분석하는 데서 출발해야 합니다. 이것은 「이데올로기와 이데올로기적 국가장치」의 용어법이 사전에 배제해버린 문제입니다. 알튀세르는 국가와 시민사회를 구분하는 것을 (나중에 풀란차스가 내용은 다르지만 비슷하게 지지했던 동일한 근거에서─즉,

이 구분은 오직 "부르주아 이데올로기"[7]에만 해당한다는 근거에서) 거부합니다. 그의 용어법은 그람시가 근대적 사회구성체에서 사회의 엄청난 복합성이라 부르고자 했던 것—"시민사회의 참호와 요새화"[8]—에 충분한 의미를 두지 않았습니다. 이는 자본주의가 기술적 차원에서 자신의 직접적 통제하에 있지 않은 시민사회를 통제하고 조직하기 위해 움직이는 과정들이 얼마나 복잡한지를 이해하지 못한 것입니다. 이것은 이데올로기와 문화의 영역에서 중요한 문제들인데, '이데올로기적 국가장치'의 정식화는 우리로 하여금 이 문제를 회피하도록 조장합니다.

알튀세르의 세 번째 명제는 이데올로기가 오직 주체라는 구성적 범주 때문에 존재할 뿐이라는 주장입니다. 여기에는 길고 복잡한 이야기가 있지만 그중 일부만 다루어보겠습니다. 앞서 주장했듯이, 『자본을 읽자』는 그 논증방식에 있어 레비스트로스와 다른 비마르크스주의적 구조주의자들과 아주 유사합니다. 레비스트로스[9]처럼 알튀세르 또한 사회관계를 주체 없는 과정으로 설명합니다. 마찬가지로 알튀세르가 계급을 단지 경제적 사회관계의 '담지자 내지 지지자'로 강조할 때, 레비스트로스처럼 알튀세르 역시 실천 일반의 영역에 적용된 소쉬르식의 언어 개념을 사용해 고전적 서구 인식론의 전통적인 행위자/주체를 제거하고 있습니다. 여기서 알튀세르의 입장은 신화가

7. Nicos Poulantzas, *Political Power and Social Classes*, Translated by T. O'Hagan (London: New Left, 1973).
8. Antonio Gramsci, *Selections from the Prison Notebooks*, Translated by Quintin Hoare & Geoffrey Nowell Smith (New York: International, 1971).
9. Claude Lévi-Strauss, *Structural Anthropology*, Translated by C. Jacobson & B. G. Schoepf (London: Penguin, 1972).

신화제작자를 통해 '말'하는 것처럼 언어는 우리를 통해 말한다는 개념과 같은 선상에 있습니다. 이것은 주체적 동일시의 문제와 개인 혹은 집단이 어떻게 이데올로기의 언표행위자가 되는가 하는 문제를 폐지합니다. 그러나 이데올로기 이론을 전개하면서 알튀세르는 이데올로기가 주체 없는 과정에 불과하다는 개념으로부터 멀어집니다. 그는 주체와 주체성의 영역을 단순히 텅 빈 공간으로 남겨놓을 수 없다는 비판을 받아들인 듯합니다. 구조주의의 주요 과제 중 하나인 '주체의 탈중심화'는 이데올로기의 예속화와 주체화의 문제를 여전히 미해결 상태로 남겨둡니다. 주체적 효과의 과정들은 여전히 설명되어야 할 문제입니다. 만일 우리가 주체나 주체성의 개념을 전혀 가질 수 없다면, 구체적 개인들이 어떻게 특정한 이데올로기 내에 자리 잡을 수 있을까요? 다른 한편, 우리는 이 문제를 경험주의적 철학 전통과는 다른 방식으로 다시 사유해야 합니다. 이것은 아주 긴 전개 과정의 시작인데, 그것은 「이데올로기와 이데올로기적 국가장치」에서 모든 이데올로기가 주체의 범주를 통해 기능하고, 주체가 존재하는 것이 단순히 이데올로기 내에서, 그리고 이데올로기를 위해서라는 알튀세르의 주장과 함께 시작합니다.

이 '주체'는 경험적인 역사적 개인들과 혼동되어서는 안 됩니다. 이것은 주체—이데올로기적 언표로서의 '나'—가 구성되는 범주, 즉 위치입니다. 알튀세르는 라캉[10]에서 차용한 '호명interpellation' 개념을 통해 이것이 어떻게 기능하는지를 설명합니다. 이 개념은 우리를 이

10. Jacques Lacan, *Ecrits: A Selection*, Translated by Alan Sheridan (London: Routledge, 1977).

데올로기, 즉 그것의 저자 혹은 그것의 본질적 주체로서 모집하는 이데올로기에 의해 호명되거나 소환된다고 주장합니다. 우리는 우리 자신과 의미화의 연쇄 간의 인정 내지 고착의 위치에서 이데올로기의 무의식적 과정에 의해 구성됩니다. 이런 의미화의 연쇄가 없다면 어떠한 의미화도, 어떠한 이데올로기적 의미도 가능하지 않을 것입니다. 정확하게 이런 주장의 전환으로부터 (결국 마르크스주의적 문제설정에서) 정신분석학과 포스트구조주의로 이어지는 긴 실마리가 풀리게 됩니다.

「이데올로기와 이데올로기적 국가장치」라는 글의 형태에 있어 심히 중요하면서도 동시에 매우 유감스러운 것이 있습니다. 이는 정확히 글의 구조가 두 부분으로 나뉜 것과 관련된 것입니다. 1부는 이데올로기와 사회적 생산관계의 재생산에 관한 것이고, 2부는 주체의 구성과, 이데올로기가 상상계의 영역에서 우리를 어떻게 호명하는가 하는 문제에 관한 것입니다. 이 두 측면을 별개의 영역으로 다룬 결과 치명적인 탈구가 일어납니다. 처음에 이데올로기 일반 이론에서 하나의 결정적 요소로 파악되었던 것—즉, 주체의 이론—이 이론 전체와 환유적으로 치환되어 버립니다. 따라서 그 뒤 펼쳐진 엄청나게 정교한 이론들은 모두 두 번째 질문, 즉 주체가 다른 담론들과의 관계 속에서 어떻게 구성되는가, 이러한 위치성을 창조할 때 무의식적 과정의 역할은 무엇인가 하는 질문에 관한 것이었습니다. 이것은 담론 이론과 언어학의 영향을 받은 정신분석학의 대상입니다. 혹은 사람들은 특정한 담론구성체의 언술행위의 조건들을 탐구할 수 있습니다. 이것은 푸코의 문제설정입니다. 혹은 주체와 주체성 그 자체가 구성되는 무의식적 과정을 탐구할 수도 있습니다. 이것은 라캉의 문제설정입니다. 「이데올로기와 이데올로기적 국가장치」의 두 번째 부분에는 상당한 이론화가 진행되고 있습니다. 하지만 첫 번째 장에서는 아무런 내용도 없습니다. 그게 끝입니다! 사회적 생산관계의 재생산에 관한 알튀세르의 불충분한 이론화와 더불어 탐구는 중단되고 맙니다. 이데올로기의 난해한 문제가 지닌 두 측면이 이 글에서는 균열되고, 그 후 양극단으로 분리되고 맙니다. 재생산의 문제는 마르크스주의적(남성적) 극에 할당되는 데 반해, 주체성의 문제는 정신분석학적(페미니즘적) 극에 할당됩니다. 이후 둘은 결코 조우하지 않습니다. 후자는 사람들의 '내면적인 것', 정신분석학, 주체성, 섹슈얼리티에 관한 질문으로 구성되고 그것에 '관한' 것으로 이해됩니다. 점차 페미니즘과의 연관성도 이 장에서 이런 방식을 통해서 이론화됩니다. 전자는 사회관계, 생산, 생산체계의 '견고한 측면'에 관한 것이고, 이것이 마르크스주의와 계급 담론의 '관심사'입니다. 이와 같은 이론적 기획의 분리는 정치적 효과가 손상되는 건 말할 것도 없고 이데올로기의 문제설정이 전개되는 불균등성에 있어서도 아주 파괴적인 결과를 초래합니다.

이러한 길들 중에 어느 하나를 택하기보다는, 나는 한동안 이런 곤경을 깨고 나와 알튀세르의 몇몇 대안적인 출발점에 주목하고 싶습니다. 나는 이로부터 유용한 발전이 가능하다고 생각합니다. 「이데올로기와 이데올로기적 국가장치」에서 '진전된' 지점에 도달하기 훨씬 전에 알튀세르는 『마르크스를 위하여』의 한 짧은 대목에서 이데올로기에 관해 다시 생각해볼 만한 간단한 정의를 제기한 바 있습니다. 바로 여기서 그는 이데올로기를, 다시 말해 인간들이 "현실적 존재조건과의 상상적 관계"를 체험하는—개념, 관념, 신화, 혹은 이미지로 구성된—재현체계로 정의합니다.[11] 이 진술은 조금 더 검토해볼 가치가 있습니다.

이데올로기를 '재현체계'로 지칭하는 것은 근본적으로 그것의 담론적·기호학적 성격을 인정하는 것입니다. 재현체계는 우리가 세계를 우리 자신에게, 그리고 서로서로에게 재현하는 의미체계입니다. 그것은 이데올로기적 지식이 특정한 실천들—의미의 생산과 관련된 실천들—의 결과임을 인정합니다. 그러나 의미의 (기호학적) 영역을 벗어나는 사회적 실천이 존재하지 않는다고 해서 **모든** 실천이 담론에 불과한 걸까요?

여기서 우리는 매우 신중하게 논의를 쫓아가야 합니다. 우리의 앞에는 또 다른 억압된 용어 내지 배제된 중간이 있습니다. 알튀세르는 우리에게 관념들이 텅 빈 공간에서 자유롭게 유동하는 것이 아니라고 말합니다. 우리는 관념들이 사회적 실천 속에 구체화되어 있고 사회적 실천을 형성하기 때문에 사회적 실천 속에 있음을 알고 있습니다. 그런 의미에서 사회적인 것the social은 결코 기호적인 것the semiotic 의 밖에 있지 않습니다. 모든 사회적 실천은 의미와 재현의 상호작용 속에서 구성되고 재현될 수 있습니다. 다시 말해, 이데올로기의 밖에 사회적 실천은 존재하지 않습니다. 하지만 모든 사회적 실천이 담론적인 것 내에 있다고 해서, 그것이 담론을 **제외하면** 사회적 실천에는 아무것도 없다는 것을 의미하지 않습니다. 나는 우리가 실천으로서의 관념이라는 관점에서 일반적으로 말하는 과정들을 묘사할 때 거

---

11. Louis Althusser, *For Marx*. Translated by Ben Brewster (New York: Random House, 1970), pp. 231-236.

기에 무엇이 들어 있는지를 압니다. 즉, '실천'은 구체적인 느낌을 갖는다는 것입니다. 실천은—교실, 교회, 강연장, 공장, 학교, 가정과 같이—특정한 장소와 장치들에서 일어납니다. 이러한 구체성을 통해 우리는 실천이 '물질적'이라고 주장할 수 있습니다. 하지만 다양한 종류의 실천 간 차이에 주목해야 합니다. 한 가지 제안을 하겠습니다. 만약 현대 자본주의의 노동과정의 일부에 참여하게 되면, 여러분은 원료를 생산품, 즉 상품으로 변형하기 위해 일정한 생산수단과 더불어—일정한 가격으로 구매된—노동력을 사용하게 됩니다. 이것이 하나의 실천—노동의 실천—에 대한 정의입니다. 이것은 의미와 담론의 **밖**에 있을까요? 분명 그렇지 않습니다. 노동이 재현과 의미의 영역 안에 있지 않다면, 그 많은 사람이 어떻게 매일 그러한 실천을 학습하고, 나아가 분업 과정에서 자신의 노동력을 다른 사람의 노동력과 결합할 수 있을까요? 그렇다고 이러한 변형의 실천이 오직 담론에 지나지 않는 걸까요? 당연히 아닙니다. 모든 실천이 이데올로기 **안**에 있거나 이데올로기에 의해 기입되어 있기 때문에 모든 실천이 이데올로기에 **불과하다**는 식으로 추론할 수 있는 것은 아닙니다. 이데올로기적 재현의 생산을 일차적 대상으로 삼는 그런 실천들에 특수성이 있습니다. 그것들은 다른 상품을—의미 있게, 그리고 이해 가능하게—생산하는 실천들과는 다릅니다. 미디어에 종사하는 사람들은 이데올로기적 재현의 영역 그 자체를 생산하고, 재생산하고, 변형하고 있습니다. 이들은 이데올로기 일반에 대해 물질적 상품들의—그럼에도 이데올로기에 의해 또한 기입된—세계를 생산하고 재생산하고 있는 다른 사람들과는 다른 관계에 위치합니다. 이미 바르트는 오래 전에 모든 것은 의미작용이기도 하다고 말한 적이 있습니다. 후자의 실천 형식들은 이데올로기 내에서 움직이지만 그 대상의 특수성이라는 관점에서는 이데올로기적이지 않습니다.

나는 이데올로기가 실천 속에 물질화된 재현체계라는 개념을 간직하고 싶습니다. 하지만 나는 '실천'을 물신화하고 싶지는 않습니다. 이러한 이론화의 차원에서 이런 주장은 너무나 자주 사회적 실천을 사회적 담론과 동일시하려는 경향이 있습니다. 담론을 강조하는 것이 의미와 재현의 중요성을 지적한다는 점에서는 옳지만, 오히려 그것은 정반대로 받아들여져 왔고, 우리로 하여금 모든 실천에 관해 오직 이데올로기만 존재하는 것처럼 얘기하게 만듭니다. 이는 전도에 지나지 않습니다.

알튀세르가 말하는 것이 '체계'가 아니라 '체계들'이라는 점에 주목하기 바랍니다. 재현체계들에 관해 중요한 것은 그것이 단수가 아니라는 점입니다. 어떤 사회구성체에서도 그것의 수는 많습니다. 그것들은 복수입니다. 이데올로기들은 단수적인 관념을 통해 기능하지 않습니다. 그것들은 담론적 연쇄, 의미 다발, 의미의 장, 그리고 담론구성체 안에서 움직입니다. 이데올로기의 장에 들어가 마딧점을 이루는 재현이나 관념을 선택하면, 그것은 즉각 함축적 연상의 망 전체를 촉발하게 됩니다. 이데올로기적 재현은 서로를 함축—소환—합니다. 그러므로 그 어떤 사회구성체에서도 다양한 이데올로기적 체계들과 논리들이 움직이고 있습니다. **단일한** 지배 이데올로기와 **단일한** 종속 이데올로기라는 개념은 발달된 현대사회에서의 다양한 이데올로기적 담론과 구성체의 복잡한 상호작용을 재현하는 데는 부적절한 방법입니다. 뿐만 아니라 이데올로기의 지형은 서로 배타적이고 내적으로 자기 독립적인 담론적 연쇄의 장으로 구성되어 있지 않습니다. 담론들은 서로 경합하고, 공통적이고 공유적인 개념들의 레퍼토리에 종종 근거하며, 차이 내지 등가의 다양한 체계 내에서 개념들을 재접합하고 탈접합합니다.

알튀세르의 이데올로기 정의의 다음 부분, 즉 인간이 **체험하는** 재현체계들로 나아가봅시다. 알튀세르는 '체험하다'라는 단어의 앞뒤에 강조의 뜻에서 따옴표를 붙입니다. 그 이유는 그가 단순히 생물학적이거나 유전적인 생명이 아니라 문화와 의미와 재현 내에서 경험하는 삶을 염두에 두기 때문입니다. 이데올로기를 뛰어넘어 현실을 직접 체험하는 것은 가능하지 않습니다. 우리는 항상 현실이라는 것을 우리 자신과 다른 사람들에게 재현해주는 체계를 필요로 합니다. 이것이 '체험하다'라는 단어가 갖는 첫 번째 중요한 핵심입니다. '체험하다'라는 단어가 갖는 두 번째 핵심은 우리가 그것을 폭넓게 이해해야 한다는 것입니다. '체험하다'라는 말은 인간이 자신의 존재조건을 경험하고 해석하고 '이해'하기 위해 다양한 재현체계를 사용한다는 것을 의미합니다. 이 말은 이데올로기가 현실 세계에서 이른바 동일한 대상이나 객관적 조건을 항상 다른 방식으로 정의할 수 있다는 것을 의미합니다. 사회적 관계 혹은 실천의 조건들과 그것이 재현될 수 있는 다양한 방식의 개수 사이에는 어떠한 '필연적 조응'도 없습니다. 이는 담론 이론에서 신칸트주의자들이 주장하듯이 '이데올로기의 내부'를 제외하고선 사회관계를 인식하거나 경험할 수 없기 때문에, 사회관계가 재현 장치로부터 독립적인 존재를 갖지 않는다는 것을 의미하지 않습니다. 즉, 이는 1857년 『정치경제학 비판 요강』의 「서설」에서 마르크스에 의해 이미 잘 설명된 바 있지만, 알튀세르는 이를 우려스러울 정도로 오독합니다.

어쩌면 '체험하다'라는 말의 가장 전복적 의미는 그것이 경험의 영역을 함축한다는 것입니다. 우리가 세계를 '경험'하는 것은 문화의 재현체계 내에서, 그리고 이 체계를 통해서입니다. 즉, 경험은 우리가 갖고 있는 이해 가능성의 코드들, 우리의 해석적 틀의 산물입니다. 따라서 재현이나 이데올로기 범주 **밖**에서는 경험할 수 없습니다. 우리의 머리는 허위적 관념들로 가득 차 있지만, 우리가 절대적 증명의 계기로서 '현실'에 우리 자신을 개방하면 그 관념들이 완전히 사라지고 말 것이라는 통념은 가장 이데올로기적인 생각일 것입니다. 그때 의미가 재현체계의 개입에 의존한다는 생각이 사라질 것이고, 우리가 자연주의적 태도 속에서 확실함을 절감하는 '인식'의 순간이 찾아온다는 겁니다. 이는 극도로 닫힌 이데올로기적 순간입니다. 여기서 우리는 상식이라는 매우 이데올로기적 구조, 즉 '당연시되는 것들의' 체제에 완전히 지배당하게 됩니다. 감각이 우리의 재현체계에 의해 생산된 것이라는 사실을 간과하는 순간, 우리는 자연이 아니라 자연주의적 환상, 즉 이데올로기의 정점(과 저점)으로 빠져들게 됩니다. 따라서 이데올로기를 경험과 대립시킬 때, 혹은 환상을 진정한 진실과 대립시킬 때, 우리는 특정 사회의 '현실적 관계'를 그 문화적·이데올로기적 범주들을 벗어나서 경험할 수 있는 방법이 전혀 없다는 것을 깨닫지 못합니다. 이 말은 모든 인식이 우리의 권력의지의 산물일 뿐이라는 의미가 아닙니다. 우리에게 특정한 관계에 대해 다른 범주들보다 더 적절하고 더 심오한 지식을 제공하는 이데올로기적 범주들이 있을 수 있습니다.

우리가 살아가는 사회적 존재의 조건들과 우리가 그것을 경험하는 방식들 사이에 일대일 대응관계가 없기 때문에, 알튀세르는 이런 관계를 "상상적_{imaginary}"이라 부릅니다. 다시 말해, 이런 관계는 현실과 결코 혼동되어선 안 됩니다. 이런 영역이 라캉 고유의 의미에서 '상상적'인 것을 의미하게 된 것은 알튀세르의 작업에서 나중에야 가능합니다. 알튀세르가 초기 글에서 라캉을 이미 염두에 두었을 수는 있지만, 인식하는 것과 경험하는 것이 라캉이 세운 특별한 정신분석학적 과정을 통해서만 가능하다고 주장하는 데는 아직 관심이 없었습니다. 이데올로기를 **상상적**이라고 기술한 것은 '현실적 관계'가 그 의미를 명확하게 드러낸다는 통념과 선을 긋기 위한 것입니다.

마지막으로, 알튀세르가 이 단어, 즉 '현실적 존재의 조건'이란 말을 사용한 것은 (오늘날 문화이론 내에서) 논란을 불러일으킬 만한 것이라고 생각합시다. 왜냐하면 여기서 알튀세르는 사회관계가 실제로 이데올로기적 재현 혹은 경험과는 별개로 존재한다는 생각을 공개적으로 밝히기 때문입니다. 사회관계는 존재합니다. 우리는 사회관계 속에서 태어납니다. 그 관계는 우리의 의지로부터 독립적으로 존재합니다. 그 구조와 경향에 있어서 사회관계는 현실적입니다. 우리는 이런 조건들을 이런저런 방식으로 재현하지 않고서는 사회적 실천을 펼칠 수 없습니다. 그러나 재현들이 사회관계의 효과를 무효화하는 것은 아닙니다. 사회관계는 정신이나 사고와는 독립적으로 존재합니다. 그럼에도 사회관계는 오직 사고 속에서만 개념화될 수 있습니다. 알튀세르의 후기 작업이 아주 다른 근거의 이론화를 제공하지만, 알튀세르가 사회구성체의 생산양식을 구성하는 현실적 관계의 객관적 성격을 긍정한 것은 중요합니다. 여기서 알튀세르는 나중에 그가 보여준 후기 칸트주의적이거나 스피노자주의적인 형태보다 '실재론적인' 철학적 입장에 더 가깝습니다.

이제 나는 내가 설명해온 일부 문장을 뛰어넘어 이 정식화와 관련된 두세 가지 일반적인 것들을 확장해보았으면 합니다. 알튀세르는 이런 재현체계들이 근본적으로 무의식적 구조에 근거한다고 말합니다. 초기의 글에서 알튀세르는 레비스트로스가 신화의 코드를—그 규칙들과 범주들의 관점에서—무의식적인 것으로 정의했던 것과 유사한 방식으로 이데올로기의 무의식적 구조를 사고하는 듯합니다. 이데올로기적 언술을 발화할 때 우리 자신은 이데올로기의 규칙과 분류체계를 의식하지 못합니다. 그럼에도 언어 규칙들처럼 이데올로기의 규칙과 분류체계는 중지와 해체의 양식을 통해 합리적 조사와 분석의 가능성에 열려 있습니다. 그런 양식은 한 담론의 토대를 열어주고 우리로 하여금 그 담론을 생성한 범주들을 조사할 수 있게 합니다. 우리는 〈지배하라, 브리타니아여!Rule Brittania〉[12]의 가사를 알고 있지만 그 심층구조—국민 개념, 제국주의 역사를 구성한 위대한 판과 조각이라는 개념, 세계 지배 및 패권에 관한 가정들, 다른 민족들의 종속을 정당화하는 필연적 타자Other라는 개념들, 이런 것들이 단순한 찬미의 가사 속에서 화려하게 퍼져나갑니다—에 대해서는 무의식적입니다. 이러한 함축적 연쇄들은 개방되지도 않고 의식적 차원에서 쉽게 변화되거나 재정식화되기도 쉽지 없습니다. 따라서 이는 그런 함축적 연쇄들이 정신분석학적 의미에서 특정한 무의식적인 과정과 메커니즘의 산물임을 의미할까요?

이것은 우리로 하여금 주체들이 이데올로기 속에서 자기 자신을

---

12. [옮긴이] 〈지배하라, 브리타니아여!〉는 영국의 비공식 국가이자 영국군의 군가이며, 오늘날에는 제국주의를 찬양하는 노래의 가사 때문에 공공장소에서는 기피되고 있다.

어떻게 인식하는가, 즉 개별 주체와 특정한 이데올로기적 담론의 위치성 간 관계는 어떻게 구성되는가 하는 질문으로 돌아가게 합니다. 언어 내에서 개인들의 몇몇 기본 위치와 이데올로기적 장에서의 몇몇 주요 위치가 초기의 형성 단계에서 정신분석학적 의미의 무의식적 과정을 통해 구성될 수 있을 듯합니다. 이런 과정들은 향후의 이데올로기적 담론에서 우리가 처한 삶의 방식에 깊고 일정한 방향의 영향을 끼칠 수 있습니다. 이런 과정들이 아주 어린 유아기에 작동**하고**, 타자들 및 외부 세계와의 관계 형성을 가능하게 한다는 것은 분명합니다. 이런 과정들은—한편에서—무엇보다도 성 정체성의 성격 및 발달과 긴밀히 연결되어 있습니다. 다른 한편, 이러한 위치들**만**이 개인들을 이데올로기 속에 자리 잡게 하는 메커니즘을 구성한다는 것은 충분히 증명된 바 없습니다. 우리가 역사적으로 특정한 이데올로기적 담론들의 복합적 장과의 관계 속에서 특정한 위치에 결부되는 것이 우리가 오직 "생물적 존재에서 인간적 존재로의 이행"[13]에 들어가는 바로 그 순간에 전적으로 결정되는 것은 아닙니다. 우리는 삶의 다양한 순간에 다양한 방식으로 위치할 수 있도록 열려 있습니다.

어떤 이들은 우리가 나중에 갖게 될 위치들이 오이디푸스 콤플렉스의 해결 과정에서 구축된 일차적 위치들을 단순히 반복하는 것일 뿐이라고 주장하기도 합니다. 하지만 주체가 이데올로기적 장과 관계할 때 오로지 유아기의 무의식적 과정의 해결에 의해서만 정해지는 것은 아니라고 말하는 게 더 타당할 것입니다. 주체들의 위치는

---

13. Louis Althusser, "Freud and Lacan," *Lenin and Philosophy and Other Essays*, Translated by Ben Brewster (New York: Monthly Review, 1971), p. 193.

특정한 사회구성체 내의 담론구성체에 의해 지정되기도 합니다. 주체들은 다양한 사회적 장과의 관계 속에서 다양한 위치에 놓여 있습니다. 내가 볼 때, 개인에게—언어 그 자체를—발화하거나 언술할 수 있게 해주는 과정을, 그 개인으로 하여금 특정 사회의 다양한 재현체계 속에서 특정한 젠더와 인종, 사회적 성별 등을 갖는 개인으로서 언술할 수 있게 해주는 과정과 동일한 것이라 생각하는 것은 틀린 것 같습니다. 호명의 보편적 메커니즘이 언어를 위한 필수적인 일반적 조건을 제공할 수는 있겠지만, 그것이 역사적으로 구체적이고 차별화된 이데올로기들의 언술행위를 위한 구체적인 충분조건을 제공한다고 주장하는 것은 단순한 사변이자 억측일 뿐입니다. 담론의 이론은 일방적으로 라캉의 무의식적 과정의 관점에서 주체성을 설명하는 것이 이데올로기의 전체 이론이라고 주장합니다. 확실히 이데올로기 이론은 주체와 주체성의 이론을 과거의 마르크스주의적 이론들과는 다른 방식으로 펼쳐야 합니다. 그것은 이데올로기적 담론 안에서 자아의 인식, 즉 주체로 하여금 담론 안에서 스스로를 인식하게 하고 자연스럽게 담론의 저자로서 자연스럽게 말할 수 있게 해주는 것이 무엇인가를 설명해야 합니다. 그러나 이런 설명은 프로이트적인 틀, 즉 라캉이 언어학적 방식으로 다시 읽은 프로이트적인 도식을 사회구성체에서 작용하는 이데올로기의 적절한 이론으로 받아들이는 것과 같은 게 아닙니다.

알튀세르 자신은 이전에 「프로이트와 라캉」이라는 글에서 라캉의 명제가 갖는 잠정적이고 사변적인 성격을 인식했던 것 같습니다. 그는 라캉의 주장을 뒷받침하는 일련의 '정체성들'—질서의 법Law of Order과 같이 생물학적 존재에서 인간 존재로의 이행(이 질서의 법은

"그 **형식적** 본질에서 언어의 질서와 혼동되는"[14] 문화의 법Law of Culture과
같은 것입니다)—을 반복했습니다. 그러나 그는 이런 상동관계의 순전
히 형식적 성격을 각주에서 다룹니다.

> **형식적으로**: 처음에 언어로 도입된 문화의 법칙은 (…) 언어에 의해
> 모두 해명되지 않는다. 그 내용은 친족구조들이자 특정한 이데올로
> 기적 구성체들이며 이 구조 속에 편입된 사람은 그 속에서 자신의
> 기능을 체험한다. 서구의 가족이 가부장제적이고 족외혼적임을 아는
> 것으로는 충분하지 않다. (…) 우리는 부성, 모성, 결혼, 그리고 어린이
> 시기를 지배하는 이데올로기적 구성체를 또한 밝혀야 한다. (…) 이런
> 이데올로기적 구성체들에 대한 대대적 연구들이 이뤄져야 한다. 이것
> 이 역사유물론의 과제다.[15]

하지만 나중의 정식화에서(그리고 그 뒤 이어지는 라캉적 용어들
의 범람 속에서 훨씬 더) 이런 종류의 주의는 마치 반란하듯 이어지는
긍정들 속에서 사라지고 맙니다. 익숙한 미끄러짐 속에서 "무의식은
언어처럼 구조화되어 있다"는 것은 "무의식은 언어, 문화, 성 정체성,
이데올로기 등등으로의 진입과 같은 것**이다**"라는 것이 되어버립니다.

내가 하고자 했던 것은 이데올로기에 관해 사유하고자 하는 더
욱 단순하고 더욱 생산적인 방식으로 돌아가는 것입니다. 나는 이 글
의 매우 잘 알려진 끝부분에서는 아니지만 그런 방식을 알튀세르의

---

14. Louis Althusser, "Freud and Lacan," p. 209.
15. Louis Althusser, "Freud and Lacan," p. 211.

작업에서 또한 찾았습니다. 이를 인식함으로써 우리는 이 문제들에 있어서—비록 우리의 개념적 장치가 진정한 이해와 실질적 연구, 진정으로 '개방적'(즉, 과학적) 방식을 통한 지식의 발전이라는 관점에서 극히 정교하고 '선진적인' 것이라 하더라도—우리는 길고 험난한 도정의 시작에 있습니다. 이 '기나긴 행진'의 견지에서 볼 때,『마르크스를 위하여』는 「이데올로기와 이데올로기적 국가장치」를 사로잡았던 공상 내지 가끔 있었던 환상의 비약보다 시기적으로 더 앞선 것입니다. 하지만 오직 이런 이유로 인해『마르크스를 위하여』가 낡은 것으로 치부되어서는 곤란합니다.『마르크스를 위하여』의 「모순과 과잉결정」은 그리 엄밀하게 이론화되지 않았더라도『자본을 읽자』보다 결정에 대한 훨씬 더 풍부한 개념을 가지고 있습니다.『마르크스를 위하여』는 「이데올로기와 이데올로기적 국가장치」만큼 포괄적이지 않더라도 이데올로기에 대한 보다 풍부한 개념을 제시합니다. 다시 말해, 나는 후기 알튀세르보다 초기 알튀세르를 더 선호합니다.

이른바 담론의 통일성은 실제로 서로 구분되는 다양한 요소의 접합이며 그 요소들이 전혀 필연적인 '귀속성'을 전혀 갖지 않기 때문에 다양한 방식으로 재접합될 수 있습니다. 중요한 '통일성'은 그렇게 접합된 담론과 특정한 역사적 조건하에서 연결될 수도 있지만 꼭 연결될 필요는 없는 사회세력들 간의 연결이라 할 수 있습니다. 그러므로 접합 이론은 이데올로기적 요소들이 어떻게 일정한 조건하에서 하나의 담론 내에서 정합적으로 결합하는가를 이해하는 방법이자 그것들이 구체적 국면하에서 어떻게 특정한 정치적 주체들과 접합하거나 접합하지 않는가를 질문하는 방법입니다. 다시 말해, 접합 이론은 주체가 어떻게 자신에게 귀속된 필수적이고 필연적인 사고를 하게 되는가 하는 것보다는 이데올로기가 어떻게 그 주체를 발견하게 되는가를 질문합니다. 접합 이론은 우리에게 이데올로기가 어떻게 사람들에게 힘을 불어넣어 주고, 자신의 역사적 상황에 대한 이해와 이해 가능성을 그들이 처한 사회경제적·계급적 위치 내지 사회적 위치로 환원하지 않으면서 제공해줄 수 있는가를 사고할 수 있게 합니다.

예를 들어, 종교는 반드시 정치적 함의를 갖지 않습니다. 동시대 문화의 정치학에 관심이 있는 사람은 누구나 우리의 합리적 체계보다 훨씬 더 오래된 역사를 지닌 문화형식들, 그리고 세계를 이해하기 위해 때때로 인간 존재의 유일한 문화적 자원을 구성하는 문화형식들(종교)이 현대 생활에서도 지속적인 힘을 갖는다는 것을 인식해야 합니다. 이러한 점은 일련의 역사적·사회적 구성체에서 종교가 특정한 권력구조의 문화적·이데올로기적 토대로서 독특한 방식으로 결합되거나 직접적으로 연결되어 있음을 부정하지 않습니다. 이는 역사적으로 확실한 사실입니다. 그리고 이러한 사회들에는 종교적 구성체를 정치적·경제적·이데올로기적 구조와 접합하는 강력한, 엄청나게 강한 '경향적 힘의 추세들lines of tendential force'이라 일컬어지는 것이 있습니다. 만일 여러분이 이런 사회로 이주해 들어간다면, 종교를 그것이 편입된 역사적 상황으로부터 손쉽게 분리해서 다른 장소로 옮겨놓을 수 있다고 생각하는 것은 어리석은 생각일 것입니다. 만약 내가 이런 연결들이 "필연적이지 않다"라고 말할 때, 이는 종교가 자유롭게 유동한다는 뜻은 아닙니다. 종교는 특정한 구성체 속에 역사적으로 존재하고, 수많은 다양한 세력과의 관계 속에 직접 고착되어 있습니다. 그럼에도 불구하고 종교는 필연적이고 본질적이며 초역사적인 귀속성을 갖지 않습니다. 종교의―정치적·이데올로기적―의미는 정확히 구성체 내부에서 그것이 점하는 위치에서 생겨납니다. 종교는 그것과 접합되어 있는 다른 것과 함께 움직입니다. 그러한 접합들이 불가피하지도 필연적이지도 않기 때문에, 그것들은 잠재적으로 변형될 수 있고, 따라서 종교도 하나 이상의 방식으로 접합 가능합니다. 나는 역사적으로 종교가 오랜 기간 특정 문화 안에 일정한 방식으로 내재해 있고, 이런 경향이 분리하기 아주 어려운 경향의 자력선들을 형성하고 있음을 강조하고 싶습니다. 지리적 은유를 사용하자면, 종교를 둘러싸고 투쟁하기 위해선 이데올로기적 지형, 즉 지세地勢를 잘 알아야 합니다. 그러나 이것은 '지금의 형국이 이렇기에 앞으로도 늘 이럴 것이다'라는 의미는 아닙니다. 만일 이런 경향적인 역사적 연결들 중 일부를 깨고 반박하고 중단시키려고 하면, 여러분은 역사적 구성체의 흐름을 언제 거슬러 나아가야 할지를 알아야 합니다. 만일 종교를 이동시켜 그것을 다른 방식으로 재접합하고 싶다면, 여러분은 이미 그것을 접합해온 모든 관례를 이해해야 할 것입니다.

그럼에도 우리가 근대 개발도상국의 세계들을 살펴보면, 종교적 구성체들이 실제로 엄청나게 다양한 역할을 수행하는 것을 보게 됩니다. 또한 우리는 종교가 일부 대중적 사회운동들에 불어넣은 엄청난 문화적·이데올로기적 활력을 보게 됩니다. 다시 말해, 종교가 **높은 가치**를 지닌 이데올로기적 영역, 즉 모든 다양한 문화적 흐름이 집중될 수밖에 없는 영역으로 자리 잡고 있는 사회구성체에서는 어떠한 정치적 운동도 종교적 영역과의 타협 없이는 대중적인 것이 될 수 없습니다. 사회운동은 종교적 영역을 변형하고, 장악하고, 굴절시키고, 발전시키고, 해명해야 합니다—무엇보다 사회운동은 종교적 영역과 직접 관계해야 합니다. 이런 사회구성체에서 종교 문제에 개입하지 않고서는 대중적 정치운동을 창조할 수 없습니다. 왜냐하면 종교는 이 공동체가 독특한 방식으로 의식화되는 영역이기 때문입니다. 이런 의식은 제한적일 수 있습니다. 이 의식은 그들이 자신의 역사를 재형성하는 데 큰 도움을 줄 수 없을지도 모릅니다. 하지만 그들은 대중 종교의 담론을 통해 '언어화'하게 됩니다. 처음에 그들은 자신이 어디에서 왔는지, 지금 어디에 있고 어디로 가고 있는지, 왜 여기에 있는지 등 아무리 빈약하고 타락한 것이라 하더라도 과거와 현재를 연결하는 서사를 구성하기 위해 종교를 이용합니다.

자메이카의 라스타파리언들Rastafarians의 경우에 라스타Rasta는 그들 자신과는 상관없는 텍스트, 즉 성경에서 차용한 흥미로운 용어입니다. 그들은 자신의 경험에 적합한 의미를 획득하기 위해 텍스트를 뒤집어야 했습니다. 텍스트를 역전시키면서 그들은 스스로를 다시 형성했습니다. 그들은 스스로를 다른 방식의 새로운 정치적 주체로 자리매김했습니다. 그들은 스스로를 신세계의 흑인으로 재구성했습니다. 즉, 그들은 지금의 그들이 **된 것입니다.** 이런 식으로 자신의 위치를 설정함으로써 그들은 새로운 언어를 말하는 법을 터득했습니다. 그리고 그들은 복수할 의도로 그 언어를 말했습니다. 그들은 말하고 노래하는 법을 배웠습니다. 그렇게 함으로써 그들은 자신들의 유일한 문화적 자원이 과거에 있다고 생각하지 않았습니다. 그들은 과거로 돌아가서 역사의 손이 닿지 않는 절대적으로 순수한 '민속문화'를, 마치 그들이 말하는 법을 배울 수 있는 유일한 방식인 양 회복하려고 하지 않았습니다. 아닙니다, 그들은 자신들의 메시지를 알리기 위해 현대적 미디어를 사용했습니다. "숲 속에서 북치는 소리tom-toms 따위를 말하지 마세요. 우리는 새로운 메시지를 가진 새로운 음악을 창작하기 위해 새로운 표현 및 생산의 수단을 사용하길 원합니다." 이는 문화적 변형입니다. 이것은 전적으로 새로운 것도 아니고, 과거로부터의 직접적이고 끊이지 않는 연속성을 갖는 것도 아닙니다. 이것은 문화적 실천의 요소들, 즉 그 자체로 어떠한 필연적인 정치적 함의도 갖지 않는 요소들의 재조직화를 통한 변형입니다. 그것은 정치적·이데올로기적 함의를 지닌 한 담론의 개별적 요소가 아닙니다. 오히려 그것은 이 요소들이 새로운 담론구성체 속에서 함께 조직화되는 방식입니다.

사회세력들social forces의 문제로 넘어가봅시다. 민중이 자기 자신과 자신의 역사적 상황에 대해 갖는 의식과 자각을 문화적으로 변형하는 이 이데올로기(라스타파리아니즘)는 스스로를 **곧장** 사회적·정치적 세력으로 구성되지는 않습니다. 비록 그것이 문화적으로는 폭발적이더라도 말입니다. 모든 종교적 설명의 형식이 그렇듯이, 그것도 한계를 갖습니다. 그러나 그것은 사회운동, 곧 민중운동과 접합됩니다. 그것은 과거에 역사적 블록 안에 있지 않던 사람들을 끌어들이거나 이용하기 위해 움직입니다. 계급이 그 중심일까요? 라스타파리아니즘 운동의 경우, 그 중심에는 자메이카사회의 경제생활 내의 경험과 입장, 결정이 있습니다. 그 핵심에는 계급구성체가 있습니다. 하지만 이것이 단지 하나의 계급일까요? 아닙니다, 그것은 이미 통일된 하나의 계급으로 환원되는 역사적·정치적 세력이 될 수 없었습니다. 사실 그것은 이미 자리 잡고 있는 통일된 이데올로기를 갖고 있는 하나의 단일한 계급이 결코 아닙니다. 그 내부에는 다양한 다른 결정과 이데올로기가 횡단하고 깊이 교차합니다. 사실 그것은 통일을 지향하는 이데올로기 내에서 스스로를 집단적 주체로서 구성함으로써 통일된 사회세력이 **될 수 있을** 뿐입니다. 그것은 공통적인 집단적 상황을 설명해주는 이해 가능한 형식을 획득할 때까지는 하나의 계급 내지 통일된 사회세력이 되지 못합니다. 심지어 그런 형식을 획득했을 때조차 장소와 통일성을 결정하는 것은 우리가 과거에 경제적 계급의 의미를 설명하기 위해 사용하던 용어로 환원할 만한 것은 전혀 없습니다. 다양한 사회세력의 다양한 부문이 바로 그 순간에 이 이데올로기와 접합하거나 이 이데올로기 내부에서 서로 접합하게 되는 것입니다. 그러므로 사회세력, 계급, 집단, 정치운동 등이 먼저 객관적인 경제적 조건들에 의해 통일성을 이루고 난 뒤에 하나의 통일된 이데올로기를 획득하게 된다는 것은 사실이 아닙니다. 오히려 실제 과정은 그반대입니다. 우리는 다양한 사회집단이 일정 기간 정치적·사회적 세력 속으로 들어가서 사회세력을 구성하는 방식을 깨달아야 합니다. 그러기 위해선 부분적으로 이 집단들은 자신을 구성하는 바로 그 이데올로기 내에서 자기 자신이 하나의 통일된 세력으로 반영되는 것을 관찰해야 합니다. 사회세력들과 이데올로기 간의 관계는 절대적으로 변증법적입니다. 이데올로기적 비전이 출현할 때 집단도 출현하게 됩니다. 라스타파리언들은 마르크스가 말하곤 하던 즉자적 집단으로서 가난한 자들이었습니다. 하지만 그들이 통일된 정치세력을 구성하지 못한 것은 그들이 가난했기 **때문**입니다. 지배 이데올로기는 정말로 그들을 '가난한 자'로서가 아니라 '무능력자' '게으름뱅이' '하층민'으로 이해합니다. 그들이 정치세력을 구성하는 것, 다시 말해, 그들이 역사적 블록이 **되는** 것은 그들이 오직 새로운 정치적 주체로 구성되는 한에서 가능합니다.

그러므로 새로운 사회적 입장과 정치적 입장, 즉 새로운 사회적·

정치적 주체들을 역사의 무대 위에 올려놓는 것은 스스로를 형성해 가는 사회세력과, 그들이 경험하는 과정을 이해 가능하게 해주는 세계에 대한 이데올로기 혹은 개념들 사이의 접합, 즉 비필연적인 연결입니다. 그런 의미에서 나는 이데올로기 혹은 문화적 힘과 사회적 힘 간의 연결을 거부하지 않습니다. 정말로 나는 유기적 이데올로기의 대중적 힘이 항상 그것과, 혹은 그것에 의해 접합될 수 있는 사회집단들에 달려 있음을 **강조하고** 싶습니다. 바로 여기서 우리는 접합의 원리를 찾아야 합니다. 그러나 나는 그러한 연결이 경제적 구조나 위치에 **필연적으로** 주어진 것이 아니라 정확히 **접합**의 결과로서 사유하기를 원합니다.

알튀세르의 이데올로기 일반 개념에 관해 내가 말해온 것 중 한 부분이 어떻게 구체적인 이데올로기적 구성체를 사고하는 데 도움을 줄 수 있는지 보여주는 간단한 개인적 사례를 들어보겠습니다. 나는 '흑인'이라는 용어를 중심으로 생성된 정체성, 장소, 종족성, 사회구성체의 이데올로기와 연관되어 있는 독특한 담론들의 복합체에 관해 생각해보고 싶습니다. 그런 용어들은 '언어처럼 기능합니다.' 정말로 그렇게 기능합니다―언어처럼 말입니다. 사실상 카리브해와 영국 두 곳에서의 경험을 바탕으로 내가 묘사하는 흑인구성체는 미국의 상황과는 잘 맞지 않을 것입니다. 오직 일반 언어의 '혼란스러운' 차원에서만 그것들은 같은 것으로 보입니다. 사실상 우리가 보는 것은 비록 관련은 있지만 다른 역사들 내부에 존재하는 차이, 즉 특수성입니다.

영국에서 보낸 지난 30년 동안 여러 다양한 순간에 나는 '유색인종' '서인도계' '니그로' '흑인' '이민자'로 '불리거나' 호명되었습니다. 때로는 거리에서, 때로는 길모퉁이에서, 때로는 욕을 해대며, 때로는 다정하게, 때로는 모호하게 말입니다. (한 흑인 친구는 우리가 학생 신분으로 거주하던 백인 동네를 아연실색케 만들기 위해 밤늦게 나의 집 창가로 다가와서는 길 한복판에서 내 이목을 끌려고 "니그로!"라고 소리쳤다가 그가 속한 정치 조직으로부터 '인종차별'이라는 이유로 징계를 받기도 했습니다.) 그들 모두는 나를 피부색, 종족성, 인종의 범주를 통해 정체성을 구성하는 의미화의 연쇄 속에 '위치하도록' 집어넣었습니다.

사춘기와 젊은 시절을 자메이카에서 보낸 나는 항상 '유색인종coloured'으로 불렸습니다. 이 용어가 인종과 종족성의 통사구조 안에서 다른 용어들과 접합하는 방식은 사실상 '흑인은 아닌not black'이라는 의미를 생산하는 것과 같은 것이었습니다. '흑인'은 유색인종을 제외한 나머지 인종, 즉 대다수의 사람들과 평범한 민초들이었습니다. '유색인종'이라는 것은 혼혈의 갈색 중간계층, 즉 흑인 바로 위의 계층에—실제는 그렇지 않지만 희망사항으로—속했습니다. 나의 가족은 섬세하게 등급화된 분류적 구별에 엄청난 의미를 두었고, 그것이 계급, 지위, 인종, 피부색의 구분이라는 관점에서 의미하던 것 때문에 그런 구분에 의한 각인에 큰 의미를 두었습니다. 실제로 그들은 궁극적인 이데올로기적 생명줄이나 되는 듯이 많든 적든 거기에 얽매였습니다. 내가 영국에 왔을 때 이곳 사람들이 내가 고향의 원주민들에게 '유색인종'으로 불렸다는 사실을 듣게 되면 얼마나 분개했겠습니까. 그들이 아는 한, 나는 정확히 '흑인이었기' 때문입니다. 요컨대 같은 용어라 하더라도 다른 '차이와 등가의 체계' 내에서 작동하기 때문에 완전히 다른 함의를 갖게 됩니다. '의미를 형성하는 것'은 고립된 한 용어와 피부색 스펙트럼에서 지정된 위치 간의 말 그대로 고정된 일치가 아니라 의미화의 다른 연쇄 내에서 점하는 위치입니다.

카리브해의 체제는 '흰 피부'를 정점에 두고 내림차순으로 배열된 식민적 인종 담론의 정교하게 등급화된 분류체계를 통해 조직되어 있습니다―'흰색'은 항상 닿을 수 없는 곳에 있는, 불가능하고 부재하는 용어로서 이 부재가 전체 연쇄를 구성했습니다. 종속적 사회의 특징인 위치와 지위를 쟁취하기 위한 격렬한 투쟁에서 분류체계의 한 등급은 매우 중요합니다. 이와 달리 영국의 체제는 보다 단순하고 식민화의 질서에 더 적합한 '백인/비백인'이라는 이항대립을 중심으로 구성되었습니다. 의미는 언어에 의한 세계의 투명한 반영이 아니라 용어들과 범주들 간의 차이, 즉 참조의 체계들을 통해 생겨납니다. 이 체계가 세계를 분류하면 그 분류에 따라 세계를 사회적 사고와 상식 속으로 전유할 수 있습니다.

구체적인 체험적 인간으로서, 정말로 나는 이런 호명들 중의 어느 하나에 속할까요? 그중의 어느 하나가 나의 전부를 나타낼까요? 사실 나라는 **존재**는 나를 재현하는 방식들 중 이것 혹은 저것이 아닙니다. 비록 내가 다양한 시간에 그것들 모두였고 지금도 여전히 그중 일부에 해당한다고 할지라도 말입니다. 본질적이고 통일적인 '나'는 존재하지 않습니다. 나는 단지 파편적이고 모순적인 주체일 따름입니다. 오랫동안 나는 '유색인종'을 만났고, 지금도 말하자면 저 너머 반대편의 세계에서 오는 '유색인종'을 만나고 있습니다. 나는 내 아들에게 다양한 스펙트럼의 피부색을 배우게 함과 동시에 자신이 '흑인'임을 가르치려고 했습니다. 하지만 아들은 계속해서 자신의 피부색이 '갈색'이라고 말하더군요. 물론 그는 그 **둘 모두**에 해당합니다.

내가 성인 시절을 영국에서 보냈다고 하더라도 확실히 나는 서인도제도 출신입니다. 실제로 내게 '서인도'와 '이민자' 사이의 관계는 매우 복잡합니다. 1950년대에 이 두 용어는 등가적이었습니다. 오늘날 '서인도'라는 말은 아주 낭만적으로 들립니다. 그것은 레게, 럼, 코카인, 포도주 저장고, 망고, 그리고 코코넛 나무에서 떨어지는 온갖 열대과일 샐러드 통조림을 연상시킵니다. 이것은 이상화된 '나'입니다 (더 오랫동안 이런 기분을 즐겼으면 좋겠군요). 하지만 '이민자'인 나 또한 있습니다. 여기에는 낭만적인 느낌이라고는 전혀 없습니다. 이 말은 사람을 너무나 명백히 **정말로 어디 다른 곳에** 소속되어 있는 것으로 자리매김합니다. "그런데 당신은 언제 고향으로 돌아갈 건가요?" 이 말은 대처 여사가 한 외국인에게 했던 일종의 쐐기박기alien wedge입니다. 사실 나는 이 말이 나의 위치를 설정하는 방식을 비교적 늦게야 깨달았습니다—그리고 그때도 '호명'은 전혀 예상치 못한 곳에서 일어났습니다. 내가 잠시 고향집을 방문했을 때, 어머니가 "난 그들이 너를 이민자로 착각하지 않으면 좋겠구나!"라고 말했을 때였습니다. 충격적인 인식이었습니다. 다양한 순간에 나는 타자화하고 부재적이며 함부로 발설되지 않는 그 단어(Negro), 즉 결코 존재하지 않는 것, 심지어 대문자 'N'만으로도 굴욕감을 느끼게 하는 '미국식' 단어와 '마주'했습니다. 이 말을 둘러싼 '침묵'은 어쩌면 매우 가슴 졸이게 하는 것이었을 겁니다. 긍정적 표식의 용어들은 부재하고 표식이 없는 것, 말해지지 않는 것, 말할 수 없는 것과의 관계 때문에 '의미를 갖습니다.' 의미는 현존과 부재의 이데올로기 체계 내에서 관계적입니다. "있다! 없다!"의 포르트-다Fort-Da[16] 놀이처럼 말입니다.

16. [옮긴이] 프로이트는 손자가 실패를 갖고 놀면서 실패가 멀리 가면 "포르트"(없다)라고 외

알튀세르는 「이데올로기와 이데올로기적 국가장치」의 논쟁적 문장에서 우리는 "항상 이미"[17] 주체라고 말합니다. 실제 허스트와 다른 이론가들은 이를 반박합니다. 만일 우리가 '항상 이미' 주체라고 한다면, 우리는 인정 구조와, 이미 형성된 언어로 우리 자신의 위치를 결정하는 수단을 갖고 태어났어야 했을 것입니다. 반면, 알튀세르와 같은 사람들이 이론적 근거로 삼는 라캉은 프로이트와 소쉬르를 이용하여 그러한 인정 구조가 (거울 단계와 오이디푸스 콤플렉스의 해결을 통해) 어떻게 형성되는가를 설명합니다. 하지만 잠시 이런 이견은 제쳐둡시다. 왜냐하면 알튀세르가 말한 것에는 이데올로기에 관한 더 큰 진리가 내포되어 있기 때문입니다. 우리는 마치 이데올로기가 우리의 내부에서 자유롭고 자연발생적으로 발산하는 것처럼, 마치 우리가 '스스로 활동하는' 자유로운 주체인 것처럼 이데올로기를 경험합니다. 실제 태어나는 순간 우리를 기다리고 있고, 태어나면서 우리의 위치를 지정해주는 이데올로기적 담론 내에서 우리는 말하거나 듣게 됩니다. 라캉에 대한 알튀세르의 읽기에 따르면, 문화의 법 안에 자리 잡기 위한 수단을 획득해야 하는 신생아는 "가족 이데올로기의 형태들(부친/모친/결혼/형제 관계)"[18]에 의해 미리 예상되고 명명되며 배정됩니다.

　이런 설명과 관련해 내 어린 시절 경험이 떠오릅니다. 이것은 우

치고 실패가 가까이 오면 "다"(여기에)라고 말하는 것을 보면서 포르트-다(fort-da) 놀이를 정신분석에 비유했다. 그는 이 놀이를 아이가 엄마와 분리되는 고통스러운 경험을 상징화하고 극복하는 과정으로 해석했는데, 라캉은 이 놀이를 아이가 어머니와 일체가 되는 상상적 동일시에서 분리되는 과정으로 해석한다.

17. Louis Althusser, "Ideology and Ideological State Apparatuses," pp. 175-176.
18. Louis Althusser, "Ideology and Ideological State Apparatuses," p. 176.

리 가족 사이에 자주 얘기되던—내 가족사의 일부라 결코 농담은 아니지만 엄청나게 유머러스한—이야기입니다. 내가 태어난 후 어머니가 나를 병원에서 집으로 처음 데려왔을 때, 누이가 아기 침대에 있는 나를 들여다보며 "이 쿨리Coolie 아기는 어디서 왔어요?"라고 말했다더군요. 자메이카에서 '쿨리'는 동인도 지역 사람들을 가리키며 노예제도가 폐지된 후 대농장의 노예를 대체하기 위해 이 나라로 데려온 계약노동자에서 유래한 말입니다. 이렇게 말해도 된다면, '쿨리'는 인종 담론에서 '흑인'보다 더 낮은 단계에 위치합니다. 부유한 혼혈 가정에서 흔히 볼 수 있듯이, 이는 내가 우리 집안의 평균보다 훨씬 더 어두운 피부색을 갖고 태어났음을 말하는 누이의 방식이었습니다. 이 일이 실제로 일어난 것인지, 내 가족이 지어낸 얘기인지, 아니면 내가 지어내고는 이제는 언제 왜 그랬는지를 까먹어버린 것인지는 더 이상 알 수 없습니다. 그러나 나는 이 얘기로 인해 가끔 나의 '위치'로 소환당하는 느낌을 받습니다. 그 순간부터 이 참조의 체계 속에서 나의 위치는 문제적인 것이 되었습니다. 그것은 내가 결국 왜, 어떻게 해서 처음 그런 존재로 불리게 되었는지를 설명하는 데 도움을 줄 것입니다. 내 가족의 '쿨리', 어울리지 않는 자, 이방인, 온갖 불량한 사람들과 어울려 거리를 배회하며 몽상을 하며 자란 인간, 타자 같은 인간입니다.

이와 같은 이데올로기적 장을 생성하는 **모순**은 무엇일까요? 그것은 '자본과 노동 간의 주요 모순'일까요? 이 의미화의 연쇄는 분명히 특정한 역사적 순간, 즉 노예제도라는 순간에 시작된 것입니다. 그것은 영원하지도 않고 보편적이지도 않습니다. 그것은 서아프리카의 해안 왕국의 노예화된 종족이 신세계의 강제적 노동생산의 사회관계에 편입되는 과정을 이해하는 방식입니다. 노예사회의 생산방식이 '자본주의적'인가 '전자본주의적'인가, 아니면 세계 시장 내에서 두 가지 방식의 접합인가 하는 골치 아픈 문제는 잠시 제쳐두겠습니다. 실제로 발전의 초기 단계에서 인종체제와 계급체제는 중첩됩니다. 그것들은 '등가체계'였습니다. 인종적·종족적 범주들은 오늘날에도 지배와 착취의 구조가 '체험되는' 형식으로 유지되고 있습니다. 그런 의미에서 이런 담론들은 '사회적 생산관계를 재생산하는' 기능을 맡고 있습니다. 그렇지만 오늘날의 카리브해사회에서 두 체제는 서로 완벽하게 맞아떨어지지 **않습니다.** 사다리의 맨 위에 '흑인들'도 있고, 이들 중 몇몇은 다른 흑인 노동의 착취자이며, 몇몇은 워싱턴의 변함없는 친구들도 있습니다. 세계는 사회적·자연적 범주로 깔끔하게 구분되지 않으며, 이데올로기적 범주 또한 반드시 거기에 '적합한' 의식의 양식을 생산하지도 않습니다. 따라서 우리는 두 가지 담론체계 사이에 일련의 복합적인 접합이 있다고 말하지 않을 수 없습니다. 그것들간의 등가관계는 고정적이지 않으며 역사적으로 변해왔습니다. 뿐만 아니라 그런 관계는 하나의 원인에 의해 '결정'되지 않고 오히려 '과잉결정'의 결과입니다.

그러므로 이러한 담론들은 자메이카사회를 인종, 피부색, 종족성의 범주를 중심으로 조직화된 사회적 차이의 장으로 명확하게 구성합니다. 여기서 이데올로기는 인구집단을 이러한 범주를 중심으로 조직화된 특정한 분류 속으로 배정하는 역할을 담당합니다. 계급 담론들과 인종-피부색-종족성 담론들(그리고 이런 담론들 간에 가능한 치환) 간의 접합에서 후자는 '지배' 담론, 의식의 지배적 형식들을 생성하게 하는 범주들, 인간이 "활동하고 자신의 위치를 의식하고 투쟁하는 지형,"[19] 사람들이 "자신과 자신의 현실적 존재조건 간의 상상적 관계"[20]를 체험하는 재현체계로서 구성됩니다. 이런 분석은 오직 이론적·분석적 구별을 위해서만 타당할 뿐 학술적인 분석은 아닙니다. 계급과 인종의 과잉결정은 자메이카와 도처에 있는 자메이카 흑인들의 **정치**에 아주 깊은—일부는 매우 모순적인—영향을 끼칩니다.

그럴 때 자메이카와 영국에서 사회관계의 장을 적어도 세 가지 다른 모순(계급, 인종, 젠더)에 의해 생성된 상호 담론적 장이라는 관점에서 검토해볼 수 있습니다. 이것들은 각각 다른 역사와 다른 작동 방식을 갖고 있고, 세계를 서로 다른 방식으로 분할하고 분류합니다. 그럴 때, 어떠한 구체적 사회구성체에서도 계급, 인종, 젠더가 서로 접합되어 특별히 응축된 사회적 입장을 구축하는 방식을 분석할 필요가 있을 것입니다. 우리는 사회적 입장들이 여전히 '이중적 접합'의 영향을 받는다고 말할 수 있습니다. 그것들은 정의상 과잉결정되어 있습니다. 그것들 간의 중첩 내지 '통일'(융합)에 주목하는 것, 즉 이데올로기의 장에서 차이들을 접합할 때 서로를 함의하거나 소환하는 방식은, 각 구조가 갖는 **특별한 효과들**을 제거하지 않습니다. 우리는 특정 순간에 다양한 접합 중 어느 것이 지배적인 것이 되느냐에 따라 다양한 방식의 연합이 형성될 수 있는 정치 상황들을 생각해볼 수 있습니다.

이제 '흑인'이라는 용어를 하나의 단일 용어로서보다는 특별한 의미론적 장 내지 이데올로기적 구성체 내에서, 즉 그 함의의 연쇄

---

19. Antonio Gramsci, *Selections from the Prison Notebooks*, p. 377.
20. Louis Althusser, *For Marx*, p. 234.

속에서 사고해봅시다. 두 가지 예를 들어보겠습니다. 첫 번째는 구체적인 역사적 순간, 즉 노예제도의 시대에 '흑인-게으름-악의적임-교활함'으로 이어지는 의미의 연쇄가 있었습니다. 우리에게 이 특별한 연쇄로 접합된 '흑/백'의 구별이 단순히 자본과 노동의 모순에 의해 주어지는 것은 아니라고 하더라도, 그 구체적인 역사적 순간을 규정하는 사회관계들이 이 특별한 담론구성체에서 그런 구별의 지시대상임을 상기시켜줍니다. 서인도제도의 경우, 이런 함축적인 울림을 갖는 '흑인'이라는 용어는 특정한 종족적 특징을 가진 사람들이 어떻게 사회적 생산관계 속에 처음으로 편입되었는가를 나타내는 한 방식입니다. 물론 그러한 함의의 연쇄가 유일한 것은 아닙니다. 전혀 다른 연쇄가 카리브해에 스며들었던 강력한 종교적 담론들 내에서 생성되기 시작했습니다. 여기에서 빛은 신과 정신을 연상시키는 데 반해, 어두움 내지 '검은색'은 지옥, 악마, 죄, 저주를 연상시켰습니다. 내가 아이였을 때, 나의 할머니 중의 한 분이 나를 교회에 데려갔는데, 흑인 목사가 전능하신 신께 "주여! 우리의 어둠을 밝히소서!"라고 간청하는 것을 들었습니다. 나는 그것을 피부색의 사다리에서 위로 올라갈 수 있게 해달라고 신께 도움을 청하는 것으로 느꼈습니다.

어떤 특별한 이데올로기적 연쇄가 의미작용하는 의미론적 장을 주목하는 것은 중요합니다. 마르크스는 우리에게 과거의 사상과 관념들이 살아 있는 자의 두뇌를 악몽처럼 짓누른다고 말한 적이 있습니다. 역사적 구성체라는 계기는 그 어떤 의미론적 장에서도 결정적입니다. 이런 의미론적 권역은 구체적인 역사적 시기에 형성됩니다. 가령, 17~18세기의 영국에서 부르주아적 개인주의의 형성을 예로 들어볼 수 있습니다. 부르주아 개인주의가 지시하던 사회관계가 사라진 뒤에도 그것은 오랫동안 그 연결과 접속의 흔적들을 남깁니다. 이런 흔적들은 훗날의 단계에서, 심지어 이 담론들이 정합적이고 유기적인 이데올로기로서 그 역할을 다하고 해체될 때조차도 다시 활성화될 수 있습니다. 상식적 사고는 이른바 그람시가 '일람표에 없는' 이데올로기의 흔적들이라 불렀던 것을 포함합니다. 예컨대, 스스로를 세속적이라 생각하며 '신성한 것'을 세속적 관념들 속에 편입시켜버린 세계에서도 종교적 사고의 자취가 남아 있다는 점을 생각하기 바랍니다. 비록 용어들에 대한 종교적 해석의 논리가 깨지더라도, 종교적 레퍼토리는 다양한 역사적 맥락에서 활용되고, 명백히 '현대적인' 관념들을 뒷받침하고 강화함으로써 역사를 통해 계속해서 그 자취를 남깁니다.

이런 맥락에서 우리는 이데올로기적 투쟁의 가능성을 찾을 수 있습니다. 이데올로기적 연쇄는 투쟁의 장이 됩니다. 사람들이 이데올로기적 연쇄를 전적으로 새로운 대안적 용어들로 대체함으로써 그것을 치환하고 단절하며 논박하려고 할 때, 나아가 사람들이 이데올로기적 장에 개입하여 그 연쇄를 예컨대 부정적인 것에서 긍정적인 것으로 변형하거나 재접합하여 의미를 변형시키려고 할 때 그렇습니다. 이데올로기적 투쟁은 실제로 기존 용어들과 범주들에 맞서 종종 새로운 의미들을 획득하려고 하고, 그 용어들과 범주들을 그것들이 자리하던 의미 구조 내의 위치로부터 탈접합하는 방식으로 일어납니다. 가령, '흑인'이라는 용어가 경쟁과 변형의 대상이 되고 긍정적인 이데올로기적 가치들을 부여받을 수 있게 된 것은, 그것이 정확히 가장 멸시받고 가장 박탈당하고 가장 몽매하고 가장 반문명적이고 가장 미개하며 가장 음흉하고 가장 무능한 자들이라는 의미를 함축하던 용어였기 때문입니다. '흑인'이라는 개념은 어떤 특정한 사회집단 내지 어떤 단일한 담론의 배타적 속성이 아닙니다. 라클라우Laclau의 용어를 사용하자면,[21] 이 용어는 강력한 울림에도 불구하고 그 어떤 필연적인 '계급 귀속성'을 갖지 않습니다. 그것은 과거에 인종차별과 학대의 담론 속에 깊숙이 편입되어 있었습니다. 그것은 오랫동안 사회적·경제적 착취의 담론과 실천 내의 특정한 자리에 속박되어 있었습니다. 자메이카 역사에서 민족 부르주아지들이 식민권력으로부터 공식적인 정치적 독립을 쟁취하기 위해 투쟁하며—이 투쟁에서 주도적인 사회세력으로 부상한 것은 대중이 아니라 지역 부르주아지들이었습니다—대중과 함께 공통의 대의를 형성하기를 소망하던 시기에 '흑인'은 일종의 위장이었습니다. 1960년대 후반과 1970년대 자메이카를 휩쓸었던 문화혁명에서 사람들은 처음으로 아프리카-노예-흑인의 유산을 인정하고 수용했으며, 사회의 무게중심과 지렛대가 '뿌리'로 전환되는, 즉 도시와 농촌의 흑인 하층민들의 삶과 공통경험을 '자메이카 민족성Jamaican-ness'의 문화적 본질을 나타내는 것으로 인식 전환을 이루게 됩니다(이때는 정치적 급진화, 대중 동원, 타 지역의 흑인 해방투쟁과의 연대의 시대였고, 레게, 밥 말리, 라스타파리아니즘뿐 아니라 '소울 브라더스soul brothers'와 '소울Soul'의 시대였습니다). 이때 '흑인'은 이전과 반대되는 대립물로 새롭게 구성됩니다. 그것은 '통일성'의, '흑인 경험'의 긍정적 인식의 구성을 위한 장소, 즉 **새로운** 집단적 주체—'투쟁하는 흑인 대중'—의 구성을 위한 계기가 됩니다. '흑인'의 의미와 위치와 지시에서의 이와 같은 변형은 그 시기에 자메이카

---

21. Ernesto Laclau, *Politics and Ideology in Marxist Theory* (London: New Left, 1977).

의 흑인 문화혁명을 **추종**하거나 **반영**하는 것이 아니었습니다. 그것은 새로운 주체들이 **구성되는** 방식 중의 하나였습니다. 민중, 즉 구체적 개인들은 항상 거기에 있었습니다. 그러나 역사의 새 시대를 위한 투쟁에서 그들은 처음으로 주체로서 등장하게 된 겁니다. 이데올로기는 오래된 범주를 통해 그들의 대항적 구성체를 새로 구축했던 겁니다.

그러므로 '흑인'이라는 단어 그 자체는 장구하고 쉽게 해체되지 않는 역사를 갖고 있긴 하지만 특정한 계급적 함의는 전혀 갖지 않습니다. 사회운동이 특정한 프로그램을 둘러싸고 투쟁을 펼치면서, 그 자리에 영원히 고정되어 있을 것 같던 의미들이 그 정박지에서 벗어나기 시작합니다. 요컨대, '흑인'의 부정적 구성을 통해 인종주의를 뒷받침하던 함의의 연쇄들과 사회적 실천들에 대한 투쟁 끝에 그 개념의 의미는 변하게 됩니다. 그 부정적 정의의 심장부를 파고듦으로써 흑인운동은 그 용어 자체의 정념을 낚아채려고 했습니다. '흑인'은 한때 존중받을 수 없는 모든 것을 의미했기 때문에, 이제 그것은 '아름다운 것'으로, 우리들 사이에서 존중을 요구하고 그것을 낳는 긍정적인 사회적 정체성의 토대로서 긍정될 수 있게 됩니다. 이때 '흑인'은 의미의 연쇄를 둘러싼 논쟁과 그 논쟁에 연루된 사회세력들과의 관계 속에서만 이데올로기적으로 존재하게 됩니다.

나는 집단들이 조직되고 동원되는 데, 그리고 새로 부상하는 사회적 실천들이 펼쳐지는 데 중심이 된 어떤 핵심적 개념과 범주, 이미지를 예로 들어볼 수도 있겠지만 사회 전체에 울림이 큰 용어, 우리 생애의 역사에서 사회투쟁과 정치운동의 전체 방향을 변하게 만든 용어(흑인)를 예로 들고 싶었습니다. 따라서 나는 이 용어를 비환원주의적인 방식으로 사유하는 것이 이러한 장을 '좋은' 의미와 '나쁜' 의미의 관념론적 교환, 오직 담론 내에서만 일어나는 투쟁, 나아가서 특정한 무의식적 과정이 유아기에 해결되는 방식에 의해 영구히 고착화되는 것을 넘어서는 차원으로 나아가게 해준다고 주장하고 싶었습니다. 이데올로기적인 것의 장은 고유한 메커니즘을 갖습니다. 그것은 조직과 규율, 사회투쟁으로 구성된 '상대적으로 자율적인' 장입니다. 이 장은 결정으로부터 자유롭지도 독립적이지도 않습니다. 그러나 이 장은 흑백의 구분이 정치적으로 타당한 것이 되고 인종의 전체 '무의식'이 접합되어온 사회구성체의 그 어떤 다른 층위들에 의한 단순한 결정으로 **환원될 수** 없습니다. 그런 과정은 사회구성체 전체가 스스로를 이데올로기적으로 재생산하는 방식에 실제적인 결과와 영향을 끼칩니다. '흑인'을 둘러싼 투쟁이 강력해지면, 그 효과는 사회가 스스로를 **그러한** 기존의 방식으로, 기능적으로 재생산하는 것을 멈추게 만듭니다. 사회적 재생산 그 자체가 논쟁적인 과정이 됩니다.

알튀세르의 주장이 강조하는 바와 달리 이데올로기는 오직 '사회적 생산관계를 재생산하는' 기능만 갖는 것은 아닙니다. 이데올로기는 한 사회가 쉽게, 부드럽게, 기능적으로 스스로를 재생산할 수 있는 정도에 **한계를 설정**하기도 합니다. 이데올로기가 항상 이미 기입되어 있다고 생각할 때, 우리는 끊임없고 항구적인 과정인 언어와 이데올로기에서 강조점의 전환—볼로시노프가 '언어의 계급투쟁'에서 '이데올로기적 기호'가 갖는 다중적 강세성multiaccentuality이라고 불렀던 것[22]—을 사유하지 못하게 됩니다.

22. V. N. Volosinov, *Marxism and the Philosophy of Language*, Translated by L. Matejka and I. R. Tutunik (New York: Seminar, 1973).

7강

지배와 헤게모니

이번 강의의 주제는 사회구성체에서 권력의 조직과 지배의 성격에 관한 것입니다. 특히 나는 선진 자본주의적 민주주의 사회의 지배 형식과 투쟁의 가능성을 이해하는 데 안토니오 그람시가 기여한 공헌에 관해 얘기해보고 싶습니다. 나는 그람시의 저작이나 그가 동시대 마르크스주의 이론과 문화연구에 공헌한 중요한 통찰과 개념들에 대한 완벽한 읽기를 제시하려는 것은 아닙니다. 사실 앞선 논의의 상당 부분은 그람시가 우리에게 제공한 진전에 근거한 것입니다. 예컨대, 나는 알튀세르적 개념들을 풍부히 하는 한편, 그의 '구조주의적 범주들의 공고화'에 대한 대안이나 한계를 정하는 데 그람시를 활용해왔습니다. 이번 강의에서는 논의를 지배에 대한 우리의 이해와 직접 관련된 개념들, 특히 국가, 이데올로기, 헤게모니, 헤게모니적 정치에 한정할 생각입니다. 우선 나는 그람시에 대한 몇몇 예비적 견해를 제시하고 헤게모니 개념을 그람시의 강력한 반환원주의적 기획이라는 보다 넓은 맥락 속에 자리매김할 것입니다.

그람시는 이탈리아 마르크스주의 지식인이자 전투적 운동가였고 이탈리아 공산당의 창립 멤버 중 한 사람이었습니다. 그는 이탈리아 연안에서 떨어진 사르데냐라는 섬에서 태어났습니다. 그는 사회주의 언론인이었고 제1차 세계대전 이후에는 토리노와 이탈리아 북부의 공장투쟁에 적극 참여한 인물입니다. 따라서 그는 프롤레타리아 의식이 한창 고조되던 순간에 적극적으로 개입했습니다. 사람들이 선진적 노동계급—실제로 자본의 발전으로 성장했고, 자본을 포함한 바로 그 과정의 선봉에 섰던 계급—이 세계를 자신의 이미지대로 창조할 수 있는 능력을 느끼기 시작한 걸 보게 된 것은 바로 제1차 세계대전 직전과 직후의 시기에서였습니다. 유럽 전역의 많은 투쟁, 즉 웨일스와 잉글랜드의 노동파업, 헝가리 소비에트, 실패로 끝난 독일혁명, 프랑스의 대중파업, 토리노의 공장 점유 등에서 이런 순간들을 볼 수 있었습니다. 사람들이 마르크스와 엥겔스가 유럽에서 혁명을 예상했지만 일어나지 않았다고 말할 때, 나는 그렇게 말하는 사람들이 이 시기에 혁명이 거의 일촉즉발의 상황까지 갔음을 알고나 있는지 궁금합니다. 적어도 영국과 프랑스에서, 그리고 스페인과 미국에서 어느 정도 혁명이 띠었던 독특한 형태가 고전적 마르크스주의의 '계급의식'이 아니라 생디칼리슴syndicalism[1]이었다고 하더라도, 혁명은 거의 일어날 뻔했습니다. 생디칼리슴적 의식 형태는 프롤레타리아트의 활동을 부각시킬 뿐 아니라 그들이 과학산업혁명을 통제하고 자신들이 자본주의 생산의 열쇠를 쥐고 있음을 인식하며 스스로 지배해갈 수 있다는 확고한 신념과 능력을 부각시켰습니다. 만약 《신질서

---

1. [옮긴이] 생디칼리슴(syndicalism)은 노동자, 산업, 조직들이 신디케이트의 형태로 결합하는 급진적 노동조합주의를 주장한다. 그것은 노동조합을 자본주의체제를 전복하고 민중의 이해를 반영하는 사회를 만들고 운영할 수 있는 주체로 간주한다. 그것은 정당정치와 의회정치를 부정하고 노동자들의 연합과 상호부조를 대안으로 제시한다.

L'Ordine Nuovo》《전진Avanti》《단결L'Unità》에 실린 그람시와 다른 실천가들의 글을 읽어보면, 여러분은 지금 당장 지배할 수 있다는 프롤레타리아트의 확신에 찬 모습이 재현되어 있음을 볼 수 있을 겁니다. 물론 그들은 그럴 수 없었고, 그러지도 못했습니다. 이미 드러났듯이, 이 시기는 자본주의의 마지막 숨소리가 아니라 오히려 자본주의가 크게 회복되던 시기 중 하나였습니다. 자본주의는 이러한 일련의 투쟁을 통해 더욱 강력하고 당당한 모습으로 다시 탄생하게 되었는데, 그것은 무엇보다 스스로 변신함으로써, 낡은 형식을 포기하고 새로운 형식을 찾음으로써, 나아가 스스로를 새로운 재현체계와 접합함으로써 가능했습니다. 자본주의는 이를 통해 당대 프롤레타리아의 진격을 물리쳤던 것입니다.

이러한 역사적 국면―정치투쟁, 승리, 패배, 변혁의 놀라운 압축적이고 모순적인 순간―은 그람시로 하여금 마르크스주의에 관해, 서구 산업자본주의의 성격에 관해, 그리고 사회투쟁의 프롤레타리아적 형태 및 다른 형태들의 성격에 관해 몇 가지 아주 중요하고 심오한 것을 볼 수 있게 해줍니다. 나는 정치적 투사로서의 그람시, 그를 형성한 정치적 계기, 그와 관련된 의식과 행동의 형식들, 그리고 마르크스주의 사상가로서의 그의 유산 사이에 분명한 관계가 있다고 생각합니다. 이런 구체적 국면 속에서 그람시의 사유는 많은 특별한 역사적 장소와 관련해서 극적이고 독창적입니다. 그는 보편적이고 체계적인 이론가는 아니었지만 많은 정치적·이론적 장과의 관계 속에서 내실 있는 성취와 발전을 보여주는 개념들을 펼쳤습니다. 첫째, 그람시는 마르크스주의의 기계론적·환원적 형식들과의 관계 속에서, 둘째, 서구 자본주의적 민주주의 내에서 국가와 시민사회의, 그리고 이데올로기와 상부구조의 복합적 현실과의 대면이라는 관점에서, 셋째 자본주의가 파시즘으로 퇴행하는 순간과의 대면 속에서 자신의 개념을 펼쳤습니다. 물론 그람시가 가장 중요한 글들을 썼던 감옥 생활을 염두에 둘 때 파시즘은 그람시의 이해에 있어 결정적입니다. 그는 무솔리니Mussolini에 의해 투옥당했습니다. 『옥중수고The Prison Notebooks』[2]의 모호한 부분들은 그람시가 검열을 피해 우회적으로 말해야 했던 사실에 기인합니다. 실제로 그는 몸이 엉망이 된 채 출옥했고 몇 년 지나지 않아 죽게 됩니다.

그러나 그람시의 기획이 마르크스주의에 대한 또 다른 읽기, 혹은 유물론적 분석을 정의할 수 있는 또 다른 추상적 개념을 제공하고자 한 것이 아니었다는 점을 항상 기억해야 합니다. 오히려 그람시는 마르크스의 일반적 틀이 이론적으로 계속 발전하고, 새로운 역사적 상황들에 적용되고, 마르크스도 엥겔스도 예견할 수 없었던 사회의 발전들과 관계 맺으며, 새로운 개념들의 추가를 통해 확장되고 정교해져야 한다고 생각했습니다. 그람시가 기여했던 것은 바로 이러한 '정교화'였습니다. 그의 작업은 고전적 마르크스주의가 제공할 수 없었던 개념들을 활성화했는데, 이런 개념들이 없었다면 마르크스주의 이론은 우리가 현대 세계에서 마주치는 복합적인 사회현상들을 적절히 설명할 수 없었을 겁니다. 따라서 그의 '이론적' 글쓰기는 항상 현실의 정치투쟁과의 보다 유기적인 관계에서 발전했고, 추상적인 학술

---

2. Antonio Gramsci, *Selections from the Prison Notebooks*. Translated by Quintin Hoare & Geoffrey Nowell Smith (New York: International, 1971). 따로 표기된 경우를 제외하면 이 강의에 나오는 페이지는 모두 이 책의 것이다.

목적이 아니라 항상 '정치적 실천을 위한' 목적에 기여하고자 했습니다. 그람시의 작업은 이론을 사용하여 구체적인 역사적 사례 내지 정치적 질문들, 즉 이른바 그람시가 "국면적conjunctural"이라 불렸던 것을 해명하고자 합니다. 따라서 그람시의 저작은 종종 **너무** 구체적이고, 역사적으로 너무 특정적이고, 시간과 맥락에 너무 의존적이며, 기술적으로 너무 분석적인 것으로 보입니다. 그의 가장 예리한 개념과 정식화들은 전형적으로 이런 종류의 것입니다. 그런 개념들을 보다 일반적 차원에서 사용하려면 그것들은 구체적이고 특정한 역사적 상황으로부터 섬세하게 발굴해내 상당히 조심스럽게 새로운 토양으로 이식해야 합니다. 이는 충분히 이론화되지 못한 그람시의 텍스트를 '이론화'하려는 알튀세르와 풀란차스의 시도와는 결을 달리하는 것입니다. 내가 볼 때, 이들의 시도는 그람시가 작업하던 적절한 차원의 추상에 대한 잘못된 인식에 근거합니다.

그람시는 (제2인터내셔널을 통해, 그리고 레닌과 스탈린의 사상과 실천을 통해) 당시 살아남았고 이론적·정치적 형태로서 여전히 정통으로 여겨지던 마르크스주의의 기계주의적 해석들에 강력히 반대했습니다. 그 대신 그람시는 구조(그가 토대 대신에 사용한 단어)와 상부구조 간 관계의 중요성을 강조했습니다. 그는 정치적·이데올로기적 발전을 경제적 결정으로부터 '곧장 읽어내고' 싶어 하는 환원주의적 접근을 훨씬 더 복잡하고 차별화된 분석방식으로 대체합니다. 이것은 '일방통행식의 결정'이 아니라 구체적 국면의 전개 속에서 '다양한 계기와 차원'을 (동일한 것으로 합쳐버리기보다) 차별화하고자 하는 '세력관계'의 분석에 근거합니다. 우리는 상당히 복합적인 과정을 통해서만 자본주의 사회구성체의 기본 관계에 대한 설명에서 그람시가 말한 "구조에서 복합적 상부구조 영역으로의 결정적 이행"[3]에 이르기까지 분석을 확장할 수 있습니다. 비록 그람시가 토대와 상부구조의 언어를 계속 사용하더라도, 그는 구조와 상부구조 간의 통합적이고 불가역적인 관계를 인식하고 있습니다. 일단 계급모순이 어떤 특정한 사회의 경제적·정치적·이데올로기적·문화적 구성체들의 차원에서 정교하게 설명되면, 이러한 복합적인 접합의 형태들을 그것들이 생겨난 토대로 억지로 되돌려놓을 수 있는 길은 없습니다. 다시 말해, 그람시는 구조와 상부구조의 관계를, 이것들 간의 상호관계가 최종적으로 갖는 효과의 관점에서, 혹은 나 자신의 용어로 말하자면, 그것들이 자본주의적 양식의 현실적 확장과 발전을 위한 사회적·정치적 조건들을 효과적으로 재생산하는가의 여부의 관점에서 사유할 수 있을 뿐입니다. 비록 그람시가 자신의 철학적 방향을 (윌리엄스와 톰슨의 문화주의와 밀접히 관련된) '실천적 마르크스주의'에서 취한다고 하더라도, 나는 그가 결정의 문제와 자본주의적 재생산을 위한 다양한 실천의 결정 및 효과의 문제를 구조주의적 방식으로 사고한다고 주장하고 싶습니다.

그람시는 이러한 복합성에 도구적 마르크스주의, 즉 경제환원주의 혹은 계급환원주의를 강제하려는 시도를 묵과하지 않았고 종종 그에 관해 풍자적인 글을 쓰기도 했습니다. 그런 이론들은 무대 뒤에서 활동하는 사악한 자본가들을 까발리고자 하는 폭로로서의 마르크스주의를 만족시킬 뿐입니다. 그런 환원주의는 "모든 내재적 관계

---

3. Antonio Gramsci, *Selections from the Prison Notebooks*, p. 181.

들과 함께 (…) 경제적 계급구성체들"[4]에 대한 더욱 풍부하고 구조적인 분석을—마치 모든 계급적 이해가 사회적 위치에 내재하고 각 구성원의 등에 기입되어 있는 것처럼—'직접적인 계급이해'(이것으로부터 직접적으로 이익을 보는 사람은 누구인가 하는 질문 형태)라는 가정에 근거한 분석으로 대체하고자 합니다. 그것은 모든 구체적 순간마다 자본가계급 중 누가 얼마만큼 이윤을 얻었는지를 질문합니다. 그람시는 이를 속류적인 경제적 질문이라 부릅니다. 자본주의적 양식의 기능은 자본가계급 중 모든 분파가 이익을 보지 못할 수 있다는 것을 인정합니다. 자본주의적 양식은 자신의 지속적인 유지를 위한 대가로서 국가권력이 자본에 양보 조건을 요구할 수 있다는 것을 인정합니다. 그러므로 단순히 특정한 사건으로부터 금전적으로 이익을 본 사람을 찾아냄으로서 경제적·계급적·정치적·사회적·문화적 관계들과 투쟁들의 모든 복합성을 제거하고 무시할 수 있다는 생각은 상황의 현실성을 과소평가할 뿐입니다. 그것은 유물론적이고 과학적인 것으로 **보일** 뿐입니다. 역사를 자본가계급의 다양한 분파가 노동자계급의 다양한 분파에 대해 행사하는 일련의 속임수로 이해할 수 있다는 생각은 그람시로부터 경멸만 받을 뿐입니다. 이런 생각은 생산양식의 재생산 과정과는 아무런 관계가 없습니다. 이것이 경제적인 것이 역사적 위기와 조건의 전개에서 아무런 역할도 하지 않는다는 것을 의미할까요? 전혀 그렇지 않습니다. 오히려 경제적인 것의 역할은 "특정한 사고양식들의 전파에, 그리고 향후 민족생활의 전체 발달과 관련된 문제들을 제기하고 해결하는 특정한 방식들의 전파에 더욱

---

4. Antonio Gramsci, *Selections from the Prison Notebooks*, p. 163.

유리한 지형을 창조하는"[5] 것입니다. 요컨대, '객관적인 경제적 위기들'이 실제로 어떻게 사회세력들 간 균형관계의 변화를 관통해 국가와 사회의 위기로 발전해가고, 그런 위기들이 세계에 대한 대중의 생각에 영향을 끼치는 윤리적·정치적·이데올로기적 투쟁에서 어떻게 받아들여지는가를 보여줄 때까지는, 구조와 상부구조 사이의 결정적이고 불가역적인 '이행'에 근거한 적절한 분석을 실천할 수 없습니다. 이것이 그람시가 '구조'와 '상부구조' 간의 관계, 혹은 경제적 '토대'로부터 윤리적·정치적 관계의 영역에 이르기까지 사회구성체 전체를 관통하는 그 어떤 유기적이고 역사적인 운동의 '이행'이 비환원주의적이고 비경제주의적인 분석 형태의 중심에 있다고 말할 때 의미하고자 했던 것입니다. 이런 질문을 제기하고 해결하는 것은 사회구성체 내의 다양한 사회적 실천 간의 과잉결정이라는 복합적 관계에 대한 분석을 요구했습니다(여기서 여러분은 그람시가 알튀세르에게 끼친 강력한 영향을 볼 수 있습니다).

이것이 그람시가 '상황을 분석하는' 자신의 독특한 방법을 개괄적으로 설명한 「현대의 군주The Modern Prince」에서 추구했던 절차입니다. 세부적인 것들은 복합적이기에 여기서 모두 다 아주 자세히 설명할 수는 없을 것입니다. 하지만 보다 환원주의적인 접근이나 보다 엄격한 구조주의적인 접근과 비교할 목적이라면, 간략한 개요 정도는 제시할 필요가 있을 듯합니다. 그람시는 "세력관계의 다양한 차원들을 구축하려는" 이러한 시도를—"실천적인 연구 규칙들과, 실제적 현실에 대한 관심을 일깨우고 더욱 엄격하고 활력 있는 정치적 통찰을

---

5. Antonio Gramsci, *Selections from the Prison Notebooks*, p. 184.

자극하는 데 유용한 상세한 관찰들의 체제로 이해되는—정치의 과학과 기술"[6]에 대한 기본적 설명으로 간주했습니다. 그람시는 이런 시도를 성격상 **전략적**이어야 한다고 덧붙였습니다.

무엇보다 그람시는 사회 내부의 근본적 구조—즉, 객관적 관계들—과 '생산력의 발달 정도'를 이해해야 한다고 주장했습니다. 왜냐하면 이것들이 역사적 발전의 전체 형태에 가장 근본적인 한계와 조건을 설정하기 때문입니다. 이것들로부터 이런저런 발전의 방향에 유리할 수 있는 힘들이나 경향들의 주요 추세들이 나타납니다. 환원주의의 오류는 이러한 경향들과 제약들을 완전히 결정된 정치적·이데올로기적 효과들로 **즉각** 번역하거나, 혹은 그것들을 '필연성의 철칙'으로 추상화하는 것입니다. 사실, 이런 경향들과 제약들은 오직 그것들이 역사적 세력들의 활동 지형을 규정한다는, 즉 그 가능성의 지평을 규정한다는 의미에서만 결정하고 구조화합니다. 이것들은 최초 심급에서도 최종 심급에서도 정치적·경제적 투쟁의 내용을 전적으로 결정할 수 없으며, 하물며 그 투쟁의 결과를 객관적으로 확정 짓거나 보장할 수 없습니다.

이 분석의 다음 조치는 사회 속으로 깊이 파고들어 비교적 장기적으로 지속될 수밖에 없는 '유기적인' 역사적 운동들과 더욱 '임시적이고 직접적이며 거의 우연적인 운동들'을 구분하는 일입니다. 이 점에서 그람시는 만일 '위기'가 유기적이라면, 그것이 몇 십 년 동안 지속될 수 있다는 점을 상기시킵니다. 이 위기는 정체된 현상이 아니라 오히려 끊임없는 운동과 경쟁, 경합 등을 특징으로 하는 현상입니

---

6. Antonio Gramsci, *Selections from the Prison Notebooks*, pp. 175-176.

다. 이것은 다양한 입장이 위기를 특히 자신들의 장기적인 이해관계에 유리한 관점으로 극복하고 해결하려고 하는 시도를 나타냅니다. 그람시의 주장에 따르면, 이론적 위험은 "사실상 간접적으로만 움직이는 원인들을 마치 직접적으로 작용하는 것처럼 제시"하거나, 혹은 "직접적인 원인들만이 유일하게 유효한 원인이라고 주장하는"[7] 데 있습니다. 전자가 경제주의의 과잉으로 나아가는 데 반해, 후자는 교조주의의 과잉으로 나아갑니다(특히 패배의 순간에 그람시는 실제 서로를 거울상처럼 반영하는 이 두 가지 극단 사이의 숙명적 동요에 주목했습니다). 그람시는 경제적 원인들을 직접적인 정치적 효과들로 전환시킬 필연적인 '법칙 같은' 보장은 없을 뿐 아니라 오직 그런 기저의 원인들이 새로운 현실이 된다는 **조건**하에서만 그런 분석이 성공적이고 '진정한' 것이 된다고 강조했습니다. 여기서 결정적인 것은 실증주의적 확실성을 조건절로 대체한 것입니다.

　이어서 그람시는 위기의 지속 기간과 복합성이 기계적으로 예측되는 것이 아니라 보다 장구한 기간에 걸쳐 전개될 수 있다는 점, 그리고 위기가 상대적인 '안정화'의 시기와 급속하고 급격한 변화의 시기 사이를 왔다 갔다 한다는 점을 강조했습니다. 따라서 시기구분은 분석에 있어 핵심적 측면입니다. 시기구분은 역사적 특수성에 대한 그람시의 관심과 동일 선상에 있습니다. "한편으로는 구조와 상부구조 사이의, 다른 한편으로는 유기적 운동의 전개와 구조 내의 국면적 운동 사이의 관계를 재구성할 수 있게 해주는 것은 정확히 그 '간격들'에서 일어나는 가변적인 빈도들these 'intervals' of varying frequency을 연

7.　Antonio Gramsci, *Selections from the Prison Notebooks*, p. 178.

구하는 것입니다."[8] 그람시에게 이런 연구에 대해 기계적이거나 규범적인 것은 전혀 없습니다.

역동적인 역사적 분석틀의 기반 작업을 구축한 후, 그람시는 정치적·사회적 투쟁과 발전의 현실적 지형을 구성하는 역사적 힘들—'세력관계들'—의 운동에 대한 분석으로 나아갑니다. 여기서 그람시는 우리가 찾고 있는 것이 세력관계에서 상대에 대한 우리 편의 절대적 우위도 아니고, 한 세력의 다른 세력으로의 완전한 통합도 아니라는 결정적인 사고를 도입합니다. 차라리 분석은 관계적 문제입니다—즉, '불안정한 균형' 내지 '불안정한 균형의 형성과 지양의 지속적인 과정'이라는 관념을 이용함으로써 관계적으로 해결되어야 할 문제입니다. (설명으로 전환될 수 없는) 이 결정적 질문은 '이런저런 경향에 유리할 수도 있고 불리할 수도 있는 세력관계들'입니다. '관계'와 '불안정한 균형'에 대한 이와 같은 결정적 강조는 특정한 역사적 시기에 패배한 사회세력들이 투쟁의 지형에서 사라지는 것이 아니라는 점을 상기시킵니다. 이러한 상황에서 투쟁은 중단되지 않습니다. 예를 들어, 노동자계급에 대해 부르주아계급이 '절대적'이고 전면적으로 승리한다거나 노동자계급의 요구가 부르주아적 기획 속으로 완전히 통합된다는 식의 이야기는 그람시의 지배 개념과는 완전히 다른 것입니다(그리고 그람시의 헤게모니 개념과는 더욱 거리가 먼 것입니다)—비록 이런 점이 학술적·정치적 논평에서 종종 오해되긴 하지만 말입니다. 중요한 것은 항상 세력관계에서 경향들 간의 균형입니다.

나아가 그람시는 '세력관계'를 다양한 계기로 구분합니다. 그는

---

8. Antonio Gramsci, *Selections from the Prison Notebooks*, p. 180.

이 계기들 간의 필연적인 기술적 진화를 전혀 받아들이지 않습니다. 첫 번째 계기는 다양한 사회세력의 위치를 지정하는 객관적 조건에 대한 평가와 관련이 있습니다. 두 번째 계기는 정치적 계기—"다양한 사회계급이 획득하는 동질성, 자각, 조직화의 정도"[9]—와 관련 있습니다. 여기서 중요한 것은 계급적 통일성이라는 것이 결코 선험적으로 주어질 수 없다는 것입니다. 계급은 일정한 공통의 존재조건들을 공유하는 한편, 역사적 구성체의 현실적 과정에서 역사적으로 분절되고 분화된 갈등적인 이해관계들과 서로 교차하는 것으로 이해됩니다. 그러므로 계급의 '통일성'은 필연적으로 복합적일 수밖에 없고, 특정한 정치적·경제적·이데올로기적 실천들의 결과로서 생산—구성, 창조, 분절—되어야 합니다. 그것은 결코 기계적이거나 '주어진' 것으로 받아들여질 수 없습니다. 그람시는 고전적 마르크스주의의 중심에 있는 계급에 대한 기계적인 개념을 급진적으로 역사화하는 동시에 '즉자적 계급'과 '대자적 계급'에 대한 마르크스의 구분을 한층 정교하게 설명합니다. 그는 계급의식과 조직과 통일성이—제대로 된 조건하에서—펼쳐질 수 있는 다양한 단계에 주목합니다. 먼저 '경제 조합주의적economic corporate' 단계가 있는데, 이 단계에서는 전문직 혹은 특정 직업집단이 자신들의 기본적인 공통적 이해관계를 인식하지만 보다 넓은 차원의 계급연대에 대해서는 전혀 의식하지 못합니다. 그 다음으로 '계급 조합주의적class corporate' 단계가 있습니다. 이 단계에서는 이해관계를 두고 계급연대의 의식은 생겨나지만 그 연대는 경제의 장 내에만 머물러 있습니다. 끝으로 '헤게모니'의 단계가 있습니

---

9.   Antonio Gramsci, *Selections from the Prison Notebooks*, p. 181.

다. 이 단계는 순전히 경제적 연대의 조합주의적 한계를 뛰어넘고 다른 종속집단들의 이해관계를 포용하며 "자신의 생각을 사회 전역에 확산하기 시작합니다—정치적·경제적 목적의 통합뿐 아니라 지적·도덕적 통일성을 이룩하고" "투쟁의 계기가 된 모든 문제를 제기하며 (…) 따라서 일련의 종속집단에 대해 한 근본적 사회집단의 헤게모니를 창출하게 됩니다." [10] 특정한 역사적 블록을 구성하는 것은 지배집단의 이해관계를 다른 집단들의 일반적인 이해관계와 전체로서의 국가의 존재와 조율해가는 이런 과정입니다. 그람시가 "집단 의지"라고 부른 것의 형성이 가능해지는 것은 '민족적·민중적' 통일성이 생성되는 바로 그런 순간에서입니다. 하지만 그람시는 심지어 이런 높은 수준의 유기적 통일성이 이루어질 때조차 구체적인 투쟁의 결과를 보장할 수 없다고 생각합니다. 이런 투쟁이 군사적·정치적 세력관계의 결정적인 전술적 논쟁의 결과에 따라 승패가 갈라질 수 있기 때문입니다. 하지만 그는 "정치가 (…) 그 군사적 측면보다 우선성을 가져야 하고, 정치만이 기동 작전을 위한 가능성을 창조한다" [11] 고 주장합니다. 나는 헤게모니 개념에 대해 더 설명하고 싶지만 먼저 그람시의 국가 개념과 이데올로기 이론에 관해 잠시 언급할 필요가 있겠습니다.

국가의 역할에 관한 질문은 (레닌을 제외하면) 고전적 마르크스주의 내에서는 기껏해야 주변적인 것이었습니다. 오늘날의 마르크스주의 논쟁에서 국가에 부여되어온 중심성은 대개는 그람시와 그에게서 배운 사람들의 작업 덕분입니다. 국가는 경제적·계급적 세력들의

---

10. Antonio Gramsci, *Selections from the Prison Notebooks*, pp. 181-182.
11. Antonio Gramsci, *Selections from the Prison Notebooks*, p. 232.

직접적 역할과 문화적 관계들 사이에 종종 끼어들어 그들을 중재하는 새로운 종류의 구성적 세력입니다. 따라서 선진 민주주의적 자본주의 사회에서 문화와 이데올로기의 영역은 생산양식과 관련된 만큼이나 국가와 관련해서도 이해될 필요가 있습니다. 국가는 흔히 그람시가 시민사회의 지형을 구성하는 심급이라 불렸던 것입니다. 국가는 경제계급의 지배가 정치권력으로 전환되는 지점입니다. 즉, 국가의 권력과 권위가 부여됨으로써 경제계급이 중앙집중화되고 압축되는 지점이 국가입니다.

더욱이 국가는 일반적으로 문화적 관계들을 조직 및 재조직하는 주요 행위자입니다. 문화적·이데올로기적 생산이 일어나는 다양한 형식을 규제하는 것이 국가임을 깨닫기 위해서 우리는 기술에 대한 접근성과 사람들의 정체성을 형성하는 수단에 대한 접근성 둘 모두의 관점에서 공적이고 대중적인 여론의 이데올로기적 장들과 시민사회의 제도들—신문, 매스미디어, 교육기관, 교회—의 관계들을 사고할 필요가 있습니다. 국가의 규제적 기능—사회관계들을 규제하는 행위자로서, 그리고 법과 지배의 심급으로서—의 중요성에 대한 그람시의 인식은, 그람시 이전까지만 하더라도 문화, 이데올로기, 그리고 사회적 실천의 다른 영역들 사이의 관계를 사고하기 위한 마르크스주의의 일반적 어휘에는 들어 있지 않았던 결정적 인식입니다.

그람시는 국가를 단지 지배계급의 강압적 도구로 이해하던 고전적 마르크스-레닌주의의 언어를 약화시킵니다. 선진 산업자본주의 사회 내에서 국가는 단지 강압적이기만 한 것이 아닐뿐더러 국가의 비강제적 활동들도 단지 강압적인 현실적 장치들을 숨기기 위한 위장이 아닙니다. 그람시는 국가가 교육적이기도 하다는 점을 강조합니다. 국가는 사회적·문화적 가능성을 확장합니다. 국가는 사람들이 새로운 지형으로 들어갈 수 있게 해줍니다. 국가는 양보를 얻어낼 수 있는, 필연적으로 모순적인 장소입니다. 국가의 이런 이중적 측면을 고려하지 않고서 과연 서구 산업자본주의 전체에 걸쳐 일어난―입법을 통한―복지기구의 도입이 갖는 중요성을 어떻게 이해할 수 있을까요? 일부 마르크스주의자들이 주장하듯이, 수백만 명의 사람들이 복지를 쟁취하기 투쟁했고, 특히 국가로부터 자신들의 몫을 획득하기 위해 투쟁했으며, 국가의 그런 역할을 확장하기 위해 정치투쟁에 지속적으로 참여해왔다는 사실에도 불구하고, 이는 단순히 자본가계급의 계략일 따름이라고 주장하는 사람이 있을지도 모르겠습니다. 우리가 복지를 마치 자본가계급이 노동자들을 이용하기 위한 영악한 방법에 불과한 것처럼 말한다면, 과연 이러한 투쟁들을 어떻게 이해할 수 있을까요? 국가를 그렇게 단순한 방식으로, 마치 그것이 도구적이고 강압적인 기능만 갖는 것처럼 정의할 수 없습니다. 물론 국가가 강압적인 역할을 하지 않는다는 말은 아닙니다.

국가는 때로는 강압적인 조치를 통해서, 때로는 교육적이고 규제적인 조치를 통해서, 가장 일반적으로는 이 둘의 결합을 통해서 문화적·이데올로기적 동의를 동원합니다. 국가의 관심 중 일부는 시민사회 영역에서의 여론입니다. 국가는 여론을 직접적으로 장악하고 조작할 수는 없지만 그것을 조직화할 수 있습니다. 이런 점 때문에 우리는 국가가 항상 모순적 심급이면서 지배적 사회세력들과 지배 이데올로기 체계들, 경제 내의 지배계급적 입장들과 접합되어 있음을 깨닫게 됩니다. 그러나 그렇기 때문에 국가는 단지 자본가계급에 의해서만 통제되는 것이 아닙니다. 즉, 국가가 자본가계급과 맺는 관계는 이미 '완결되고' 보장된 것이 아닙니다. 레닌이 이해했듯이, 국가는 자본가계급으로부터 분리될 필요가 있는 심급입니다. 자본가계급의 통일성을 낳고, 통상적인 경제적 거래에서는 하나가 될 수 없던 자본분파들을 통일시키는 것은 종종 선진 산업자본주의 사회 내의 국가입니다. 국가는 종종 이 분파들을 보다 통일적인 조직으로 만들 수 있는 정치 프로그램들을 제안합니다. 하지만 만일 국가가 많고 다양한 기능을 실행하려고 하면, 국가는 고전적인 계급모순의 직접적 작용으로부터 어느 정도의 분리와 특수성, 상대적 자율성을 필요로 합니다.

그람시는 "세계에 대한 어떤 개념, 문화운동과 '종교'와 '신앙'이 된 어떤 철학, 이 철학이 암묵적인 이론적 '전제'로서 포함되어 있는 실천적 활동 및 의지의 형식을 생산해온 어떤 것"에서 시작함으로써, 처음에는 이데올로기에 대해 상당히 전통적인 정의로 보일 수 있는 것을 받아들입니다. 그는 "여기서 '이데올로기'에 관해 말할 수 있을 듯한데, 이데올로기라는 단어가 예술, 법, 경제활동, 그리고 개인적·집단적 삶의 모든 형태에 암묵적으로 나타나는 세계에 대한 가장 고차원적 의미로 사용된다는 조건에서 그렇다"[12]라고 덧붙입니다. 이어서 이데올로기가 다루는 문제와 그 기본적 기능, 즉 "이데올로기가 견고히 하고 통합하고자 하는 전체 사회적 블록의 이데올로기적 통일성을 보존하는 기능"[13]에 대한 명확한 진술이 나옵니다. 하지만 이러한 정의조차 보기만큼 그렇게 간단하지 않습니다. 왜냐하면 이런 정의가 독특한 이데올로기와 세계 개념의 중심에 있는 철학적 핵심

---

12. Antonio Gramsci, *Selections from the Prison Notebooks*, p. 328.
13. Antonio Gramsci, *Selections from the Prison Notebooks*, p. 328.

및 전제와, 이런 개념이 필연적으로 실천적·대중적 의식의 형식으로 정교해지는 것 간의 근본적인 연관성을 형성하기 때문입니다. 이런 형식은 문화운동, 정치적 신념, 신앙, 혹은 종교와 같은 형태로 사회의 광범위한 대중에게 영향을 끼칩니다. 그람시는 **결코** 이데올로기의 철학적 핵심에만 관심을 가진 것이 **아닙니다.** 그는 항상 "인간 대중을 조직하고, 인간이 활동하고 자신의 위치를 의식하며 투쟁하는 지형을 창조하는"[14] **유기적** 이데올로기를 다룹니다.

이것이 그람시가 '철학'과 '상식'을 비판적으로 구분하게 된 근거입니다. 이데올로기는 서로 구분되는 두 개의 '층'으로 구성됩니다. 이데올로기의 일관성은 종종 전문화되는 철학적 정교화에 의지합니다. 하지만 이런 형식적 일관성이 이데올로기의 유기적인 역사적 역할을 보장해줄 수 없습니다. 그런 역할은 철학적 흐름들이 대중의 실천적인 일상의식 속으로 들어가 그것을 수정하고 변형하는 시점과 장소에서만 찾아볼 수 있습니다. 그람시는 대중의 일상의식을 '상식'이라 부릅니다. 상식은 일관적이지 않습니다. 그것은 보통 '탈구되고 단편적이며' 파편적이고 모순적입니다. 그 내부에는 보다 일관된 철학적 체계들의 흔적들과 '층층이 쌓인 침전물들'이 명확한 목록을 남기지 않은 채 시간과 더불어 쌓이게 됩니다. 사실상 상식이 심층적으로 역사의 산물, 즉 '역사적 과정의 일부'가 될 때, 그것은 '전통적 지혜 내지 시대의 진실'로서 나타나게 됩니다. 상식은 왜 중요할까요? 그것이 대중의 실천적 의식이 실질적으로 형성되는 데 기반이 되는 개념들과 범주들의 지형을 이루기 때문입니다. 만일 상식 개념이 대중의 세

---

14. Antonio Gramsci, *Selections from the Prison Notebooks*, p. 377.

계관을 형성하고 역사적인 효과를 가지려면, 그것은 보다 일관적인 이데올로기들과 철학들이 서로 지배하려고 경쟁하는, 이미 형성되고 '당연하게 여겨지는' 토대이며 세계의 새로운 개념들은 이 토대를 반박하고 변형시켜야 합니다.

모든 철학적 흐름은 '상식'의 침전을 남긴다. 이것이 상식의 역사적 유효성을 보여주는 증거이다. 상식은 굳어서 움직이지 않는 것이 아니라 끊임없이 변화하고, 과학적 관념들과 일상적 삶에 침투한 철학적 통념들로 풍요롭게 채워져 있다 (…) '상식'은 미래의 민담을, 즉 특정한 시간과 장소에서 대중적 지식의 비교적 굳건한 단계로서 창조한다.[15]

이데올로기에 대한 그람시의 방식을 특징짓는 것은 **대중적 사유**popular thought에 대한 그의 이런 관심입니다. 그러므로 그는 모든 사고와 행동, 언어가 반성적·도덕적 행위에 대한 의식적 태도를 포함하고 세계에 대한 특정 개념을 뒷받침하기 때문에, 사람들은 사고하는 한 모두 철학자 혹은 지식인이라고 주장합니다(비록 모든 사람이 '지식인'의 전문적 기능을 갖는 것은 아니지만 말입니다).

게다가 하나의 계급은 항상 자신들의 삶의 기본조건과 그들이 공통적으로 겪는 제약과 착취 형식의 성격에 대해 자연발생적이고 생생한, 그러나 일관적이지도 철학적으로 정교하지도 않는 본능적인 이해를 갖고 있습니다. 그람시는 이런 이해를 '양식good sense'이라 기술

---

15. Antonio Gramsci, *Selections from the Prison Notebooks*, p. 326n5.

합니다. 그러나 이런 혼란스런 대중적 사유—상식—의 구성들을 보다 일관적인 정치 이론이나 철학적 경향으로 혁신하고 설명하기 위해서는 추가적인 정치교육과 문화정치의 활동이 필요합니다. 이러한 '대중적 사고의 고양'은 집단 의지가 구축되는 과정의 핵심이고, 광범위한 지적 조직화의 작업—모든 헤게모니적 정치 전략의 근본적 부분—을 필요로 합니다. 이런 의미에서 그람시는 대중적 믿음이 그대로 두면 알아서 일어나는 투쟁의 무대가 아니라고 주장합니다. 물론 대중적 믿음은 "그 자체로 물질적인 힘"[16]입니다.

이 문제에 관한 그람시의 사유는 또한 이데올로기의 **주체들**을 개념화하는 새로운 방법을 포함합니다. 그는 미리 주어진 통일된 이데올로기적 주체—예컨대, '정확한' 혁명적 사고를 가진 프롤레타리아 계급이나, 미리 반인종차별적 의식이 보장된 흑인들—에 대한 어떠한 사고도 전적으로 거부합니다. 그는 이른바 사고와 관념의 주체를 구성하는 자아와 정체성의 '복수성'을 깨닫고, 이와 같이 의식의 다중적 성격이 개인의 문제가 아니라 '자아'와, 한 사회의 문화 지형을 구성하는 이데올로기적 담론들 간 관계의 결과물임을 이해합니다. 그람시는 "인성은 이상하게도 합성적이다"라고 말합니다. 그것은 "석기 시대의 요소들과 보다 발달된 과학의 원칙들, 지나간 역사의 모든 단계에서 생겨난 선입견들 (…) 그리고 미래 철학의 직관들"[17]을 포함합니다. 의식 내에는 아무리 일시적이더라도 종종 행동으로 나타나는 세계 개념과, 언어적으로 혹은 생각 속에서 확인되는 개념들 간

---

16. Antonio Gramsci, *Selections from the Prison Notebooks*, p. 165.
17. Antonio Gramsci, *Selections from the Prison Notebooks*, p. 324.

의 모순이 존재합니다. 의식에 대한 이런 복합적이고 단편적이며 모순적인 개념이 '허위의식'의 설명보다 오히려 더 낫습니다. 허위의식은 자기기만의 관점에 근거한 설명에 지나지 않으며 그람시는 이를 당연히 부적절한 것으로 간주합니다.

마찬가지로, 비록 그람시가 이데올로기 문제가 개인적이기보다는 항상 집단적이고 사회적임을 이해한다고 하더라도, 그는 이데올로기적 장의 복합성과 상호 담론적인 성격을 의식합니다. 모든 것에 침투하는 하나의 단일하고 통일적이며 일관적인 '지배 이데올로기'란 결코 존재하지 않습니다. "철학적 사유의 다양한 체계와 흐름이 공존합니다." 여기서 분석대상은 모든 것과 모든 사람이 자동적으로 흡수되는 단일한 흐름의 '지배적 관념'이 아니라 오히려 다양한 담론적 흐름들과 그것들의 접합과 절단의 지점들, 요컨대 이데올로기적 복합체, 전체적 효과, 담론구성체의 분석입니다. 물어야 할 질문은 "그것들이 어떻게 확산되는가, 그리고 확산 과정에서 그것들은 왜 특정한 방향과 노선에 따라 균열되는가"[18]하는 것입니다.

나는 이런 식의 주장으로부터, 비록 이데올로기적 장이 그람시에게 항상 다른 사회적·정치적 입장들과 접합되어 있다고 하더라도, 이데올로기의 형태와 구조가 사회의 계급구조를 정확히 반영하거나, 그것과 일치하거나, 그것을 '반향'하는 것은 아니라는 주장이 생겨난다고 믿습니다. 그람시는 관념이 "개인의 머릿속에서 자연발생적으로 '생겨나는' 것이 아니며, 관념의 중심에는 형성, 발산, 전파, 설득이 자

---

18. Antonio Gramsci, *Selections from the Prison Notebooks*, p. 327.

리하고 있다"[19]라고 주장합니다. 이 관념들은 성격상 심리주의적이거나 도덕주의적인 것이 아니라 '구조적이고 인식론적인' 것입니다. 따라서 이런 관념들의 변형과 혁신은 세계에 대한 하나의 전체적이고 이미 형성된 개념을 또 다른 개념으로 대체함으로써가 아니라 "이미 존재하는 활동을 혁신하거나 '비판'함으로써"[20] 가능합니다. 예를 들어, 그람시가 세계에 대한 오래된 개념이 어떻게 다른 사고양식에 의해 점차적으로 대체되고 내부적으로 수정 및 변형되는지를 설명할 때, 그는 이데올로기적 장이 가지는 다중 강세적이고 상호 담론적인 성격을 분명히 인정합니다.

> 중요한 것은 이러한 이데올로기적 복합체가 받게 되는 비판이다. (…) 이 비판은 과거 이데올로기의 요소들이 갖고 있던 상대적 중요성의 분화와 변화의 과정을 가능하게 한다. 이전에는 이차적이고 종속적이었던 것이 (…) 새로운 이데올로기적·이론적 복합체의 중핵이 된다. 부차적 요소들이 사회적으로 발달하면서 과거의 집단의지는 해체되어 모순적 요소들로 변한다.[21]

이것은 이데올로기적 투쟁의 현실적 과정을 인식하는 보다 독창적이고 생산적인 방식—그리고 분명하게 내가 알튀세르를 다시 읽을 수 있었던 기반—입니다. 이것은 다음과 같은 관념들을 포함합니다. 즉, 이전 역사에 의해 구성된 문화적 토대로서 그 위에서 모든 '새

---

19. Antonio Gramsci, *Selections from the Prison Notebooks*, p. 192.
20. Antonio Gramsci, *Selections from the Prison Notebooks*, p. 331.
21. Antonio Gramsci, *Selections from the Prison Notebooks*, p. 195.

로운' 철학적·이론적 경향들은 관계하고 타협해야 한다는 것, 그러한 지형의 주어진 구조 내지 결정적 성격, 다양한 담론적 요소 간의 배치가 일어날 수 있는 탈구축과 재구축의 복합적 과정, 하나의 사고양식이 또 다른 사고양식으로부터 점진적으로 탈구(탈접합)하여 다른 계열의 사회적 실천들과 정치적 입장들과 재접합하는 과정과 같은 것 말입니다.

그람시에게 계급은 국가와의 관계 속에서 형성됩니다. 계급은 국가의 등장 이전에 독립적인 프로그램을 갖고 이미 통일된 채 나타나는 것이 아닙니다. 국가는 강제적 권력들을 통해 그런 프로그램을 수행하는 텅 빈 도구 내지 통로가 아닙니다. 우리 사회가 그런 타동사적 지배에 의해 통치된다고 생각하는 것이 위안이 될지는 몰라도 그람시의 헤게모니 개념은 그런 단순한 지배 개념에 근본적으로 도전합니다. 비록 오늘날의 많은 마르크스주의자가 헤게모니와 지배를 서로 교환할 수 있는 개념으로 사용하더라도, 그 개념들 사이에는 중요한 차이가 있습니다. 우리가 지배와 문화적 지배, 통합과 같은 용어를 사용할 때, 우리는 그람시가 헤게모니 개념을 통해 의미하고자 한 것을 즉시 단순화하게 됩니다. 오히려 그람시가 헤게모니 개념을 통해 의미하지 않았던 것을 기술함으로써 헤게모니를 설명하는 것이 유용할 겁니다. 그럴 때 우리는 그람시가 통치와 정치와 지배의 성격에 대해 보다 개방적이고 확장적인 개념을 제안한 방식을 제대로 이해할 수 있습니다. 또한 우리는 그의 분석이 선진적인 대중적 산업자본주의 사회에서 보았던 정치의 현실 상황과 조건들에 초점을 둔 것임을 제대로 평가할 수 있습니다.

그는 헤게모니 개념을 모든 사람이 이데올로기적 형식과 매체에

현혹되어버린 나머지 기존 체제에 통합되어버렸다는 의미로 사용하지 않습니다. 우리가 살고 있는 사회의 엄청난 복합성이 정말로 미디어의 메시지들에 의해 통합된다고 생각하는 것보다 더 환원주의적이고 더 도구주의적이고 더 계급 환상적인 입장도 없을 것입니다. 범박하게 들릴지 모르지만, 서구사회가 어떻게 합의적으로 통합되어 있는가―합의는 어떻게 구성되는가, 노동계급은 왜 혁명적이지 않는가, 역사가 왜 계급투쟁의 엄격한 리듬을 따르지 않는가―를 설명하려고 하는 대부분의 마르크스주의 글들은 바로 그런 입장에 의지합니다. 헤게모니는 이데올로기적 신비화가 아닙니다. 마치 모순적이고 대항적인 모든 세력과 실천이 역사 속으로 휩쓸려 들어가 영원히 사라져버리듯이, 헤게모니는 전면적 통합으로서의 문화적 지배가 아닙니다. 어떤 경우에 그럴 수도 있겠지만, 헤게모니를 통한 실제적인 지배의 구축은 반대세력들을 적극적으로 통합하여 교육하고 개조하는 한편 그들을 종속적인 위치에 계속 묶어두는 것을 넘어서는 의미를 갖습니다. 그람시가 헤게모니에서 강조하는 것은 예속의 작업이지 전면적인 통합의 달성이 아닙니다.

헤게모니는 또한 국가의 강제적 권력이나 경제적 계급에 의한 단순한 도구적 통치를 지칭하지 않습니다. 헤게모니는 한 경제적 계급에 의한 통치를 뜻하지 않습니다. 그람시는 부르주아계급이 자신의 통치를 관철하던 다양한 정치적 구성체와 정치적 계급분파에 흥미를 가진 바 있습니다. 그는 19세기 영국을 모범으로 삼았습니다. 영국사회는 실제적인 통치체제가 상인계급, 산업계급, 혹은 상업계급보다는 여전히 압도적으로 토지 자본가계급의 수중에 있었지만, 사회관계는 점차 부르주아적으로 변해가고 있었습니다. 그람시가 흥미를 느낀 것은 특정한 경제적 (계급)지배의 형태가 다양한 다른 매개를 통해서—특정한 정당과 특정한 역사적 블록의 형성을 통해서—정치적인 영향력을 행사하는 능력이었습니다. 이것이 그람시가 경제적 모순과 정치적 형식 간의 비환원적인 관계를 사고하는 방식입니다. 헤게모니가 정치적 통치의 형식으로 확립될 때, 그것은 계급 전체와 관련된 것이 아니라 헤게모니 시기의 정치적·사회적·경제적 토대들을 제공하는 역사적 블록의 형성과 관련이 있습니다. 이 역사적 블록은 지배계급의 주도적 부문을, 권력의 행렬과 배치 속에 편입된 민중계급뿐 아니라 다른 계급, 중간계급, 프티부르주아지의 하위 및 종속 부문들과 결합합니다. 다시 말해, 헤게모니는 (특정한 국가의 통치에서) 정치적인 통치와 이데올로기적인 지배를 주도하는 그런 요소들이 자신을 지지하는 민중세력들을 동원하는 능력을 가짐으로써, 즉 민중계급의 일부에 대한 지지를 끌어내고 유지하는 데 필수적인 요소들을 동원하고, 식민화하고, 통합하고, 장악하고, 우회하고, 수용함으로써 지배하고 통치하는 방식을 가리킵니다. 헤게모니는 한 계급의 출현이 아니라 한 블록의 형성을 낳습니다. 헤게모니를 구성하는 것은 정확히 사회 전체에 대해 특정한 역사적 블록 및 형성의 우위를 구축하는 것입니다. 이런 일은 역사적 블록이 특정 집단의 이해관계와 목표를 사회로 일반화함으로써 대중의 인정과 동의 같은 것을 자유롭게 통제할 수 있을 때 성취될 수 있습니다. 그런 의미에서 통치의 정치적 기획은 그람시의 용어와 개념에 의해 크게 달라지게 됩니다. 여러 정치구성체들은 헤게모니를 구축할 능력 없이 통치해왔습니다. 하지만 오직 헤게모니 때문에 주도적 블록은 사회 전체를 위한 일련의 역사적 과제를 구축할 수 있고, 다양한 사회집단과 제도를 특정한 임무에 순응하고 협력하도록 만들 수 있습니다. 때로 이것은 특정한 위기의 극복이기도 하고, 때로 이것은 사회가 새로운 역사적 모험을 개시할 수 있도록 사회구성체를 위한 새로운 목표를 설정하는 것이기도 합니다. 따라서 헤게모니는 정치세력들이 역사적 과제를 위해 대중적 지지를 획득하고 동원할 수 있는 방식과 관련이 있습니다.

헤게모니는 통치하는 자와 그렇지 못한 자 간의 차이를 지우지 않습니다. 그것은 종속계급들과 지배적 위치에 있는 계급들을 구분하는 경계선을 삭제하지 않습니다. 반대로 헤게모니는 정확히 종속되고 배제된 사람들이 그들 자신의 정치적 실천과 사회 공간들을 펼칠 수 있는 공간을 참작합니다. 헤게모니는 그들이 삶에서 쫓겨나야 한다거나 폭력적으로 순응되어야 한다는 것을 의미하지 않습니다. 그들이 자신들의 공간을 유지할 수 있는 것은 그들이 자신들을 항상 종속적 위치에 배치하는 정치적 실천과 이데올로기적 재현체계의 지평 내에 통합되는 한에서입니다. 노동계급이 자신의 삶과 조직, 제도의 실질적 영역을 갖는 것은 헤게모니의 계기와 완벽하게 양립할 수 있습니다. 우리와 그들 간의 이데올로기적 구분을 중심으로 출현하는 계급의식과 투쟁의 형식들을 봉쇄하는 것이 필수적입니다. 종속집단의 위치—"물론 우리는 다른 계급에 속합니다. 우리는 저 위에 있지 않습니다. 우리는 우리 자신의 공간을 갖고 있습니다. 우리 공동체나 클럽으로, 그리고 노동계급 문화로 내려와 보세요. 우리 자신의 공간에 살고 있는 우리를 보세요."—는 전적으로 헤게모니가 행사되는 종속적 공간이 될 수 있습니다. 종속이 계속 유지되는 까닭은 한 계급이 자신의 삶을 정교하게 설명하기 위해 의지하는 현실적인 사회적 실천과 정치적 공간, 진정한 제도들이 항상 다른 사람에 의해 정의된 정치 공간 안에서, 항상 다른 사람들이 말하는 언어를 통해서 설명하기 때문입니다. 이것은 한 집단의 헤게모니가 또 다른 집단 위에서 구축되는 방식입니다. 헤게모니는 단순히 지배에 관한 것이 아니라 리더십에 관한 것입니다.

헤게모니는 결코 저항 없이 기능하지 않습니다. 왜냐하면 헤게모니는 그것이 구축된 사회구조 내부의 모든 근본적 모순들을 극복할 수 없고, 역사적 블록에 속하지 않는 모든 요소들을 전면적으로 봉쇄할 수 없기 때문입니다. 하지만 헤게모니는 주도적이고 규제적인 위치를 차지할 수 있습니다. 그것은 지형에 대한 통제력을 가질 수 있습니다. 헤게모니는 자신의 지배를 사회 전역으로 일반화하고, '당연하게 여겨지는 것'이 될 수 있는, 즉 대화의 출발점과 계산의 척도를 구축할 수 있습니다. 사회가 움직이기 시작하는 장소는 일정한 세력 균형, 즉 다양한 핵심 영역들에 걸쳐 세력 균형이 이루어지는 지점입니다. 또한 그것은 우리가 헤게모니적 구성체들을 인식할 수 있는 지점이기도 합니다.

물론 헤게모니에는 결코 강제가 없지 않습니다. 어떠한 국가도 경찰력을 폐지하면서 자신의 권위를 관철하거나 구축하려고 하지 않습니다. 동의가 종종 헤게모니가 생성되는 주도적 심급이라는 사실은 강압이 없다는 의미가 아닙니다. 동의는 항상 다른 사람에게 합의와 지배의 조건들을—필요할 경우에—강제할 수 있는 능력에 의해 항상 지지되고 강화됩니다. 하지만 헤게모니의 순간은 결코 순수한 강압의 순간이 아닙니다. 순수한 강압의 순간은 지배집단과 통치집단에게 분명히 상대적으로 불안정한 순간입니다. 사람들을 여러분 뒤에 강제로 일렬로 줄을 세우기 위해 알튀세르가 말한 "억압적 국가장치"[22]에 의지해야 하는 순간과 여러분이 권력을 가진 자들에게 늘 승리를 안겨주는 경향이 있는 자유선거와 비밀투표의 권리에 호소하려고 하는 순간 중에서 권력이 대중에게 더 크게 노출되는 순간은 어느 것일까요? 전자입니다. 강압의 계기들과 동의의 계기들은 분리되어 있다기보다는 항상 상호 보완적이고, 상호 얽혀 있으며, 상호 의존적입니다. 대부분의 착취체제들은 강압과 동의라는 이중적 양식에 의해 유지됩니다. 강압과 동의는 늘 같이 움직입니다. 권력이 일차적으로 동의의 양식을 통해 기능하고 있을 때조차 강압은 그람시가 "지원체제support system"라고 부르는 것으로 기능하고 있습니다. 그러나 우리는 지배로 구성된 사회가 자신의 지배를 유지 및 재생산하는 데는 속도와 리듬의 중요한 전환이 있음을 깨달아야 합니다. 헤게모니는 하나의 양식을 전복하고 다른 양식을 지지하는 것이 아니라 강압의 극에서 동의의 극으로 이동하는 것을 의미합니다. 예컨대, 최근 영국의 역사에서, 즉 1970년대가 진행되면서 기존 정치세력들이—선거와 온갖 다른 방법을 통해—국가를 계속 지배하고 있는 동안, 강제와 동의 사이의 균형에 중대한 전환이 일어난 순간이 있었습니다. 동의의 유지가 더욱 어려워지고, 동의의 메커니즘을 가능하게 하는 물적 조건들이 더욱 취약해지고 점점 더 경쟁적이 되면서, 사람들은 지배의 양식을 유지하는 데 국가와 사회제도의 강압적 요소들이 점점 더 중요한 역할을 한다는 것을 깨닫게 됩니다. 그것은 법과 '사회치안'을 위한 조치, 그리고 권위주의적 담론들이 사회를 통제하고 규제하

22. Louis Althusser, "Ideology and Ideological State Apparatuses (Notes towards an Investigation)," *Lenin and Philosophy and Other Essays*, Translated by Ben Brewster (New York: Monthly Review, 1971).

는 능력에서 보다 두드러지는 순간입니다.

헤게모니는 통제하는 리더십인데, 이것이 헤게모니가 의미하는 것, 즉 지배력mastery입니다. 그것은 어떤 상황에 대한 지배력의 지속적 행사를 의미합니다. 이는 명확히 비억압적인 지배의 형식들을 수반합니다. 일단 헤게모니가 구축되면 그것이 영원히 지속된다는 생각은 그람시의 사고와는 무관한 것입니다. 헤게모니는 지난한 작업입니다. 그것은 항상 쟁취되어야 합니다. 하나의 지배 블록은 자신의 헤게모니의 구축과 지속을 위해 끊임없이 작업해야 합니다. 헤게모니는 사회 내에서 자신의 권위를 재생산하기 위해 필요한 공간들을 가져야 합니다. 그리고 헤게모니가 획득하고자 하는 것은 리더십이며 다른 대안 세력들의 차단입니다. 그것은 다른 세력들을 흡수하거나 파괴할 필요가 없습니다. 헤게모니는 자체 내에 체제 내에서 살 수 없는 사람들을 위해 넓은 공간을 마련해두고 있습니다. 그것은 주변인들 내지 비정상인들을 완벽히 관용할 수 있습니다. 헤게모니는 부분적으로는 무쇠 같은 주먹(강제)으로, 부분적으로는 벨벳 장갑(동의)으로 그들을 속박할 수 있습니다. 하지만 그런 열린 공간들이 존재한다는 사실은 통치 능력을 보여주는 증거가 됩니다.

그람시가 볼 때, 한 역사적 블록이 사회를 장악하고, 특정 블록과 그 경제적 형태들에 대한 권력을 구축하고 발전시키고 확장하는 데 필요한 새로운 조건들을 충족할 수 있도록 그 블록을 형성할 수 있는 것은 오직 그런 리더십을 발휘하는 헤게모니적 시기 속에서입니다. 하나의 역사적 블록이 사회구성체를 다시 형성하고 그것을 사회적·정치적 실천과 이데올로기적 재현의 형식들과 일치시킬 수 있을 때, 진정으로—경제적일 **뿐만 아니라,** 도덕적·지적·문화적·정치적으로―헤게모니적입니다. 그런 형식들은 새로운 역사적 임무를 위한, 다른 어떤 것의 발전을 위한, 혹은 위기를 다룰 수 있는 권력을 위한 조건이 됩니다. 우리가 주목할 필요가 있는 것은 그람시가 헤게모니 개념에 도달하게 된 이유가 그가 헤게모니가 이탈리아에서 결코 성취된 적이 없었다고 생각했기 때문이었습니다. 그것은 지배계급의 부재를 통해서는 설명될 수 없고, 오히려 끊임없이 서로 싸우는 두 집단이 있다는 사실을 통해 설명될 수 있습니다. 한 집단은 남부에 기반을 두고 봉건적 생산양식에 여전히 강력히 매여 있는 데 반해, 북부에 근거를 둔 다른 집단은 주로 근대적이긴 하지만 혼합적인 경제체제에 기반을 두었습니다. 따라서 이탈리아가 특정한 생산양식들의 결정적 영향을 받고 있지 않았다는 것은 사실이 아닙니다. 하지만 그람시가 "민족적·민중적national popular"이라 부른 것의 지형 위에서 자본주의적 기획과 민중 전체의 기획 사이에 하나의 동일성을 구축할 수 있는 세력들이 이탈리아에는 없었던 겁니다. 이탈리아에서 헤게모니적 지배가 결여된 것은, 자본주의가 민족적 기획으로 발전할 수 있는 필연적 토대를 창조하기 위해 국가의 강제력을 직접 행사하지 않고서는 평범한 민중의 상식적 영역에 영향을 끼칠 수 있는 길이 없었기 때문입니다. 바로 여기가 생산양식들이 진정으로 확장되고, 의미심장하게 방향 전환하며, 또는 특정 위기를 해결하는 데 필요한―문화적·경제적·도덕적·정치적―조건들을 창조하기 위해 헤게모니적 계기가 움직이는 곳입니다.

결과적으로 헤게모니는 이미 획득된 어떤 것으로서가 아니라 오직 역사적 과정으로서만 이해될 수 있습니다. 하지만 다른 한편, 헤게모니는 단순히 통치와 지배의 항구적인 유지가 아닙니다. 지배계급 내지 지배 블록의 권력이 사실상 헤게모니적 순간에 있다면, 그것은 '경험적으로' 구체화될 필요가 있습니다. 게다가 헤게모니는 사회적·정치적 투쟁의 다양한 장 위에서 주도적 위치를 구축하는 것이기 때문에, 도덕성의 담론처럼 마르크스주의자들에 의해 일반적으로 무시되어 온 영역들을 포함하고 있습니다. 상식, 대중적 의식, 그리고 실천적 사고의 공간을 장악하고 싶은 사람은 그 누구든지 도덕의 영역에 주목해야 합니다. 왜냐하면 많은 사람들은 실제로 자신의 정치적 계산을 바로 도덕의 언어로 시작하기 때문입니다. 좌파는 '선'과 '악'의 차이가 정의되는 공간에 대해선 별로 얘기하지 않습니다. 그들이 사회주의적 도덕성의 언어를 구축하려고 시도하는 경우는 거의 없습니다. 따라서 이 공간은 종교적·도덕적 기업가들이나 교회와 도덕적 다수파들에게 전적으로 맡겨지게 됩니다. 그람시에게 (사회적·정치적·지적 판단뿐 아니라) 도덕적 판단을—자신들의 용어와 언어, 일상생활에서—계산하는 필수적 능력을 사람들에게 제공하는 일의 의미를 인식하지 못하는 것은 특정 정치세력(예컨대, 좌파)이 자신이 반드시 참여해야 할 전선에 개입할 수 없다는 것을 의미할 뿐입니다. 따라서 헤게모니 정치를 구성하고자 하는 시도에서 문화의 장을 부차적인 것으로 여기는 것—문화의 장을 들어가도 되고 들어가지 않아도 되는 변덕의 문제로 보거나 자유로이 들어갈 수도 있고 들어가지 않을 수도 있는 어떤 곳으로 생각하는 사고—은 어리석은 생각일 수 있습니다.

19세기 말 영국의 문제를 생각해봅시다. 이때는 근대 영국의 국가가 형성된 시기, 대중민주주의의 시기, 노동계급 사회주의('노동자주의labourism')의 특정 형태가 구축되어 노동당으로 제도화되던 시기입니다. 그리고 이때는 과거의 진정한 헤게모니적 구성체, 즉 자유주의가 붕괴하던 시기이기도 합니다. 그 이전에 자유주의는 주도적 철학, 주도적 정치구성체, 상당히 오랜 동안 노동계급의 조직을 봉쇄할 수 있었던 이데올로기였습니다. 보수당이 권좌에 있을 때조차 자유주의는 주도적 위치에 있었습니다. 자유주의는 세계 속에서 자신의 기획을 사고할 때 사람들이 갖고 있는 관념들, 즉 영국정치와 문화의 성격뿐 아니라 영국사회가 어떠했는지, 그 성취가 무엇이었는지, 그것의 역사적 운명은 무엇이었는지를 이해하는 방식을 규정했습니다. 자유주의의 형성은 아주 오랫동안 노동조합 운동, 노동계급의 사회주의, 그리고 노동 대중의 재현들을 차단할 수 있었습니다. 자유주의는 모든 사람이 그 속에서 자신의 위치를 발견할 수 있는 구성체, 말하자면, '수많은 방을 가진 저택'과 같은 것이었습니다. 그래서 급진주의자들은 기존 정당들이나 정치적 대안들 내부에 위치할 필요가 없었습니다. **같은** 집 안에는 모든 사람을 위한 공간들이 있었고, 사람들은 그 구성체를 정의하는 주도적 요소들이 무엇인지를 알고 있었습니다. 그런 헤게모니적 구성체의 붕괴가 일어난 것은 그 핵심적 요소들이 물질적 실천들—경제적 존재조건(가령, 미국, 일본, 독일과의 경쟁에서 영국의 쇠퇴)—의 관점과 이데올로기적 재현의 관점 둘 모두에서 도전받기 시작할 때입니다.

그때 새로운 헤게모니를 구축하기 위한 투쟁이 일어납니다. 이 투쟁이 특별히 흥미로운 것은, 대체로 모든 다양한 입장이 개인과 사회의 관계가 자유주의 구성체의 접합방식과는 다른 방식으로 구성되어야 한다는 것을 이해하기 시작했기 때문입니다. 따라서 이때는 자유주의적 개인주의가 이른바 집단주의collectivism라는 것의 기치하에서 다방면으로부터 도전받게 된 시기입니다. 우파든 중도든 좌파든 간에 사람들은 집단주의의 형태들을 접합하려는 시도를 모색합니다. 거기에는 사회주의적 집단주의, 보수주의적 집단주의, 그리고 국가적 효율과 제국의 운명이라는 새 시대를 천명하는 데 관심을 가진 사람들의 집단주의도 있었습니다. 그들은 모두 집단주의에 대한 그들 나름의 생각 아래 움직였는데, 왜냐하면 그들의 공격이 서로 다른 지점에서 시작되긴 했지만 그들 모두가 자유주의 속에 구현된 국가 개념의 헤게모니를 파괴할 것을 주창했기 때문입니다. 새로운 헤게모니로 나아갈 수 있는 요소들을 획득할 수 있었던 것은 오직 이런 투쟁을 통해서입니다. 이러한 투쟁들이 수행된 독특한 방식의 결과는 1920년대와 30년대에 일어난 일뿐 아니라 그 후에 일어난 일을 정의하는 데도 매우 중요합니다. 그때는 독특한 사회민주주의의 형태, 즉 독특한 종류의 노동자주의가 생성된 시기입니다. 이런 형태는 이 시기의 노동운동에서 활발하던 다양한 종류의 사회주의들(예를 들면, 중산층 사회주의로 살아남은 페이비어니즘Fabiansim이나 생디칼리슴), 즉 새로운 산업계급과 더 넓은 사회적 범주에 속하는 노동 대중의 부상하는 이해관계를 대변하는 새로운 방식을 쟁취하기 위해 투쟁하던 운동들을 모두 자기편으로 끌어들이게 됩니다. 이때가 여성 권리를 위한 투쟁의 시대이기도 했다는 점은 우연이 아닙니다. 여러분은 이 시대를 마치 모든 저항들과 차이들을 억압하고 통합한 단일 이데올로기를 가진 하나의 지배계급이 있었던 것처럼 생각해서는 곤란합니다. 새로운 형식의 헤게모니의 실제적 형태가 생성되는 것은 오직 다양한 집단이 부침을 거듭하는 지속적이고 연속적인 투쟁을 통해서입니다.

이 사례는 그람시가 헤게모니 개념을 사용할 때 중요한 애매성을 제기합니다. 내가 주장해왔듯이, 한편으로 헤게모니 개념은 한 사회의 생활에서 아주 특별하고 역사적으로 구체적이며 일시적인 순간을 나타냅니다. 그런 정도의 통일성이 실제 성취되는 예는 거의 없습니다. 다른 한편으로 그의 나중 작업에서 그람시는 이 개념을 특정한 계급연합의 형성 너머로 확장하고, 이 개념이 적어도 모든 지배계급의 전략이자 모든 주도적인 역사 블록들의 형성에도 적용되었다고 주장합니다. 하지만 그런 구분은 역사적 질문에 의해 더욱 복잡해집니다. 그람시는 헤게모니를 '동양'과 '서양'의 구성체들 간의 구분과 연결 짓습니다. 이 구분은 1870년 이후 서구 자본주의 국가에서 일어난 특별한 역사적 전환, 즉 자본의 국제화, 근대 대중민주주의의 출현, 국가의 기능 및 구조의 복합화, 그리고 시민사회의 구조 및 과정의 전례 없는 정교화 등을 특징으로 하는 전환을 나타내는 은유입니다. 마찬가지로, 우리는 근대 자본주의로의 이행을 나타내는 다른 주요 변화들도 지적할 수 있습니다. 하지만 그람시에게 결정적인 점은 이러한 변화들이 사회적 적대의 점진적인 다양화와 권력의 분산을 의미했다는 것입니다. 따라서 시민사회의 자발적인 제도 내에서 동의를 확보하는 과정에서 자신의 권력 기반을 점점 복합적이고 자율적인 시민사회 내에 두는 지배의 형태들이 필요하게 됩니다. 그람시에 의하면 헤게모니는 특별한 존재조건과 구체적인 역사적 위치를 가진 특수한 지배의 구성체입니다. 하지만 그람시가 이러한 역사적 특수성을 계속해서 고수했는지, 아니면 우리가 그런 풍부한 역사적 사례를 헤게모니의 필수적인 구성적 요소로 받아들일 수밖에 없었는지는 명확하지 않습니다.

그람시의 헤게모니 개념은 지배에 대한 새로운 개념일 뿐 아니라 정치적·문화적·이데올로기적 투쟁에 대한 새로운 개념을 수반합니다. 그람시는 정치투쟁의 세 가지 다른 계기를 구분합니다. 그는—종종 오독되어왔듯이—정치를 마치 이것 아니면 저것을 선택해야만 하는 것처럼 두 가지 배타적 유형으로 나누지 않았습니다. 이 세 가지 계기들은 각각 '기동전war of maneuver' '지하전underground warfare', 그리고 '진지전war of position'입니다.[23] '기동전'은 사회에서 계급들 사이뿐 아니라, 보다 더 일반적으로 억압하는 자와 억압당하는 자 사이의 실질적인 분열이 있을 때 벌어집니다. 이런 극심한 균열의 순간에 사회는 권력 블록에 맞선 대중세력들의 대대적 동원에 의해, 그리고 권력을 장악한 자들에 맞선 민중들의 대대적 동원에 의해 분열됩니다. 이 두 가지 입장들과 세력들은 명확하게 분리되어 있고 구별 가능하며, 거기에는 권력의 직접적 경쟁과 대결이 있습니다. '지하전'의 계기는 사회 내에 정치적·경제적 투쟁의 적절한 장소들이 이미 존재하지만 경쟁이 정면으로 벌어지지 않는 곳에서 보게 됩니다. 이것은 계급 대 계급, 권력 블록 대 민중 간의 대립이 아닙니다. 지하전은 특정 계급의 권력의 아성을 전략적으로 공략하는 당의 기습적인 전개입니다. 이것은 그람시에게 대중적·민중적 동원의 시작입니다. 끝으로, '진지전'은 대중민주주의가 완벽히 형성된 사회 내에서만 존재할 수 있고, 노동자계급과 다른 민중적·민주적 세력들이 특별한 경제적·정치적·시민적 권리 및 권력을 쟁취하기 위한 성공적인 투쟁에 이미 참여하고 있습니다. 이 사회는 엄청난 사회적·정치적 복합성의 사회입니다.

23. Antonio Gramsci, *Selections from the Prison Notebooks*, pp. 229-239.

그 내부에서 시민사회는 국가가 시민사회를 즉각적이고 손쉽게 제압하도록 허용하는 그런 단순한 구조를 갖고 있지 않습니다. 시민사회는 국가권력의 직접적 중재로부터 상당한 자율성과 독립성을 누리며, 대체로 지배계급 내지 통치계급의 직접적 지배 외부에서 펼쳐진 제도들을 포함합니다. 따라서 현재 배제된 계급과 포함된 계급 간의, 혹은 권력이 없는 자들과 권력을 가진 자들 간의 직접적인 대결보다는 의회민주주의적 체제에서 흔히 볼 수 있는, 매우 다양하고 종종 전치된 형태의 정치투쟁들이 우세합니다. 이런 사회에서 정치는 항상 그렇지는 않지만 대부분의 시간 동안 진지전을 통해 진행됩니다. 투쟁은 세분화됨으로써 압축된 국가권력이나 자본주의적 계급관계에서 보장된 경제권력과의 직접적인 대결에서뿐 아니라 그람시가 시민사회(문화, 언어, 이데올로기, 도덕)의 "참호와 요새화"[24]라 부른 것 속에서 진행될 것입니다.

그람시가 마르크스주의를 세분화된 정치투쟁의 형태들의 가능성과 필연성에 개방한 것은, 양차 세계대전 사이에 역사적으로 출현한 자본주의의 조건에 계급투쟁의 형식을 적응시키려고 한 유용한 시도들에 근거를 마련해주었습니다. 일단 앞서 설명한 "고양된 프롤레타리아적 순간"이 퇴조하고 자본주의 사회구성체들이 그대로 돌아가자, 새로운 구성체들은 어느 정도의 헤게모니를 획득하기 시작했습니다. 그 구성체들은 정치적·경제적으로 스스로를 재조직했습니다. 이는 단순히 투쟁이 패했고 격퇴되었다는 것이 아니라 오히려 투쟁의 성격과 형식 그 자체가 달라져버렸음을 의미합니다. 투쟁은 새

---

24. Antonio Gramsci, *Selections from the Prison Notebooks*, p. 243.

롭고 다양한 대중정치의 형태들이 요구되는 새로운 지형에 적응해야 했습니다.

헤게모니적 입장에 맞설 수 있는 유일한 정치는 헤게모니적 정치, 즉 진지전입니다. 헤게모니적 정치만이 상식의 지형 위에서 부르주아 이데올로기와 대결할 수 있을 정도의 조직을 가질 수 있습니다. 헤게모니적 정치는 문화적 장치들, 도덕적 언어의 담론, 경제투쟁, (선거투쟁 및 다른 형식들을 포함한) 정치 공간들 내에서 움직입니다. 그것은 각각의 모든 전선을 차지하려고 하고, 승리가 적의 완전한 붕괴로 끝나는 거대한 전투가 아니라는 점을 이해합니다. 승리는 투쟁의 각 전선에서 세력 균형을 통제하는 것입니다. 그것은 사회구성체 내의 각 지점에서 정치적·사회적·이데올로기적 세력들의 균형을 제어하는 것입니다. 이는 좌파 중의 그 누구도 제대로 이해하지 못했던 교훈이지만 (특히 그 동시대적 형태의) 부르주아지들은 완벽하게 이해하고 있던 교훈입니다. 부르주아지들은 문화적·지적·도덕적 공간들을 그대로 방치하지 않습니다. 그들은 상대적으로 관련자들이 별로 없다고 해서 학술계를 무시하지 않습니다. 그들은 성적·사회적·종교적 문제들이 정치와 권력의 영역이 아니라고 해서 그 지형 위에서 싸우는 것을 거부하지 않습니다. 그들은 자신들이 역사에 변화를 낳고자 한다면, 모든 전선에서 변화를 만들어내야만 한다는 것을 알고 있습니다.

대처리즘이 영국에서 등장했을 때, 그것은 자신이 침투해 들어갈 수 있으리라고 계산한 모든 개별적 전선에서 투쟁에 돌입했습니다. 예컨대, 교육부 장관이 고등교육에 보조금을 주는 기관을 사회과학연구위원회Social Science Research Council에서 사회연구위원회Social Studies

Research Council로 개명할 것을 제안했을 때, 그들의 기획이 헤게모니적이었음을 알 수 있을 겁니다. 1968년 이후에 모든 사람은 사회학이 단순히 과학이 아니라는 것을 압니다. 대처리즘은 상식의 토대에 영향을 미치려고 합니다. 그것은 모든 개별적 사고와 경쟁하고 인간 삶의 모든 개별 영역을 이론화하는, 즉 모든 사회적 입장들을 규정하고자 하는 구성체입니다. 그것은 단순한 형태이든 가장 선진적인 형태이든 간에 모든 케인스주의와 경쟁하려고 합니다. 그것은 자녀의 양육법, 교사의 행동 요령 및 처신 방법, 순간순간 사용해야 할 언어 등을 알려주려고 합니다. 이는 모든 개별 순간에 지배적 공간을 점유하고 규정하려는 것을 의미합니다. 대처리즘은 조합주의와 사회민주주의를 수용하고자 하는 온정적 보수주의의 형태들—대항적 구성체들로부터 차용하고 거기에 적응하려고 하는 '중도 보수파wets'(구식 보수주의자들)—이 진정한 승리를 위해 싸우고 있지 않다는 생각 때문에 이들과 결별합니다. 그것은 헤게모니가 여러분에게 공간들을 차단하고 사회 전체의 풍경을 위한 새로운 참조점을 정의하라고 요구한다는 것을 알고 있습니다. 그것은 가장 선진적인 이론적 언어와 일상 언어의 관용구에서 동시에 헤게모니적으로 움직일 수 있는 능력을 갖고 있습니다. 이를테면, 대처리즘은 통화 공급의 복합성을 관용적인 일상 언어로 제시하는 동시에 (만약 여러분들이 그것이 가능하다고 믿을 수 있다면) 통화주의를 경제 이론으로서 매우 정교하게 설명합니다. 가령, "여러분은 자신이 소유하지 않는 것은 소비해서는 안 됩니다"라는 식으로 국민경제를 가계예산의 운용에 비유합니다. 종종 지배세력들과의 역사적 대결 속에서 형성되고 사회의 종속 공간 속에서 생성되는 민중들의 일상적 상식 및 지혜는 패배하고, 식민화되고,

공격당하며, 헤게모니가 생산되는 언어로 말하게 됩니다. 헤게모니적 블록은 항상 급진적입니다. 그것은 이전 형태의 헤게모니와 안정과 합의의 기반을 약화시키고자 합니다. 그것은 역사적 흐름을 역전시켜 새로운 상식을 만들기를 원합니다. 그것은 인간 존재의 실천적 의식의 틈새들 속으로 스며들 필요가 있습니다. 이러한 헤게모니적 블록의 형성이 문화와 무관하고, 이데올로기의 외부에 위치하며, 혹은 정말로 계급구조 내의 위치에 의해 지시받는다는 통념은 전적으로 터무니없습니다.

8강

문화, 저항, 그리고 투쟁

이번 강의에서 나는 정치적 저항의 형식들보다는 문화적·이데올로기적 저항의 형식들에 계속 초점을 두면서 내가 지금까지 사용해온 저항, 반대(대항), 투쟁의 개념들에 대해 상세히 설명하고 싶습니다. 내가 주장하고자 하는 가장 중요한 핵심, 즉 처음부터 내가 말해왔던 요점은 문화투쟁이 결정의 다른 영역들로 환원 불가능하다는 것입니다. 여러분은 문화적 저항의 특정 영역에 들어 있는 내용과 형식, 특정 집단의 배치들을 한 사회 내의 정치적·경제적 실천 형식들로부터 곧장 읽어내는 방식으로 예측할 수 없습니다. 문화의 영역은 고유한 특수성, 양식, 사회구성체의 다른 심급들로부터의 상대적 자율성 및 독립성을 갖습니다. 이는 문화의 영역이 다른 심급들의 구조적 영향력 밖에 있다거나, 그것이 존재의 조건으로서 문화적인 것 외의 사회적 실천 및 관계의 형식을 갖지 않는다는 것을 의미하지 않습니다. 문화는 사회구성체에 형태와 패턴, 배치를 제공하는 중심적 모순들, 즉 계급, 종족, 젠더를 둘러싼 모순들로 구조화된 장의 외부에 있지 않고 결코 있을 수도 없습니다. 한편, 문화는 이 모순들 밖에 있지 않지만 이 모순들로 환원할 수도 없습니다.

문화투쟁에 대한 마르크스주의적 이론을 비경제환원주의적·비계급환원주의적 방식으로 사고하고자 하는 이런 시도가 낳은 두 가지 결과를 처음부터 강조할 가치가 있는데, 내가 이전 강의에서 논한 이데올로기 투쟁의 영역 내에서 그렇게 해보겠습니다. 첫 번째는 투쟁의 장소로서 이데올로기적 지형 내부의 특정한 요소들 간의 관계와 이 요소들이 계급구성체와 갖는 관계와 관련이 있습니다. 두 번째는 사회구성체를 구성하는 다양한 모순들 간의 관계와 관련이 있습니다. 내가 제시해온 입장은 이데올로기 투쟁 내부에서 계급세력들의 활동을 부정하는 것으로 가끔 오해받기도 했습니다. 나는 계급 접합적 이데올로기들, 즉 담론의 이데올로기적 요소들과 특정 계급적 입장 간의 아주 명확하고 잘 구축된 접합의 존재―예컨대, 특정한 이데올로기 구성체와 역사적 세력으로서의 부르주아지의 출현 간의 관계―를 부정하지 않습니다. 그럼에도 이것은 이데올로기적 담론의 장, 즉 이데올로기적 지형과 접합된 재현체계들이 경제적 계급 위치에 의해 구성되지도 않고 그 위치로 곧장 환원될 수도 없다는 것을 말하고자 하는 시도입니다.

　일반적 관점에서 말할 때 이런 주장들은 널리 지지받는 데 반해, 그것의 보다 구체적인 사례들은 종종 적극적으로 수용되지는 않는 편입니다. 여러분에게 다음의 사례―권리의 문제―를 들어보겠습니다. 권리―자연권, 개인적 권리, 그리고 그런 권리의 옹호에 기반을 둔 국가 개념―에 대한 정치적 언어의 출현은 부르주아 이데올로기의 형성에 결정적인 계기가 되었습니다. 권리의 언어가 이데올로기의 장에 나타나는 것을 볼 때마다, 우리는 그 언어가 특정 부르주아적 입장과 지속적으로 접합된다는 점에 매우 주의해야 합니다. 하지만 권리의 언어가 **오직** 부르주아계급에게만 속할 수 없다는 사실은—희망 컨대—분명히 할 필요가 있습니다. 시민권의 요구와 그로 인해 조직된 운동들은 궁극적으로 그 범위에 있어 이것들이 종종 근거할 수밖에 없는 바로 그 토대에 의해 제한되고 차단될지 모릅니다. 그럼에도 그것들은 수많은 역사적 현상 속에서 항의와 저항, 투쟁의 현실적이고 효과적인 운동들입니다.

권리의 언어에 대한 상세한 설명은 하나의 복합적 장 내에서 권리의 언어, 인간 본성에 관한 특별한 개념, 시장의 정의, 자유의 이념, 주체 및 주체성의 관념들(예컨대, 소유적 개인주의) 간의 일련의 연관성으로 이해해볼 수 있습니다. 이것은 하나의 구체적 형태, 즉 관념과 담론의 연결체입니다. 이데올로기는 단일한 용어와 개념으로서, 혹은 그 내부에 존재하지 않습니다. 사실 이른바 권리 언어 내의 수많은 요소들은 17~18세기에 부르주아지의 이데올로기적 입장이 출현하기 전에도 존재했지만, 이 요소들은 새로운 맥락에서 부상하는 계급의 출현, 오래된 경제 발전과 조직 패턴의 근본적 붕괴, 시장사회의 형성, 그리고 새로 출현하는 관계들의 지배 등과의 관계 속에서 새로운 의미를 띠게 됩니다. 물론 이 순간은 이데올로기의 형성에서 결정적인 역사적 시기, 즉 한 계급 내지 계급분파가 세계 속에서 자신의 등장을 깨닫게 되고, 새로운 관계들이 무엇인지, 그것들이 이전 시대의 관계들과 어떻게 다른 것인지를 정의하기 위해 특정한 재현체계들을 끌어들이던 때입니다. 이러한 재현체계의 관점에서 새로 부상하는 경제적·사회적 현실을 정의할 때만 그들은 집단적 행위의 새로 출현하는 가치들과 형식들을 이해하고 규범화할 수 있습니다. 그리고 그러한 역사적 구성체의 결정적 순간 이후에, 그것을 부르주아적 입장에 접합시켜온 함의들의 전체 연쇄를 가동하지 않고서는 이 특별한 이데올로기적 접합의 장에 들어가는 것은 불가능합니다. 이것이 하나의 계급과 이른바 유기적 이데올로기 간의 변증법적 형성입니다.

그럼에도 그 이데올로기의 모든 요소들이 오직 부르주아지에게만 속한다고 말할 수 없습니다. 그 요소들은 1980년대 서구 사회주의자들이 '민주주의'의 의미를 두고 싸워야 했던 것과 정확히 동일한 방식으로 이데올로기 투쟁을 통한 재의미화의 과정을 거치게 됩니다. 비록 민주주의가 특정한 부르주아적 의회정치 담론에 연루되어 있다고 하더라도, 민주주의는 그들의 배타적 소유물일 수 없습니다. 이데올로기의 요소들이 역사적으로 구성되고, 계급 및 다른 사회 세력들과의 관계 속에서 특정한 위치에 강력히 연결되어 있다고 하더라도, 그 요소들은 잠재적인—종종 현실적인—이데올로기적 투쟁의 장 내에 존재합니다. 심지어 토머스 홉스Thomas Hobbes와 존 로크John Locke가 표현한 방식에서도 부르주아적 권리의 언어는 특정한 부르주아 계급의 입장을 보증해주는 동시에 그 이데올로기가 기능하던 방식 때문에 그동안 배제되었던 계급들이 권리의 보편성을 주장할 수 있도록 가능성을 열어주기도 합니다. 이들 배제당한 타자들은 **인간적** 권리를 발언할 수 있는 언어를 통해 자신들의 위치를 확보하는 투쟁을 펼칠 수 있었습니다. 자유주의의 권리 개념을 실천과 접합하기 위해서는 엄청난 정치투쟁이 필요합니다. 왜냐하면 자유주의 담론에서 자유의 특정한 정의를 지지하는 세력들이 (19세기 노동계급과 같은) 계급들과 (참정권투쟁에 참여한 여성들처럼 명확한 계급 귀속성을 갖지 않는) 다른 사회집단들의 권리 주장에 대해 강력한 거부감을 피력했기 때문입니다. 비록 초기 부르주아 구성체들이 자신들에 대한 민중의 대중정치적인 지지를 얻기 위해 보편성을 주장하는 담론 universalizing discourse에 접합되어 있었다고 하더라도, 그 구성체는 자신의 권력을 오직 한 특정 계급에게만 전달해주었습니다. 그것은 잠재적 투쟁의 장소이자 노동계급들이 조직화를 통해 참정권을 쟁취하기 위해 투쟁하던 지점입니다. 비평가들이 반박해왔듯이, 결국 참정권의 쟁취가 노동계급에게 정치권력에 접근할 수 있는 길을 열어주기도 했지만, 다른 한편에서 자신의 정치적 대표성(1인 1표)을 개별화하고 단편화하는 형태로 이루어졌다는 것도 확실히 사실입니다. 더욱이 이런 점은 결국 노동계급이 또 다른 형식의 민주주의적 권력, 즉 의회주의적 형식의 민주주의적 과정을 구성하는 개별화된 권력 조직과의 대립을 통해 새로운 권력 형태를 이용할 수 있는 가능성을 어렵게 만듭니다. 이는 노동계급을 자유주의적 이데올로기에 접합시키거나 자유주의 내부의 위치에 얽매이게 함으로써 민주주의에 대한 보다 급진적 정의를 차단합니다. 그 결과 더 이상 자유주의도 민주주의도 아닌 자유민주주의라는 독특한 형태가 나타나게 됩니다. 하지만 이것은 분명히 19세기에 노동계급이 진입함으로써 가장 지속적인 투쟁이 벌어진 장소 중의 하나였습니다. 이곳에서 노동계급은 정치권력에 대한 자신의 권리를 주장하고, 자신의 과거와 미래를 결정하던 부르주아계급의 능력에 일정한 한계를 설정했습니다. 노동계급은 제약을 당하는 동시에 중요한 성과와 전진을 이루기도 했습니다. 물론 이러한 용어들의 의미와 이 용어들을 중심으로 조직화된 투쟁들은 17세기에서 19세기를 거쳐 20세기로 넘어오면서 변하게 됩니다. 동일한 용어들이 다른 현실들을 가리키게 됩니다. 이 용어들이 사용되던 역사적 조건들과 이 용어들과 관련된 사회세력들이 달라지면서 그것들은 다른 이해관계와 다른 요구, 다른 투쟁의 장소를 재현할 수 있게 됩니다.

법의 규칙에 대한 톰슨[1]의 논의를 이용해 동일한 주장을 펼쳐볼 수 있습니다. 처음에 '법의 규칙'은 젠트리계급과 귀족계급이 행사하는 권력 형식들에 맞서 아직 충분한 정치권력을 갖추지 못한 계급—부르주아지—에 의해 제기됩니다. 이때 법의 규칙은 새롭게 부상한 진보적 요구이며 기존의 권력 형태를 제한하고 제약하는 역할을 합니다. 그 후 법 규칙은 새로 출현한 토지 부르주아계급이 자신의 이해관계를 법으로 표현하고 다른 이해관계들은 배제하는, 부르주아지의 핵심 권리 중 하나로 자리 잡습니다. 그러나 18세기 말에 이르면, 법 규칙은 정확히 정의justice의 확장을 요구하는 대중적인 주장이 제기되는 지점이 됩니다. 노동계급, 빈민, 여성, 하인 등 배제당한 사람들은 굳이 다른 용어를 필요로 하지 않았습니다. 그들은 **바로 이** 용어(법 규칙), 즉 부르주아지가 투쟁을 실천하기 위해 이미 사용하던 잘 알려진 용어를 사용했습니다. 만약 우리가 이런 중심적 투쟁들의 조직화에 근간이 된 주요 이데올로기적 개념들이 항상 부르주아적이었고 지금도 그 본질에서 부르주아적임을 받아들인다면, 부르주아지의 출현을 알린 결정적 투쟁들, 그리고 이 권력에 맞서 노동계급과 여성들이 제기한 도전들을 이해하기가 쉽지 않아집니다. 이런 투쟁들이 부르주아지에 기원을 두고 있는 사상의 천에 꿰매져 있다는 사실은, 그것들이 항상 그런 식으로 기입되어 있으리라는 것을 보장하지

---

1. E. P. Thompson, *Whigs and Hunters: The Origin of the Black Act* (New York: Pantheon, 1975).

않습니다. 이는 과거나 지금이나 마찬가지입니다.

내가 주장하려고 하는 요지는 이론적일 뿐 아니라 진지한 정치적인 함의를 갖습니다. 최종적으로 법 규칙을 오직 부르주아지의 것이라고 단언하기 전에 세계에서 억압당하고 종속적인 위치에 있는 사람들에게도 법 규칙이 중요하고 실제적인 진보가 되었다는 점을 인정할 필요가 있습니다. 법의 개념이 원래 부르주아지가 자신의 지배를 확립하기 위해 이용한 이데올로기의 일부였다고 해서 사회주의적 기획에서는 이용될 수 없다는 생각은 이데올로기와 계급 간의 관계에 대해 극히 단순하고 환원주의적인 논리에 근거하는 것입니다. 이런 태도는 사회세력의 장을 마치 그것이 하나의 단일체적 계급들로 구성되어 있는 것처럼, 풀란차스의 말로 하면, "마치 이데올로기가 사회계급들이 그들의 등에 달고 있는 '정치적' 번호판인 것처럼"[2] 구성하는 것입니다. 이것은 관념의 전체적 형상이 단순한 계급 위치에 영구히 얽매여 있는 것으로 받아들입니다. 다시 말해, 권리, 자유, 민주주의, 해방 등과 같은 관념들은 오직 부르주아지의 것이기 때문에 이런 관념들을 우리의 것으로 삼을 수 없다는 겁니다. 이러한 입장은 잠재적인 이데올로기적 개입의 장을 비어 있는 공간으로 방치하는 것이고, 그리고 우리가 두 계급 간의 거대한 전쟁이 일어나기를 기다리는 동안, 이데올로기적 용어들을 현재의 계급적 위치로부터 탈접합하는 한편, 그것들을 새로운 방식으로 재접합하기 위해 이 용어들의 지배적 정의와 맞서 싸우고 경쟁할 수 있는 지속적인 가능성을 간

---

2.   Nicos Poulantzas, *Political Power and Social Classes*, Translated by T. O'Hagan (London: New Left, 1973), p. 202.

과하게 됩니다.

이데올로기 투쟁에 대한 논의에 이어 내가 확장하고 싶은 두 번째 쟁점은 다른 모순들에 대한 계급모순의 우선성의 문제, 더 정확히 말해, 특정 국면에서 다양한 모순들 간의 관계의 문제와 관련이 있습니다. 왜냐하면 나는 우리가 모순들을 중요도 순에 따라 추상적으로 서열화할 수 있다고 생각하지 않기 때문입니다. 하나의 모순을 다른 모순으로 환원할 수 없다는 것을 인정할 필요가 있습니다. 다양한 모순들은 사회적 장에서 다양한 효과를 갖습니다. 이론적으로 문제가 되는 것은 하나를 다른 것으로 환원하려는 경향입니다. 이런 까닭에 특정 사회에서 자본주의 생산양식이 중단된다고 해서 흑인, 여성, 혹은 종속계급의 해방이 보장되지는 않을 겁니다. 마르크스주의가 자본-계급의 모순에 부여해온 일차성은 사실상 문제가 됩니다. 그 논리에는 필연적이지 않지만 결국 주요 모순이 다른 모든 모순을 구조화할 뿐 아니라 그것들의 진리이기도 하다는 함축이 들어 있습니다. 따라서 자본-계급의 모순은 정치적 우선성을 가질 뿐 아니라 종종 사회구성체의 모든 비밀을 풀 수 있는 만능열쇠의 역할을 하기도 합니다. 우리가 자본주의 생산양식으로부터 거리를 두고 한 인종에 의한 다른 인종의 지배, 한 젠더에 의한 다른 젠더의 지배, 나아가서 한 계급에 의한 다른 계급의 지배의 지속성을 이해해야 하는, 이 난해한 사실의 결과와 대면하는 것이 이론적이고 정치적으로 근본적입니다.

유일한 대안은 다양한 투쟁의 필연적인 분화와 다양한 전선에서 그런 투쟁의 중요성을 인식하는 마르크스주의 정치, 다시 말해 다양한 투쟁이 다양한 전선에서 주도적 위치를 차지하기 위해 싸우는 헤게모니적 정치의 성격을 이해하는 마르크스주의 정치입니다. 이런 이해는 특정한 정치적 투쟁들의 자율성과 특수성을 억압하지 않습니다. 그것은 환원주의를 거부하고, 통일성 속의 복합성, 혹은 복합성을 통한 통일성을 이해할 것을 강조합니다. 이런 복합성이 갖는 본질은 단순히 조직 구성의 국지적 문제가 아니라 생산양식의 비조응, 그리고 다양한 정치적·이데올로기적 구성체의 필수적인 상대적 자율성이라는 이론적 문제입니다. 생산양식은 모든 모순을 통제하지 못합니다. 생산양식은 모순들이 모두 동일한 장소에 있다거나 동일한 정도로 발전하는 것으로 보지 않습니다—우리의 정치조직 내에서도, 서구 산업 세계에서 자본주의와 사회주의의 구성체들 내에서도 그럴 수 없습니다.

이것이 결국 문화연구의 출현 장소입니다. 즉, 우리는 서구 세계에서 계급투쟁과 이데올로기의 계급성의 형태들이 더 이상 자연스러운 것으로 여겨지지 않는, 즉 그런 형태들이 등장하기 어려운 일련의 시기를 경험해왔습니다. 이런 상황에 대해서는 두 가지의 반응이 있을 수 있습니다. 탐구해가는 과정에서 어딘가에서 그런 조응이 나타날 것을 확인하기 위해 계속해서 이론을 사용하거나, 아니면 이론을 여러분이 설명해야 하는 경험적 문제의 복합성에 일치시키고자 하는 지난한 작업에 착수하는 것입니다. 세계에서 가장 선진적인 산업노동계급들의 명백한 봉쇄를 문제설정의 중심에 두지 않는 오늘날의 마르크스주의는 대중의 실제 세계를 더 이상 직시하지 않는 것입니다. 훨씬 더 중요하게는, 그것은 세계의 가장 선진적인 산업자본주의 문명의 수많은 노동 대중이 정치적 개량주의의 형태에 의해 봉쇄되고 제약**당하게** 된 이유가 무엇인지를 이해하는 데 도움을 줄 수 없습니다. 개량주의적 정치 이데올로기들이 민중에게, 그리고 자본주의 내의 잠재적인 혁명적 행위주체들에게 행사해온 지배능력을 잘 이해하지 않는다면, 우리는 우리가 주목해야 할 정치적 쟁점을 다루기 위해 이론을 사용하는 것이 아니라 우리를 위안하는 환상적 각본을 창조하기 위해 이론을 이용하는 것이 됩니다.

나는 전에 했던 강의(6강)에서 한 설명과 비슷한 것을 강조하고 싶습니다. 왜냐하면 '흑인'의 이데올로기적 접합을 사고하는 것은 계급, 계급 이데올로기, 계급투쟁의 쟁점들과의 관계를 인식하되 이데올로기적 경합의 잠재적 장으로서의 반인종주의적 투쟁뿐 아니라 인종과 인종주의적 개념 및 실천들의 특수성을 비환원주의적 방식으로 이해할 것을 요구하기 때문입니다. 나는 그러한 이해가 우리에게 명백한 것, 즉 그것이 차별의 장이라는 것과 그것이 부정적 동일시의 원천이라는 것을 뛰어넘을 것을 요구한다는 점을 증명하고자 했습니다. '흑인'이 다양한 함의의 연쇄 내에서 움직인다는 것을 깨달음으로써 우리는 구체적인 역사적 상황 안에서 다양한 집단이 이 복잡한 네트워크 내의 다양한 항목과 동일시할 수 있다는 것을 인정합니다. 각각의 동일시는 이데올로기의 장 내에서 집단의 위치를 정의하고 구성하는 한편, 다른 가능성을 배제하는 데 도움을 줍니다. 흑인 주체를 서인도 사람, 이주민, 니그로, 흑인, 아프리카계 카리브인과 같은 용어들과의 관계 속에서 전유하거나 배치하는 방식들—이것들은 모두 이데올로기의 장에서 가능합니다—은 서로 다릅니다. 각 방식은 서로 다른 이데올로기적 위치를 필요로 합니다. 각 방식에 따라 다른 정치적 실천들이 생겨나고 이 각 방식은 다른 역사적 조건들에 의존합니다.

더욱이 여러분은 그 어떤 사회구성체—예컨대, 남아프리카—에서도 인종의 재현체계를 계급 문제로 결코 환원할 수 없습니다. 인종 문제는 자본과 노동의 모순 및 관계 속에서 곧장 설명되지 않습니다. 남아프리카에서 흑인과 백인의 노동 모두 자본에 의해 착취당하는 것은 명백합니다. 그리고 인종과 관련해서 볼 때, 흑인이 자본과의 관계에서 백인과는 다른 방식으로 착취당하는 것 또한 지극히 명백한 사실입니다. 흑인 노동은 사회적·경제적·이데올로기적 관계들 속에서 다른 위치를 차지하고 있습니다. 거기에는 정치적·이데올로기적으로 작동하는 두 가지 모순이 있고, 그것들은 동일한 공간에서 움직이지만 동일해지는 것은 거부합니다. 이 모순들 간의 조응과 일치를 받아들이는 것은 정치적으로 효과적이지 않습니다. 왜냐하면 두 모순의 장들은 다른 방향들과 끊임없이 교차하고 분리되기 때문입니다. 인종과 계급은 서로 강력하게 접합되지만 동일한 것은 아닙니다. 즉, 인종과 계급은 통합되는 동시에 분리될 가능성이 높습니다. 자본에 의해 착취당하는 흑인 노동계급은 일부는 계급 범주를 통해, 더 중요하게는 특정한 정치 상황에서의 인종 범주를 통해 자신의 정치적 통일성을 구성할 수 있습니다. 우리가 이런 사실을 이해할 수 있는 것은 남아프리카의 정치 무대에서 다양한 운동의 필연적 자율성 내지 그것들의 필연적 조응을 가정하지 않은 채 이 요소들의 가능한 접합을 통해 공통의 정치투쟁을 펼칠 수 있는 능력을 인식할 때입니다. 그렇게 인식하지 않는다면, 우리는 그러한 무대가 역사적으로 불가능한 방식으로 해결될 것이라고 생각하거나 그렇게 소망하게 될 것입니다. 접합, 과잉결정, 이데올로기적 장 내의 다양한 모순의 특수성에 관한 개념들은 이데올로기의 적절한 일반 이론을 위해서뿐 아니라 구체적인 정치 상황의 분석을 위해서도 중요합니다.

문화적 저항은, 비록 우리가 종종 그것들의 차이를 이해하는 방법이나 그것들을 이론화하는 방법을 알지 못한다고 하더라도, 수많은 다양한 형식과 효과를 가질 수 있습니다. 예를 들어, 이른바 생존의 문화들을 생각해봅시다. 만일 특정 집단이 자신의 정체성과 역사에 대한 다른 정의들에 의해 완전히 압도되지 않으려면, 그리고 그들이 일단 연대나 정체성에 대한 어떤 의식을 가지려면, 이런 생존의 문화가 필요할 겁니다. 그러나 그런 생존의 문화들은 헤게모니 문화의 토대를 보장하지도 않고 생성하지도 않습니다. 집단들은 그 순간에 주도적인 위치에 설 수 있는 일말의 가능성이 없더라도 생존할 수 있습니다. 비록 생존의 필요성에 대한 반응으로 생겨난 문화형식들이 반드시 헤게모니적 구성체들과 타협을 벌일 만큼 충분히 강력하지 않더라도, 생존 능력이 그러한 타협을 위한 가능성의 조건 중 하나임은 분명합니다. '타협negotiation'이라는 말이 '개량주의적'으로 들림에도 불구하고, 만일 어느 집단이 그 사회의 지배 이데올로기적 혹은 지배 문화적 형식들과 중요한 문화적 타협에 들어가려면, 그 집단은 엄청난 인내력과 능력을 가져야 합니다. 그 집단은 어느 정도의 조직화를 획득하고 있어야 합니다. 그리고 그 집단은 자신의 과제를 정식화할 수 있는 일정 수준의 자기 성찰성을 확보하고 있어야 합니다. 여러분은 자신이 작업하는 기반, 그리고 아무리 적더라도 승리의 가능성과 잠재적 장소를 알지 못한 채 타협에 들어갈 수는 없습니다. 타협의 시기는 투쟁과 저항의 시기이기도 합니다. 상대방이 전복되지 않을 것이라는 사실은 중요한 성과와 양보를 얻어낼 수 없다는 것을 뜻하지 않습니다.

　　E. P. 톰슨은 차티즘 이후의 시기에서 바로 그런 순간을 보고 기

술한 바 있습니다.[3] 이때 영국의 노동운동은 실제로 세계를 자신의 이미지대로 정의할 수 있는 능력을 상실합니다. 그러나 톰슨이 증명하려던 것, 즉 바로 그 순간에 노동운동이 자신의 사회적·문화적 형식으로 되돌아가 그 형식을 발전시키고 거기에 필수적인 정당성을 부여했다는 사실을 인정하지 않고서는 노동계급, 노동계급의 문화, 노동계급의 정치적·이데올로기적 제도들의 역사를 설명할 수 없습니다. 노동운동은 공간을 획득하기 위한 타협을 벌였고, 거기에 사람들이 접근하는 것을 막을 방법을 찾았습니다. 그것은 자신의 물적 조건들과 노동자들과 그 가족들의 삶에 보다 유기적으로 연결된 제도들을 발전시킵니다. 이런 제도들을 통해 노동운동은 노동계급 생활의 수많은 영역 속으로 침투해 들어갑니다. 이 시기에 노동운동은 오늘날 우리가 전통적 노동계급 문화라고 생각하는 것을 창조합니다. 이러한 발전의 일부 결과로서 이들이 역사를 통해 예속되고 통합된 계급에 머물렀다는 사실이 이러한 변화들이 노동계급의 문화 내부에 강력한 조합주의적 힘을 낳기도 했다는 사실을 부정하지 않습니다.

이 문화의 강점과 기여는 항상 모순적입니다. 노동계급의 문화는 긍정적이면서 부정적인 특징들과 진보적이면서 보수적인 효과들을 동시에 갖습니다. 문화형식들과 실천들이 항상 모순적이라는 것, 바로 이것이 내가 강조하고 싶은 것입니다. 전통적 노동계급을 결속시키고 '우리와 그들' 간의 차이를 파악할 수 있게 해주는 문화가 노동계급의 정치적 조직 내부에 남성성의 독특한 형식을 유지시키고, 어

---

3.   E. P. Thompson, *The Making of the English Working Class* (New York: Random House, 1963).

떤 점에서 노동계급의 문화를 젠더의 모순에 무지하게 만든 바로 그 문화이기도 하다는 겁니다. 문화가 노동계급 내의 다양한 집단을 통합하는 방법 중 하나는 정확히 '타자', 이방인, 다른 문화에서 온 사람을 규정하고 거부하는 능력에 달려 있습니다. 이 때문에 노동계급 문화는 어떤 점에서 인종과 종족성의 모순에 대해 무지할 수 있습니다. 이것은 단순히 노동계급의 문화구성체를 예찬하는 문제—우리는 그럴 수 없습니다—가 아니라 차라리 그런 생존의 문화들이 저항을 위해, 반대를 위해, 타협을 위해, 반란과 혁명에서 보는 그런 격변을 위해, 훨씬 더 중요하게는 대항 헤게모니적 구성체를 위해 필요하다는 것을 인식하는 문제입니다. 그런 문화들은 새로운 종류의 사회를 구성하는 데 필수적입니다. 하지만 그런 모든 구성체와 변화를 위한 모든 투쟁은 한계뿐 아니라 모순적인 효과들을 갖습니다. 우리는 그것의 긍정적 기여들을 옹호할 때 그 부정적 측면을 무시해서는 안되고, 그 패배들을 비난하는 와중에도 얻게 되는 소득을 간과해서는 안 됩니다.

우리는 지배와 저항 모두를 과정으로 이해해야 합니다. 우리는 특정 집단과 계급에 의한 문화적·이데올로기적 저항의 형식들이 개입을 위한 공간을 마련하는 방식에 주목할 필요가 있습니다. 개입은 문화적 저항의 형식들에 영향을 끼치고, 그 형식들을 탈구시키거나 그 형식들을 종속적 지위에 계속 묶어두는 방식으로부터 탈접합함으로써 그 형식들을 보다 심화시킬 수 있습니다. 하지만 우리는 이런 형식들의 강점과 약점을 인식해야 합니다. 특히 우리가 그럴 수 있는 것은 그 공간 내부에 진입하여 그 공간에 작용을 가할 수 있을 뿐 아니라 그 공간과 함께 작업하기 때문입니다. 그럼으로써 우리는 사람들에게 그들이 관련되어 있는 형식들을 포기하고 갑자기 다른 장소나 다른 구성체로 이동하도록 유혹하는 과정에 관여하는 것이 아니라 이미 존재하는 문화형식들이 갖는 대항적 요소들을 강화하고 심화하는 과정에 관여하게 됩니다. 전자의 전략은 사람들을 이동하도록 설득할 가능성이 크지 않을 뿐 아니라 자기 기만적이기도 합니다. 이 전략은 우리가 우리 자신의 문화적 위치를 정리하고 해명할 것을, 우리 자신의 문화적 위치를 우리의 비판적 시선에 투명하게 드러낼 것을, 그리고 그런 위치들이 보다 오래되고 문제가 있는 문화형식들의 온갖 잔재들과 부속물로부터 자유로워질 것을 제안합니다. 그것은 우리가 이데올로기적으로 불순하다고 생각하거나 생각해야 하는 많은 문화적 실천, 심지어 '상대방'의 것일 수도 있는 많은 문화적 실천으로부터 끌어내는 부당한 쾌락에 더 이상 협조하지 말아야 한다고 주장합니다. 사람들에게 마치 모든 것이 완벽하게 밝혀져 있는 것처럼—상대편의 형식들은 망상, 허위의식, 부당한 쾌락, 단순한 소비주의의 영역에 속하는 데 반해, 우리 편의 형식은 전적으로 진정한 혁명적 의식에 대해 이념적으로 순수한 추구에 속해있다는 식으로—접근하는 것은 사람들의 입장을 바꾸게 할 가능성이 별로 크지 않은 전략입니다. 그런 방식은 사람들로 하여금 그들을 지배적 구성체들로부터 분리시켜주는 그런 요소들을 심화시킬 수도, 그들을 기존 체계에 얽매이게 하는 것들에 저항할 수도, 나아가서 그들을 다른 입장들과 접합할 수 있는 힘든 과정을 시작해볼 수도 없게 만들 수 있습니다. 문화정치와 이데올로기 투쟁은 그 자체로 사회구성체를 재구성하는 데 충분하지 않지만, 문화와 이데올로기의 접합 없이는 그 어떤 대항 헤게모니의 지속적인 구축도 불가능합니다. 문화정치와 이데올로기 투쟁은 사회적·정치적 투쟁 형식들을 위한 필수조건입니다. 현재의 사회구성체에 개입하여—그것에 계속 저항할 뿐 아니라—그것을 새로운 이미지 혹은 적어도 새로운 방향으로 변형하는 힘든 과제를 시도하고자 하는 정치적·사회적 세력들은, 새로운 정치적 주체 및 주체성의 가능성을 개방해야 할 필요성을 피할 수 없습니다. 문화와 이데올로기의 영역은 이러한 새로운 입장들이 열리고 새로운 접합들이 이루어져야 하는 지점입니다. 바로 이 지점에서 사람들은 변하고 투쟁할 수 있습니다.

그러나 만일 우리가 문화적 형식의 결정들이나 정치적 효과들이 무엇인지를 사전에 확실히 알 수 없다면, 우리는 적어도 그것들이 서로 맺고 있는 역사적 관계들을 기술할 수 있을까요? 예컨대, 우리는 문화의 지배적, 잔존적, 출현적 요소들과 형식들을 구분한 윌리엄스의 방식을 문화적 지형의 지도를 그릴 수 있는 방법으로 이용할 수 있을까요?[4] 내가 앞서 이것이 아주 유용한 틀이라고 주장하긴 했지만, 특정 문화의 각 형식들을 이러한 범주들 중 어느 하나에 귀속시키려고 하는 것은 아무런 의미가 없습니다. 왜냐하면 그런 형식들은 결코 순수하지 않고, 그 정체성들도 특정 맥락에 접합되어 있을 뿐 정체성의 표면에 전적으로 각인되어 있는 것이 결코 아니기 때문입니다. 그러므로 우리는 잔존적 형식들이 새로운 것이 출현하는 상황에서 재활용되고, 비록 그것들이 잊힌 언어가 되더라도 사람들이 그 언어를 통해 자신의 새로운 기획에 관해 말할 수 있다는 것을 압

---

4. Raymond Williams, *Marxism and Literature* (Oxford: Oxford University Press, 1977).

니다. '아방가르드'에 기대어 자신의 정체성을 모색하는 것으로 보이던 실천들도 재빨리 신문의 미술평론 코너에 편입됨으로써, 지배적인 것의 일부는 아니더라도 더 이상 강력한 대항적인 문화구성체에 속하지 않게 될 수 있습니다. 아마 가장 중요한 것은 지배적인 것이 자신의 언어로 말할 뿐 아니라 다른 많은 언어에게 발화의 기회를 제공함으로써 말할 수 있는 능력을 갖게 된다는 것입니다. 앞서 주장했듯이, 헤게모니적 리더십은 거의 모든 지배적 문화형식들을 통합하거나 해체할 필요가 없습니다. 그것은 하위종속집단들이 자신들의 구성체를 갖는 것을 허용해줄 수 있습니다. 그것은 문화적 리더십을 다른 집단들에게 완전히 넘겨줄 수도 있습니다. 그것은 유기적 지식인들의 대표집단이 갖는 절대적인 문화권력을 보장해줄 필요가 없습니다. 그것은 많은 비유기적 지식인들에게 그 장 내에서 역할을 담당하고 자신들의 다양성을 이해하고 재현하고 예찬하며 심지어 지지할 수 있도록 허용합니다. 적어도 그들의 목소리들의 메들리가 계속 유지될 수 있도록 보장해줄 정도로 말입니다. 헤게모니는 정확히 목소리들의 열린 다원성 속에서 계속해서 중심적 위치를 행사할 수 있는 능력을 갖고 있습니다. 문화의 장 내에서 권력이 이러한 다원성에 대한 검열이나 억압의 방식을 통해 행사된다면, 그때는 헤게모니가 아직 확보되었다고 할 수 없습니다. 나는 문화의 형식을 특정한 입장에 영구히 귀속시킬 수 있다는 생각에 동의하지 않습니다. 나는 세계를 진보적 형식과 비진보적 형식으로 구분하는 문화적 장의 형식적 분석을 거부합니다. 내게 인상적인 것은 비진보적인 형식이지만 실제로는 진보적인 경우이거나, 진보적인 형식이지만 별로 진보적인 것 같지 않은 경우들이 얼마나 많은가 하는 것입니다. 특정한 형식과 실천의 진보성은 문화 그 자체 안에 주어져 있지 않습니다. 나는 문화의 장 내부의 잔존적 계기와 출현적 계기의 상호작용과, 말하자면 그것들 사이에서 일어나는 지배의 작용의 일부 사례를 통해 이를 설명해보겠습니다.

현대문화연구소의 가장 잘 알려진 일부 연구는 1950년대의 풍요의 시기를 이어 대략 1960년대와 1970년대에 등장한 음악과 패션의 독특한 스타일에서 자주 보게 되는 청년문화의 영역이었습니다. 이런 연구의 일부는 『의례를 통한 저항Resistance through Rituals』에 소개되어 있습니다.[5] 이 연구들에서 우리는 청년문화를 계급으로 환원하지 않으면서 계급과 청년문화 간의 연관성을 설명하는 방법을 찾고자 했습니다. 한편으로 전후 청년 사회운동의 장이 근본적인 계급구조 내지 심지어 계급모순의 문제로 결코 환원될 수 없다는 것이 우리에게 명백했습니다. 다른 한편으로 1950년대 초 이후 청년문화의 지형에 큰 영향을 끼친 청년운동의 물결 속에서 진행되었던 것을 계급의 구조적 결정 밖에서 결코 이해할 수 없다는 것입니다. 계급은 이러한 운동들의 장 내에서 그리고 이 장을 가로질러서 복합적이면서 종종 간접적인 방식으로 기능했습니다.

예를 들어, 우리는 1950년대 후반과 60년대 초에 그런 운동의 주도적 형식들 중 두 가지 형식(모드족과 로커족[6]) 사이의 수많은 형

---

5. Stuart Hall & Tony Jefferson (eds.), *Resistance through Rituals: Youth Subcultures in Post-War Britain* (London: Hutchinson, 1976).

6. [옮긴이] 모드족과 로커족은 1960년대 중반에서 1970년대 초반에 유행한 영국의 청년 하위문화의 두 그룹이다. 모드족은 패션이나 음악에 초점을 두었고 주로 스쿠터를 타고 다녔다. 그들은 정장이나 단정한 복장을 즐겨 입고 소울, 리듬 앤 블루스, 비트 음악 등을 좋아했다. 반면 로커족은 모터사이클을 타고 다니며 검정색 가죽재킷이나 모터사이클 장

식들의 문화적 차이 속에서 중산계급과 노동계급 간의 구분이 아니라 노동계급 중 신분 상승적 분파와 신분 하강적 분파 간의 결정적일 수 있는 구분의 그림자를 볼 수 있다고 주장했습니다. 내가 "그림자"라고 말한 이유는 집단들 간의 계급 연계성이 정확히 그 계급과 일치한다는 것은 사실이 아니기 때문입니다. 사실 그 구성원 중 상당수는 사회적·경제적 기원에서 노동계급 출신이 아니었습니다. 그러나 가령, 모드족은 그들의 계급에서 벗어나 상승적 궤도에 있거나, 혹은 그들의 계급 내에서 이행기적 상태에 있는 아이들인 경향이 있었습니다. 그들은 또한 다른 아이들보다 몇 년 더 교육받았거나 더 양호한 교육을 받은 경향이 있었습니다. 당연히 영국에서 교육은 계급의 결정적 기표입니다. 그러나 여러분은 모드족의 스타일과 취향, 문화를 낳은 내재적 형식들을 단지 그런 계급적 요소나 계급 위치의 관점에서 결코 정의할 수 없습니다. 그럼에도 나는 그들이 세상을 살아가면서 자신들의 차이를 인식했던 방식에 관해 일부 아주 중요한 것들에는 계급의 '그림자가 드리워져' 있었다고 말하고 싶습니다.

이런 운동들이 젊은이들에게 새로운 정체성과 주체성을 제공해 주고 그들을 이러한 하위문화의 생산 속으로 끌어들였지만, 이 운동들은 결코 정치화되지 않았습니다. 또한 젊은이들은 경제와 노동 문제에 대해서 직접적인 관심을 갖지 않았습니다. 노동에 대한 메시지도 일절 없었습니다. 이들의 문화는 노동이 아닌 여가의 시간에 이루어진 것입니다. 그것은 '일하지 않는 시간not work time'에, 그리고 그 시

화를 신고 다녔다. 이들은 주로 로큰롤 음악을 좋아했고 이마 뒤로 빗어 올린 퐁파두르 헤어스타일을 좋아했다. 이 둘은 서로 경쟁관계여서 가끔 충돌하기도 했다.

간 안에서 정의되었습니다. 온종일 일해야 했던 청년들은 실제적 노동조건에 대한 자신들의 관계를, 모드족이 되는 상상적 관계들을 통해 체험했습니다. 이것이 바로 대안적 주체성 혹은 정체성이었습니다.

더욱이 만약 이런 청년문화 내에서 점차 지배적인 것이 되어가던 의미들에 주목해본다면, 여러분은 그 의미들이 세대적으로 정의되고 있음에 주목할 수 있습니다. 나이든 사람의 그룹과 젊은 사람의 그룹 간의 세대모순은 아주 중요합니다. 우리는 이런 운동들의 문화 내에서 '부모의 계급문화'를 읽어낼 수 있습니다. 그러나 이런 세대모순은 다양한 구성체들이 생겨나는 특정한 계급분파 내지 문화 전체의 더 거대한 구조로부터 분리될 수 없습니다. 결국, 청년들—심지어 모드족—은 성장하여 성인 노동자와 배우자, 부모가 되는 방법을 찾아야 합니다. 〈더 후The Who〉[7]에는 그런 것에 관해 말해주는 메시지는 거의 없었습니다! 비록 사람들이 모드족 스타일을 저항의 계기로서 예찬하고 싶다고 하더라도, 우리는 이러한 문화 공간에서 특정한 계급분파 내에서 새로운 주체성을 형성해가던 사람들의 삶의 궤적을 생각해봐야 합니다. 비록 그것을 정확히 예측할 수는 없다고 하더라도, 이 문제를 그들이 태어나 성장했거나 그들이 장차 속하게 될 가능성이 높은 계급분파와 관련해서 살펴보는 것은 중요합니다. 그리고 그것은 훨씬 더 넓은 문화적 틀에 접합되어 있습니다. 그러한 모든 성인의 정체성이 어떻게 받아들여지는가에 따라 차이들이 생겨나겠지만 그 자체로 자기 독립적이지 않습니다. 그러한 방식들은 더 큰 배치

---

7. [옮긴이] 〈더 후〉는 1964년 결성된 영국의 록 밴드이다. 비틀즈, 롤링스톤스와 더불어 60년대 브리티시 인베이전을 주도한 밴드 중 하나이며 거친 무대매너, 탁월한 연주실력, 기성세대에 반발하는 가사로 펑크록의 창시자로 평가받고 있다.

의 일부입니다.

마찬가지로, 우리가 중산층 하위문화―1960년대와 1970년대의 저항문화―에 관해 말했을 때, 우리는 그것이 계급 정체성과 정치적 가능성에 대해 갖는 복합적 관계들에 주목했습니다. 저항문화는 강력한 세대적·정치적 차이들이 존재하는 문화의 장 내에서 종종 움직였고, 새로운 주체성을 생산하기 위해 상징을 대대적으로 동원했습니다. 그럼에도 이런 문화적 분열들과 중산계급 내의 분화들 사이에는 강력한 연관성이 있었습니다. 거대한 문화적 분열들과 더 젊은 세대들의 저항문화가 펼쳐진 다양한 방식은 계급 자체 내의 중요한 분할들에 의해 구성되었습니다. 그것은 단순히 중산계급 대 노동계급의 문제만은 아니었습니다. 그에 못지않게 그것은 새로운 경제적 시기의 리듬을 배경으로 해서 생겨난 다양한 내적 분화와 관련이 있습니다. 이 시기 영국의 중산계급 내의 핵심적인 문화적 분열 중 하나는 우리가 '진보적'이라고 부른 중산계급과 '지방적'이라고 부른 중산계급들 간의 구분이었습니다. 진보적인 중산계급에 속한 사람들은―세대적 정체성과는 상관없이―소비의 윤리를 채택했습니다. 그들은 소비의 작동방식을 알았고, 소비와 함께 활동하고, 소비를 이용했습니다. 그들은 프로테스탄트적 윤리의 경계가 조금이라도 흐트러진다면 자신들의 삶 자체가 붕괴하고 말 것이라고 느끼지 않았습니다. 정말로 그들은 보다 전통적인 부르주아적 위치의 안팎을 들어왔다 나가는 신속한 움직임 속에서 쾌감을 느꼈습니다. 부모 세대는 분명히 자식들과 같은 삶을 살 수는 없었지만, 가능하면 그들을 재빨리 따라가려고 노력하는 듯이 보였습니다. 다른 한편, 다른 분파의 중산계급은 공격당한다는 느낌을 받았고 점점 입지가 좁은 문화적 가능성으로 밀려난다는 '압박감'을 느꼈습니다. 즉, 아래로부터는 부상하던 모드족과 로커족으로부터, 위로부터는 전통적 부르주아적 위치에서 이탈하는 '코즈모폴리턴적 중산계급'으로부터 공격받는다고 느꼈습니다. 그들은 무엇을 하려고 했을까요? 그들은 유산계급도 지배계급도 아닙니다. 그들의 정체성과 미래 모두 근검절약과 점잖은 삶의 미덕을 지킴으로써 부르주아 의식의 수호자로서의 위치를 고수하는 데 있었습니다. 그들은 그것을 위해 큰 희생을 감수했고, 비록 부차적인 위치에 있다고 하더라도 문화의 태양계 내에서 자신의 위치를 과대평가했습니다. 흥미로운 것은 이러한 분열이 성적 이데올로기가 중산계급의 문화적 장 위에 그려지는 방식에도 아주 깊이 스며들었다는 점입니다. 진보적 중산계급으로부터 일종의 진보적인 자유주의적 페미니즘이 생겨났고, 지방적 중산계급으로부터 우리가 생각하는 도덕적 다수파가 생겨났던 것입니다.

그런 주장을 펼칠 때 우리는 청년 하위문화의 새로운 정체성이 형성되던 방식의 상대적 자율성을 유지하려고 노력했습니다. 우리는 이른바 젠더와 인종을 둘러싼 부차적 모순으로 불리는 것의 중요성을 부정하기보다는 청년 하위문화를 해당 사회의 계급구조, 즉 그 미래 전체에까지 깊이 스며든 구조화의 틀 내에 자리매김할 때까지는 이 청년문화를 적절하게 이해할 수 없다는 것을 주장하고자 했습니다. 현대문화연구소의 하위문화 연구는 계급환원주의, 즉 로커족을 노동계급의 위치로 환원하고, 모드족을 프티부르주아적 기획에 귀속시키는 계급환원주의라는 비난을 받았습니다. 안타깝게도 거기엔 일말의 진실이 있습니다. 우리는 다양한 모순이 상호 결정하는 효과들을 균형감 있고 적절히 이해하지 못했습니다. 그러나 이 연구가 중요한 까닭은 문화적 구성체들을 분해하여 그것들이 완전히 자율적인 입장들로 분산되는 것을 방지하는 한편, 문화적 구성체를 계급구성체로 환원할 수 없다는 것을 사유하기 위한 기획을 제기했기 때문입니다.

또한 나는 하위문화를 통해 문화형식들이 가능성을 열고 구성하는 방식을 설명하되 그런 가능성과 정치들이 형식 자체에 내재한다고 주장하는 입장에 전적으로 동의하고 싶지 않습니다. 만약 벤야민이 「생산자로서의 작가The Author as Producer」에서 주장했듯이, 오직 정치적 경향성만으로 문화형식을 조직할 수 없다면, 오직 문화적 형식만으로 정치적 경향성을 보장해줄 수 없다고 덧붙이고 싶습니다. 특정한 문화형식의 성격 자체에 진보적이거나 반동적인 것이 내재해 있을 것이라는 보장은 전혀 없습니다. 이것은 모드족과 로커족 이후 영국에 등장한 스킨헤드족[8] 시대에 아주 명백했습니다. 스킨헤드족은 다른 경제적 조건 속에서 생겨났습니다. 스킨헤드족의 하위문화의 주요 형식들은 1960년대의 중산계급적 형식에 맞서 접합되었습니다. 따라서 스킨헤드족은 자신들의 프롤레타리아적인 상징을 강조하고 과장했습니다. 즉, 스킨헤드족 문화는 지배적인 중산계급과 관련된 상징성을 효과적으로 반박하기 위해 이데올로기적 지형 내에서 일부 노동계급의 문화적 요소들과의 연관성을 새롭게 평가했습니다. 이는

---

8. [옮긴이] 스킨헤드족은 1970년대 이후 영국에서 유행했고 1980년대 이후 전 세계로 확산된 문화 양식이다. 이들은 기존 체제와 사회에 저항하는 의미로 짧은 머리나 삭발을 하고 군화 모양의 작업화, 항공점퍼, 멜빵, 티셔츠, 색 바랜 청바지 등을 착용했다. 중산층계급의 자식들인 펑크족과 달리 노동자집단의 반체제적인 하위문화의 성격이 강했던 스킨헤드는 1980년대 이후 점차 정치적 의미를 지닌 사회현상으로 나타나기 시작했다. 1980년대 이후 대처리즘으로 인해 지위가 하락한 노동자집단 내부에서 이민자에 대한 혐오 감정이 확산되면서 스킨헤드족은 극우 인종주의와 접합하는 경향을 보였다.

스킨헤드족이 옷을 입었던 방식(긴 머리에 맞서 짧게 깎은 머리모양을, 출렁이는 인디언식 복장에 맞서 청바지를 입는 등)에서, 그리고 점점 더 중요해지는 영토성territoriality에 대한 주장에서 엿볼 수 있습니다. 모드족에 관해 가장 중요한 점은 그들 모두 이탈리아산 스쿠터에 집착했고 어디든 갈 수 있다는 것이었습니다. 그들의 스타일 자체가 이동성을 강조했습니다. 생활의 대부분을 보내던 런던의 이스트 앤드를 벗어나 영국 남부의 해안도시인 브라이튼(이스트 앤드에서 아주 멀지는 않더라도 그곳과는 아주 다른 곳)에서 주말을 보내기 위해 대거 떠날 수 있었다는 사실은 새로운 문화적 공간의 획득을 나타내는 상징이었습니다. 그러나 스킨헤드족은 축구팀과 그 팬들만큼이나 그들의 지역성에 깊이 연루되어 있었습니다. 말하자면, 그들은 리버풀의 어느 지역에 세계 전체가 있다고 주장함으로써 장소를 벗어나야 할 이유를 부정했습니다.

혼종적인 사회구성에도 불구하고 스킨헤드족은 전체 노동계급 문화의 특정 요소들의 가치를 새롭게 평가하고, 그것들을 세대적·음악적·시각적·양식적 관점에서 다시 활용했습니다. 이전 단계의 정치가 갖는 함의를 받아들이기 어렵다고 생각한 많은 사람들은 이 운동을 보다 냉철하고 현실주의적이며 프롤레타리아적인 문화적 계기로 환영했습니다. 그러나 이러한 점은 영국에서 적극적 정치조직으로서 국민전선National Front이 부상하게 된 계기가 되기도 했습니다. 인종주의는 보다 노골화되었고 정치적·이데올로기적 입장으로 조직화했습니다. 한동안 이러한 새로운 스타일의 젊은이들의 문화적 연합과 연계를 파시즘적 운동과 결합하려는 결정적인 투쟁이 있었습니다. 하위문화적 구성체들이 강력하게 남성적이고 공격적인 효력을 가진 일부 프롤레타리아적 요소들의 가치를 재평가했기 때문에 그런 시도는 아주 효과적이었습니다. 이 젊은이들을 파시즘적인 정치적 입장과 접합하려고 한 투쟁은 축구 문화를 통해 이루어지기도 했습니다. 축구 문화에는 특정 팀과 지지자 간의 관계의 기반인 영토성을 중심으로 이미 구조화된 폭력이 있었습니다. 스킨헤드족 문화—프롤레타리아적인 동일시와 특정 클럽의 강력한 지지와 간혹 거기에서 생겨나는 폭력들—의 요소들을 파시즘적 청년운동과 직접적으로 접합하려는 시도들이 있었습니다. 스킨헤드족 문화가 영국에서 최초의 토착적 청년 노동계급 파시즘 운동인지가 아주 불확실하던 약 18개월의 기간이 있었습니다. 록의 진보적 가능성—이 가능성은 중산계급의 저항문화의 정치에 의해 과장되었을 수 있습니다—이 록이라는 문화형식의 내재적 진보성에서 유래하지 않는다는 것이 갑자기 명백해졌습니다. 바로 그 순간 록은 결코 진보적 잠재력을 가진 형식으로 보이지 않게 됩니다. 사실 록은 일종의 인종-젠더-계급 간의 무분별한 동일시로 나아간 것처럼 보였는데, 이것이 젊은이들 사이에서 국민전선으로 나아가는 궤도를 낳게 만들었을 겁니다.

우파와의 이러한 접합이 중단된 것은 문화형식들의 근본적인 문화적·정치적 가치나 내용에 의해서가 아니라 〈인종주의에 맞선 록 Rock against Racism〉[9]이라는 그룹과 조직의 형성으로 시작된 대안적인 문화적 실천에 의해서입니다. 그것은 문화 내에서 이미 인기 있고 주도

---

9. 〈인종주의에 맞선 록〉은 1976년 영국에서 인종주의가 유행하고 극우 국민전선에 대한 지지가 높아질 때 이에 맞서 등장했다. 그것은 음악에 대한 사랑을 통해 영국의 젊은이들이 인종주의를 받아들이는 것을 막고자 했다. 1976년에서 1982년 사이에 이 활동가들은 전국적인 축제와 지역 공연과 클럽을 조직했다.

적인 위치를 차지하고 있던 음악집단들을 끌어들여 그들에게 명확한 정치적 입장을 받아들이도록 설득함으로써 시작했습니다. 그럼으로써 이 기획은 지지자들의 마음속에 그런 문화에 속하는 것—젊은이가 되고 축구 지지자가 되는 것 등—이 반인종주의자가 되는 것과 잘 어울릴 수 있다는 생각을 갖게 했습니다. 그렇게 되면 반인종주의가 인기 있는 것 내지 자신의 입장을 드러낼 수 있는 것이 될 수 있습니다. 〈인종주의에 맞선 록〉은 근래에 매우 보기 드문 현실적인 정치적·문화적 개입 중 하나입니다. 보다 일반적으로 말해, 좌파는 문화형식들의 성장을 지켜보고, 대항적 경향들을 알아채며, 계속 흔들고 저항함으로써 이런 경향들로부터 사회주의적 청년운동이 생겨나기를 희망합니다. 우리는 이런 것들을 접합할 수 있는 현실적 문화실천을 발견한 적도 심지어 모색해본 적도 없었습니다. 오히려 많은 진보적 사람들은 반대 내지 대항opposition의 순간을 반항rebellion의 순간으로 착각함으로써 위반자들을 낭만화해왔습니다. 다양한 하위문화의 구성원들이 정확히 '거대 체제big system의 내부에' 있지 않았다는 것은 사실입니다만, 문제는 다른 주체 위치들을 구성하기 위해 어떻게 그러한 거부를 이용할 것인가 하는 것입니다. 그런 일은 저절로 일어나지 않습니다. 그대로 내버려두면, 모든 일 혹은 어떠한 일도 일어날 수 있고 일어났습니다. 어떤 것은 정치화했고 어떤 것은 탈정치화했으며, 일부는 우파로 넘어갔고 다수는 중도파로 넘어갔으며 소수는 좌파로 넘어갔습니다. 부모문화와 지배문화에 대한 대항적 관계는 다양한 효과의 장에 걸쳐 유지되었습니다. 그들은 제멋대로 날뛰는 청년들이었지만 좌로도 우로도 뛸 수 있었습니다. 젊은이는 파키스탄 사람들과 한편이 되어 날뛸 수도 있었고, 그들을 혐오하며 날뛸 수도 있었습니다. 록이 진보적 음악 형식이었고 많은 주류적 음악 형식과 단절했다고 해서 그것이 록의 정치적 공간과 사회적 내용을 보장하지는 않습니다. 그것을 보장하는 것은 록이 열어준 주체성의 형식을 특정한 정치적 입장과 접합할 때뿐입니다. 〈인종주의에 맞선 록〉의 중요성은 그것이 쇠퇴해버렸다고 해서 약화된 것이 아닙니다. 〈인종주의에 맞선 록〉은 좌파가 그 순간의 모순들을 이용하는 실천을 전개하고, 자신들이 이용하던 형식들의 긍정적·부정적 측면 모두를 현실주의적으로 인식했으며, 자신의 목소리에 힘을 실을 수 있는 언어를 갖고 개입할 수 있던 순간이었습니다. 이 경우에 좌파는 자신의 문화구성체의 가치들과 외부의 특정한 정치적·사회적 입장의 가치들 간의 등가 체계를 구축할 수 있는 언어를 발견할 수 있었습니다. 좌파는 접합을 구축했습니다. 그것은 마치 최후의 결전인 양 영국의 백인 청년들을 반인종주의의 편으로 끌어들이지는 못했지만 그 과정에서 인종주의의 특정한 계기를 완전히 멈추게 했습니다.

이 사례는 나의 일반적 주장에 잘 맞습니다. 즉, 문화형식 그 자체는 중요합니다. 그것은 새로운 주체성의 가능성을 창조하지만 그 자체로 진보적이거나 반동적인 내용을 보장하지 않습니다. 문화형식을 특정한 정치적 입장과 접합하기 위해서는 사회적·정치적 실천들이 필요합니다. 그런 실천들은 여러분이 활동하고 있는 문화적 시기의 복합성과 미묘한 성격에 대해 매우 예민한 감각을 가질 것을 요구하는 형식적 실천입니다. 정치적 발언을 하기 위해서 〈더 클래시The Clash〉[10]

---

10. [옮긴이] 〈더 클래시〉는 다양한 문화가 뒤섞인 런던 서부에서 결성된 영국의 펑크록 그룹으로 레게, 스카, 록으로부터 강한 영향을 받았고 그 시대 펑크의 근시안을 뛰어넘는 정치적·음악적 비전을 보여주었다.

의 콘서트 장에 들어간다면, 여러분은 실패하고 말 겁니다. 〈더 클래시〉의 공연 도중에 어느 누가 정치적 발언을 듣고 싶겠습니까? 하지만 음악 속에 함축된 저항을 이용하고, 그것을 대안적이거나 대항적인 내용과 연결된 입장들과 접속시킴으로써 정치적 내용을 심화시킬 수 있는 방법들이 있습니다. 문화적 저항이 일어나는 문화의 장의 내재적·내부적 형식들을 간과하는 문화정치는 대안적 주체성을 창조할 가능성이 희박하겠지만, 마치 문화적 형식이 반드시 진보적 성격이나 내용을 보장해줄 것처럼 형식의 차원에서만 작업하는 데 만족하는 문화정치의 형식들은 영원히는 아니겠지만 자주 실망스러울 수 있습니다.

나는 잔존적인 형식들의 맥락 내에서, 그리고 그 맥락 위에서 작용하는 새로 출현하는 형식들—새로 부상하는 음악 형식과 사회운동의 형식, 부상하는 문화적 실천의 형식, 그리고 부상하는 주체성의 형식—에 관한 하나의 사례를 들어보고 싶습니다. 종교만큼 잔존적인 것도 없을 겁니다. 비록 영국에서 동시대 흑인운동과 관련된 대다수의 사람들이 라스타파리언은 아니더라도, 라스타파리언 운동과의 문화적 접합을 제공해주었던 것은 그 운동 내부의 새로운 주체성들과 그 음악(근본적으로 레게음악이지만 다른 관련 음악 형식들도 포함합니다)의 접근 가능성이었습니다. 그러한 접합이 없었다면, 이 운동은 그 형태와 방향에서 현재보다 훨씬 더 불분명한 모습을 보였을 것입니다. 그리고 우리는 지금보다 훨씬 더 큰 곤경에 처해 있을지 모릅니다. 라스타파리아니즘은 여기서 내가 설명할 수 없는 기나긴 역사를 갖고 있지만, 그것이 의존했던 문화적 기술, 즉 우리에게 제공해주었던 문화적 기술에 관해 약간 말하고 싶습니다.

모든 노예가 배웠던 것이 있습니다. 그것은 타협negotiation을 통한 문화적 저항의 중요성입니다(내가 이 강의의 초반에 주장했듯이 이는 노예문화 혹은 해방 노예문화에만 국한되는 것은 아닙니다). 한 사회에서 노예의 처지에 있으면서 여러분이 공개적으로 저항해야 할 순간에 자신과 타자 간의 차이를 유지하는 것이 얼마나 중요한가를 깨닫지 않을 수 없습니다. 흑인의 '순박함'을 묘사하는 것으로 보이는 모든 것들—적절한 언어 능력의 결여, (아주 원시적인 요소로 여겨지는) 모방과 흉내 내기에 대한 집착, 과잉 발달된 신체적 특성, 그리고 미발달된 지적 능력—은 자신의 주체적 가능성을 부정하는 문화에서 노예들이 인간으로서 살아남는 법으로 터득했던 다양한 방식들입니다. 노예는 지배문화의 외부에서 움직이는 것과 지배문화의 공간 내부에서 움직이는 것, 둘 간의 차이를 배워야 합니다. 예를 들면, 자메이카에서 아프리카풍 북소리가 내가 자란 집의 창문으로부터 대략 10마일 정도 떨어진 곳에서 들려왔습니다. 지금도 여전히 상상하듯이, 그것은 내가 아이였을 때 밤마다 듣던 소리였습니다. 사람들이 다양한 이유로(예컨대, 북소리로 인해 동물들이 죽어나가는 것을 막아야 한다는 식으로) 막으려고 했지만 그 소리는 결코 사라지지 않았습니다. 사람들은 지배문화의 **밖에서** 계속해서 북을 칠 수 있었습니다. 하지만 만약 여러분이 노예사회에 속해 있다면, 오랫동안 지배문화의 바깥에 머물 수는 없습니다. 그래서 우리는 가톨릭이든 개신교든 기독교 **내부**에서 아프리카를 생생하게 유지하는 방법을 알아야 했습니다.

나는 흑인 침례교회 바로 옆집에 살았는데 거기서 흑인들은 영국적이고 침례교적이며 비국교도적인 찬송가를 불렀습니다. 그들은 몇 시간이고 노래를 불렀습니다. 시간이 흘러 리듬이 느려지면(그리고 여러분은 찬송가의 끝은 고사하고 한 소절의 끝에도 도달하지 못할 것이라 생각할 겁니다), 어떤 이—설교하기를 소망하는 사람—가 리듬이 느려지면서 생겨난 틈새에 끼어들어 사람들에게 그 소절들을 다시 상기시켜주곤 했습니다. 여러분은 갑자기 이 전통적인 종교음악과 가사—지배문화의 일부—가 저 밑에서부터 리듬감 있게 뒤집어지는 것을 들을 수 있습니다. 이 다른 리듬, 그리고 종교음악의 형식 내부에 보존되어 있는 이 다른 언어는 어디에서 유래하는 걸까요? 내부로부터의 이런 전복은 어떻게 가능했을까요? 노예들은 자신들이 완벽히 지킬 수 있는—요구조건을 충족하고, 언어를 말하고, 신들을 숭배하며, 노래를 부르고, 성경을 배우는 등등—일련의 기술을 펼치면서 그런 형식들을 소중한 것을 획득할 수 있는, 즉 어떤 진전을 이룩하고 유지하는 방식으로 변형합니다. 형식은 드러난 의미에도 불구하고 모순적입니다. 그것은 오래전에 터득한 기술이고, 노예제도가 사라진지 꽤 오래되었음에도 여전히 살아남은 문화적 기술입니다. 이 기술은 내가 짧게 묘사하고 싶었던 자메이카의 특정 시기에 결정적이었습니다. 그때 종교와 관련 음악들이 자메이카 정치에서 절대적으로 중심적인 역할을 합니다.

자메이카 독립(1962년) 이후의 시기에 우리의 음악은 더 이상 다른 문화의 잔재로 여겨질 수 없게 됩니다. 국가는 자신의 음악과 음악 형식이 필요했습니다. 따라서 레바논 중산층 출신으로 미국에서 교육받은 한 자메이카 인류학자가 우리에게 하나의 음악을 선사합니다. 1980년에서 1989년까지 수상이었던 에드워드 시가Edward Seaga는 이 음악이 그동안 동화되어온 많은 음악 형식으로부터 자유로운 진정한 자메이카적인 것이 되어야 한다고 주장하며 "스카ska"라 불리는 음악을 제안합니다. 스카는 모든 문화적 형식들처럼 그 시절 정당성을 인정받은 음악들과 관련해서 보면 아주 모순적인 음악입니다. 그것은 북미의 블루스와 제3세계적 진정성 간의 기이한 혼합물이었습니다. 스카는 아프리카의 다양한 리듬을 간직하고 보여줍니다. 그것은 느릴 뿐 아니라 의도적으로 지연됨으로써 그 반복적이고 단순하며 리듬감 있는 저음이 민족문화의 정체성을 찾고자 하던 사람들에게 매력적으로 느껴집니다. 그 형식은 흑인음악처럼 들리는 동시에 가장 발달된 상업적 광고기술을 통해 대중에게 각인되었습니다. 스카를 배우는 법과 스카(춤)를 배울 수 있는 댄스 클럽에 관한 기록들이 남아있습니다. 스카는 아주 인기 있었을 뿐 아니라 특정 집단을 정치적으로 조직하는 데도 자주 사용되었습니다. 그것은 자메이카 민족주의의 초기 단계와 관련된 음악이었습니다.

스카의 이러한 전유는 더 넓은 투쟁의 장 속에서 이해해야 합니다. 모든 민족주의 운동에서처럼 자메이카 민족주의의 주요 양상 중 하나는 새로운 주체성, 즉 자메이카적 정체성을 구축하려는 시도입니다. 오랫동안 대영제국의 일원으로 있다가 갑자기 독립국가가 된 자메이카는 자메이카적인 것과 자메이카적인 감정을 보여주는 방식이 필요하게 됩니다. 자메이카사회의 통일성은 사실상 아주 복잡한 피부색 구별체계 위에서 구성됩니다. 나의 할머니는 노예제도에서 뭔가 배웠음에 틀림없는데, 그 분은 적어도 여덟 개의 피부색을 구별할 수 있었습니다. 민족주의적인 자메이카가 처음으로 미인 대회를 개최했을 때, 다양한 피부색 집단들에 맞는 다양한 미인 대회들을 개최해야 했고 거기에서 다양한 피부색의 실질적 차이들만 다룰 수 있었습니다. 미스 마호가니Miss Mahogany, 미스 마조Miss Majo, 미스 파인Miss Pine

등과 같은 식으로 말입니다. 이런 인종적 차이들은 다른 것들, 즉 계급과 교육의 차이들과 교차합니다. 이것들은 나의 어머니와 할머니가 삶의 중요한 문제—가령 친족의 문제—를 다룰 때 사용하던 분류체계를 제공해주었습니다. 그 체계의 전개는 레비스트로스가 이해하던 도식과 유사했습니다. 만약 여러분이 마조이지만 교육을 잘 받았다면, 여러분은 특정한 방식으로 결혼하게 될 가능성이 있습니다. 어떤 연계성은 허용되는 데 반해, 어떤 연계성은 허용되지 않았습니다. 이럴 때 정체성은 차이와 적대의 무대이자 이 나라가 실제로 누구의 것인지를 논하는 경연장이 됩니다. 통일성은 창조되고 구성되어야 하는 것이지 사회 속에 실제로 존재하는 것이 아닙니다. 사회는 온갖 종류의 차이들, 즉 피부색, 인종, 계급, 정치, 지리, 종교 등과 같은 것으로 나누어져 있기 때문입니다. 이로부터 여러분은 통일성을 위한 주체적 가능성을 구축해야 합니다. 그러기 위한 언어 중의 하나가 음악입니다. 스카는 모든 사람에게 호소력을 가질 수 있는 음악으로 여겨졌습니다. 온갖 차이에도 불구하고 스카가 민중의 민족적 통일성을 긍정했기 때문에 모든 사람이 스카에 참여할 수 있었습니다. 모든 사람들은 독립을 경축하기 위해 스카에 맞춰 춤출 수 있었습니다.

하지만 새로운 통일성을 구축하기 위해 종교적·음악적 형식들을 결합하고자 하는 사람이 있었듯이, 차이를 재구성하고 싶어 하는 사람들도 있었습니다. 이들은 자메이카의 통일성 안에는 다른 사람들보다 더 자메이카적인 사람이 있고, 차이들이 음악과 종교를 통해 부분적으로 표현되고 구성된다고 말하고 싶어 했습니다. 내가 어린 시절에 라스타파리아니즘은 아프리카와 연결되었고 마르쿠스 가비Marcus Garvey[11]의 범아프리카주의 운동Pan-African movement과 연계된 작은 종교 분파였습니다. 그것은 다양한 사회권력에 의해 계속해서 억압당하면서도 내가 앞서 설명한 그런 타협의 기술을 갖고 있던 소수의 인구집단을 대변했습니다. 그들은 자신들이 누구인지를 말해줄 수 있는 언어가 필요했는데, 그들이 가진 것이라고는 오직 한 권의 책, 즉 성경뿐이었습니다. 그래서 그들은 성경이 자신들이 듣고 싶은 것을 말해주기를 바랐습니다. 그들은 성경을 완전히 뒤집어서, 즉 박해받는 흑인들의 관점에서 성경을 다시 읽었습니다. 그들은 출애굽 사건을 노예상태로부터의 흑인의 해방으로 읽었습니다. 그들은 자신들이 여전히 바빌론에 있다고 생각했습니다. 그러므로 그들은 새로운 약속과 탈출, 해방의 순간을 학수고대했습니다. 그러므로 흑인들이 자신들의 처지에 맞춰 기독교의 언어를 변형했듯이, 그들은 성경의 언어를 변형하여 표현하기 시작했습니다. 라스타파리아니즘의 형식이 갖는 내적 복합성은 어쩌면 그것이 자메이카의 정체성을 말하기 위한 대안적 언어가 되었다는 사실보다는 덜 중요할 수 있습니다. 그것은 다른 많은 독립의 이데올로기와 문화가 할 수 없던 방식으로 아프리카와의 연계성을 공개적이고 활발하게 표현했습니다. 라스타파리아니즘이 새로운 주체성을 구성할 수 있는 능력을 갖게 된 까닭은 그것이 종교를 의미의 핵심 담지자로 여기는 사회의 종교적 장에

---

11. [옮긴이] 마르쿠스 가비(1887~1940)는 자메이카에서 태어나 중미와 영국, 미국에서 활동하면서 아프리카로의 복귀 운동을 주창한 흑인 지도자이다. 만국흑인진보연합(UNIA: Universal Negro Improvement Association)을 결성하여 흑인의 지위와 생활 개선을 위해 헌신했다. 그는 흑인들이 아프리카를 고향으로 여기고 거기에 정착해야 한다는 설교를 했는데, 라스타파리언들은 마르쿠스 가비를 자신들의 종교적 선지자로 여기기도 했다.

서 움직였기 때문입니다.

종교적 언어와 사고의 흔적들과 대면하지 않고서 자메이카사회에서 활동할 수 없습니다. 왜냐하면 종교적 언어와 사고가 노예들에게 허용되었던 극히 드문 공간 중 하나였기 때문입니다. 여러분이 자메이카 문화를 본다면, 종교의 영향이 없는 곳은 없습니다. 종교는 모든 정치적·문화적 입장 속에 들어있습니다. 여러분은 종교의 언어와 마주하지 않고서는 자메이카 문화를 명확하게 표현할 수 없을 겁니다. 내가 살던 집과 아주 가까운 곳에 밤에만 예배를 보던 또 다른 교회가 하나 있었습니다. 그곳은 주로 아주 늦은 저녁식사 이후까지 흑인 내지 갈색 피부의 중산계급의 부엌에서 벗어날 수 없었던 하녀들이나 흑인 하류층을 위한 교회였습니다. 킹스턴 시내에 있는 집으로 돌아가도 된다는 허락을 받고 난 뒤에 그들은 잠시 교회에 들러 자신들의 억눌린 처지에 대해, 줄의 맨 끝에 매달려 있는 자신들의 신세에 대해 노래 부르곤 했습니다. 이것은 내가 앞서 말했던 교회의 것과는 아주 다른 노랫소리였습니다. 하지만 그 형식 때문에 여성들은 매일 한 세계에서 또 다른 세계로 걸어 들어가고 일도 할 수 있었습니다. 어떤 보상이 없다면 도저히 그럴 수 없었을 겁니다. 종교는 억압당한 자들의 아편이었습니다. 하지만 그것은 그들의 생존수단, 즉 순수한 생존의 계기이기도 했습니다. 종교는 새로운 정체성이 구성될 수 있는 계기도, 저항이 생겨날 수 있는 계기도 아니었습니다. 나중에 이 집단—과 그들의 일상적 활동—은 매우 중요해집니다만 자메이카에서 그런 식으로 일하던 여성들이 훨씬 적어지고 잘 조직화되어 있던 때에만 그러했습니다. 하지만 이 순간에 종교는 그들을 그들의 처지에 머물게 했을 뿐 아니라 그들에게 특정한 종류의 삶을 견뎌낼 수 있게 해주었습니다.

이는 사람들이 종교의 역할을 찬미한다는 것을 의미할까요? 우리는 종교가 사람들의 삶에 긍정적인 영향을 끼칠 뿐 아니라 부정적인 효과를 제공한다는 것도 인식해야 합니다. 종교는 자메이카가 반공주의적 사회로 남게 된 이유를 일부 설명해줍니다. 사람들에게 문을 열고 새로운 언어로 자신들에 관해 말할 수 있게 해주었던 바로 그 종교적 의식consciousness의 형식들은 한계를 가졌을 뿐 아니라 다른 문을 닫아버리기도 했습니다. 그것은 신과 자본주의를 공산주의와 대립시키는 그런 관점으로 움직였습니다. 여러분들이 아무리 억압당하고 있다고 느끼더라도, 공산주의하에서 살고 있고 공산주의의 악령에서 벗어나고자 하는 사람보다 더 억압당한다고 느끼지는 않을 겁니다. 다시 말해, 여러분은 종교의 바로 그 상징성을 통해 '타자'에 대한 증오를 생산할 수 있습니다. 그러므로 자메이카에서 종교는 다양한 차원에서 다양한 방식으로 효과를 발휘하는 의식의 형식입니다. 종교는 사람들의 생존에 도움을 줍니다. 그것은 통일성에 대한 허위적 개념을 구성하도록 돕습니다. 그리고 종교는 사람들로 하여금 자신들에 대한 허위적인 재현들로부터 거리를 둘 수 있게 도와줍니다. 종교는 사회에 침투하여 그 나름의 한계를 구축하기도 합니다. 이러한 것이 라스타파리아니즘이 했던 기능 중의 하나였고, 종교적 믿음에서는 라스타파리언이 될 수 없었던 사람들조차 '문화적 라스타cultural Rastas'는 될 수 있었습니다. 그들은 자메이카인이 된다는 것의 핵심을, 과거에 이 문화 내에서 한 번도 공개적으로 얘기된 적이 없었던 것들, 예컨대 아프리카, 노예, 트렌치타운,[12] 야드[13] 등과의 연관성과 동일시하고 싶어 했습니다. 그러므로 그들은 "이것이 진짜 자메이카야!"라고 말할 수 있었습니다.

자메이카의 정치는 국민의 문화적 정의를 생산하고, 국민의 정체성을 구성하는 데 도움을 주는 그런 기획의 관점에서 이해해야 합니다. 비록 정치가 민중적인 것의 지형 위에서 움직인다고 하더라도, 민족과 민중적인 것은 그 자체로 담론과 집단적 실천, 문화적 형식들을 통해 구성됩니다. 그런 담론과 실천, 형식의 '외부에' 자메이카 국민은 결코 존재하지 않습니다. 다양한 사람들이 존재하고 다양한 방식으로 구성될 수 있습니다. 1970년대 초, 마이클 맨리Michael Manley와 에드워드 시가 간의 중요한 선거에서 시가의 당은 실질적으로 소도시의 하층계급에 의해 지지를 받았고, 대부분 특정한 음악 및 특정 종파들과의 제휴에 힘입은 바가 큽니다. 오순절파the Pentecostal와 다른 근본주의적 흑인 침례파 및 교회들은 그의 정당을 항상 강력하게 지지했습니다. 그 당시 맨리가 정치권력을 획득할 수 있었던 주된 이유 중의 하나가 라스타파리안들이 '그를 지지했기' 때문이었음은 의문의 여지가 없습니다. 비록 맨리가 영국인 어머니와 마조 자메이카 출신의 상류층 아버지, 즉 갈색 피부의 상류계급 출신이고 세련된 자메이카인 사이에서 태어난 아들이었다고 하더라도, 그는 갑자기 자신을 라스타파리아니즘과 동일시했습니다. 이러한 접합이 어떻게 일어났는가 하는 것은 그런 접합이 일어났다는 사실보다 덜 중요합니다. 맨리가 어떤 점에서 라스타파리언적인가 하는 것 역시 중요하지 않습니다. 중요한 것은 그 순간 자메이카에 대한 독특한 문화적 정의—그런

---

12. [옮긴이] 자메이카의 수도이자 가장 큰 도시인 킹스턴과 트렌치타운은 세인트의 교구에 위치한 이웃 도시들이다. 1960년대에 트렌치타운은 자메이카의 할리우드로 알려져 있다.
13. [옮긴이] 트렌치타운 내의 마을이며 밥 말리(Bob Marley)의 생가가 있다.

의미에서 자메이카인이 된다는 것이 무엇을 의미하는가에 대한 정의—와 특정한 정치적 입장 간의 접합이 일어났다는 사실입니다. 그리고 자메이카를 그런 식으로 구성하는 정치가 있을 수 있다는 인식이었습니다. 자메이카 정치에서 정치가들은 종종 자메이카가 무엇이고 무엇이 되어야 하는가에 대한 문화적 정의를 따를 수밖에 없습니다. 정치는 아주 특별한—거의 본질적인—문화적·종교적 의미를 부여받게 됩니다.

이것은 어느 한 장소에 있던 라스타파리아니즘입니다. 물론 이 형식과 관련된 많은 사람들은 결코 자메이카에 있지 않습니다. 그들은 다른 곳에 있습니다. 런던, 버밍엄, 브래드포드 등에 말입니다. 그들은 자메이카 방언을 거의 말할 수 없는 젊은이들입니다. 그들은 2세대 내지 3세대 서인도계입니다. 그들은 이민이 열어준 가능성을 열렬히 환영했지만 결국 자신들이 이등시민으로 대접받고 있음을 깨닫게 된 사람들이 경험한 소외의 문제로 고통받고 있습니다. 그들은 또한 흑인, 특히 흑인 청년들 사이에 늘고 있는 실업 문제로 인해 고통받고 있습니다. 물론 그들은 노동계급 중에서 잠재적으로 비숙련 내지 반숙련 노동 부문에 속하게 될 겁니다. 흑인 이민자들은 사회 전체에서 가장 험하고 비숙련적인 일들에 종사합니다. 미국에서와 마찬가지로 영국에서도 청소, 차표 받기, 혹은 음식 서비스 등과 같이 분명한 종족적·인종적 정체성을 가진 직업군이 있습니다. 이것이 점차 증가하고 있던 젊은 흑인들이 그 시점에 직면하게 된 상황, 즉 인종의 관점에 따라 노동과정에 편입된 것입니다.

비록 그들의 계급 위치가 결정적인 중요성을 갖더라도 그들을 희생양으로 삼는 착취체제의 복합성을 깨닫게 된 것은 인종이라는 범주와 구조를 통해서입니다. 그들이 자신의 위치를 의식하고 투쟁하기 시작한 것은 바로 인종이라는 범주를 통해서입니다. 그들은 자신의 정체성에 대한 위협에 의해, 혹은 아무런 정체성도 갖지 못하는, 즉 사회의 교육적·문화적 사회장치들 내에서 정체성을 부정당할 가능성에 의해 억눌려 있습니다. 이 사회장치들은 영국 태생의 흑인 세대들이 자신들의 부모 세대들이 어쩔 수 없이 그랬듯이 보이지 않기를, 즉 존재하지 않기를 원하는 것 같습니다. 내가 처음 영국에 왔을 때 우리에게 요구되었던 것은 보이지 않는 것, '저 바깥에' 떨어져 있으면서 누구와도 문제를 일으키지 않는 것, 즉 내가 '레이스 커튼 신드롬 lace curtain syndrome'이라 불렀던 방식으로 살아가는 것이었습니다. 실내에 머물면서 커튼을 살짝 당겨 '저 바깥의' 영국의 모습을 훔쳐보는 식 말입니다. 1950년대에 펍으로 여행하는 것은 미지의 땅으로 가는 것과 마찬가지였습니다. 그곳의 언어도 관습도 몰랐습니다. 누군가가 여러분을 내쫓을지 아닐지조차도 몰랐습니다. 여러분에게 아무도 말을 걸어주지 않을 것임을 알았습니다. 1세대의 이민자들이 낯선 땅에서 살았다고 한다면, 3세대는 가야 할 장소가 달리 없습니다. 그들은 이 낯선 땅에서 제공된 것을 제외하고는 자기 자신에 대해 다른 의식을 갖기가 어려웠습니다. 그러나 사실, 3세대는 자신에 대한 다른 의식, 자신을 타자로 인식하는 의식, 즉 라스타파리아니즘에 의해 생성된 문화형식과 실질적으로 연계된 자신에 대한 의식을 펼칩니다. 그들이 말하는 언어는 대부분 레게의 언어였는데, 그것은 자신들의 종교적 형식과 개념의 음악적 매체였습니다.

오늘날 영국의 젊은 흑인들은 실제로 그들의 부모가 처음 이민 왔을 때의 처지보다 경제적·정치적으로 훨씬 더 열악한 처지에 있습니다. 하지만 이들은 적어도 더 나은 것이 한 가지 있었습니다. 이들은 세계 속에서 자기 자신에 대한 의식을 갖고 있습니다. 이들은 자신의 장소에 대한 자긍심을 갖고 있습니다. 이들은 저항할 능력을 갖고 있습니다. 이들은 지배문화에 의해 자신들이 학대받고 있다는 것을 압니다. 그리고 이들은 그것을 저지할 방법을 깨닫기 시작합니다. 무엇보다 이들은 자신들과 같은 처지에 있는 다른 사람을 실제로 의식합니다. 이들은 스스로 가시적인 존재가 되었습니다. 그 표현 중의 하나가 이들이 자신의 부모들보다 더 심한 방언을 사용한다는 겁니다. 자메이카 방언은 영국에 사는 4세대들 사이에서 더욱 심하게 나타납니다. 이런 일이 가능한 것은 바로 음악과 음악 가게들 때문입니다. 그리고 이것은 흑인 레코드 가게를 내는 것의 어려움과 흑인문화의 상업적 착취에 대한 질문으로 이어집니다. 그럼에도 흑인문화와 고국의 음악 사업에 대한 부당한 착취로부터, 그리고 일부 정치적으로 오염된 자금원으로부터 이들 젊은이들이 새로운 세계에서 흑인의 주체적 정체성을 형성할 가능성이 생겨나게 됩니다. 그들은 구세계에서 생겨났고 자신들과는 아무런 실제적 연관성도 없는 것을 자신의 것으로 삼으려고 합니다. 그들은 언어를 킹스턴 야드를 지칭하는 어떤 것에서 핸즈워스Handsworth나 브릭스톤Brixton을 지칭하는 어떤 것으로 변형시킵니다. 그들은 하나의 억압 형식에서 생겨난 언어를 사용하여 그 억압 형식에 저항하고 그것을 다른 형식으로 표현하고 번역하기 시작합니다. 음악과 종교가 없었다면 이런 일은 가능하지 않았을 겁니다. 물론 음악과 종교가 그들의 성공을 보장해줄 수는 없습니다. 그들은 자신들이 이기게 될지, 이긴다면 언제 어떻게 이기게 될지를 알 수 없습니다. 그들의 언어와 이를 통해 구성된 그들의 정체성이 종교적 형식을 취하고 있다는 사실 때문에 한계를 가질 수밖에 없습니다. 하지만 그러한 형식이 없었더라면, 오늘날 그 어떤 흑인운동도 가능하지 않았을 겁니다. 그러한 한계들은 종교적·문화적 형식들의 핵심에 있는 어떤 근본적인 비합리성의 산물일까요? 아닙니다. 하지만 경찰과의 관계에서 자신들을 두들겨 맞고 쫓겨 다녀야 할 범죄자로 구성하는 정체성과 정치의 정의들에 만족할 수 없는 흑인 아이들에게 이것 말고 어떤 다른 문화적 실천이 있을 수 있었을까요?

여러분은 종교 형식의 비합리성을 인정해야 할 뿐 아니라 종교 형식을 비롯해 모든 문화가 아주 다양한 논리를 갖는다는 것 또한 인식해야 합니다. 다음 이야기를 생각해봅시다. 나는 에티오피아(라스타파리아니즘이 자신의 근원으로 주목한 땅)와 하일레 셀라시에Haile Selassie[14] 정권의 진실이 폭로되던 1970년 후반에 자메이카에 있었습니다. 우리 중 다수는 셀라시에가 황제로 통치하던(1930~1974) 에티오피아의 실제 역사와 조건에 대한 폭로들, 그리고 뒤이은 그의 죽음이 라스타파리언들의 핵심적 믿음 중 (가령, 최초의 흑인 왕으로서의 셀라시에가 신이나 '야훼'의 성육신이었다는 믿음을 포함한) 많은 부분을 약화시킬 것이고 그런 믿음이 끝날 것이라 생각했습니다. 그 죽음은 매우 비이성적인 문화의 한계들을 드러내고 가시화했습니다. 나는 아주 늙었고 특별하며 매우 종교적인 이 라스타파리언에게 도전했던 겁니다. 이제 에티오피아는 흑인을 위한 경이로운 장소가 아니며 사실상 혼란 상태에 빠져 있는 것으로 보였습니다. 하일레 셀라시에는

---

14. [옮긴이] 하일레 셀라시에 1세(1892~1975)는 에티오피아 제국의 마지막 황제이며 현대 에티오피아 역사에서 중요한 인물이다. 라스타파리언들은 그를 영원한 평화와 번영의 미래 황금기를 이끌 메시아로 인식했다. 그는 1973년 에티오피아의 기근으로 왕위에서 물러난다.

사람들이 신이라면 이렇게 통치했으리라 생각한 만큼 잘 통치하는 것 같지 않았습니다. 게다가 나의 마지막 이성주의적 논리를 동원해 보자면, 그가 죽는다면 어떻게 신일 수 있을까? 라스타파리언들의 반응은 아주 단순하면서도 우아했습니다. "매스미디어가 신의 아들에 관해 진실을 말하는 것을 들어본 적이 있습니까?"라고 말입니다. 나는 BBC 방송 아나운서들의 입이나 신문 헤드라인 기사에 실린 것이 진리의 말씀이 아니었음을 고백해야겠습니다. 라스타파리언의 담론적 논리 속에서 미디어는 확실히 그의 죽음에 대한 그 어떤 증거도 되지 못했습니다. 그러나 그들 중 일부가 실제로 에티오피아로 갔고 그곳에서 실망을 했다는 것이 중요하지 않았듯이, 그가 죽었다는 것이 굳이 중요할 필요가 없었던 것 같습니다. 에티오피아는 마음속에 있는 장소이거나, 더 정확히는, 언어 속에 있는 장소이기 때문입니다. 에티오피아라는 공간이 필요한 이유는 그곳이 그들이 현재 있는 곳과는 다른 곳이기 때문입니다. 그곳이 자유로운 이유는 그들이 여기서 억압당하고 있기 때문입니다. 그들이 에티오피아에 관해 아는 것은 그들이 바빌론을 알고 있기 때문입니다.

사람들은 자신들이 어디에 있는지, 자신들에게 어떤 다른 미래의 가능성이 열려 있는지를 말할 수 있는 언어를 가져야 합니다. 이러한 미래는 현실적이지 않을 수도 있습니다. 만약 여러분이 그러한 미래를 직접 구체화하려고 하면, 거기에 아무것도 없다는 것을 알게 될지도 모릅니다. 하지만 거기에 무엇이 있는지, 무엇이 현실적인지를 묻는 질문은 현재와는 다른 사람이 될 가능성, 즉 여러분이 지금 처해 있는 곳과는 다른 사회공간 속에 있을 수 있는 가능성을 묻는 것입니다. 앞서 얘기했듯이, 라스타파리아니즘의 문화형식 속에 있는 어떠한 것도 흑인운동의 성공을 보장해주지 않겠지만 그것은 현 순간에 흑인운동의 필수적 조건입니다. 이 조건 내에서 흑인정치, 흑인의 대안들, 흑인의 투쟁, 그리고 흑인의 저항이 펼쳐지고 있고 펼쳐지게 될 것입니다.

이 강의에서 나는 적어도 사례를 통해 새로 출현하는 문화형식들이 자체적인 보장을 갖고 있지 않다고 하더라도 현실적 가능성을 포함하고 있다는 것을 증명하려고 했습니다. 비록 그런 문화형식들이 자기 독립적인 것으로 사고될 수 없을 뿐 아니라 사회구성체에 깊이 침투해 그것을 조직하는 모순들의 구조화 효과 밖에서 사고될 수 없다고 하더라도, 문화형식들은 이 중 어느 것으로도 환원될 수 없습니다. 문화형식들의 내용이 진보적인가 그렇지 않은가 하는 것은 문화의 층위에서 바로 읽어낼 수 없습니다. 그리고 나는 잔존적인 문화형식들이 끊임없이 전유되고 도용되며 재활용되는 방식에 관해 얘기하려고 했습니다. 때때로 사람들이 전유하는 형식들이 투쟁, 저항, 타협, 혹은 생존을 위한 잠재력을 갖고 있는 것으로 보이지 않을 수 있습니다. 그럼에도 그 형식들은 대안적인 주체적 가능성을 모색할 수 있는 언어를 찾고자 하는 사람들을 위해 그런 잠재력을 갖는 형식을 생성하게 해줄 수 있습니다. 그러나 이런 전유는 항상 제한적이고 부분적입니다. 결국 우리 모두가 라스타파리언이 될 수 없고, 오늘날 흑인투쟁의 정치도 전적으로 라스타파리언적일 수 없습니다. 끝으로 출현적인 형식과 잔존적인 형식 모두를 고려하면서 나는 저항을 하나의 과정으로 이해해야 한다고 주장하고자 했습니다. 계급투쟁의 개념을 오직 혁명이 일어나는 바리케이드의 순간에만 맡겨두기보다는 저항을 문화적 영역에서 활동하고, 문화적 가능성을 확장하는 지속적 실천으로 인식할 필요가 있습니다. 이것은 아주 화려한 정치적 작업은 아닐지 모르지만 우리가 반드시 실천해야 할 작업입니다. 사람들이 주체적 가능성과 새로운 정치적 주체성을 스스로의 힘으로 구성할 수 있는 조건들은 단순히 지배체제 내에 주어져 있지 않습니다. 그런 조건들은 그런 가능성과 주체성을 생산하는 접합의 실천 속에서 쟁취되는 것입니다.

해제

스튜어트 홀과 영국 문화연구의 형성[1]

(1) 스튜어트 홀과 주변의 시각

테리 이글턴Terry Eagleton은 영국의 지적 좌파에 관한 한 편의 소설을 쓰고자 하는 사람이 지적 좌파의 다양한 측면과 경향을 보여 줄 수 있는 전형적인 인물을 한 명 찾는다면 아마 스튜어트 홀이 될 것이라고 말한 바 있다. 이글턴에 따르면, 홀은 "신좌파에서 새로운 시대, 리비스에서 리오타르Jean-François Lyotard, 그리고 앨더매스턴Aldermaston[2]에서 종족성에 이르기까지 거의 모든 것의 살아 있는 역사"[3] 그 자체다. 이글턴의 말대로 홀은 지난 40년 동안의 영국 지적 좌파의 역사 전체를 온몸으로 구현하고 있는 인물이다. 이 말은 그가 영국의 지적 좌파를 대표하는 인물이라기보다는 영국의 지적 논쟁에

---

1. 이 글은 옮긴이가 기존에 발표한 글을 수정한 것이며 홀의 강의록이 어떤 맥락에 있는지를 이해하는 데 도움을 주고자 재수록한다.
2. 영국 남부 버크셔주에 있는 마을로, 1957년 있었던 반핵운동의 장소로 유명하다. 이때 사용된 비둘기발 모양 심벌은 현재까지도 평화의 상징으로 사용된다.
3. Terry Eagleton, *Figures of Dissent* (London: Verso, 2003), p. 207.

지속적으로 개입하고 이를 통해 영국의 지적 좌파의 전통을 형성해 간 논쟁적 인물이었다는 의미다. 그러므로 그의 이론적 궤적을 따라가는 것은 전후 영국의 급진적 문화전통의 지도를 그려보는 것이 된다. 그는 현실에 대한 능동적 대처능력을 상실한 채 스탈린주의를 추종하던 영국 공산당으로부터 이탈한 영국 신좌파New Left에 출범 때부터 참여했고, 향후 영국 문화연구의 산실이 된 버밍엄 대학 현대문화연구소the Centre for Contemporary Cultural Studies의 집단적 연구를 통한 영국 문화연구의 형성을 주도했으며, 개방대학Open University으로 옮겨서도 문화연구의 대중화와 실천을 이끌었고, 1980년대 대처리즘과 새로운 시대의 논쟁을 거쳐 제기된 포스트마르크스주의적이고 포스트식민적인 정체성의 문제, 그리고 토니 블레어Tony Blair의 신노동당에 대한 비판에 이르기까지 영국의 지적 논쟁의 중심에 항상 서 있었다. 지난 40년 이상의 시간 동안 영국의 지적 논쟁의 한가운데에서 홀의 존재감을 느낄 수 없는 곳은 거의 없었다고 해도 과언은 아닐 것이다.

하지만 홀의 이런 핵심적 역할과 관련하여 특기할 만한 점은 그가 로즈 장학금을 받아 옥스퍼드 대학으로 유학을 온 자메이카 중산층 출신의 흑인 이주민이라는 사실과, 그가 자신의 이름을 걸고 수미일관되게 쓴 개인 저작이나 학술논문을 거의 남기지 않았다는 점이다. 후자가 버밍엄 대학 현대문화연구소와 개방대학에서 홀이 이룬 이론적 성과들의 성격을 보여준다면, 전자는 홀이 영국의 주류 전통에 속한 사람이 아니었음을 보여준다. 우선 홀이 개인 저작이나 학술논문을 거의 쓰지 않았다는 사실은 홀의 글이 대부분 영국의 급박한 정치적·문화적 현실에 실천적으로 개입하여 쓴 국면적 성격의 것이 많고, 특히 그의 작업 스타일이 개인적 공명심을 내세우기보다는 제자나 동학들과의 집단작업과 공동연구를 중심에 두었음을 보여준다. 또한 그의 저작 대다수가 그렇다는 점은 영국 문화연구의 형성과정에서 홀이 얼마나 헌신적이었는지를 보여준다.

한편 홀은 자메이카 출신의 옥스퍼드 대학 유학생으로, 헨리 제임스를 주제로 박사논문을 준비하다가 중도 포기하고 신좌파 운동과 문화연구에 헌신하게 된다. 그가 영국이 아닌 자메이카 출신의 흑인 이주자로서 보수적인 영국의 급진적인 지적 전통에 실천적으로 개입해왔다는 것은 보다 복잡하고 남다른 의미를 지닌다. 외부로부터의 도전에 대해 강한 거부감을 갖고 있고 숨 막힐 듯한 전통주의와 경험주의가 지배하며 흑인에게 배타적인 제국의 중심에서 영연방 출신의 흑인 이주자가 전후 영국의 급진적 문화 전통에 지속적으로 개입하면서 문화연구의 새로운 전통을 세웠다는 것 자체만으로도 홀은 문화지성사의 중요한 분석대상이 될 것이다. 우리는 그 이유 중의 하나를 홀이 '중심'과는 다른, 그가 늘 강조했듯이 '주변'이 가질 수 있는, 즉 주변에서 중심을 바라보는 독특한 시각을 갖고 있었기 때문이라고 추측해볼 수 있다. 오늘날 포스트식민 용어로 바꿔보면, 영연방 출신 이주자의 시각이 제국의 자기만족적이고 본질주의적 시각이 놓친 틈새를 볼 수 있었기 때문일 것이다. 중심부 문화가 자기 문화의 경계를 제대로 인식하지 못한 채 자기 문화의 정체성을 이미 주어진 것, 자연스럽고 동질적인 것으로 당연시하는 데 반해, 홀의 주변자적 시각은 중심부와 주변부의 문화적 틈새 내지 경계에 입각점을 마련하고 중심이 보지 못하는 영국 국민문화의 인위적 양상을 드러내면서 그 문화의 본질주의적 정체성이 갖고 있는 허구성을 꿰뚫어볼 수 있었던 것이다. 홀은 1970년대 『의례를 통한 저항Resistance through Rituals』이나 『위기의 관리Policing Crisis』에서부터 이미 영국 국민성 Englishness이 내포한 인종 배제와 억압의 메커니즘을 폭로했고, 90년대 들어서는 본질과 동일성에 근거한 정체성 개념을 비판하고 차이와 혼종성에 근거한 정체성을 주장했는데, 이는 그의 주변자적 시각을 구체적으로 보여주는 예다. 홀은 「주변의 예언가Prophet at the margins」라는 글에서 자신이 미국이 아닌 영국을 선택한 이유를 중심보다는 주변에서 세계를 보는 것이 더 낫다고 판단했기 때문이라고 말한 바 있다.[4] 물론 미국과 영국 모두 중심에 해당하지만 '주변에서 세계를 보기' 위해 영국을 택했다는 홀의 회고는 그가 자메이카 출신이라는 주변자적 시각을 통해, 비록 쇠퇴하고 있다손 치더라도 여전히 제국의 중심을 자처하는 영국을 그 외부에서 바라보고자 했다는 것을 알 수 있다. 홀은 영국 내에서도 주류 전통, 특히 진보적 전통 내의 주류 문화에서 조금 벗어나 그 주변부에서 그 문화의 한계와 틈새를 읽어내면서 문화연구에 대한 자신만의 독특한 시각을 형성해갔다. 이를테면, 그는 영국 낭만주의의 혁명적 전통을 잇는 E. P. 톰슨, 레이먼드 윌리엄스, 리처드 호가트와 같은 선배 세대의 문화주의 전통을 계승하면서도 그들이 인간의 경험과 문화를 자명한 것으로 전제한 점에 대해선 비판적 입장을 취했다.

이 글은 홀의 독특한 주변자적 시각이 어떻게 영국 지적 좌파의 문화 전통을 형성하고 영국 문화연구의 발전을 이끌었는지, 그리고 그러한 과정에서 홀이 어떻게 해서 영국 문화연구를 넘어가는 길을 마련하게 되었는지를 살펴보고자 한다. 이때 주의할 점이 두 가지

---

4.   James Procter, *Stuart Hall* (London & New York: Routledge), 2004, p. 5.

있다. 첫째, 홀이 이주자 출신이라는 것이 향후 그의 이론을 형성하는 데 주된 근거가 되었다는 식의 환원주의적 설명은 경계할 필요가 있다. 홀이 라캉의 정신분석학에 비판적이었던 이유가 인간의 인성이 대부분 유아기에 형성된다고 보는 근원주의적 성격 때문이었다. 홀은 인간이란 특정한 국면과 상황을 통해 주어지는 다양한 계기를 접합하면서 실천적으로 자신의 정체성을 만들어간다고 보았고, 이 점에서 혼종적 정체성의 미래 가능성을 높이 평가한 바 있다. 즉, 그는 과거의 정체성보다 미래의 수행적 정체성이 더 중요한 의미를 갖는다고 본 것이다. 둘째, 주변부에서 중심을 바라보는 것이 무조건적인 찬미의 대상만은 될 수 없다는 점에 주의해야 한다. 그런 주변자적 시각이 문화적 경계와 틈새를 꿰뚫어보는 비판적 역할을 수행하는 건 맞지만, 비판을 넘어 이론으로 구성되는 과정은 또 다른 문제이기 때문이다. 이는 홀이 영국 대중의 순수한 경험을 믿었던 선배 세대들을 비판하면서 '구성된 경험'을 강조할 때, '경험'을 무시하지는 않는다고 하더라도 경험이 갖는 가치를 간과할 수 있기 때문이다. 주변자적 '시각'이 중심의 경계를 드러내는 데는 유용할 수 있지만, 중심 내부의 주변자적 '경험'까지 닿지 못하는 한계로 작용할 수도 있는 것이다. 홀이 영국 노동계급과의 연대보다는 '당대the contemporary'의 사회문화적 현상들에 집중한 것은 그의 주변자적 시각이 갖는 강점이면서 동시에 약점이 될 수 있다. 테리 이글턴은 홀의 주변성이 갖는 장단점을 다음과 같이 지적한다.

영연방의 이민은 식민종주국의 메트로폴리탄 중심부에 문화와 정체성의 문제를 제기하는 것이었는데, 홀은 이주자이자 지성인으로서 이를 해부하는 데 유리한 위치에 있었다. 어떤 의미에서 주변은 그와 더불어 중심으로 변하게 되었다. 그의 경계적 위치는 문화적 문제에 대한 높아진 각성을 의미했으며 그를 환원주의적 마르크스주의와 거리를 두게 만들었다. 하지만 그 위치는 또한 그에게 특정 문화가 갖는 상대성을 절실하게 깨닫게 해주었고 그를 그 시대 문학계의 문화적 절대주의에 맞서도록 했다. 머지않아 문화적인 것을 높이 평가하는 한편, 특정 문화의 한계를 회의적으로 검토하는 그의 모순적인 제스처는 그를 포스트모더니스트들의 품을 향해 나가게 만들 것이다.[5]

그러므로 우리는 주변자적 시각이 갖는 의의를 간과하지 않으면서 홀의 문화이론이 지속적으로 구성되고 변해가는 과정에 주목할 필요가 있다.

(2) 영국 문화연구의 시작과 형성: 문화주의와 구조주의를 넘어

스튜어트 홀의 문화연구는 그가 1968년 초대 소장이던 리처드 호가트의 뒤를 이어 버밍엄 대학 현대문화연구소의 2대 소장으로 취임하면서 본격적으로 전개된다고 할 수 있다. 하지만 홀의 문화연구는 그 이전 그가 신좌파 운동에 참여하면서 이미 시작되었다. 영국의 신좌파 운동은 홀이 박사논문을 포기하고 옥스퍼드 대학을 떠

---

5. Terry Eagleton, *Figures of Dissent* (London: Verso, 2003), p. 209. (국내에는 『반대자의 초상』이란 제목으로 2010년 이매진 출판사를 통해 번역 출간되었다.)

난 1956년의 국제적인 정치적 사건들을 계기로 형성된다. 1956년은 현실 사회주의와 서구 제국주의 모두가 추악한 모습을 드러낸 해였다. 소련의 탱크가 헝가리 민중혁명을 무참히 진압했는가 하면, 영국군과 프랑스군이 수에즈운하를 침공하는 사건이 발생했던 것이다. 이 두 사건은 스탈린주의와 서구 제국주의의 폭력성을 여실히 드러냈고, 서구 지식인뿐 아니라 영국 지식인에게도 심대한 영향을 끼치게 된다. 전자가 러시아혁명의 변질과 타락을 상징했다면, 후자는 제국주의가 종말을 고하고 복지국가와 물질적 풍요가 불평등과 착취를 종식시켰다는 생각이 순진한 환상이었음을 드러낸 것이다. 영국 신좌파는 이 두 사건의 영향 속에서 탄생했으며 스탈린주의를 추종하던 기존 공산당과 제국주의에 동조적인 노동당 사이에 새로운 '제3의 정치 공간'을 마련하고자 했다.[6] 특히 신좌파는 기존 공산당이 추종하던 스탈린주의적 경제결정론에 반발하는 한편, 선진 자본주의 내부의 변화, 그중에서도 전후 호황과 기술혁명에 의해 소비와 풍요의 시대로 진입하던 영국사회의 문화적 변화에 주목했다. 이들이 대부분 토대/상부구조 모델에 근거한 경제결정론을 거부하고 문화적인 것을 지향하게 된 것은 바로 이런 상황에 대한 대응 때문이었다고 볼 수 있다.

하지만 향후 스튜어트 홀의 문화이론을 제대로 이해하기 위해서는 당시 신좌파 내부의 미묘한 정치적·문화적 인식의 차이를 보다 자세히 알아둘 필요가 있다. 비록 급박한 정치 상황과 그에 대한 지

6. Stuart Hall, "The 'First' New Left: Life and Times," *Out of Apathy: Voices of the New Left Thirty Years On*, Edited by Robin Archer et al. (London: Verso, 1989), p. 13.

식인들의 긴박한 현실 개입 때문에 내부의 차이가 크게 부각되지는 않았지만, 신좌파 내부의 이론적 차이와 갈등은 영국의 진보적 이론의 지형뿐 아니라 홀이 자신의 문화이론을 형성하는 데도 중요한 영향을 끼친다. 크게 보면, 당시 영국 신좌파 내부에는 두 개의 주도적 그룹이 있었다. 한 그룹은 주로 반파시즘 운동과 영국 공산당에 관여했고, 영국 노동운동에서 잔뼈가 굵었으며, 요크셔Yorkshire와 북부 산업도시에 지역적 연고가 있던 사람들로서 1956년 영국 공산당을 탈당하여 독립적인 잡지 《뉴 리즈너New Reasoner》(일명 NR)를 통해 활동했다. E. P. 톰슨, 존 세빌John Saville, 도리스 레싱Doris Lessing, 랠프 밀리밴드Ralph Miliband 같은 사람들이 여기에 속한다.[7] 또 하나의 그룹은 주로 옥스퍼드 대학 출신의 젊은 좌파지식인들로서 《뉴 리즈너》 그룹보다는 젊었고, 그들의 정치적 경험은 대부분 제2차 세계대전 이후에 형성되었으며, 《대학과 레프트 리뷰Universities and Left Review》(일명 ULR)를 중심으로 활동했다. 이들 중 상당수는 영연방 출신의 유학생이었고, 영국의 토착적 노동운동에 참여해본 경험이 거의 없었다. 여기에는 스튜어트 홀, 개브리엘 피어슨Gabriel Pearson, 래피얼 새뮤얼Raphael Samuel, 찰스 테일러Charles Taylor, 뒤에는 페리 앤더슨Perry Anderson과 톰 네언Tom Nairn 같은 사람들이 속한다. 후자는 주로 유학생이나 이주자의 특성상 톰슨이나 세빌처럼 토착적인 노동운동에 참여하기 힘들었고 영국의 문학 전통, 즉 낭만주의적 혁명사상보다는 자신들이 직접 목격할 수 있었던 전후 영국의 정치경제적 변화와 새롭게 등장하는

---

7. Michael Kenny, *The First New Left: British Intellectuals After Stalin* (London: Lawrence & Wishart, 1995), pp. 15-18.

문화적 현상에 보다 깊은 관심을 갖고 있었다. 당시 영국사회는 전후 합의와 경기호황으로 전통적 계급문화가 약화되기 시작했고, '생산'보다 '소비'가 중요해지는 탈산업화의 경향이 나타나기 시작했으며, 노동계급 또한 계급의식에서 벗어나는 경향을 보이는 등 적잖은 변화가 일어났다. 이런 변화에 훨씬 더 민감했던 것은 ULR 그룹이었다.[8] 이들은 대부분 당시의 모더니즘적이고 국제적인 취향을 갖고 있었고 대체로 "전후 자본주의는 변했다"는 인식을 공유하고 있었다.[9] 이들의 국제적 감각은 머지않아 《뉴 레프트 리뷰New Left Review》를 통해 그람시, 알튀세르, 루카치, 델라 볼페Galvano Della Volpe 등 서구 마르크스주의를 본격적으로 수용하는 데 견인차 역할을 담당하게 된다.

이들 간의 차이가 이론적 논쟁으로 나타난 구체적 실례가 있는데, 스튜어트 홀이 《대학과 레프트 리뷰》에 실은 「계급소멸의 의미A Sense of Classlessness」(1958)에 대해 톰슨이 공격하고 나선 것이다. 이 글이 중요한 이유는 스튜어트 홀을 E. P. 톰슨, 레이먼드 윌리엄스, 리처드 호가트와 같은 이전 세대 문화연구자들과 구별 지어주는 몇 가지 특징이 그 속에 드러나 있기 때문이다. 톰슨, 윌리엄스, 호가트 모두 대중문화에 강한 거부감을 갖고 있던 리비스와 달리, 건강하고 창조적인 민중문화의 가능성을 신뢰했지만 대부분 민중의 '경험'에 인식적 특권을 부여함으로써 민중문화에 대한 분석적 인식에는 한계가 있었고, 일부는 문화연구를 독자적 영역으로 이해하기보다는 문학비평의 연장으로 보는 경향을 보였다.[10] 특히 이들의 문화 개념은 당시

8. Lin Chun, *The British New Left* (Edinburgh: Edinburgh University Press, 1993), p. 24.
9. Stuart Hall, "The 'First' New Left: Life and Times," p. 24.
10. Francis Mulhern, *Culture/Metaculture* (London & New York: Routledge, 2000), p. 90.

활성화되고 있던 현대문화보다는 역사적이고 전통적이며 공동체적인 문화에 초점을 둔 것이었다. 홀의 「계급소멸의 의미」는 이와 매우 달랐다. 그 글은 당대적인 것the contemporary과 새로운 것the new에 주목했다.[11] 홀은 이 글에서 서구 역사가 소비자본주의라는 새로운 단계에 진입하게 되었고, 이 진입이 자본주의 내부의 생산양식과 계급구조, 그리고 정치의식과 문화에 이르기까지 새로운 변화를 낳고 있다고 주장했다. 이때 가장 중요한 변화로는 작업 현장의 자동화와 기술혁명으로 인한 계급의 고용구조에 발생한 혁신적 변화, 노동계급의 전통적인 공동체 생활양식과 관련된 생산적 제조업 분야의 퇴조와 사무직과 서비스산업 분야의 확대, 소비 부문의 급성장을 들 수 있다. 특히 홀은 소비의 중요성을 강조하면서도 그것이 새로운 착취 형식임을 간과하지 않았다. 그는 '계급소멸'의 의미가 실질적인 의미에서 계급의 소멸이 아니라 계급관계와 그 구성의 변화임을 강조하고 계급소멸이란 허위적 이데올로기에 불과하다고 비판했다.[12]

향후 홀의 문화이론의 구성과 관련해서 볼 때, 이 글은 여러 가지 의미를 지닌다. 우선 이 글은 전통문화나 민중문화보다 동시대적인 것에 관심을 갖는 홀의 문화적 경향을 드러낼 뿐 아니라 나중에 버밍엄 대학 현대문화연구소가 70년대 풍요의 이데올로기를 비판하면서 하위문화를 연구하는 데 결정적 계기가 된다. 또한 80년대 후반 '새로운 시대'를 주장할 때도 내용은 다르지만 현대문화의 변화를 인식하고자 하는 형식은 계속 이어진다. 하지만 무엇보다 이 글은 홀의

11. Francis Mulhern, *Culture/Metaculture*, p. 99.
12. Stuart Hall, "A Sense of Classlessness," *Universities & Left Review* 5 (Autumn 1958), pp. 26-31.

비판적 문화이론이 다른 선배 문화연구자들의 그것과 어떻게 다른지를 이해하는 데 도움을 준다. 앞서 지적했듯이, 사실 현대적인 것에 관심을 기울이는 홀의 경향 이면에는 접근성에 있어 민중문화보다 동시대 문화현상에 더 친숙할 수밖에 없는 이주자로서의 홀의 경험이 존재한다고 할 수 있다. 특히 홀은 문화연구가 동시대의 소비문화를 포용해야 한다는 주장을 넘어 사회주의적 사고 역시 과거에 대한 향수나 이상화된 미래가 아니라 불확실하지만 '지금-여기'의 현재에 뿌리를 두어야 한다고 생각했다.[13] 톰슨은 이런 식의 문화연구가 문화분석을 지나치게 확대하고 과장함으로써 도덕적·정치적 투쟁성을 희석시킨다고 비판했다. 그는 오늘날 대중문화의 위력이 아무리 대단하다고 하더라도 그것은 자본주의적 착취 형태를 은폐하는 최신 이데올로기에 불과하며, 그것을 제대로 설명하기 위해서는 문화론적 시각이 아니라 정치적·역사적 입장을 가져야 한다고 비판했다. 이러한 비판은 레이먼드 윌리엄스와 호가트를 필두로 해 당시 유행하기 시작한 문화연구를 겨냥한 것이지만 홀의 논문에 대해 특히 가혹했다.[14] 영국 낭만주의의 진보적 전통과 토착적 노동계급의 문화에 초점을 두고 있던 톰슨의 입장에서는 그럴 만도 하지만, 이런 비판은 홀과 자신의 차이를 분명히 보여준다. 하지만 「계급소멸의 의미」는 톰슨뿐 아니라 호가트와 윌리엄스의 문화연구와도 분명한 차이를 보였다. 민중문화에서 향수를 느끼고 감상적인 태도를 취했던 선배들과 달리 홀은 '동시대'의 영국문화를 전혀 새로운 방식으로 다루었기 때문이다.

13. Helen Davis, *Understanding Stuart Hall* (London: Sage Publications, 2004), p. 13.
14. Michael Kenny, *The First New Left: British Intellectuals After Stalin*, pp. 61-63.

홀이 당대 영국문화에 깊은 관심을 기울일 수 있었던 이유는 부분적으로 그가 영국의 역사뿐 아니라 영국의 낭만주의적 진보사상이나 토착적 노동운동 전통에 얽매일 필요가 없었던 이주지식인이었다는 사실에서 연유한 듯하다. 영국의 토착적 진보주의에 얽매이지 않았기 때문에 홀은 영국의 동시대적 현상들과 그 현상의 새로움에 대해 기존과는 다른 새로운 시각으로 접근할 수 있었던 것이다. 바로 이 점 때문에 그는 버밍엄 대학 현대문화연구소의 활동을 주도하면서 유럽대륙의 전통에 거부감을 갖고 있던 선배 지식인들과 달리 서구의 다양한 이론, 특히 루이 알튀세르, 안토니오 그람시를 포함한 서구 마르크스주의나 프랑스 구조주의 및 기호학을 자유롭게 수용할 수 있었다. 이런 측면에서 홀은 신좌파 내부의 구세대인 톰슨, 호가트, 윌리엄스보다는 페리 앤더슨이나 톰 네언과 같은 신세대에 보다 가까웠다고 볼 수 있다(앤더슨과 네언 역시 잉글랜드계는 아니다. 앤더슨은 아일랜드계이고 톰 네언은 스코틀랜드계이다). 결국 영국 문화연구의 중요한 한 부분이 영국의 주변부에서 외부자의 시각으로 영국의 국민문화를 바라볼 수 있는 사람들에 의해 이루어진 것인데, 이는 매우 흥미로운 사실이다.

홀이 오늘날 우리가 생각하는 문화연구의 기본틀을 형성하기 시작한 것은 그가 버밍엄 대학 현대문화연구소의 소장으로 취임한 이후부터다. 초대 소장인 리처드 호가트는 대중문화에 대한 깊은 관심을 갖고 있었고, 그의 『읽고 쓰는 능력의 효용The Uses of Literacy』은 상업광고를 비롯해 새롭게 부상하는 대중문화가 노동계급과 그들의 전통문화에 끼친 파괴적인 영향을 분석한 탁월한 저작이다. 그가 홀을 자신의 뒤를 이을 소장으로 추천한 것 역시 홀이 패디 워넬Paddy

Whannel과 함께 쓴 『대중예술The Popular Arts』(1964)이라는 책 때문이었다. 하지만 호가트의 문화연구는 독립적 자율성을 갖고 있지 못했다. 그는 문화연구를 문학비평적 관점에서 생각했고, 이론적 연구보다 경험적 연구에 치중했으며, 대중문화에 의해 전통문화가 파괴되고 있다고 보는 좌파 리비스주의적 시각에서 벗어나지 못하고 있었다.[15]

하지만 후임으로 부임한 홀은 우선 '문화연구'의 시각을 문학비평으로부터 분리하는 한편, 당대의 문화적 현상들을 본격적으로 연구했고, 특히 문화의 수동적 소비자로 여겨지던 청중(수용자)을 생산자로 탈바꿈시키는 등 문화의 범위를 크게 확장시켜놓았다. 프랜시스 멀헌Francis Mulhern이 "호가트가 없었다면 현대문화연구소가 존재할 수 없었겠지만, 현대문화연구소의 성격을 규정지은 것은 홀이었다"[16]고 말했듯이, 홀은 경험적 연구에만 국한되지 않는 문화연구의 이론적 틀을 마련하는 작업에 본격적으로 착수한다. 이 무렵 홀의 문화이론의 가장 핵심 과제는 문화주의와 구조주의라는 당대의 두 지배적 패러다임을 극복하는 것이었다. 달리 말하면, 이는 영국의 문화주의적 전통과 유럽대륙의 구조주의의 성과와 한계를 검토하면서 이 둘을 지양하려는 작업이었다. 홀은 그람시와 알튀세르의 이론, 그중에서도 특히 그람시의 헤게모니 이론을 근거로 선배 세대들의 영국적 문화주의 전통으로부터 유럽의 구조주의로 나아가는 한편, 인간의 행위성을 간과하는 구조주의의 한계를 재차 뛰어넘고자 했다. 이는 홀이 60년대의 모호한 인간주의적 진보주의로부터 보다 이론적이고 분

---

15. Francis Mulhern, *Culture/Metaculture*, pp. 95-96.
16. Francis Mulhern, *Culture/Metaculture*, p. 98.

석적인 마르크스주의로 나아가고 있었음을 보여준다. 뿐만 아니라 이는 홀이 60년대 신좌파 내부에서 벌어졌던 논쟁을 주로 신좌파 내 신세대와 이주지식인의 관점에서 종합해가고 있었음을 보여준다.

이 과정을 가장 잘 보여주는 글이 「문화연구의 두 가지 패러다임Cultural Studies: two paradigms」과 「문화연구와 버밍엄연구소Cultural Studies and the Centre: some problematics and problems」이다. 이 글들은 모두 1980년에 발간된 글로서 다소 회고적인 성격을 띠고 있지만 1970년대 현대문화연구소의 이론적 작업을 아주 잘 요약하고 있다. 여기서 홀은 문화주의와 구조주의 간의 가장 핵심적 쟁점 중의 하나가 '경험experience' 개념을 둘러싼 시각 차이라고 분석한다.

> '문화주의'에서 경험은 의식과 여건들이 교차하는 기반—'체험'의 지형—인 반면, 구조주의에서는 인간은 문화의 범주, 분류체계 및 틀 속에서 또 틀을 통해서만 자신의 여건을 '체험'하고 경험할 수 있을 것이기 때문에 '경험'이란 개념 정의상 어떤 것의 기반도 될 수 없을 것이라고 주장했다. 하지만 이 범주들이 경험으로부터 혹은 경험 속에서 생겨난 것은 아니고, 오히려 경험이 그 범주들의 '효과'로 생겨난 것이었다. 문화주의자들은 의식과 문화의 형태들을 집단적인 것으로 정의했다. 그러나 그들은 문화와 언어에서 주체가 문화의 사유 범주에 관하여 '능동적으로 말하는 것'이 아니라 그러한 범주들이 주체를 통해 말한다는 급진적 주장에까지는 미치지 못했다.[17]

---

17. 스튜어트 홀, 임영호 옮김, 「문화연구의 두 가지 패러다임」, 『문화, 이데올로기, 정체성: 스튜어트 홀 선집』(컬처룩, 2015), p. 146.

문화주의가 민중의 경험을 사회변화의 주된 동인으로 간주하는 차원을 넘어 사회의 설명 원리로 받아들이고 있는 데 반해, 구조주의는 그러한 경험이란 경험을 떠받치고 있는 특정한 구조의 효과이며 설명되고 분석되어야 할 대상이라고 본다. 홀이 볼 때, 문화주의가 가진 가장 큰 한계는 그것이 추상화에 대한 거부, 즉 '반이론주의적' 경향을 갖고 있는 점이다.[18] 그것은 모든 설명 원리를 '경험'에 둠으로써 다양한 실천을 구별하여 분석하는 추상화 작업이나, 복잡한 역사의 움직임을 여러 심급과 요소의 중층적 구조로 나누어 분석하는 작업을 모두 거부한다. 결국 문화주의에서 경험은 그 어느 것에도 근거하지 않는 단단한 토대라는 점에서 경험이 특정한 사회구조나 의미작용의 산물이라거나, 경험이 이데올로기적일 수 있는 가능성은 차단되고 만다. 여기서 홀이 비판하는 문화주의가 바로 E. P. 톰슨과 레이먼드 윌리엄스를 염두에 둔 것임을 감안할 때, 홀의 70년대 작업은 60년대 신좌파 내부의 구세대들의 문화연구와 일정한 거리를 두면서 독자적인 문화연구의 틀을 형성해가고 있었음을 알 수 있다.

이러한 문화주의의 한계에 반해 홀은 구조주의의 가장 큰 장점으로 다음 세 가지를 들었다. (1) 경험과 실천의 '결정적 조건들'을 강조한 점("인간은 자신이 만들지 않은 조건들의 토대 위에서 역사를 만든다"에서 역사를 만들기 위한 조건을 강조한다), (2) 추상화가 '현실의 관계'를 파악하는 사고의 도구로서 필수적임을 인식했을 뿐 아니라 서로 다른 추상화의 차원들 사이에 있는 지속적이고 복잡한 운동을 인식한 점, 마지막으로 (3) 경험을 탈중심화시키고 '이데올로기'라는 무

---

18. 스튜어트 홀, 「문화연구의 두 가지 패러다임」, p. 141.

시되어온 범주를 정교화하는 획기적인 작업을 개시한 점을 든다.[19] 하지만 홀이 볼 때, 구조주의 역시 심각한 한계를 가지기는 마찬가지다. 경험과 인간의 실천을 강조한 문화주의와 달리, 구조주의는 '조건'을 지나치게 강조하는 경향을 보임으로써 문화주의와는 반대되는 한계를 가진다. 특히 구조주의는 구조와 기능의 역할에 특권을 부여함으로써 구조와 기능을 변화시켜가는 인간의 의식과 행위성을 어떻게 확보할 것인가 하는 문제를 놓치고 있는 것이다. 여기서 홀은 다시 문화주의의 성과로 되돌아갈 필요성을 느낀다. 만약 구조적 조건에 대한 인식이 전제가 된다면, 문화주의는 문화적 범주의 무의식적 구조와 의식적인 조직화의 계기 간의 변증법을 적절하게 복구할 수 있다는 것이다.[20] 여기서 눈여겨볼 것은 홀이 구조주의의 한계를 극복하기 위해 문화주의의 유효성을 인정하되 톰슨이나 윌리엄스 같은 선배 이론가들의 문화주의보다는 오히려 서구 마르크스주의자인 그람시에 의존했다는 점이다. 홀은 그람시를 구조적 기능 내부에 작동하는 다양한 힘의 지배와 타협과 저항의 관계들, 즉 "무의식적이고 이미 정해진 문화적 상식의 범주들을 보다 능동적이고 조직적인 이데올로기들에 연결시켜주는"[21] 이론적 틀을 제공했다는 점에서 문화주의와 구조주의의 대립을 넘어서는 방법을 제시한 이론가로 평가한다.

특히 그람시의 헤게모니 개념은 홀로 하여금 구조주의와 문화주의 간의 대립, 즉 구조와 의식(행위성)의 대립이라는 미궁을 해결할 열쇠가 된다. 홀에 따르면 헤게모니 개념은 경제적 지배를 하고 있는

---

19. 스튜어트 홀, 「문화연구의 두 가지 패러다임」, pp. 148-152.
20. 스튜어트 홀, 「문화연구의 두 가지 패러다임」, pp. 152-153.
21. 스튜어트 홀, 「문화연구의 두 가지 패러다임」, p. 152.

사회집단이 자신의 지배력을 시민사회와 국가 전반에 걸쳐서, 즉 "사회적·정치적·문화적 리더십과 권위의 계기로 확대하여 일련의 '국가적 과제'를 통해 사회구성체를 통일하고 재구성해 유기적 경향을 달성할 수 있게 되는 모든 과정"[22]을 가리킨다. 여기서 결정적 핵심은 "구조에서 복합적인 상부구조로의 이행", 즉 경제관계나 구조가 상부구조를 지배하지 않으며, "구체적인 사회형태, 경쟁세력 간의 세력 균형과 역사적 국면 여하에 따라 상부구조의 계기들이 다양한 성격을 띨 수도 있고 성공의 정도도 다양"[23]할 수 있다는 점이다. 그람시의 헤게모니 개념은 홀에게 구조적 조건을 감안하면서도 행위성의 문제를 해결할 수 있는 핵심적 개념으로 인식된다. 특히 홀은 이 개념이 문화주의의 의식적이고 주체적인 차원을 감안하면서도 구조주의 이론의 비역사적이고 추상적이고 형식적인 경향을 근본적으로 수정해줄 수 있다고 본다. 나아가 이 개념은 홀로 하여금 이데올로기적 국가장치Ideological State Apparatus를 통해 시민사회의 이데올로기적 기능을 제대로 인식하면서도 지배 이데올로기의 기능적 재생산만 보았던 알튀세르의 한계로부터도 벗어날 수 있게 해주었다. 70년대 현대문화연구소는 그람시 못지않게 중층적이고 복합적인 결정에 대한 사고, 현실관계에 대한 상상적 해결방식으로서의 이데올로기 이론, 그리고 폭력적 국가장치와는 다른 방식으로 작동하는 이데올로기적 국가장치 개념을 주장했던 알튀세르에 의존하고 있었다. 하지만 초기 알튀세르 역시 구조의 기능에만 주목함으로써 구조주의가 가진 한계를

---

22. 스튜어트 홀, 「문화연구와 버밍엄연구소: 몇 가지 문제틀과 문제」, 『문화, 이데올로기, 정체성: 스튜어트 홀 선집』, p. 246.
23. 스튜어트 홀, 「문화연구와 버밍엄연구소: 몇 가지 문제틀과 문제」, p. 247.

공유했다.

　홀의 문화이론이 얼마나 탁월하게 실현되었는가는 홀 자신이 공동연구원으로 참여한 버밍엄 대학 현대문화연구소의 연구성과물인 『의례를 통한 저항』과 『위기의 관리』에서 잘 엿볼 수 있다. 이 두 권의 민족지적 연구서는 버밍엄 대학 현대문화연구소의 대표적 성과물로서 오늘날 영국 문화연구의 가장 중요한 성과물로 평가받고 있다. 우선, 『의례를 통한 저항』은 1960년대 영국사회를 지배하고 있던 계급소멸classlessness과 풍요affluence의 이데올로기에 맞서 노동자계급 청년들이 어떻게 계급관계 속에서, 즉 지배계급의 문화와 자신의 부모 문화라는 이중적 접합 속에서 자신들의 하위문화를 만들어갔는가를 세밀하게 분석한다. 홀은 사회계급과 계급문화 간의 관계를 단선적으로 사고하는 방식을 거부하고 "중요한 것은 사회변화와 노동계급에 대한 일반적인 관념이 아니라 특정한 경제적 힘에 의해 재구성되고 있는, 구체적 상황 속에 있는 노동자계급 부문의 사회문화적 복합성"[24]이라고 주장한다. 홀은 청년들의 하위문화를 설명하기 위해 타협과 저항, 투쟁의 헤게모니적 관계를 주장하는 그람시의 이론과, 현실적 관계를 상상적 방식으로 해결한다는 알튀세르의 이데올로기 이론에 의지했다. 이 책의 분석에 따르면, 노동자계급 청년문화는 헤게모니 지배문화와 그와 갈등하는 피지배 노동자계급 부모문화 사이에서 타협하고 갈등하며 투쟁하는 자신들의 문화를 구성하는 한편, 그러한 현실적 관계를 상상적으로 해결하는, 즉 새로운 문화적 스타일

---

24. Stuart Hall & Tony Jefferson, *Resistance Through Rituals: Youth subcultures in post-war Britain* (London: Routledge, 1990), p. 36.

을 창조한다. 특히 새로운 문화적 스타일의 창조는 기존의 문화들을 변용, 타협, 저항하는 브리콜라주의 혼종적 전략에 근거하여 그들 집단의 문화적 정체성을 조직하는 적극적 행위의 일환이라는 것이다. 이 책에서 우리가 주목해야 할 것은 홀이 하위문화의 독자적 스타일이 갖는 상대적 자율성을 주장하면서도 하위문화가 계급관계와 그 재생산의 과정에서 벗어날 수 없음을 전제한다는 점이다. 이 당시 홀은 문화는 상대적 자율성을 갖지만 '최종심에서' 경제와 계급관계에 의해 결정된다는 알튀세르의 이론에 의지하고 있었다. 이런 점은 노동자계급 출신의 학생들이 기존 학교체제에 저항하는 하위문화 속에서 정체성을 형성해가면서 동시에 부모 세대와 같이 노동자계급이 되어가는 과정을 탁월하게 기술한 폴 윌리스Paul Willis의 『학교와 계급재생산Learning to Labor: How Working Class Kids Gets Working Class Jobs』[25]을 비롯해 1970년대 문화연구소의 일반적인 연구 경향이었다.

다른 한편, 『위기의 관리』는 1972년 11월 5일 아시아계와 아프리카계 이주자들이 사는 핸즈워스Handsworth라는 빈민가에서 아일랜드 노동자를 대상으로 한 흑인 청년들의 강도사건을 통해 영국사회가 이민자 공동체에 대해 보이기 시작하는 이데올로기적·문화적 변화를 분석했다. 특히 홀은 강도사건의 발생이 예전에 비해 증가하지 않았음에도 불구하고 언론매체의 보도를 통해 영국사회 전체가 이 사건을 계기로 일종의 정신적 공황상태로 빠져드는 현상을 어떻게 설명할 것인가 하는 질문을 던졌다. 이 책은 강도mugging를 "거리 범죄의 한 형태라기보다는 사회적 현상으로서" 보는 데 관심이 있었으며,

---

25. 폴 윌리스, 김찬호·김영훈 옮김, 『학교와 계급재생산』(이매진, 2004).

특히 "영국사회가 왜 정확히 70년대 초라는 역사적 국면에 그런 극단적 방식으로 강도사건에 반응했는가"[26] 하는 문제에 대한 분석이다. 그런 점에서 이 책은 단순히 강도사건에 대한 보고서가 아니라 강도사건을 계기로 소수집단이나 이주자 공동체에 대한 영국사회의 태도 변화와 그 사회적 징후들을 분석하는 야심찬 저작이었다. 다음과 같은 질문 제기만으로도 『위기의 관리』는 상당히 중요한 이론적 개입이라는 의미를 지녔다.

영국사회는 범죄, 특히 '강도'를 사회질서 붕괴의 표지로, '영국적 생활방식'의 이음새가 해체되는 상징으로 지각하게 되었다. 따라서 이 책은 특별한 종류의 위기로 빠져들고 있는 한 사회에 관한 것이다. 이 책은 인종, 범죄, 청년이라는 주제들이—'강도'의 이미지 속에 응축된다—위기의 접합자와 이데올로기적 수행자의 역할을 하게 된 이유와 방식을 설명하려는 것이다. 또한 이 책은 이 주제들이 어떻게 해서 권위주의적 합의 내지 보수적인 반동, 다시 말해 소위 '부드러운' 법질서 사회로의 점진적 강화를 구성하는 메커니즘으로 기능하게 되었는지에 관한 것이다. 또한 이 책은—'강도'를 둘러싸고 가동되는 공포 때문에 강화되고 있는—통제사회로 나아가는 이런 경향이 실제 어떤 사회적 모순들을 가리키고 있는가를 묻고자 한다. 법질서 사회는 어떻게 구성되는가? 이런 구성으로 인해 어떤 사회적 세력이 제약되고 봉쇄되는가? 그 구성으로부터 어떤 사회세력이 득을 보게 되

26. Stuart Hall, Chas Critcher, Tony Jefferson, John Clarke & Brian Roberts, *Policing the Crisis: Mugging, the State, and Law and Order* (London: Macmillan, 1978), p. viii.

는가? 그 구성에서 국가는 어떤 역할을 하는가? 국가는 어떤 실제적 공포와 불안을 가동하고 있는가? 바로 이런 문제들이 우리가 '강도'를 사회적 현상으로 이해하는 이유다. 이것이 '강도'에 관한 연구가 우리로 하여금 1970년대의 영국에서 헤게모니의 전체적 위기를 살펴보게 만든 이유다.[27]

이미 홀은 『의례를 통한 저항』에서 1970년대 영국사회에서 일어난 "동의의 메커니즘에서 강압의 메커니즘으로"[28]의 헤게모니 변화를 지적한 바 있다. 1950년대가 풍요의 이데올로기로 노동계급의 저항을 해체하고 지배계급의 권위에 대한 일시적인 동의를 만들어낸 헤게모니적 지배의 시기였다면, 1960년대와 1970년대 들면서 이 지도력이 급격하게 축소되면서 지배계급의 헤게모니를 위기로 몰아갔다는 것이다. 핸즈워스에서 벌어진 '강도사건'의 이면에 바로 이 헤게모니의 위기가 존재한다는 것이 『위기의 관리』의 핵심 전제이다. 따라서 이 책이 종국적으로 분석하고자 한 것은 강도사건이 아니라 1970년대 영국 자본주의의 헤게모니 위기였다고 할 수 있다.

체제의 한계들이 점차 명백해지면서—쇠퇴하는 세계시장에서의 경쟁의 첨예화, 일차적 생산을 담당하는 개발도상국과 중심부 자본주의 국가 간 무역관계의 변화, 선진국의 이윤율 하락 경향, 심화되는

---

27. Stuart Hall et al., *Policing the Crisis: Mugging, the State, and Law and Order*, pp. vii-viii.

28. Stuart Hall et al., *Resistance Through Rituals: Youth subcultures in post-war Britain*, p. 40.

경기붐과 침체의 순환 사이클, 정기적인 통화위기와 인플레이션의 증가—국가의 가시성(visibility)은 증가하고 있다. 국가는 이제 '야경꾼' 이 되는 걸 그만두었다. 그것은 자본이 더 이상 자신을 관리할 수 없을 때 자본을 관리하고 경제적 계급투쟁을 국가 자신의 영역으로 끌어들임으로써 점차 개입주의적 세력이 되어갔다. 국가의 사회경제적 역할의 증가와 더불어 정치적 계급투쟁을 관리하고자 하는 국가의 더욱 명백하고 직접적인 역할 또한 증가하게 되었다.[29]

이런 상황 때문에 헤게모니의 위기는 더욱 첨예해진다. 홀은 헤게모니가 안정적일 때, 계급지배는 비교적 안정적으로 유지되고 사회적 권위의 기반 또한 동의의 생산을 통해 드러나지 않겠지만, 현재와 같은 헤게모니 위기의 순간은 한 사회의 정치적·경제적 삶에서 깊은 단절이 생기고 동의의 균형이 깨어지고 위기를 해결할 수 있는 지배력을 누구도 갖지 못하는 상태가 발생한다고 주장한다. 결국 "정치적 지도력과 문화적 권위의 전 토대가 노출되고 경쟁의 대상이 된다"[30] 는 것이다. 이런 위기상황을 타개하기 위해 갈등을 전치轉置시킬 수 있는 대상을 찾게 되는데, 그것이 바로 '강도사건'을 둘러싼 새로운 인종주의로 나타났다는 것이다.

요컨대, 「문화연구의 두 가지 패러다임」과 「문화연구와 버밍엄연구소」, 그리고 『의례를 통한 저항』과 『위기의 관리』는 1970년대에 홀

---

29. Stuart Hall et al., *Policing the Crisis: Mugging, the State, and Law and Order*, pp. 213-214.
30. Stuart Hall et al., *Policing the Crisis: Mugging, the State, and Law and Order*, p. 217.

이 주도한 버밍엄 대학 현대문화연구소의 이론적 성과이자 홀이 독자적인 문화연구의 틀을 마련하고자 했음을 잘 보여주는 자료다. 특히 이 작업들은 향후 영국 문화연구의 방향을 결정했으며, 바로 이 바탕 위에서 80년대 이후 문화연구의 발전이 가능하게 된다. 정리하면, 이 시기 홀의 문화연구에서 일차적 관심은 구조와 행위의 문제를 해결하는 것이었고 그 핵심 열쇠를 그람시의 헤게모니 개념과 알튀세르의 과잉결정 개념에서 찾았다.[31] 1970년대 홀의 이와 같은 이론적 인식과 변화 뒤에는 외부자이자 주변인으로서의 홀의 문화적 인식이 지속적으로 작동하고 있었음을 인지할 필요가 있다. 그런 위치 때문에 홀은 영국 문화연구의 경험 내부에 갇히지 않으면서 그 경험의 한계를 인식하고 영국 문화연구의 지평을 확장하는 데 기여할 수 있었

---

31. 당시 홀이 수행한 보다 구체적인 문화연구의 실천으로는 코드화(encoding)와 탈코드화(decoding) 간의 불일치 탐구가 있다. 그의 「코드화/탈코드화(Encoding/decoding)」라는 유명한 논문은 코드의 생산과 소비 간의 간극을 주장한다. 즉 그는 "코드화의 단계에서 어떤 의미가 '선호'되고 채택되도록 의도할 수는 있지만, 그러한 의미가 채택되도록 규정하거나 보장할 수는 없다. 즉, 탈코드화는 그 나름대로의 조건을 가진다"라고 말한다. 특히 그는 코드 생산과 코드 소비 간의 간극에 세 가지 탈코드화의 위치를 설정한다. 지배적인 의미규칙 내에서 움직이는, 즉 코드화의 규칙에 충실한 지배적-헤게모니적(dominant-hegemonic) 위치, 지배적인 코드규칙에 동조하면서도 부분적으로 그것에 저항하는 타협적(negotiated) 위치, 마지막으로 지배적 코드규칙을 거슬러 읽는 대항적(oppositional) 위치가 그것이다. 코드화와 탈코드화의 불일치는 홀이 구체적인 문화연구의 수준에서 문화주의와 구조주의의 대립을 극복하기 위해 수행한 작업이었다. 아무리 코드가 특정한 방식으로 생산된다고 하더라도 그것의 소비는 생산에 좌우되지는 않는다는 것이다. 이는 구조화의 과정 내부에 지배, 타협, 저항이라는 헤게모니 투쟁이 항상 벌어지고 있음을 의미한다. 자세한 내용은 Stuart Hall, "Encoding/decoding," *Culture, Media, Language: Working Papers in Cultural Studies, 1972-79.* Edited by the Centre for Contemporary Cultural Studies (London: Hutchinson, 1980), pp. 128-138을 참조하라.

다. 그동안 홀의 이런 위치가 갖는 의의는 제대로 평가되지 못한 것 같다.

(3) 새로운 시대와 문화연구의 변화: '계급'에서 '인종'으로

『위기의 관리』는 1979년 대처 정권이 등장하기 1년 전에 쓰인 글이지만 이미 80년대의 사회문화적 변화를 예견하는 저작이었다. 그것은 '동의에서 강제로의 법질서의 강화'를 통해 지배계급의 헤게모니의 위기를 새로운 방식으로 해결하고자 한 대처 정권의 도래를 상당 부분 선취하고 있다. 1979년 정권을 잡은 대처 정부가 밀어붙인 정책과 국민을 동원하는 방식은 영국의 좌파지식인들로서는 이해하기 힘든 새로운 현상이었다. 대처 정부는 우선 전후 영국의 사회적 대타협의 산물인 복지국가체제의 축소를 통해 영국사회를 시장과 경쟁의 논리 속으로 몰아넣고자 했다. 그녀가 표방한 '작은 정부'란 사실 전후 합의체제의 해체임과 동시에 복지를 담당했던 국가기관의 축소, 나아가서는 경쟁에서 낙오된 일부 국민을 더 이상 국가가 보호하지 않겠다는 공세 정책이었다. 대처 정부가 초래한 변화는 영국사회의 전 부문에 큰 영향을 끼쳤는데, 홀은 이런 변화를 총칭하여 '대처리즘Thatcherism'이라고 불렀다. 우선 경제적 측면에서 대처리즘은 노동과 자본의 대타협에 의해 이루어진 전후 합의와 결정적으로 단절하고 모든 것을 시장과 경쟁의 원리에 맡기는 신자유주의적 개혁으로서 전 지구적 자본주의로의 전환을 위한 구조조정이었고, 정치적 측면에서는 강력한 신우파의 등장으로 전통적 계급과 정당 간의 재현구조가

와해되고 국가와 시민사회, 국가와 국민 간의 관계를 변화시킴으로써 새로운 갈등과 적대의 지대들이 생겨나게 했으며, 이데올로기적으로는 '시장'의 자유주의적 담론과 전통, 가족, 국가, 가부장제, 질서 같은 유기적인 보수적 주제들 간의 접합을 형성하면서 대중을 적극적으로 동원하는 '권위주의적 포퓰리즘'을 출현시켰고, 마지막으로 문화적인 측면에서는 고정적이고 배타적인 영국 국민성 같은 과거에 대한 퇴행적 형태에 의지하는 역행적 근대화regressive modernization였다.[32]

특히 홀이 볼 때, 대처리즘의 가장 큰 특징은 전통적으로 노동당의 지지 기반으로 여겨지던 대중의 삶 속으로 파고들어 그들의 의식을 적극적으로 동원한 점이다. 대처가 집권하던 1979년과 1983년 사이 영국의 국내총생산은 4.2퍼센트, 산업생산량은 10퍼센트, 제조업은 17퍼센트 감소했으며, 실업률은 141퍼센트 증가하여 실업자가 300만 명을 넘어서고 있었다.[33] 전통적으로 이런 상황은 정권의 무능력으로 인정되어 정권의 위기를 초래했지만, 대처 정부의 경우는 달랐다. 오히려 대처 정부는 그 책임을 이전 정부의 방만한 운영과 시민사회의 무능력 탓으로 돌렸고, 특히 60년대 이후의 급진적 문화를 '내부의 적'으로 몰아세우는 한편, "대중의 불만을 자신의 기획에 이용하고 사회 내의 다양한 분열을 가로지르거나 그 사이를 옮겨 다니면서 대중적 경험의 특정한 양상과 연결하는 범상치 않은 능력"[34]을

32. Stuart Hall, *The Hard Road to Renewal: Thatcherism and the Crisis of the Left* (London: Verso, 1988), p. 2.(이 책은 『대처리즘의 문화정치』, 임영호 옮김, 한나래, 2007으로 번역되어 있음).

33. James Procter, *Stuart Hall*, p. 97.

34. Stuart Hall, *The Hard Road to Renewal*, p.6.

보여주었다. 홀은 "대중의 삶으로의 대처리즘의 전략적 개입, (사회적·성적으로 억압적이고, 가부장제적이고 인종주의적인) 사회적 기획의 반동적 성격, 그 명령적이고 통제적인 국가권력 행사가 결합하면서 모순적이고 과잉결정된 구성체를 형성하는데" 이를 '권위주의적 포퓰리즘authoritarian populism'이라고 불렀다.[35]

홀이 대처리즘에서 주목하고자 한 것은 대중의 삶 속으로 파고들어 대중의 의식과 상식을 재형성함으로써 자본주의적 지배의 위기를 돌파하고 지배블록의 헤게모니를 새롭게 구성해가는 대처리즘의 이데올로기적이고 문화적인 능력이었다. 대처리즘의 이런 측면은 홀에게 문화와 이데올로기의 기능을 과거와는 다른 방식으로 사고할 것을 요청한다. 즉, 대처리즘은 홀로 하여금 이데올로기와 경제/계급관계 사이의 관계를 새롭게 인식하도록 만들었다. 홀은 이데올로기를 특정 계급의 세계관이나 허위의식으로 간주하거나 이데올로기적 투쟁을 대립적인 관계 속에서 존재하는 두 고정적 계급 간의 '세계관' 충돌로 보지 않는다. 오히려 홀은 이런 경제적 관점을 거부하고 이데올로기에 관한 담론적 개념을 제안한다. 여기서 홀은 기호의 다중적 강세성multi-accentuality을 강조한 볼로시노프Volosinov의 이론을 차용하여 이데올로기 그 자체가 다중 강세적이고 모순적이며 계급관계에 구속되지 않는 복수적 요소의 접합articulation이라고 주장한다. 즉 "이데올로기는 의미를 구성하고 다양한 사회적 실천과 접속하며 사회적 주체들을 다양하게 정위定位하기 위해 담론적으로 접합된다"[36]는 것이

---

35. Stuart Hall, *The Hard Road to Renewal*, p.7.
36. Stuart Hall, *The Hard Road to Renewal*, p.9.

다. 이렇게 될 경우 이데올로기는 더 이상 계급관계나 사회현실을 단순히 반영하거나 지시하는 것이 아니며, 오히려 계급을 조직하고 구성하는 실천적이고 수행적인 기능이 더 부각된다. 여기서 우리는 홀이 대처리즘에 대한 인식을 통해 이데올로기로부터 계급적 내용을 벗겨내는 한편, 이데올로기적 기능의 자율성을 보다 강화하는 방향으로 나아가고 있음을 볼 수 있다. 특히 눈에 자주 띄는 것은 이데올로기를 구성하는 요소들 간의 결합을 강조하는 '접합'[37]이라는 개념이다.

이런 경향을 잘 종합한 글이 1983년 발표된 「이데올로기 문제: 보증 없는 마르크스주의The problem of ideology: marxism without guarantees」[38]이다. 이 글에서 홀은 그람시, 볼로시노프, 라클라우Ernesto Laclau의 이론을 가져와 계급환원주의를 비판하고 이데올로기 이론에 대한 새로운 접근을 주장한다. 여기서 새로운 이론적 근거로 추가된 것이 '관념들의 계급결정성'과 '지배관념과 지배계급 사이의 직접적 조응'이라는 개념을 비판하고 특정 관념이 특정 계급에만 '귀속'될 수 없다고 주장한 라클라우의 이론—라클라우는 1985년 『헤게모니와 사회주의 전략Hegemony & Socialist Strategy: Towards a Radical democratic Politics』에서 샹탈 무페Chantal Mouffe와 더불어 '결정' 개념을 전면 포기하고 '포스트마르크스주의'를 선언한다—이다. 이들의 이론에 근거하여 홀은 '결정' 개념을 새롭게 정의한다. 그는 경제적 토대가 상부구조의 이데올로기

---

37. 스튜어트 홀, 「포스트모더니즘과 접합: 스튜어트 홀과의 대담」, 『문화, 이데올로기, 정체성: 스튜어트 홀 선집』, pp. 159-194 참조.
38. 스튜어트 홀, 「이데올로기의 문제: 보증 없는 마르크스주의」, 『문화, 이데올로기, 정체성: 스튜어트 홀 선집』, pp. 43-78 참조.

에 일방적으로 효과를 전달하는 타동사적 구조를 갖지 않으며 그 효과의 결과 또한 항상 보증되는 것이 아니라고 주장한다. 그는 '결정' 개념을 절대적인 예측 가능성이 아니라 '사유 활동에 대한 한계 설정'이라는 의미로 해석한다. 여기서 주목할 것은 홀이 경제의 역할에 대한 알튀세르의 '최종심' 개념을 이론적 확실성에 대한 환상에 불과하다고 비판한 점이다. 그 대안으로 홀은 경제의 역할을 '최초심급'에서의 결정으로 이해할 필요성을 제기한다. 그는 이데올로기의 장을 자율적 전개의 논리에 따라 생성·변형·발전하는 것으로, 역사적 발전을 항상 실천과 투쟁에 개방되어 있는 것으로, 그리고 정치적인 것을 사전에 결정 불가능한 것으로 이해할 수 있다고 주장한다. 대처 정권이 들어선 1979년 홀은 버밍엄 대학 현대문화연구소를 떠나 개방대학으로 자리를 옮겼는데, 이 무렵 홀의 주장은 70년대 현대문화연구소 시절의 주장과는 상당한 변화된 모습을 보이기 시작한다. 70년대 홀이 알튀세르의 기능주의적 이데올로기 이론에 비판적이긴 했지만 『의례를 통한 저항』에서처럼 최종심에서의 경제와 계급의 결정을 다분히 인정한 데 반해, 이제 경제가 '최초심급'에서 결정한다는 주장은 이데올로기의 자율적 기능과 역할에 대한 적극적 인정이자 계급적 문제설정으로부터의 이탈을 시사한다. 이는 이후 홀이 새로운 시대 New Times를 제기하면서 계급 개념보다 인종, 종족성, 정체성의 문제에 더 큰 관심을 기울이는 한편, '결정' 개념보다 '접합' 개념을 더 중요하게 여기는 등 새로운 형태의 문화주의로 나아가는 경향을 예고하는 것이다. 문화적인 것the cultural과 문화주의culturalism의 차이는, 문화적인 것이 경제적인 것, 정치적인 것 등 다양한 층위와 공존하면서 그 상대적 자율성을 갖는 것이라고 한다면, 문화주의는 그러한 층위에 대한 구분과 관계에 관한 상호 결정보다는 문화적인 것에 설명적 원칙이나 인식적인 특권을 부여한다는 점에 있다. 다른 방식이긴 하지만, 홀은 구조주의와 문화주의 간의 긴장과 대립을 유지하고자 한 70년대 버밍엄 대학 현대문화연구소의 작업에서 계급보다는 인종과 종족성, 정체성에 주목하는 급진적 문화주의의 형태로 전환해가고 있는 듯 보인다.

대처리즘이 영국사회에 어느 정도 침투해 들어가는 것을 지켜보면서 홀은 그것에 대한 보다 성숙한 비판과 새로운 좌파의 대안을 모색해야 할 필요성을 느낀다. 그리하여 1988년 10월 홀은 일부 좌파 지식인과 더불어 '새로운 시대New Times'라는 기획에 착수한다. 이 기획은 자본주의의 지구화라는 역사적 변화에 대처할 수 있는 좌파의 정치적 의제를 제안하려는 시도로서, 대처리즘에 대한 홀의 비판의 연장이자 동시에 대처리즘을 전 지구적 차원에서 해석해야 할 필요성에 의해 이루어졌다.[39] '새로운 시대' 기획은 홀의 입장에서는 매우 야심 찬 시도였다. 사실 대처 정권을 이데올로기적이고 문화적으로 읽고자 한 홀의 시도는 많은 비판에 직면했다. 대처리즘에 관해 홀과 논쟁을 펼쳤던 밥 제숍Bob Jessop은 홀의 권위주의적 포퓰리즘이 영국 사회의 축적구조의 변화를 간과하고 있으며, 특히 대처리즘을 지나치게 획일적인 이데올로기적 통일체로 간주함으로써 그 내부의 모순을 간과했다고 비판했다. 즉, 대처리즘을 문화적이고 이데올로기적 관점에서 보는 홀의 입장이 대처리즘과 그 이전의 사회복지국가 간의 이데올로기적 단절을 사회경제적 단절로 확대해석하고 있고 전후부

39. James Procter, *Stuart Hall*, p. 99.

터 진행되어온 영국사회 내부의 정치경제적 변화에는 소홀했다는 것이다.[40] 홀 또한 자신의 대처리즘에 대한 인식이 철저하지 못했음을 깨닫는다. 그는 대처리즘이 영국적 현상이 아니라 전 지구적 자본과 신자유주의라는 자본주의의 새로운 형태와 관련이 있다는 것을 깊이 인식하지 못했음을 인정했다.[41] '새로운 시대'라는 기획은 바로 이런 비판과 반성을 적극적으로 통합하면서 좌파의 대안적 의제를 구상하고자 한 것이다. 특히 홀은 제숍이 주장한 축적구조와 정치경제의 변화를 인정하면서 동시에 그러한 변화를 문화적 방식으로 해석하는 독특한 시각을 제시한다. 사실 이런 문화적 시각과 해석은 사회구성체 내부의 계급관계나 생산양식의 축적구조가 갖는 의미보다 그러한 토대 위를 유동하는 문화적 변화와 의미에 초점을 둠으로써 전 지구적 문화현상들을 더 적절하게 읽어낼 수 있는 장점이 있다. 홀에게 '새로운 시대'란 이미 영국의 경계를 넘어선 현상을 의미한다.

우선 홀은 대처리즘을 새로운 시대의 관점에서 새롭게 해석한다. 홀은 이 무렵까지 대처리즘이 전 지구적 자본의 변화와 맞물려 있음을 인식하지 못했다고 반성한다. 이제 그는 '새로운 시대'가 대처 혁명의 산물이라기보다는 대처리즘 자체가 부분적으로 새로운 시대의 산물이라고 주장한다. 왜냐하면 새로운 시대는 "서구 자본주의 사회 내에서 일어나고 있는 더 심층적인 차원의 사회적·경제적·정치적·문화적 변화"[42]를 가리키기 때문이다. 이는 대처리즘 자체를 더 넓고 깊

40. Bob Jessop, Kevin Bonnett, Simon Bromley & Tom Ling, *Thatcherism* (Cambridge: Polity Press, 1988), p.76.

41. Helen Davis, *Understanding Stuart Hall*, p. 196.

42. Stuart Hall, "The meaning of New Times," *Stuart Hall: Critical Dialogues*. Edited

은 전망 속에서 보는 것이고 영국적 현실을 넘어 전 지구적 자본의 변화를 감안한 것이다. 그런 점에서 홀은 새로운 시대를 포스트포디 즘Post-fordism과 연관 짓는다. 그에 따르면 포스트포디즘은, (1) 세기의 전환기에 2차 산업혁명을 추동했던 화학과 전자에 기반한 기술체계 로부터 새로운 정보기술체계로의 전환, (2) 더욱더 유연적이고 전문 화되고 탈중심화된 노동과정 및 조직으로의 전환과 낡은 제조기반 의 쇠퇴와 컴퓨터 기반의 최첨단 산업지대의 부상, (3) 기업의 기능과 서비스 기능의 분화 및 하청산업화, (4) 선택과 마케팅과 패키지화 그 리고 디자인을 강조하고 소비자의 생활양식, 취향, 문화를 공략하는 소비의 주도적 역할, (5) 숙련된 남성 육체노동계급의 쇠퇴와 서비스 업종과 화이트칼라 계급의 부상, (6) 더 많은 유연시간제 혹은 시간 제 노동의 증가와 작업장의 여성화 및 인종화, (7) 새로운 국제적 노 동분업과 다국적 기업에 의해 지배되는 경제, (8) 전통적 계급분화와 는 다른 새로운 패턴의 사회적 분화 등을 특징으로 한다.[43]

새로운 시대는 "단단한 모든 것이 녹아 대기 속으로 사라진다"[44] 는 마르크스의 말처럼 기존 관계들을 무너뜨리고 끊임없이, 격렬하게 팽창하여 지구 전체를 자신의 시장으로 삼는 전 지구적 자본이 주도 하는 시대다. 즉, 그것은 "전 지구와 우리 주체성의 마지노선을 동시 에 가로지르는 자본의 행진이 각인된 시간지대에 속한다."[45] 여기서 흥미로운 것은 홀이 포스트포디즘을 경제적 관점을 넘어 문화적 관

---

by David Morley & Kuan-Hsing Chen (London: Routledge, 1996), p. 223.

43. Stuart Hall, "The meaning of New Times," pp. 224-225.

44. Stuart Hall, "The meaning of New Times," p. 223.

45. Stuart Hall, "The meaning of New Times," p. 228.

점에서 해석하고자 한다는 점이다. 홀은 제솝처럼 포스트포디즘을 축적과 생산양식의 변화로 보는 입장을 수용하면서도 그것을 자기 식으로, 즉 문화로의 전환이라는 입장에서 받아들이고자 한다. 홀이 '새로운 시대'와 관련해서 주목하는 것은 포스트포디즘적 변화가 실은 이미 문화적 차원의 변화라는 것과 그것이 새로운 형태의 주체성을 생성하고 있다는 것이다. 우선 홀은 '새로운 시대'를 이해하기 위해서는 우리 시대의 혁명이 갖는 '문화적' 성격을 인식해야 한다고 주장한다. 홀에 따르면, "만일 포스트포디즘이 존재한다면 그것은 경제적 변화만큼이나 문화적 변화에 대한 기술이다. 따라서 문화는 생산과 사물의 '견고한 세계'에 대한 단순한 장식적 부가물이 아니다."[46] 여기서 홀은 포스트모더니즘을 후기 자본주의의 문화논리로 보았던 프레드릭 제임슨Fredric Jameson처럼, '새로운 시대'의 문화적 현상이 포스트모더니즘에 가깝다고 말한다. 그러나 홀이 제임슨을 인용하고 있긴 하지만 홀의 관점은 제임슨의 것과는 차이가 있다. 제임슨은 자본주의의 새로운 생산양식의 등장이 어떤 문화적 현상을 낳는가 하는 생산양식의 관점을 채택함으로써 포스트모더니즘을 후기 자본주의의 문화현상으로 간주하는 데 반해, 홀은 새로운 시대를 경제적 변화를 넘어서 문화의 다양하고 이질적인 변화에 주목하고자 한다.

새로운 시대의 역사적 교훈 중의 하나는 역사가 베네딕트 앤더슨 (Benedict Anderson)이 말한 '텅 빈 동질적인 시간'으로 구성된 것이 아니라 다양한 시간-척도와 궤적을 가진 과정들로 이루어져 있다는

---

46. Stuart Hall, "The meaning of New Times," p. 233.

점이다. 그것들은 동일한 역사적 국면으로 소집될 수 있다. 하지만 이와 같은 역사적 국면은 간단하지 않고 복잡하다. 다시 말해 단순한 의미에서 결정되어 있는 것이 아니라 **과잉결정**(각각의 효과와 행위들의 특정한 양식들을 보유한 다양한 과정과 모순 간의 융합 혹은 결합의 결과—알튀세르, 「모순과 과잉결정」)되어 있는 것이다. (…) 대처리즘과 새로운 시대가 지닌 역사들과 시간-척도들은 확실히 중첩되어 있다. 그럼에도 그것들은 서로 다른 시간성들에 소속되어 있을 것이다. 정권과 선거의 시간인 정치적 시간은 짧다. 즉 '정치에서는 일주일이라는 시간도 길다.' 경제적 시간, 사회학적 시간은 장기지속성을 갖는다. 문화의 시간은 훨씬 더 느리며, 빙하작용처럼 더욱 점진적이다. (…) 아주 갑작스럽고 간결하고 응축된 것 같은 대처 혁명의 주변에는 느리거나 점진적이거나 수동적인 것은 전혀 존재하지 않는다.[47]

홀은 대처리즘을 새로운 시대가 갖는 장기적이고 전 지구적이며 지속적인 시각 속에서 보고자 한다. 그는 대처리즘의 의미를 부정하려고 하는 것이 아니라 대처리즘이 갖는 시간성을 훨씬 더 넓은 시간성 속에 편입시켜 재평가하고자 하는 것이다. 특히 그는 대처리즘이 다른 시간성 속에 존재한다는 것을 보여주고자 한다. 여기서 주목할 점은 문화가 정치와 경제와는 다른, 문화의 독특한 시간성, 그리고 정치와 경제의 차원보다 더 장기적으로 변화하는 특성을 갖고 있다고 하더라도, 홀이 문화적 차원에서의 개입 지점들을 간과하는 것은 아니라는 점이다. 홀은 새로운 시대로 인해 사라지는 하나의 경계

---

47. Stuart Hall, "The meaning of New Times," p. 231.

가 있다면 그것은 "변화의 객관적 차원과 주관적 차원 사이의 경계"[48]라고 말한다. "새로운 시대는 '저기 외부에서' 우리의 삶의 조건을 변화시키면서 동시에 '여기 내부에서' 우리에게 영향을 끼치며"[49] 우리를 재형성하는 시대인 것이다.

여기서 홀은 주체성과 정체성의 문화적 이슈로 넘어간다. 사실 홀이 문화의 장기적 시간을 언급한 이유는 사회변화가 단번의 혁명에 의해 가능하지 않다고 생각했기 때문이며, 사회변화를 위해서는 새로운 시대에 맞는 새로운 주체성들이 구성되어야 할 필요성이 있다고 보았기 때문이다. 홀은 포스트포디즘적 생산이 수반하는 모델과 양식의 확산과 생산품의 차별화는 오늘날 서구사회의 전형적 특징인 사회 세계와 논리들의 증폭과 관련된 문화적 다양성과 차별화라는 더 광의의 과정들을 반영한 것이라고 주장한다.[50] 이제 이러한 과정에 부합하는 주체성은 계급, 인종, 종족집단처럼 집단적 사회주체들이 아니다. 홀은 이런 집단적 주체들이 더욱 세분화되고 '다원화'하면서 개별적 주체성이 중요해진다고 말한다. 나아가 개별적 주체성 또한 전통적 의미에서의 중심적·안정적·통합적 주체가 아니라 더욱 파편화되고 불완전하며 다양한 사회 세계와 관련된 복수적 '자아' 내지 혼종적 정체성으로 구성되어 있다고 주장한다. 이는 '권력이 있는 곳에 저항이 있다'고 주장한 푸코의 권력과 주체 개념에 가까우며 홀이 새로운 시대의 주체성 개념으로 다중적·혼종적·탈근대적 정체성을 염두에 두고 있음을 분명히 보여준다.

48. Stuart Hall, "The meaning of New Times," p. 226.
49. Stuart Hall, "The meaning of New Times," p. 226.
50. Stuart Hall, "The meaning of New Times," p. 234.

우리의 일상적 삶은 더욱더 다양한 형태의 권력과 그 교차지점 속에 존재한다. 이 체계에 대한 저항이 존재하지 않기는커녕 새로운 적대의 지점들과 그 지점들을 둘러싸고 조직되는 저항의 신사회운동들이 확산되고 있다. 그 결과 정치가 지금까지 좌파들이 비정치적이라고 생각했던 영역, 즉 가족, 의료, 음식, 성욕, 신체의 정치학으로까지 일반화되고 있다. 현재 우리가 결여하고 있는 것은 이런 권력관계들이 접속하는 방식이나 그 저항들에 대한 전체적 지도이다. 그런 의미에서 하나의 '권력게임'은 존재하지 않는다. 수많은 전략과 권력, 그리고 그들의 접합의 네트워크가 존재한다. 정치는 항상 위치와 관련된 (positional) 것이다.[51]

요컨대, '새로운 시대'의 주된 특징은 포스트포디즘을 자본이 전 지구적으로 확산되는 사회문화적 현상으로 해석하는 한편, 그러한 확산이 다양한 저항의 지점과 새로운 주체성을 생성하게 만든다는 점이다. 이는 홀이 이데올로기와 계급정치에 근거하는 전통적 마르크스주의에서 벗어나 보다 문화적이고 정치적인 혼종적 주체성과 접합적·담론적 실천에 초점을 두는 포스트마르크스주의적이고 포스트모더니즘적인 이론들과 점차 가까워지고 있음을 보여준다. 사실 홀은 이미 대처리즘 분석을 통해 경제의 기능을 '최초심급'에서만 작용하는 것으로 제한하는 한편, 이데올로기의 자율적 기능과 역할에 보다 큰 의미를 부여한 바 있다. 이는 어떤 형식으로든지 현실적 계급관계를 전제한 마르크스의 '이데올로기' 개념보다는 그러한 관계에서 벗

51. Stuart Hall, "The meaning of New Times," p. 234.

어나 다양한 문화적 실천의 접합을 강조하는 포스트구조주의적 '담론' 개념에 가까운 것이라 볼 수 있다. 이런 새로운 인식으로 인해 홀은 '인종'과 '종족성'과 같은 문화적 정체성 문제를 보다 적극적으로 다룰 수 있게 된다.

그 결과 80년대 후반부터 홀은 계급 문제보다 인종과 정체성 문제에 보다 집중적으로 관심을 기울이기 시작한다. 물론 인종 문제에 대한 홀의 관심은 이미 70년대 버밍엄 대학 현대문화연구소의 성과 속에서도 엿볼 수 있다. 그 탁월한 예가 『위기의 관리』에서 볼 수 있는 70년대 영국사회에서 움트기 시작하던 새로운 인종주의에 대한 분석이다. 하지만 이 시기의 분석은 영국사회의 계급정치나 자본의 헤게모니적 변화와 긴밀히 연결되어 있었다. 즉, 계급정치 속에서 인종 문제를 다루었던 것이다. 하지만 80년대 말과 90년대 초, 인종 문제에 대한 홀의 관심은 상당히 다른 양상을 보인다. 이제 홀은 계급정치에서 벗어나 인종과 종족성에 근거한 문화적 정체성 문제를 본격적으로 다룬다. 하지만 홀이 종족성의 문제를 혈연이나 영토, 나아가 동일성의 정체성과 관련된 본질적 개념으로 다루려는 것은 결코 아니다. '새로운 시대'에 대한 그의 정의와 마찬가지로 '인종'과 '종족성'은 새로운 시대의 등장과 관련하여 '위치적positional'이고 '구성적constructive'인 개념이다. 즉, 홀은 종족성을 "특정한 공동체나 지역성, 특정한 영토와 종교, 그리고 문화와 관련되어 있는 개인에게 세계 속에서의 '장소'와 위치에 대한 의식을 제공해주는 모든 결합의 지점들이 정치적인 의제로 복귀하는 것"[52]으로 규정한다. 즉, 종족성은 고정

---

52. Stuart Hall, "The meaning of New Times," p. 236.

적이고 안정적이며 자연적인 것이라는 본질주의적 의미가 아니라 상황과 위치와 맥락의 변경에 따라 달라지면서 새롭게 구성되는 의미를 갖게 된다. 당시 홀은 '새로운 시대'의 도래와 더불어 흑인들의 이주와 디아스포라에 대한 새로운 성찰을 통해 기존의 종족성 개념을 다시 이론화하고자 한다.

종족성 개념에 대한 홀의 관심은 「인종과 종족성 연구에 있어 그람시의 적절성Gramsci's relevance for the study of race and ethnicity」(1986)과 「새로운 종족성들New ethnicities」(1989), 「문화적 정체성과 디아스포라 Cultural Identity and Diaspora」(1990) 등의 글에 잘 나타나 있다. 「인종과 종족성 연구에 있어 그람시의 적절성」에서 홀은 그람시를 포스트식민적 시각으로 수용하는 한편, 이데올로기와 헤게모니 개념을 경제와 계급관계로부터 분리하여 인종과 종족성 문제를 포괄할 정도로 확장한다. 데이비드 몰리David Morley와 천광싱Kuan-Hsing Chen은 이 글이 현재의 핵심적 관심사, 즉 인종, 종족성, 문화적 정체성의 문제로 나아간다는 점에서 홀의 작업에 있어서 하나의 전환점이 된다고 주장한다.[53] 뿐만 아니라 이 글은 홀이 그람시를 통해 자신의 디아스포라적이고 인종적인 정체성의 문제를 보다 본격적으로 다루는 계기가 된다. 우선 홀은 그람시가 이탈리아 본토에서 떨어진 변방의 섬 사르데냐 출신이었으며, 북부 공장지대로 이주한 후 민족 문제를 포기하긴 했지만 계급 및 농민 문제와 지역적 요소들 간의 복합적 변증법에 대한 관심을 끝까지 잃지 않았다고 주장한다. 즉 "그람시는 계급관계에 의해 결정되는 분할선이 지역적·문화적·민족적 차이라는 횡단적

---

53. Kuan-Hsing Chen, *Stuart Hall: Critical Dialogues in Cultural Studies*, p. 17.

선들에 의해, 그리고 지역적이거나 민족적인 역사발전의 속도 차이에 의해 복잡해지는 점을 철저하게 이해하고 있었다"[54]는 것이다. 이런 해석은 홀의 탐구가 영국 문화연구의 수준을 넘어 유럽적, 나아가 전 지구적 문제의식을 드러내고 있음을 보여준다. 뿐만 아니라 이 글은 이데올로기와 헤게모니 개념에 대한 경제주의적 해석을 비판하는 수준을 넘어 그것을 경제관계와 계급관계로부터 분리하여 보다 일반적인 범주로 만들고 있다는 점에서 향후 홀의 이론적 변화에 결정적인 역할을 한다. 홀은 그람시가 후기에 들어서 헤게모니를 본질적으로 '계급 동맹적' 방식으로 개념화하는 것에 거리를 두고 인종과 종족성을 비롯한 모든 집단의 전략에 적용될 수 있는 일반적인 분석 용어로 사용하고 있다고 해석한다. 헤게모니에 대한 경제주의적 해석을 통렬히 비판했듯이, 홀은 이데올로기의 주체를 경제주의적 해석으로부터 분리하여 정치적·문화적·급진적인 방식으로 확장한다. 그는 그람시가 "미리 주어진 통일적인 이데올로기적 주체, 가령 '올바른' 혁명사상을 지닌 프롤레타리아트나, 미리 보증된 반인종차별적 의식을 소유한 흑인이라는 관념 자체를 거부했으며" 특히 "사고와 사상의 주체를 구성하는 자아와 정체성의 복수성을 인식했다"[55]고 주장한다. 이 글에서 흥미로운 것은 홀이 그람시를 반본질주의적이고 비환원적으로 해석하고 있다는 점과 더불어 홀이 그람시의 입을 통해 자신의 입장을 전하고 있다는 점이다. 글 속에서 그람시는 바로 홀 자신이기도 하고 홀의 그람시이기도 한 것이다.

54. Stuart Hall, "Gramsci's relevance for the study of race and ethnicity," *Stuart Hall: Critical Dialogues*, p. 416.

55. Stuart Hall, "Gramsci's relevance for the study of race and ethnicity," p. 433.

향후 홀은 이런 방향 전환을 인종과 종족성 문제를 둘러싼 문화정치학의 변화와 관련짓는 작업을 본격화한다. 홀은 오늘날 흑인의 문화정체성에 대한 논의가 새로운 단계에 접어들고 있다고 말한다.[56] 그에 따르면, 이전에 '흑인black'이란 용어는 네그리튀드Negritude 운동이나 에메 세제르Aimé Césaire가 말했듯이 흑인들의 피부색과 본질적 공통성과 동질감을 표현했다. 즉, '흑인'은 영국사회에서 인종주의와 주변화가 낳은 공통적 경험을 가리켰고, '흑인의 경험' 또한 "다양한 공동체 사이에 민족적·문화적 차이를 가로질러 확립된 동질성에 근거한 단일하고 통합적인 틀로서 다른 종족적·인종적 정체성들보다 우세했다"[57]는 것이다. 흑인에 관한 이런 본질적이고 동질적인 정체성 개념은 흑인들에게 자신들을 배제하고 주변화해온 영국사회와 서양사회의 차별에 맞서는 저항과 연대의 무기를 제공해주었고, 문화적 차원에서도 항상 흑인들을 백인의 심미적·문화적 지배 담론의 보이지 않고 들리지 않는 '타자'로 그리는 데 맞설 수 있는 유용한 개념이었다. 하지만 이런 개념은 흑인/백인이라는 이원론적 구분을 넘어서지 못할 뿐 아니라 백인이 백인들에 의해 물신화된 흑인 개념을 재생산하듯이, 흑인에게 아무리 긍정적인 의미를 부여하더라도 그것은 흑인을 역으로 다시 물신화할 가능성이 다분했다. 즉, 흑인은 무조건 선하다거나 흑인은 모두 동일하다는 식의 허구적 논리가 반복되는 것이다. 이런 논리에 맞서 홀은 '재현의 관계the relations of representation'[58]

---

56. Stuart Hall, "The meaning of New Times," p. 442.
57. Stuart Hall, "The meaning of New Times," p. 441.
58. 재현의 관계는 주로 재현의 배제와 억압에 대한 저항에 초점을 두기 때문에 (1) 흑인 예술가들이 재현의 권리에 접근(access)하는 문제와 (2) 흑인에 대한 정형화되고 물신화된

를 둘러싼 투쟁에서 '재현 자체의 정치학a politics of representation itself'으로 이동해야 한다고 역설한다.[59] 다시 말해, 홀은 흑인이 어떻게 재현되고 있는가에 초점을 두기보다는 흑/백의 재현적 관계 자체를 문제 삼는 정치학으로 나아가야 한다고 주장하는 것이다. 따라서 홀은 흑인의 흑인성을 본질화하려는 순진한 발상과 억압과 저항이라는 투명한 이분법 관계를 단념하고 이런 이분법의 작용 자체를 불안하게 만드는 불투명하고 수행적이며 담론적인 재현 개념으로 나아가고자 했다.

여기서 중요한 것은 '흑인'이라는 범주를 구성하는 엄청나게 다양한 주체위치, 사회경험, 그리고 문화적 정체성을 인정하는 것이다. 다시 말해, '흑인'이란 근본적으로 정치적·문화적으로 **구성된** 범주이기 때문에 그것은 일단의 고정된 초문화적이고 초월적인 인종적 범주들에 근거할 수 없고 본성 속에서도 어떤 근거를 갖지 못한다는 점을 인정하는 것이다. 이런 주장은 흑인 주체들의 역사적·문화적 경험의 엄청난 다양성과 분화를 인정하는 것으로 이어진다.[60]

재현의 정치학에서 정체성은 우리의 생각처럼 투명하거나 자명하지 않다. 홀은 문화적 정체성이란 "결코 완결적이지 않고 항상 과정 속에 있으며 재현의 외부가 아니라 내부에서 항상 구성되는 생

<hr />

이미지에 대항하여 '긍정적인' 흑인 이미지로 경쟁하는 문제에만 초점을 두었다. Stuart Hall, "New ethnicities," *Stuart Hall: Critical Dialogues*, p. 442.
59. Stuart Hall, "New ethnicities," p. 442.
60. Stuart Hall, "New ethnicities," p. 443.

산"[61]임을 인식해야 한다고 주장한다. 재현의 정치학이 갖는 의미를
홀은 다음과 같이 정리한다. 재현의 정치학을 통해 우리는 지금까지
의 안정적인 정치적 범주들을 근본적으로 의심하고 그러한 범주의
이면에 들어있는 심층적인 양가성과 불안정성을 새롭게 깨달으며,[62]
종족적 정체성은 구성되는 것이라는 인식하에 배타적이고 억압적이
고 닫힌 영국 국민성 개념에 맞서 다원적 종족성multi-ethnicity과 다문
화주의multi-culturalism를 통해 반인종주의의 정치학을 구성할 수 있으
며,[63] 흑인의 경험을 더 이상 본질주의적으로 다루지 않고 디아스포
라적이고 혼종적인 문화적 구성의 과정으로 인식하게 되는 것이다.[64]
이는 홀이 이데올로기에서 담론으로, 계급정치에서 인종의 정치로,
나아가 포스트모던적인 주체성 개념으로 나아가고 있음을 보여준다.
뿐만 아니라 이것은 자본이 지구화하고 축적양식이 포스트포디즘적
체제로 변해가는 새로운 시대에 홀이 제기하는 대안적 주체성 개념
이 이미 영국 문화연구의 틀을 세계적 문화현상들의 부상과 연결되
어 있음을 보여준다.

61. Stuart Hall, "Cultural Identity and Diaspora," *Colonial Discourse and Post-Colonial Theory: A Reader*, Edited by Patrick Williams & Laura Chrisman (New York: Columbia University Press, 1994), p. 392.

62. Stuart Hall, "New ethnicities," pp. 444-445.

63. Stuart Hall, "New ethnicities," p. 446.

64. Stuart Hall, "New ethnicities," p. 447.

(4) 나가며

물론 홀의 문화연구가 도달한 지점에 대해서는 다양한 비판이 예상된다. 순전히 이론적 차원에서만 보자면, 홀이 마르크스주의에서 포스트모더니즘으로 변신했다는 비판이 있을 수 있다. 그러나 분명히 홀의 다중적·혼종적 정체성 개념은 영국을 넘어선 전 지구적 사회현실에 근거하는 것으로 현실과의 관련성을 끊은 채 기호와 담론의 유희를 즐기는 다원주의적이고 자유주의적 포스트모더니즘과는 무관하다. 그렇지만 80년대 대처리즘 이후 영국의 정치문화적 현실에 대해 해석하면서 홀이 이데올로기와 문화의 기능을 지나치게 특권화한 점, 그리고 '새로운 시대'의 논의에서도 계급에서 인종과 종족성, 문화정체성 개념으로 쉽게 넘어간 것은 이론적 차원에서 볼 때 문제의 소지가 있다. 홀은 접합적이고 담론적인 정체성 개념에 초점을 두면서 점차 계급정치와 경제적인 것의 역할로부터 멀어져가는 듯 보인다. 이론적 차원에서 볼 때, 이는 구조와 주체, 계급과 문화, 구조주의와 문화주의 간의 대립을 풀어보고자 했던 70년대 홀의 이론적 모색으로부터 다소 후퇴한 측면이 없지 않다. 특히 인종 개념에 초점을 두는 홀의 논의는 계급 범주의 특수성을 간과한 것으로 비춰질 수 있다. 젠더와 인종, 계급 개념들이 서로 얽혀 있고 교차하고 있음을 고려할 때, 계급 범주에 대한 간과는 사회구성체와 사회현실의 가장 중요한 차원에 눈을 감는 것이 된다. 계급적 차원을 단념하거나 그것이 다른 범주들과 교차하면서 사회구조와 불평등을 구성하고 있다는 인식을 갖지 못하는 것은 경제결정론에 대한 비판 이전에 사회구조에 대한 분석과 설명을 포기하는 일이 될 수 있다. 특히 포스트포디즘을 문화적으로 해석하는 것은 포스트포디즘이라는 경제적 축적양식에 대한 보충설명의 의미를 가질 수는 있지만 포스트포디즘에 대한 경제적 해석을 대체할 수는 없다. 어쨌든 80년대 이후 홀이 강조한 문화와 문화적인 것의 기능이 지나치게 확장되고 있는 것은 사실이다. 프랜시스 멀헌은 홀의 문화정치학cultural politics에서 강조점이 정치에서 문화로 미끄러져감으로써 홀이 정치학을 제대로 사고할 수 없게 되었다고 비판한다.[65] 문화에 대한 과도한 강조와 문화 개념의 지나친 확장은 사회 내 다양한 층위의 구별과 상호작용에 대한 분석을 차단할 수도 있다. 이러한 주장은 우리에게 아주 낯익다. 바로 홀이 자신의 선배이론가인 윌리엄스와 톰슨의 문화주의를 비판하기 위해 사용한 주장이기 때문이다. 어떤 의미에서 홀은 선배들의 경험적 문화주의와는 다르다고 하더라도 새로운 형태의 문화주의로 나아가는 것으로 보인다.[66]

그러나 이런 비판에도 불구하고 홀의 문화이론의 형성 과정에 대한 탐구 자체는 중요한 의의를 갖는다. 홀이 영국의 사회문화적 현실에 지속적으로 개입했을 뿐 아니라 그 과정에서 영국 문화연구의 주요 쟁점들을 주도적으로 형성해왔기 때문이다. 또한 그의 문화연구가 개인적 차원의 것이 아니라 집단적 작업이었다는 점에서 그의 문화연구의 향방은 영국 문화연구가 나아가고 있는 방향과 긴밀히 관련되어 있다고 할 수 있다. 특히 그가 문화연구의 가장 중요한 기능

---

65. Francis Mulhern, *Culture/Metaculture*, p. 124.
66. 자세한 것은 김용규, 『문학에서 문화로』(소명출판, 2004)의 제5장의 1절 「이데올로기에서 담론의 정치학으로」를 참조하라.

을 사회의 소수자들이나 진보적 세력과의 유기적 관계를 맺을 지식인의 창조에 두었던 점은 오늘날의 문화연구가 놓치고 있는 아쉬운 대목이다. 오늘날 문화연구는 인문학 내에서 하나의 지배적 경향으로 자리 잡아가고 있다. 1960년대까지 인문학에서 지배적 위치를 점하고 있던 영문학 전통에 맞서 문화연구는 비판적이고 급진적인 담론의 전선을 형성했다. 삶의 경험과 언어의 섬세한 결을 강조하면서 인간의 지혜를 이심전심으로 전달하는 진리로서의 영문학 전통은 그 경험에 도달하지 못하는 사람들에게는 고답적이고 배타적이며 이데올로기적으로 비춰지기 시작했다. 특히 그런 사람들이 엄청나게 늘어나고 있는 것이 당시의 현실이었다. 영국은 1960년대 들어 소비문화가 급속히 확산되었고, 대학들이 대대적으로 확장되었으며, 그동안 대학의 문턱을 넘을 수 없었던 계층이 대거 대학에 들어가게 된다. 이런 계층의 욕구를 채우는 데 영문학의 시각은 한계가 있었다. 그런 계층에게 영문학은 현실과 담을 쌓은 고준담론처럼 보였던 반면, 문화연구는 그들 세대의 논리적 무기가 되기 시작했다. 따라서 당시의 문화연구는 기존의 영문학 전통에 맞서 반분과학문적이고 비판적이며 급진적인 성격을 띠었다. 하지만 80년대 이후 문화연구는 영문학을 대체하고 인문학의 중심적 패러다임으로 등극하는 한편, 소비사회와 결탁하면서 초기의 비판적 정신을 점차 상실해가고 있다. 이는 문화연구 내부의 문제이기도 하지만 문화연구를 둘러싼 문화적 지형의 변화와 관련된 문제이기도 하다. 빌 리딩스Bill Readings는 전 지구적인 자본의 지배로 국민국가의 문화적 이념을 제공해주었던 영문학을 비롯한 인문학이 위기를 맞이하고 자본과 좀 더 실용적으로 접속할 수 있는 문화연구가 중심이 되어간다고 진단한다.[67] 이런 의미에서 그는 문화연구가 중심적 위치를 점하는 현상이 반드시 좋은 현상만은 아니라고 지적한다. 이런 과정에서 문화연구는 비판적 힘을 상실한 채 역사학, 인류학, 문학 등 기존의 분과학문과 연결되어가면서 기존 분과학문 내의 새로운 방법론으로 전락해가고 있다. 문화연구가 기존의 분과학문과 다른 점은 분과학문을 뛰어넘는 학제 간 연구라는 점과 함께, 소외당한 대중의 문화적 조건과 실천을 이끌어내는 한편, 당대의 다양한 문화적 실천의 의미와 구성에 날카로운 감각을 가진 유기적 지식인의 창출에 있다고 주장한 홀의 말이 새삼스럽게 다가온다.[68] 그런 점에서 오늘날 문화연구가 새로운 영역을 개척하고 자신을 새롭게 재정립하기 위해서는 홀이 창조한 문화연구의 시작과 형성 과정을 계속해서 참조할 필요가 있다.

67. Bill Readings, *Universities in Ruin* (Cambridge: Harvard University Press, 1997).
68. Helen Davis, *Understanding Stuart Hall*, p. 30.

옮긴이 후기

이 책은 스튜어트 홀의 *Cultural Studies 1983: A Theoretical History* (Durham & London: Duke University Press, 2016)를 우리 말로 옮긴 것이다. 스튜어트 홀(1932~2014)은 자메이카 출신의 대표적 영국 문화이론가로서 리처드 호가트, 레이먼드 윌리엄스, E. P. 톰슨을 잇는 영국 문화연구의 핵심 이론가 중 한 명이다. 그는 1950년대 중반부터 《뉴 레프트 리뷰》에 적극 참여했고, 호가트를 이어 1968년부터 버밍엄 대학 현대문화연구소의 제2대 소장을 맡아 현대문화연구소를 명실상부 영국 문화연구의 산실로 키운 인물이다. 그는 현대문화연구소를 맡고 있는 동안 계급 문제를 뛰어넘어 하위문화, 인종 및 종족성, 섹슈얼리티의 문제를 다룸으로써 문화연구의 범위를 크게 확장시켰다. 특히 그는 루이 알튀세르, 안토니오 그람시, 미셸 푸코와 같은 서구 마르크스주의와 구조주의 이론을 적극 수용하여 영국 문화주의와 유럽 구조주의 간의 종합을 시도했다. 1979년에 현대문화연구소를 떠나 개방대학으로 자리를 옮긴 뒤에도 홀은 문화연구를 현실 문화정치의 한가운데로 이동시켜 대처리즘의 문화정치를 탁월하게 분석하는 성과를 내놓았다. 2014년 2월 10일 작고하기 직전까지 홀은 대처리즘 이후 영국사회의 변화를 '새로운 시대'라는 전 지구적 시각을 통해 다시 읽는 등 무려 지난 50년 이상 동안 영국의 지적 좌파의 역사를 실천적으로 구현해온 인물이다.

이 책에 실린 강의는 1983년 당시의 문화연구의 진행상황에 대한 상세한 설명과 그의 저작에 담겨 있지 않은 내용을 홀의 생생한 목소리로 들려준다는 점에서 문화연구의 소중한 성과이자 중요한 자료이다. 이 강의는 홀이 그의 제자 로런스 그로스버그의 초청으로 1983년 여름 어바나-샴페인 소재 일리노이 대학에서 개최된 학술대회의 별도 세미나로 진행된 것이다. 이 학술대회와 세미나들은 문화이론/문화연구의 역사에서 결정적 전기轉機가 되었는데, 그 성과가 『맑스주의와 문화의 해석Marxism and the Interpretation of Culture』(Urbana: University of Illinois Press, 1988)이라는 책으로 출간되었다. 당시 프레드릭 제임슨, 가야트리 스피박을 비롯한 당대의 진보적 문화이론가들이 대거 참여했던 이 학회는 미국에서 문화이론/문화연구가 확산되는 중요한 계기가 되었다. 이 학회에서 제임슨은 포스트모던 세계에서 인식적 지도 그리기cognitive mapping의 어려움에 관해 발표했고, 스피박은 서발턴 여성은 말할 수 있는가 하는 질문을 제기했다. 이 학회에서 발표된 글들은 지금까지도 문화연구의 고전으로 통하고 있다. 문화연구의 궤적에 큰 족적을 남긴 이 학회의 별도 세미나에서 홀이 발표한 강의는 당시 참석한 수많은 학자와 연구자에게 큰 감동을 준 것으로 알려져 있지만, 아쉽게도 거기에 참석하지 않았던 사람들은 그 후에 발표된 글을 통해서 그 내용을 짐작할 수 있었을 뿐이었다.

이 강의가 진행될 당시 문화연구의 상황을 잠시 살펴보면,

1980년대에 접어들면서 영국의 문화연구는 상당히 중요한 전환점에 접어든다. 1960년대부터 전후의 경제 호황과 신흥대학들의 대대적인 신설에 힘입어 그동안 고등교육으로부터 소외되었던 노동계급 및 중하층계급의 자식과 여성들이 대학 교육의 장으로 대거 진입하면서 엘리트 중심의 대학 교육, 특히 영문학 교육에 큰 변화가 생겨나게 된다. 이 무렵 영국에서는 전통적 문학연구에 대해 비판적인 '이론Theory'의 도전이 거세지는 한편, 문학연구에서 문화연구로의 전환이 강력한 흐름을 형성하게 된다. 그 당시까지 영문학은 소수의 창조적 엘리트들이 매슈 아널드가 말한 "이제까지 사고되고 말해온 최상의 것"을 연구하는 교양 있고 세련된 고급문화와 국민문화의 중심을 차지하고 있었고, 영문학에 대중을 위한 자리는 존재하지 않거나 그들은 교양을 통해 계도해야 할 대상에 불과했다. 하지만 전후 경제의 호황과 대학 교육의 대중화와 더불어 대중문화와 대중의 부상은 기존 영문학 연구에 큰 변화를 낳는다. 이런 영문학에 대한 도전으로 출현한 것이 바로 문화연구였다. 따라서 문학연구에서 문화연구로의 전환은 단순히 문학연구를 문화연구로 전환하자는 외연적 확장에 머물지 않고 문화 주체를 창조적 소수에서 대중으로 전환하는 결정적 전기를 마련해주었다. 바로 이런 과정 속에서 20세기 이후 학문의 중심이었던 영문학의 아성에 도전하면서 대중의 일상성과 주체성을 신뢰하는 문화연구가 형성되었다.

하지만 이 강의가 진행된 1983년은 문화연구에 또 다른 변화가 일어나고 있었다. 1979년에 집권한 대처 정부는 노동당과 보수당이 타협하여 만든 전후 복지체제를 해체하고 그동안 국가의 관리하에 있던 공적 제도나 국영기업을 시장과 경쟁의 논리 속으로 무자비하게 몰아넣었다. 대처 정부의 '시장' 논리는 전후 합의와 타협의 모든 성과를 뒤집는 한편, 자본 주도의 시장경제를 밀어붙이는 이데올로기로 기능했다. 이 시장경제의 논리는 이윤을 창출하지 못하는 공적 제도와 국영기업을 민영화하는 한편, 대중의 욕망을 시장자본주의 속으로 몰아넣었다. 시장에서 살아남을 수 없는 것은 사라져도 마땅하다는 게 당시 대처의 정책이었다. 특히 대처 정부는 60년대 이후 진보적·비판적·대중적 교육이나 문화를 시장의 '적'으로 규정함으로써 60년대의 진보적 문화의 성과를 부정하고자 했다. 이런 변화는 문화연구에도 반영된다. 80년대의 문화연구는 60년대와는 상당히 다른 흐름을 형성한다. 한편으로는 대처리즘의 정치적 공세 속에서 문화연구의 정치화가 눈에 띄고, 다른 한편으로는 시장자본주의의 공세 속에서 자본의 경쟁 논리에 연루된 문화연구의 주장들이 부상하게 된다. 60년대의 문화연구가 영국 자본주의의 호황기를 배경으로 자본주의적 소외와 획일화된 대중문화에 맞서 노동계급과 대중의 건강한 문화와 삶의 전체성으로 대응했다면, 80년대 이후의 문화연구는 문화 자체를 전략적으로 이용하려는 자본과 상품시장의 지배에 상당히 잠식된다. 영국 경제의 침체와 문화의 급속한 상품화 및 자본화 속에서 문화연구는 자본에 의한 문화의 통합과 그러한 통합에 대한 문화적 저항이라는 이중 상황을 어떻게 헤쳐나갈 것인가를 고민하게 된다.

1983년에 진행된 이 강의는 영국 문화연구의 이런 전환 속에서 이루어진 것이다. 그러므로 이 강의가 갖는 국면적·정세적 측면을 간과할 수 없다. 사실, 홀은 현실 상황에 거리를 두고 분석하고 판단하는 연구자라기보다는 그런 상황에 비판적이고 실천적으로 개입하는 비평가였다. 그의 글은 대부분 특정한 지적 논쟁이나 구체적인 정치적·역사적 국면에 대한 개입으로서 쓰인 것이다. 홀이 수미일관된 이론적 저작을 남기지 않았다는 점과 그가 그람시를 자신의 실천적·이론적 모델로 삼았다는 점은 그의 글이 가진 국면적·정세적 특징을 잘 보여준다. 홀이 생전에 이 강의록의 출간에 부정적이었던 것은 이런 국면적 개입으로 쓴 글, 그리고 그런 개입에 근거한 자신의 문화연구의 역사가 하나의 문화연구의 역사를 넘어 문화연구의 일반적 역사로 오독되는 것을 꺼렸기 때문이었다. 하지만 홀이 그런 점을 경계했다고 하더라도 이 강의록은 문화연구의 전성기에서 볼 수 있던 아주 중요한 이론적 성과들을 보여주고 있다. 이 강의록은 영문학 연구에서 문화연구가 어떻게 태동하게 되었는가, 문화주의와 구조주의의 성과와 한계는 무엇인가를 정확히 짚어내는 한편, 그 둘 간의 이론적 종합을 어떻게 성취할 것인가, 마르크스주의의 토대/상부구조 모델의 한계를 어떻게 돌파할 것인가, 문화적인 것의 상대적 자율성을 어떻게 확보할 것인가 등 문화연구의 핵심 주제를 생생하고 정치精緻하게 다루고 있다. 단적으로 말해, 이 강의록의 핵심은 사회구성체 속에서 문화적인 것the cultural의 위치를 정확하게 자리매김하는 데 있다. 홀의 주장을 정리하면 대략 다음과 같다. (1) 문화적인 것은 공통적이고 공유적인 것의 장이라기보다는 모순과 갈등, 경합의 장이다(모순성). (2) 문화의 모순과 갈등, 경합은 사회구성체 속의 사회세력들 간의 관계와 연결되어 있다(조건성). (3) 그럼에도 그런 모순적이고 적대적이며 경쟁적인 문화들의 의미를 경제적 토대에서 즉각 읽어낼 수 없다(자율성). 따라서 이 강의록은 문화의 위치를 해명하는 것, 즉 모순과 갈등, 경합의 장인 문화적인 것을 경제 같은 다른 층위로 환원하지

않으면서 동시에 전적으로 자율적 층위로 자리매김하지 않는, 문화적
인 것의 독특한 위치를 해명하는 데 그 목적이 있다.

오늘날 문화연구는 또다시 큰 변화를 맞이하고 있다. 문화연구
는 더 이상 영국적인 현상도 아니고 유럽적인 현상도 아니며 이미 전
지구적인 현상이 되고 있다. 한때 홀이 몸담았던 버밍엄 대학 현대문
화연구소는 90년대 중반 문화연구학과로 전환했다가 영국의 학문별
연구업적평가Research Assessment Exercise에서 낮은 평가를 받으면서 버밍
엄 대학 당국에 의해 2002년에 폐과된다. 이 충격적인 사실은 자본
과 시장의 논리에 대항해서 생겨난 문화연구가 시장의 논리에 의해
문을 닫게 되는 역설적 현상을 보여주었다. 이 사건 이후 문화연구의
종언이라는 말이 종종 회자되기도 했다. 하지만 실상은 종언과는 아
주 다른 모습이다. 오히려 문화연구는 영미와 유럽을 넘어 남미와 아
시아를 비롯해 전 세계로 확장되고 있고, 영국의 문학이론가들의 연
구 속에도 문화연구는 마치 공기와 물처럼 스며들어 있다. 문화연구
에 밝지 않으면 문학연구를 제대로 하기 극히 어려운 상황이 된 것이
다. 물론 이와 같이 문화연구의 외연이 크게 확장되면서 자칫 문화연
구의 핵심을 놓쳐버리기 쉽다. 이런 상황에서, 비록 상당한 시간이 흘
렀지만 홀의 강의록은 문화연구의 핵심을 다시 사고하는 데 중요한
통찰을 제공해준다는 점에서 그 의의가 크다. 즉, 그것은 문화연구의
절정기의 이론적 논의로서 문화연구가 계속 확장되고 발전해나가기
위해서는 계속 되새겨봐야 할 참조점의 역할을 할 것이다.

마지막으로 이 책의 번역에 관해 잠시 언급하자면, 강의록이라
생생한 구어체로 되어 있다는 점, 또 홀의 강의가 국면적이고 정세적

인 성격을 갖는다는 점 때문에 역자로서는 그 구체적인 상황을 세밀하게 따라가지 못한 부분이 있을 것 같고, 더러는 정확하게 번역하지 못한 부분이 있을까 염려가 된다. 독자 여러분의 따뜻한 질정과 비판을 바랄 뿐이다. 이 책의 번역 과정에서 몇 분의 도움을 받았다. 이 책의 번역을 처음 제안했을 때, 역자의 뜻을 선뜻 받아주고, 특히 편집 과정에서 꼼꼼한 교정으로 번역이 역자만의 작업이 아님을 깨닫게 해준 현실문화 편집팀에게 깊이 감사드린다. 이 책의 일부 번역작업에 도움을 준 제자 이선현 선생께도 고마움을 전한다. 끝으로 이 책의 번역은 부산대학교 기본연구지원사업(2년)에 의하여 연구되었음을 밝힌다. 아무쪼록 이 책의 번역이 문화연구의 실체, 특히 스튜어트 홀의 문화연구를 이해하는 데 도움이 되면 좋겠다.

2020년 12월
옮긴이 김용규

참고문헌

Abrams, Mark, and Richard Rose. *Must Labour Lose?* Harmondsworth: Penguin, 1960.

Althusser, Louis. *For Marx.* Translated by Ben Brewster. New York: Random House, 1970.

Althusser, Louis. "Freud and Lacan." *Lenin and Philosophy and Other Essays.* Translated by Ben Brewster. New York: Monthly Review, 1971. pp. 189-219.

Althusser, Louis. "Ideology and Ideological State Apparatuses (Notes towards an Investigation)." *Lenin and Philosophy and Other Essays.* Translated by Ben Brewster. New York: Monthly Review, 1971. pp. 127-186.

Althusser, Louis. *Lenin and Philosophy and Other Essays.* Translated by Ben Brewster. New York: Monthly Review, 1971.

Althusser, Louis, and Étienne Balibar. *Reading Capital.* Translated by Ben Brewster. London: New Left, 1970.

Arnold, Matthew. *Culture and Anarchy: An Essay in Political and Social Criticism.* Originally published London: Smith, Elder, and Co, 1869. Accessed as etext September 17, 2014. http://www.gutenberg.org/cache/epub/4212/pg4212/html.

Bell, Daniel. *The End of Ideology: On the Exhaustion of Political Ideas in the Fifties.* Glencoe, IL: Free Press, 1960.

Benjamin, Walter. "The Author as Producer." *New Left Review* 62 (1970):

83-96.

Blackstone, William. *Commentaries on the Laws of England*. London: His Majesty's Law Printers, 1776.

Coleridge, Samuel Taylor. *A Lay Sermon Addressed to the Higher and Middle Classes, on the Existing Distresses and Discontents*. London: Gale and Fenner, 1817. Accessed March 3, 2016. https://archive.org/details/blessedareyethat00cole.

Crosland, Anthony. *The Future of Socialism*. London: J. Cape, 1956.

Durkheim, Émile. 1947. *The Elementary Forms of the Religious Life: A Study in Religious Sociology*. Glencoe, IL: Free Press.

Durkheim, Émile. *Suicide: A Study in Sociology*. New York: Free Press, 1951.

Durkheim, Émile. *The Rules of Sociological Method and Selected Texts on Sociology and Its Method*. Edited by Steven Lukes, translated by W. D. Halls. New York: Free Press, 1982.

Durkheim, Émile, and Marcel Mauss. *Primitive Classification*. Translated by Rodney Needman. Chicago: University of Chicago Press, 1963.

Eliot, George. *Adam Bede*. Edinburgh: William Blackwood and Sons, 1859.

Eliot, George. *The Mill on the Floss*. Edinburgh: William Blackwood and Sons, 1860.

Eliot, T. S. *Notes toward the Definition of Culture*. New York: Thomas Sterns, 1949.

Freud, Sigmund. *The Basic Writings of Sigmund Freud*. New York: Modern Library, 1938.

Goldmann, Lucien. *The Hidden God: A Study of Tragic Vision in the Pensées of Pascal and the Tragedies of Racine*. London: Routledge and Kegan Paul.

Gramsci, Antonio. *Modern Prince and Other Writings*. New York:

International, 1959.

Gramsci, Antonio. *Selections from the Prison Notebooks.* Translated by Quintin Hoare and Geoffrey Nowell Smith. New York: International, 1971.

Hall, Stuart, and Tony Jefferson, eds. *Resistance through Rituals: Youth Subcultures in Post-War Britain.* London: Hutchinson, 1976.

Hirst, Paul. *On Law and Ideology.* London: MacMillan, 1979.

Hoggart, Richard. *Auden: An Introductory Essay.* London: Chatto and Windus, 1951.

Hoggart, Richard. *The Uses of Literacy: Aspects of Working-Class Life with Special References to Publications and Entertainments.* London: Chatto and Windus, 1957.

James, Henry. *The Portrait of a Lady.* London: Macmillan, 1881.

James, Henry. *The Ambassadors.* London: Methuen, 1903.

Joyce, James. *Ulysses.* New York: Random House, 1934 (1990).

Lacan, Jacques. *Ecrits: A Selection.* Translated by Alan Sheridan. London: Routledge, 1977.

Laclau, Ernesto. *Politics and Ideology in Marxist Theory.* London: New Left, 1977.

Leavis, Queenie Dorothy. *Fiction and the Reading Public.* London: Chatto and Windus, 1932.

Lévi-Strauss, Claude. "The Structural Study of Myth." *Journal of American Folklore* 68 (1955): 428-444.

Lévi-Strauss, Claude. Mythologiques, vol. 1: *The Raw and the Cooked.* Translated by John Weightman and Doreen Weightman. New York: Harper and Row, 1969.

Lévi-Strauss, Claude. *Totemism.* Translated by Rodney Needham. Harmondsworth: Penguin, 1969.

Lévi-Strauss, Claude. *Structural Anthropology.* Translated by C. Jacobson and B. G. Schoepf. London: Penguin, 1972.

Lévi-Strauss, Claude. *Mythologiques*, vol. 2: From Honey to Ashes. Translated by John Weightman and Doreen Weightman. New York: Harper and Row, 1974.

Lévi-Strauss, Claude. *Mythologiques*, vol. 3: The Origin of Table Manners. Translated by John Weightman and Doreen Weightman. New York: Harper and Row, 1978.

Lévi-Strauss, Claude. *Mythologiques*, vol. 4: The Naked Man. Translated by John Weightman and Doreen Weightman. New York: Harper and Row, 1981.

Lévi-Strauss, Claude. "The Story of Asdiwal." In *The Structural Study of Myth and Totemism*. Edited by Edmund Leach, translated by Nicholas Mann, 1–48. New York: Routledge, 2004.

Marx, Karl. *The Economic and Philosophic Manuscripts of 1844*. Moscow: Foreign Languages, 1961.

Marx, Karl. *Early Writings*. Translated by Tom B. Bottomore. London: C. A. Watts, 1963.

Marx, Karl. *A Contribution to the Critique of Political Economy*. Translated by Maurice Dobb. London: Lawrence and Wishart, 1970.

Marx, Karl. *Grundrisse: Foundations of the Critique of Political Economy*. Translated by Martin Nicolaus. London: Penguin, 1973.

Marx, Karl. *Capital: A Critique of Political Economy*, vol. 1. Translated by B. Fowkes. New York: Vintage, 1977.

Marx, Karl. *Capital: A Critique of Political Economy*, vol. 2. Translated by David Fernbach. London: Penguin, 1978.

Marx, Karl. *The Eighteenth Brumaire of Louis Bonaparte*. In The Marx-Engels Reader, 2nd ed. Edited by Robert C. Tucker. London: W. W. Norton, 1978.

Marx, Karl, and Friedrich Engels. *Karl Marx and Friedrich Engels: Correspondence, 1846-1895: A Selection with Commentary and*

Notes. London: M. Lawrence, 1934.

Marx, Karl, and Friedrich Engels. *The Communist Manifesto*. New York: Simon and Schuster, 1964.

Marx, Karl, and Friedrich Engels. *The German Ideology*. Translated by C. J. Arthur. London: Lawrence and Wishart, 1970.

Parsons, Talcott. *The Structure of Social Action*. New York: Free Press, 1967.

Poulantzas, Nicos. *Political Power and Social Classes*. Translated by T. O'Hagan. London: New Left, 1973.

Ricoeur, Paul. "Structure, Word, Event." *Philosophy Today* 12 (1968): 114-129.

Shils, Edward A. "Centre and Periphery," *The Logic of Personal Knowledge: Essays Presented to Michael Polanyi on His Seventieth Birthday*, London: Routledge and Kegan Paul, 1961. pp. 117-130.

Thompson, E. P. "The Long Revolution Parts I and II." *New Left Review*. Part I, no. 9 (1961): 24-33; Part II, no. 10: 34-39.

Thompson, E. P. *The Making of the English Working Class*. New York: Random House, 1963.

Thompson, E. P. "Time, Work-Discipline, and Industrial Capitalism." *Past and Present* 38 (1967): 56-97.

Thompson, E. P. "Patrician Society, Plebeian Culture." *Journal of Social History* 7 (1974): 382-405.

Thompson, E. P. *Whigs and Hunters: The Origin of the Black Act*. New York: Pantheon, 1975.

Thompson, E. P. *The Poverty of Theory and Other Essays*. London: Monthly Review Press, 1978.

Volosinov, V. N. *Marxism and the Philosophy of Language*. Translated by L. Matejka and I. R. Tutunik. New York: Seminar, 1973.

Williams, Raymond. *Culture and Society: 1780-1950*. London: Chatto and Windus, 1958.

Williams, Raymond. *The Long Revolution*. London: Chatto and Windus, 1961.

Williams, Raymond. "Literature and Sociology: In Memory of Lucien Goldmann." *New Left Review* 67 (1971): 3-18.

Williams, Raymond. "Base and Superstructure in Marxist Cultural Theory." *New Left Review* 82 (1973): 3-16.

Williams, Raymond. *The Country and the City*. New York: Oxford University Press, 1973.

Williams, Raymond. *Marxism and Literature*. Oxford: Oxford University Press, 1977.

Williams, Raymond. *Politics and Letters: Interviews with New Left Review*. London: New Left Books, 1979.

찾아보기

170, 174, 186, 405

리더십 292, 294, 323, 366

리비스, F. R.Leavis, F. R. 32, 35, 38-42,
49-51, 63-64, 67, 101, 350, 358

리비스, Q. D. Leavis, Q. D. 39, 404

□

마르크스, 카를Marx, Karl 15, 18-19, 44,
50, 53-54, 71, 78-79, 90-91, 95,
98, 105, 122, 124, 130-131, 137-
150, 152-160, 162-166, 168-170,
174-187, 189, 192, 195-201, 203,
205-207, 210, 212, 221, 225-228,
238, 250, 259, 268, 270, 278, 380,
384, 405-406

『마르크스를 위하여』(알튀세르)For Marx
148, 188, 192, 200, 211, 214, 234-
235, 245, 258, 402

마르크스주의 8, 10-11, 31, 49-56, 79,
82, 86-88, 95-96, 99, 105-106,
111, 129, 131, 137-138, 152-153,
156, 161, 163, 173-177, 187, 189,
193, 196, 199-200, 204-205, 207,
212, 214, 221, 225, 234, 267- 272,
278-280, 289, 301, 314-315, 355,
358, 361, 363, 384, 391, 395, 399

『마르크스주의와 문학』(윌리엄스)
Marxism and Literature 62, 86-88, 94, 98,
322, 407

『마르크스주의와 언어철학』(볼로시노

프)Marxism and the Philosophy of Language
89, 263, 406

마오쩌둥毛澤東 189

모드족 324-326, 328-330

모순 124-125, 138, 148-149, 155, 170,
180-181, 189-194, 206-207, 212,
214, 226, 256, 258-259, 286, 290,
292, 307-308, 314-315, 317, 320,
328, 333, 348, 369, 378, 382, 399

모스, 마르셀Mauss, Marcel 48, 107-108,
403

문학비평 32-34, 38, 40, 49, 50-51, 55,
64, 358, 362

『문화와 사회』(윌리엄스)Culture and Society
50-51, 62-63, 65-69, 87-88, 406

문화연구 7-11, 13-18, 20-24, 27, 31,
37-38, 43-44, 48-49, 51-56, 59,
62, 68-70, 77, 83-84, 86, 95, 100,
105-106, 110, 112, 130, 137-138,
173, 175, 267, 315, 350-353, 355,
358, 360-362, 364, 367, 372-373,
387, 390-401

개입 12-13, 105, 143, 199, 204, 213-
214, 217, 230, 239, 247, 260, 268,
296, 313, 320, 322, 332-333, 351-
352, 357, 369, 375, 382, 392, 398-
399

문화주의 80, 84, 101, 132, 272, 353,
355, 362-363, 364-366, 372, 377-
378, 391-392, 395, 399

문화연구 1983

이론의 역사에 관한 8개의 강의

1판 1쇄 2021년 2월 19일

지은이 스튜어트 홀
옮긴이 김용규
펴낸이 김수기

펴낸곳 현실문화연구
등록 1999년 4월 23일 / 제2015-000091호
주소 서울시 은평구 불광로 128, 302호
전화 02-393-1125 / 팩스 02-393-1128 / 전자우편 hyunsilbook@daum.net
ⓗ blog.naver.com/hyunsilbook   ⓕ hyunsilbook   ⓣ hyunsilbook

만든 사람들 허원 강정원

ISBN 978-89-6564-262-6 (93300)